Was war die DDR?

Rolf Hosfeld

Was war die DDR?

Die Geschichte eines anderen Deutschland

Kiepenheuer & Witsch

FSC
Mix
Produktgruppe aus vorbildlich bewirtschafteten Wäldern und anderen kontrollierten Herkünften

Zert.-Nr. SGS-COC-1940
www.fsc.org
© 1996 Forest Stewardship Council

1. Auflage 2008

Umschlaggestaltung: Rudolf Linn, Köln
Autorenfoto: © Ernst Rudolf Achinger
Gesetzt aus der Minion und der Neuen Helvetica
Satz: hanseatenSatz-bremen, Bremen
Druck und Bindung: CPI – Clausen & Bosse, Leck
ISBN 978-3-462-03978-8

Inhalt

Das Ende von etwas

Das Zentralkomitee tagt

Am Morgen des 10. November 1989 tagte das Zentralkomitee der SED am Werderschen Markt in Ostberlin bereits den dritten Tag in Folge. An diesem Tag sollte ein Aktionsprogramm verabschiedet werden, das die DDR aus der größten Krise ihrer vierzigjährigen Existenz herausführen würde, die sich seit dem Spätsommer immer mehr zugespitzt hatte. In der Nacht zuvor, am Ende des zweiten Tags einer chaotisch verlaufenden Sitzung, in der sich zunehmend Endzeitstimmung ausbreitete, war jedoch die Mauer gefallen. Sie kam, mit Erich Kästner zu reden, plötzlich abhanden wie anderen Leuten Stock oder Hut. Willy Brandt erfuhr davon am selben Morgen des 10. November im rheinischen Unkel durch den Telefonanruf eines Redakteurs des Hessischen Rundfunks. »Dies ist ein schöner Tag nach einem langen Weg«, sollte er am Abend seine Rede vor dem Schöneberger Rathaus in Westberlin beginnen. Ein Zeitalter, das mit dem Terror des Naziregimes und dem von ihm entfesselten Krieg begann, gehe überraschend und anders, als die meisten erwartet hätten, seinem Ende entgegen.

Es würde noch einige Zeit dauern, bis er in Gotha Abraham Lincolns Satz zitierte: *A house divided in itself cannot stand*, doch an diesem Tag fallen, nicht vor dem Schöneberger Rathaus, sondern in Gesprächen mit der *Berliner Morgenpost* und dem *Deutschlandfunk*, die bald geflügelten Worte: »Jetzt wächst zusammen, was zusammengehört.« Wie und in welchen Zeiträumen sich das vollziehen würde, das konnte sich damals noch niemand vorstellen.

Schon lange war von einem explodierenden »Kessel DDR« die

Rede. Immer mehr, sang der seit zwei Jahren aus der SED ausgeschlossene Liedermacher Stephan Krawcyk 1987, hatten »die Mauer so satt«, immer weniger fühlten sich wohl im »volksdemokratischen Federbett«. Die Zahl der Ausreisenden war besonders seit dem Frühsommer 1989, als die SED die blutige Niederschlagung demokratischer Proteste auf dem Pekinger Platz des Himmlischen Friedens öffentlich begrüßte, sprunghaft angestiegen und hatte durch Botschaftsbesetzungen und die Öffnung der ungarischen Grenze im Frühherbst Höhen erreicht wie zuletzt in den Tagen vor dem Mauerbau im August 1961.

Doch die SED, so der SPD-Politiker Erhard Eppler in einer Rede vor dem Bundestag zum 17. Juni 1989, widersetzte sich mit einer unglaublich realitätsblinden Selbstgefälligkeit jenem überfälligen Geist des Wandels im Lager des Sozialismus, der über Moskwa, Bug und Weichsel seit Langem schon das Ostufer der Oder erreicht hatte.

In Moskau forderte eine Minderheit der frisch gewählten Volksdeputierten, allen voran der ehemalige Dissident und Friedensnobelpreisträger Andrej Sacharow, den Übergang zum Mehrparteiensystem und zur Marktwirtschaft. In Polen saß seit Anfang des Jahres die lange Zeit verbotene Gewerkschaft Solidarność mit der Regierung am runden Tisch, und im Juni hatte es dort die ersten halbwegs freien Wahlen gegeben. In Ungarn waren am 16. Juni die Gebeine von Imre Nagy, dem Helden des Aufstands von 1956, feierlich beigesetzt worden, nachdem die Kommunisten den Übergang zu einem Mehrparteiensystem und die Abschaffung des demokratischen Zentralismus in ihrer eigenen Partei beschlossen hatten. In der DDR allerdings war von diesem Völkerfrühling des Jahres 1989 bisher kaum etwas zu spüren. Niemand, so beschrieb Eppler den besorgniserregenden Zustand des zweiten deutschen Staates, könne im Zweifelsfall daran gehindert werden, sich selbst zugrunde zu richten.

Tage zuvor hatte der sowjetische KP-Generalsekretär Michail Gorbatschow Bonn besucht und, auf einer Pressekonferenz nach der Mauer befragt, in orakelhaften Tönen geantwortet, es gebe nichts Ewiges unter der Sonne. Viel präziser konnte und wollte er sich zu diesem Zeitpunkt nicht äußern, doch die mit Bundeskanzler Kohl gemeinsam verfasste Bonner Erklärung, ursprünglich als Fortschreibung alter Verträge der Entspannungsära gedacht, setzte deutlich neue Akzente. Vom Recht aller Völker und Staaten, ihr Schicksal frei zu bestimmen, ist da die Rede und von der gemeinsamen Zielsetzung, zur Überwindung der Trennung Europas beizutragen. Es war ein Dokument des sogenannten Neuen Denkens dieser Jahre. Es setzte Zeichen.

In der Aussprache des Bundestags über den Gorbatschow-Besuch am 16. Juni interpretierte Willy Brandt diese Zeichen so, dass die Zeit näher rücke, »in der abzubauen sein wird, was die Menschen – zumal die Menschen *eines* Volkes – willkürlich trennt«. Die hermetisch abgesicherte Grenze zwischen beiden deutschen Staaten meinte er damit, und vor allem die Berliner Mauer. Als er dann am Morgen des 10. November 1989 von ihrem Fall erfuhr, schoss es aus ihm heraus: »Das ist es!« Ihm, der nach dem Mauerbau 1961 als Berliner Regierender Bürgermeister ohnmächtig, enttäuscht und trotzdem fast ultimativ vom Westen gefordert hatte: »Die Mauer muss wieder weg«, und der sich dann zum Realisten der Ostpolitik wandelte, besonders ihm musste dieser Tag wie die Erfüllung eines langen politischen Lebens erscheinen. Am 11. November wird er Michail Gorbatschow in einem Brief mitteilen, freie Wahlen seien nun unabdingbar.

Bis zur Nacht vom 9. auf den 10. November hatte sich die SED-Führung unter Egon Krenz noch der Illusion hingegeben, man könne die Öffnung der Mauer und die Zulassung freier Wahlen zum Verhandlungsgegenstand eines groß angelegten Kompensationsgeschäfts machen – im Austausch gegen Westkredite in Milliardenhöhe. Die Kreditwürdigkeit der DDR stand – wie so oft in den letzten Jahren – wieder einmal auf dem Spiel. Der Staat war seit Langem hoch verschuldet. Mitte September ließ der Generaldirektor der Bank von Tokio bei DDR-Außenhandelsbankpräsident Werner Polze anfragen, wie sich die Flucht so vieler Jugendlicher auf die Wirtschaftskraft der DDR auswirken würde, und auch der Präsident des Crédit Commercial de France erheischte ähnlich unangenehme Auskünfte. Am 31. Oktober lag dem Politbüro eine nüchterne Bilanz vor. Allein das Stoppen der Verschuldung, heißt es in der entsprechenden Vorlage, würde im Jahre 1990 eine Senkung des Lebensstandards um 25 bis 30 Prozent erfordern und die DDR unregierbar machen. Mit dieser niederschmetternden Erkenntnis in der Tasche flog Krenz noch am Nachmittag desselben Tages nach Moskau, um Michail Gorbatschow im Kreml zu treffen. Aus der krisengeschüttelten Sowjetunion aber war keine Hilfe zu erwarten. Also musste sich die DDR noch weiter als bisher dem Westen öffnen. Konnte sie das überhaupt, ohne sich selbst aufzugeben?

Eigentlich hätten diese Frage und die sich daraus ergebenden Konsequenzen im Zentrum der Debatten am Werderschen Markt stehen müssen. Krenz aber handelte, aus einer Mischung von Gewohnheit, Wirklichkeitsflucht und schlichtem Unvermögen, ganz nach der von Napoleon übernommenen Lenin'schen Devise: Man stürzt sich in die Schlacht, und dann sieht man weiter. Dem Zentralkomitee, das für den 8. November einberufen war, wollte er die Wahrheit über den Zustand seines halben Landes nur in ausgewogener und dosierter Form mitteilen, am liebsten also ganz verschweigen. Man müsse der Wahrheit zwar ins Auge sehen, hatte Krenz in Moskau Gorbatschow wissen lassen, doch könne man sie kaum öffentlich äußern, nicht einmal vor dem ZK, es sei denn, man wolle einen Schock mit schlimmen Folgen auslösen.

Aus diesem Dilemma fand Krenz keinen anderen Ausweg als den eines letzten Vabanquespiels. Ohne Wissen von Politbüro und Zentralkomitee versuchte sein Emissär Alexander Schalck-Golodkowski am 6. November in Bonn zu erkunden, welchen politischen Preis die Bundesrepublik für die Gewährung eines Kredits von zwölf bis dreizehn Milliarden DM verlangen würde. Innerhalb der SED, ließ Schalck seine bundesdeutschen Gesprächspartner mit bemerkenswerter Offenheit wissen, gebe es Leute, die sich kaum noch Illusionen über die wahre Lage machten. Substanzielle Reformen seien im Gespräch, auch die Möglichkeit freier Wahlen, vor allem aber Erleichterungen im Reiseverkehr, dem Schritte folgen könnten, mit denen die Mauer letztlich überflüssig werde. Das bedeutete nicht mehr und nicht weniger, als dass die innere Führung der SED zu dieser Zeit in ihrer geheimen Orientierung auf die Bundesrepublik weiten Teilen der DDR-Bevölkerung um einige Zeit voraus war – auch wenn Krenz damit die unrealistische Absicht verfolgte, durch Bonner Unterstützung die Herrschaft der Staatspartei noch einmal stabilisieren zu können, um dann als gleichberechtigter Partner über eine Konföderation zu verhandeln.

Er konnte diese Art von Geheimdiplomatie unter anderem deshalb praktizieren, weil er nach der Ablösung Erich Honeckers dessen personale Machtkonzentration an der Spitze von Partei und

Staat ungebrochen übernommen hatte. Sehr allgemein sprach er in seinem Rechenschaftsbericht vor dem ZK am 8. November davon, dass eine Erneuerung der Gesellschaft ohne dynamisches Wirtschaftswachstum nicht gelingen könne und dass man deshalb »alle Formen der Zusammenarbeit mit Konzernen und Firmen der BRD und anderer kapitalistischer Länder« prüfen müsse. Das waren im Vergleich zur Ära seines Vorgängers kaum neue Worte.

So konnte es geschehen, dass der mit weiter gehenden Perspektiven befasste Alexander Schalck in der Nacht des 9. November in der Redaktionskommission, die das neue Aktionsprogramm der SED ausarbeiten sollte, von einigen seiner uneingeweihten Genossen als Verräter bezeichnet wurde, als er den Vorschlag machte, dort auch das Ziel einer künftigen Konföderation mit der Bundesrepublik hineinzuschreiben. Während über diese Frage in der geschlossenen Gesellschaft am Werderschen Markt mit hoher Emotionalität debattiert wurde, hatte sich draußen das Thema bereits von selbst erledigt. Sämtliche Träume, durch einen Deal mit der wertvollsten Immobilie der DDR in letzter Minute noch eine Aufschubfinanzierung in konföderativer Perspektive auszuhandeln, waren buchstäblich über Nacht in sich zusammengesunken.

Krenz hatte eine ausführliche Erörterung der Wirtschaftslage auf diesem Plenum während der ersten beiden Tage geschickt vermeiden können, als ihn am Abend des 9. November gegen halb acht Kulturminister Hans-Joachim Hoffmann unerwartet mit der Frage konfrontierte, wie es eigentlich zu den vielen Schulden gekommen sei. »Schulden?«, fragte der neue Generalsekretär der SED zurück, als sei dies nur eine belanglose rhetorische Frage gewesen, doch er konnte ihr in der ZK-Öffentlichkeit nicht wirklich ausweichen. Kurz nach acht erteilte er Günter Ehrensperger, dem ZK-Abteilungsleiter für Planung und Finanzen, notgedrungen das Wort. Und während Ehrensperger weit ausholend darüber berichtete, wie alles Anfang der Siebzigerjahre begonnen, wie man in der DDR mindestens seit 1973 Jahr für Jahr über die eigenen Verhältnisse gelebt und sich dabei konsequent etwas vorgemacht habe und dass künftig die Sache so »nicht mehr beherrschbar« sei, sammelten sich bereits die Menschen an den Grenzübergängen nach Westberlin und verlangten die Ausreise.

Unkraut im Garten des Herrn

Das ereignisreiche Jahr 1989 begann für die DDR mit einer irrealen Prophezeiung. Am 19. Januar tagte das Thomas-Müntzer-Komitee in Ostberlin. Erich Honecker hielt eine Rede, mit der das Gedenkjahr zu Ehren des großen revolutionären Schwärmers der Bauernkriege von 1525 eröffnet werden sollte. Müntzer, der radikale Kritiker des »geistlosen, sanftlebenden Fleisches zu Wittenberg« war zwar in der letzten Zeit deutlich gegenüber dem für die Nationalgeschichte weit wichtigeren Martin Luther herabgestuft worden, doch dieses Jahr 1989 sollte ganz in seinem Zeichen und der mit seinem Namen verbundenen revolutionären Traditionen Deutschlands stehen. Anlass war sein 500. Geburtstag, und den Höhepunkt der Inanspruchnahme seines Erbes sollte ein zentraler Festakt am 21. Dezember bilden.

Honeckers Rede war, wenn nicht in ihrem rhetorischen Schwung, so doch ansonsten ganz vom Format des zu ehrenden Thomas Müntzer, der einst gefordert hatte, man müsse das Unkraut ausrotten aus dem Weingarten Gottes und dazu die Engel ihre Sicheln schärfen lassen. Die Mauer, so Honecker, und er sagte tatsächlich wörtlich »die Mauer«, werde in fünfzig und auch in hundert Jahren noch bestehen bleiben, wenn die Gründe dafür nicht beseitigt seien: »Das ist schon erforderlich, um unsere Republik vor Räubern zu schützen, ganz zu schweigen vor denen, die gern bereit sind, Stabilität und Frieden in Europa zu stören.« Die Wirkung seiner Worte sollte sich als mehr denn fatal erweisen. »Diese Anlage«, meinte der bislang immer linientreue Schriftsteller Hermann Kant gegen Mittag des 9. November auf der 10. Tagung des Zentralkomitees, wenige Stunden vor ihrem Fall, könne man nun wirklich nicht zu einer populären Sache machen. In dem Augenblick, resümierte ein nachdenklich gewordener Kant, als man den Bürgern der DDR etwas von weiteren hundert Jahren erzählte, sei das Land wie auf ein Signal hin unweigerlich mit Volltempo aus der Vorkrise in seine jetzige Krise geraten.

Honeckers Worte tönten aus einem Bunker. Hatte es zwei Jahre zuvor, im Umfeld seines Besuchs in der Bundesrepublik, noch gewisse Hoffnungen auf Öffnung gegeben, so waren sie bald wieder verflogen. Anfang 1989 schlug die Sowjetunion in Wien eine internationale Menschenrechtskonferenz in Moskau vor, einschließlich der Einrichtung von Helsinki-Beobachtungsgruppen in allen Mitgliedsländern der Konferenz für Sicherheit und Zusammenarbeit in Europa (KSZE). Honecker konnte darin kaum mehr erblicken als den Versuch einer gegen die Herrschaft der SED gerichteten »Legalisierung konterrevolutionärer Aktivitäten«. Als der sowjetische Außenminister Eduard Schewardnadse dann erklärte, das Wiener Treffen habe die rostigen Stäbe des Eisernen Vorhangs geschwächt und seine Korrosion beschleunigt, sah sich der SED-Generalsekretär prompt zu seinen denkwürdigen Worten über den Bestand der Mauer veranlasst. »Höchste Wachsamkeit«, so Erich Mielke in einer Anordnung an alle Diensteinheiten der Staatssicherheit drei Tage später, sei nun gefordert angesichts der Erwartung, dass »feindlich-negative Kräfte im Innern der DDR« in Zukunft verstärkt unter Berufung auf die KSZE in Erscheinung treten würden. Man rüstete, ohne es zu wissen, zum letzten Mal zum letzten Gefecht.

Das Brodeln im Kessel DDR, das hatten die Ereignisse der letzten Jahre gezeigt, war allerdings kaum mehr aufzuhalten. Es rumorte seit Langem, und auch die Ankündigung Honeckers, der Korrosion des Eisernen Vorhangs Einhalt zu gebieten, zeigte sofort ihre Wirkung.

Am 30. Januar stellte eine sonst nicht weiter in Erscheinung getretene *Arbeitsgruppe Glasnost in der DDR* in einem Schreiben an das Zentralkomitee fest, dass der Generalsekretär das Volk nicht repräsentiere, und kündigte unter Berufung auf das Beispiel Sowjetunion ein Volksbegehren gegen die Mauer an, weil es den führenden SED-Genossen nach 44 Jahren immer noch nicht gelungen sei, den Sozialismus attraktiv zu machen.

Doch Proteste wurden auch öffentlich vorgetragen. Nur wenige Tage später, am 5. Februar, sah man auf einem Wagen des Geisinger Faschingsumzugs im Erzgebirge eine Mauer aus Pappmaschee mit der auf Honecker gemünzten Aufschrift »Bärlin, ich bleib dir treu« und »Ich will hier raus«, an anderen Wagen die Aufschriften »Schlechte Luft, trübes Wasser, kein Baum – ab über den Märchenzaun« oder »Wir lernen niemals«. Die gewagteste Parole aber lautete, ungewöhnlich für diese Zeit, »Rot-, Sauer-, Rosen-, Weiß-Kohl – jawohl, wir brauchen Kohl«. Das konnte man kaum noch missverstehen.

Für den Generalsekretär und Staatsratsvorsitzenden bestand der Skandal jedoch hauptsächlich darin, dass nichts unternommen wurde, obwohl die Bezirksleitung der SED über die Aktivitäten der Geisinger Faschingsgesellschaft vorher genauestens informiert war. Er sah darin ein Versagen der lokalen Parteiinstanzen, keineswegs aber hausgemachte Anzeichen jenes Prozesses einer »spürbaren Erosion sozialistischer Machtverhältnisse«, den er zur gleichen Zeit in Ungarn wahrnahm. Genau das war es aber, und er hatte diesen Erosionsprozess in der DDR durch seine Müntzer-Rede nicht unerheblich beschleunigt.

Die Kommunalwahlen im Frühjahr 1989 wurden zu einem ersten Fanal. Die Vorstellung der Kandidaten der Einheitsliste sollte in diesem Jahr zum ersten Mal, ein bescheidenes Zugeständnis an den Zeitgeist, in öffentlichen Veranstaltungen erfolgen. Überall versuchten Bürgerrechtler, während der Kandidatenvorstellungen im Februar und März auf Missstände im Land hinzuweisen oder gar eigene Kandidaten vorzuschlagen.

Beispielsweise in Neuglobsow am Stechlinsee, wo das Regiment des bisherigen Bürgermeisters, der nun wieder die Einheitsliste anführen sollte, schon seit Langem Unmut hervorgerufen hatte. Hier kam es am 22. März bei einer Wahlversammlung im Jägersaal des Restaurants *Seeterrasse* zu einem Auftritt fast schwejkhaften Formats. »Neuglobsow ist ein Ort«, sagte dort Michael Curio vom örtlichen Kulturbund, »wo das Leben von vielen Gerüchten bestimmt wird. Eins davon ist: Der Curio will Bürgermeister werden. Aber man kann nicht Bürgermeister werden wollen. Man kann nur gewählt werden. Hier ist der Bürgermeister ein Mandat der SED, deshalb kann ich es nicht werden – oder es müsste ein Mandatswechsel stattfinden. Aber wenn ich trotzdem gewählt werde, nehme ich die Wahl an.« Natürlich wird er nicht gewählt, aber seinen Auftritt hatten alle 120 Anwesenden als unverhohlene Kritik am undemokratischen Charakter der Einheitswahl sehr wohl verstanden.

Die SED musste erleben, dass in dieser Versammlung plötzlich Forderungen nach Einzelabstimmung und Gegenkandidaten auftauchten. »Gorbatschow-Methoden«, wie der Ratsvorsitzende des Kreises unwillig zu verstehen gab. Schließlich wurde die gesamte Wahlliste abgelehnt, und es musste nun eine neue aufgestellt werden. Zur Bürgermeisterin kürte man am Ende eine junge, reformorientierte Meteorologin und SED-Genossin, nachdem – auch das nach vierzig Jahren ein Novum – alle Dorfbewohner auf dem geheimen Charakter der Wahl bestanden und demonstrativ ihre Wahlkabinen aufgesucht hatten. Das Ganze war ein für die DDR ungewöhnlicher Vorgang.

»Unsere *pièce de résistance*« hatte schon der preußische Landadelige Dubslav von Stechlin in Theodor Fontanes am gleichen Ort spielenden Roman *Der Stechlin* seinen See genannt, von dem die Sage umging, er sei, wenn es in ihm rumore, ein seismografischer Revolutionsanzeiger.

Das Dorf Neuglobsow war nur ein Beispiel der vielen Revolutionsanzeiger dieser Tage. Insgesamt mussten nach den Wahlversammlungen, die man teilweise durch die Vergabe von Eintrittskarten zu steuern versucht hatte, 3.585 Kandidaten wieder von den Listen gestrichen werden. In vielen Wahllokalen sorgte die Opposition am Wahltag, dem 7. Mai, dafür, dass die Auszählung der Stimmen kontrolliert wurde. Dabei konnte man, selbst im Rahmen der vorgeschriebenen Einheitslisten, massive Fälschungen und deutliche Korrekturen der Zustimmung nach oben feststellen.

Das *Neue Deutschland* meldete am 8. Mai eine Zustimmung von 98,85 Prozent für die Kandidaten der Nationalen Front. Die Zahl war völlig aus der Luft gegriffen. Allein in den vier von der Opposition kontrollierten Berliner Stadtbezirken Mitte, Prenzlauer Berg, Friedrichshain und Weißensee waren zwischen zehn und zwanzig Prozent Gegenstimmen registriert worden. In Wirklichkeit hatte nie zuvor eine Wahl in der DDR so wenig ihren angestammten Zweck erfüllt, in einem fast religiösen Sinn Bekenntnis abzulegen für die Politik von Partei- und Staatsführung. Bis zum Herbst sollte es nun an jedem Siebten eines Monats Protestkundgebungen zur Erinnerung an die offenkundig gewordene Wahlfälschung vom Mai 1989 geben.

Im Sommer begann dann die große Ausreisewelle und mit dem Beginn der Leipziger Herbstmesse die Zeit der großen Demonstrationen und die politische Formierung der Oppositionsgruppen vom Neuen Forum bis zur neu gegründeten Sozialdemokratischen Partei. Am 17. Oktober wurde Erich Honecker zum Rücktritt gezwungen. Es hatte sich von der Ostsee bis zum Thüringer Wald eine Mischung aus Untergangsstimmung und der unbestimmten Hoffnung auf einen Neuanfang ausgebreitet. »Im August 1989 war ich dann der Meinung, die DDR ist nicht mehr zu retten«, erinnert sich der Physiker Frank Havemann, SED-Mitglied und Sohn des bekannten Dissidenten Robert Havemann: »Ich sagte damals: ›Das Einzige, was uns noch retten kann, ist die Wiedervereinigung.‹ Ich konnte keine Hoffnungen mehr in das DDR-Volk und den Sozialismus setzen. Spätestens mit der Demonstration am 4. November 1989 änderte sich das wieder. Da dachte ich, es könnte doch gehen, wir können den Sozialismus hier reformieren.« In der Partei gärte es, selbst in der Armee, in der Volkspolizei und bei der Staatssicherheit, als sich an diesem Novembertag über eine halbe Million Menschen auf dem Berliner Alexanderplatz zum großen politischen »Schlussfeuerwerk« der DDR, wie Jens Reich vom Neuen Forum es einmal formulierte, zusammenfanden. Christa Wolf rief der Menge zu: »Stell dir vor, es ist Sozialismus, und keiner geht weg!« Alles stand an diesem Tag noch im Zeichen eines verbesserlichen Sozialismus, als der parteilose Schriftsteller und Regimekritiker Stefan Heym unter starkem Applaus die Worte fand: »Der Sozialismus – nicht der Stalin'sche, der richtige, den wir endlich erbauen wollen zu unserem Nutzen und zum Nutzen ganz Deutschlands –, dieser Sozialismus ist nicht denkbar ohne Demokratie.«

Eigentlich sollte die 10. Tagung des Zentralkomitees einen Ausweg aus dieser Krise finden und der SED – teils getragen von der Massenstimmung dieser Tage, teils ihr hinterherlaufend, teils sie bremsend – den Weg des Aufbruchs zu einem »erneuerten Sozialismus« weisen, wie Egon Krenz es vor dem Plenum am 8. November formulierte.

Dass das ZK auch unter seiner neuen Führung dazu kaum noch in der Lage war, zeigte aber bereits der inhaltsleere Verlauf des ersten Tages. Zwar war von einer »politischen Krise« und vom »Denken als erster Bürgerpflicht« die Rede, doch die Ursachen des Abstiegs der DDR wurden nach bekanntem Muster, wie bisher immer, wenn etwas falsch lief im Land, in »Subjektivismus« und »administrativen« Methoden der Politik geortet.

»Das künftige politische System des Sozialismus muss so beschaffen sein, dass die Partei einen Führungsanspruch durch größtmöglichen Anspruch an sich selbst vertritt«, sagte Krenz. Und er sagte auch: »Es gibt keinen Zweifel, dass die Erneuerung der Gesellschaft ohne dynamisches Wirtschaftswachstum nicht gelingen könnte.«

Es waren nichtssagende Schablonen, mit denen sich im Herbst 1989 niemand mehr zufriedengeben wollte. Doch es fand sich niemand in diesem obersten Führungsgremium, der in der Lage gewesen wäre, im vierzigsten Jahr des auf seine finale Krise zusteuernden Experiments DDR sein Unbehagen in angemessene Worte zu fassen. Es war, als sei alles in einen konturenlosen Novembernebel getaucht.

Währenddessen löste sich die Autorität der Partei auf. Ins Politbüro gewählten Kandidaten wurde, kaum war ihre Wahl im Zentralkomitee über die Bühne gegangen, von ihren eigenen Leuten zu Hause die Legitimation entzogen. Er besitze nicht mehr das vollständige Vertrauen seiner Bezirksorganisation, gab der zur Wahl gestellte Johannes Chemnitzer aus Neubrandenburg zu bedenken.

Zuruf aus dem Plenum: »Das hat keiner!«

Zu dieser Zeit demonstrierten vor dem Gebäude am Werderschen Markt Zehntausende Berliner SED-Mitglieder gegen ihre eigene Parteispitze. Sie hatten der Einheitspartei die Einheit aufgekündigt.

Das war der Anfang von ihrem Ende.

Fisch im Fluss

Als am Abend des 9. November Günter Schabowski auf einer Pressekonferenz in Ostberlin zu einem kurz zuvor in aller Eile neu erarbeiteten Reisegesetz Stellung nahm, wollte er damit ursprünglich keineswegs generelle Reisefreiheit verkünden. Der Gesetzentwurf sah nach wie vor ein geregeltes bürokratisches Verfahren einschließlich der Beantragung von Reisepass und Visum vor. Schabowski aber war bei den Beratungen nicht zugegen gewesen und auch von Egon Krenz vor seinem Auftritt auf der Pressekonferenz weder über die komplizierte Regelung noch über eine eigentlich vorgesehene Sperrfrist zur Veröffentlichung bis zum nächsten Tag informiert worden. So kam es nach der Frage des italienischen Korrespondenten Riccardo Ehrmann und einer gezielten Nachfrage zu den folgenschweren Worten, die neue Reisebestimmung trete seines Wissens »sofort, unverzüglich« in Kraft. Keine weiteren Zusätze, nur gelegentliches verlegenes Stottern angesichts der unerwarteten Fragen, die Schabowski eigentlich gar nicht beantworten wollte.

Riccardo Ehrmann behauptete später, er habe das ihm bestens bekannte *doublespeak* der ostdeutschen Kommunisten nur in fassliche Worte übersetzt, als er sofort nach Schabowskis Auftritt in Rom anrief und die Neuigkeit verkündete: »Die Mauer ist weg!« In dieser Version fand Schabowskis Ankündigung schnell ihren Weg in die internationalen Medien und löste im Lauf des Abends jenen großen Sturm auf die Grenze aus, den niemand beabsichtigt und erwartet hatte.

Die Grenzwachen waren dagegen machtlos. Anfangs wurden die Personalausweise noch gestempelt, was formell einer Ausbürgerung gleichkam. Um 23 Uhr 30 stellte der leitende Offizier an der Bornholmer Straße, der über keine Instruktionen verfügte, jedoch alle Kontrollen ein. »Wir fluten jetzt«, kündigte er an. Und dann wurden die Schlagbäume hochgezogen, kurze Zeit später auch an anderen Übergängen. Es war, als sei der Staat DDR, dessen Souveränität seit 1961 auf dem martialischen Bollwerk seiner Grenzen beruhte, plötzlich nicht mehr vorhanden.

Hans Modrow, der spätere Übergangsministerpräsident, war an diesem Abend nach der Tagung des Zentralkomitees auf dem Weg in sein Ostberliner Hotel, als er auf der Straße mit der Frage angesprochen wird, über welchen Grenzübergang man die DDR am schnellsten verlassen könne. Als der völlig überraschte Modrow den Mann auf einen Gang zur Volkspolizei am nächsten Tag vertrösten wollte, erntete er heftigen Widerspruch. Die Übergänge seien doch schon geöffnet, musste er sich sagen lassen, und besondere Papiere nicht erforderlich, nicht einmal ein Personalausweis. Es war spät geworden. Das Zentralkomitee hatte bis um viertel vor neun getagt, und Modrow war danach offenbar noch einige Zeit am Werderschen Markt geblieben. Von den Ereignissen in der Stadt hatte er nichts mitbekommen.

Vor allem nicht, dass die *Tagesschau* um acht Uhr mit der Topmeldung »DDR öffnet Grenze« begann, was sofort seine Wirkungen zeitigte. Als die Sendung zu Ende war, meldete die Volkspolizei bereits achtzig Personen, die sich an verschiedenen Grenzübergängen versammelt hatten. Eine Viertelstunde später waren es allein an der

Bornholmer Straße schon mehrere Hundert. Zu diesem Zeitpunkt fiel im Zentralkomitee aus dem Mund des amtierenden DDR-Generalstaatsanwalts Günter Wendland der bemerkenswerte Satz: »Das Strafrecht darf nicht tief greifende soziale Prozesse kriminalisieren.« Man dürfe, mit anderen Worten, politische Gegner, Oppositionelle und Andersdenkende nicht länger wie Kriminelle behandeln. Genau das war es, was die DDR in den vierzig Jahren ihrer Existenz im Kern ausgemacht hatte. Es war, spätestens seit der Erfindung von Feliks Dserschinskis sowjetischer Geheimpolizei Tscheka noch zu Lenins Zeiten, die Staatsräson des »realen Sozialismus«.

Sie kollabierte aber nicht durch diese in eine aufgeheizte Debatte geworfene Bemerkung, der am Ende einer langen Sitzung nach weit überzogener Tagesordnung kaum noch jemand aufmerksam folgen konnte, sondern zeitgleich durch den anschwellenden Ansturm auf die Grenzübergänge.

Kein einziges Mitglied des inneren Führungskreises war über diese Parallelvorgänge informiert. Wolfgang Herger, der Leiter der Abteilung für Sicherheitsfragen im ZK, der es noch am ehesten hätte erfahren müssen, fuhr gegen halb elf mit seinem Auto Richtung Wisbyer Straße, wo er wohnte. Hier musste er feststellen, dass sich die Trabis auf der Bornholmer Straße bereits auf eine Länge von zwei Kilometern bis zu seiner Wohnung stauten. Er schaltete zu Hause sofort den Fernseher an und erfuhr auf diese Weise, was vorgefallen war. »Heute haben wir entweder einen strategischen Fehler gemacht oder eine strategische Flucht nach vorn«, notierte er dann in sein Arbeitsbuch: »Die Grenze ist de facto geöffnet.« Eine Krisensitzung der SED-Spitze, die Egon Krenz nun hätte anberaumen müssen, fand allerdings nicht statt.

»Was soll ich denn nur machen«, hörte man am späten Abend einen irritiert durch die Gänge am Werderschen Markt wandelnden Egon Krenz vor sich hinsagen: »Es kann doch nicht um eine Grenzschließung gehen! Wir müssen das unter Kontrolle bekommen.« Alexander Schalck riet ihm, noch in der Nacht nach Warschau zu fliegen, wo sich Bundeskanzler Kohl gerade zu einem Staatsbesuch aufhielt, und mit ihm sofort in konföderativer Perspektive über die neue Lage zu konferieren. Krenz aber war wie gelähmt. Er verstünde selbst nicht, was passiert sei, teilte er dem Abteilungsleiter für internationale Beziehungen, Günter Sieber, fast abwesend mit.

»Wie sieht ein Fisch den Fluss, in dem er schwimmt?«, notierte der in Berlin weilende niederländische Schriftsteller Cees Nooteboom an diesem Abend: »Er kann nicht raus, um Abstand zu gewinnen. So ist es hier in Berlin. Alles fließt. Jeden Augenblick gibt es neue Ereignisse.« Ihn hatte die Nachricht von der Öffnung der Mauer über das Autoradio während der Taxifahrt zu einem Freund erreicht, und es trieb ihn sofort zum Brandenburger Tor, vor dem sich bereits ein riesiges Menschenmeer ausbreitete. Von einer Aussichtsplattform sah er auf der anderen Seite abkommandierte Grenzpolizei in ihrer ganzen Hilflosigkeit Ketten bilden, um einen Sturm über die Mauer von West nach Ost zu verhindern. Man konnte sie gut erkennen im gedämpften, orangefarbenen Licht der Grenzbeleuchtung. »Hier findet der Abriss ihrer Welt statt«, ging es ihm in diesem Augenblick durch den Kopf, und am nächsten Tag wurde er bei einem Verlagsbesuch in Ostberlin mit dem trockenen Kommentar konfrontiert: »Die Welt ist gläsern geworden.«

Im Kino *International* war am späten Abend des 9. November die Premiere des Films *Coming Out* von Heiner Carow zu Ende gegangen. Carow hatte den ersten Schwulenfilm der DEFA nur gegen erheblichen Widerstand durchsetzen können. Die Premiere war eine kleine Sensation für die DDR, und entsprechend hoch waren die Erwartungen des Publikums, unter ihnen Christa und Gerhard Wolf. Ein ZDF-Team war wegen eines Interviews mit Carow für die Kultursendung *aspekte* eigens angereist und offenbar über die Vorgänge an der Grenze noch nicht informiert. Doch während der Fahrt zur Premierenfeier in einer Schwulenkneipe am Prenzlauer Berg unweit der Bornholmer Brücke bemerkte Carows Team plötzlich ungewohnte Menschenansammlungen auf der Straße. Kaum angekommen, wurden sie mit Sektgläsern und dem Ruf »Die Mauer ist auf!« begrüßt. Ungläubigkeit war die erste Reaktion, bis der Aufnahmeleiter sich kurzerhand auf den Weg über die Bornholmer Brücke machte und mit einer *Bild*-Zeitung in der Hand auf die Premierenfeier zurückkehrte.

Den Westberliner Senat erreichte die Nachricht von der Flutung der Grenze während einer Abendsitzung im Schöneberger Rathaus. »Wir tagten ja vor dem Durchbruch an der Bornholmer Straße und rechneten so mit tausend bis zweitausend Besuchern in den nächsten Tagen«, erinnert sich die damalige Sozialsenatorin Ingrid Stahmer, der bekannt war, dass die DDR ein neues Reisegesetz vorbereitete, »und dann waren es übers Wochenende zwei bis drei Millionen.«

Der sowjetische Gesandte Igor Maximytschew beobachtete die Ereignisse beim Schachspiel mit einem jüngeren Kollegen im Fernsehen. Botschafter Kotschemassow hatte sich bereits zur Ruhe begeben, doch Maximytschew machte keine Anstalten, ihn angesichts der dramatischen Ereignisse zu wecken. Wollte der bekennende Gorbatschow-Anhänger tatsächlich nicht dramatisieren, wie er später behauptete, aus Angst vor einem unvorsichtigen Wort aus Moskau, das möglicherweise Scharfmacher in der DDR aufgeweckt hätte?

Der Schauspieler Ulrich Mühe kam an diesem Abend von einem Dreh in Hamburg nach Berlin zurück, als er im Autoradio Schabowski reden hörte. Im Deutschen Theater stand Lessings *Nathan der Weise* auf dem Programm. Mühe fuhr in die Reinhardtstraße, spielte seine Rolle und ging dann nach Hause. Als privilegierter Künstler mit Arbeitsvisum kannte er den Westen ja bereits. Der Bürgerrechtler Jens Reich erlebte den plötzlichen Menschenstrom zur Grenze an einer Pankower Kreuzung. Er war auf dem Weg zu einem Treffen des Neuen Forums. Die gesamte innere Geografie Berlins, so der britische Chronist und Historiker Timothy Garton Ash, habe sich über Nacht verwandelt. Künstlich erzwungene Peripherien lägen plötzlich wieder im Zentrum. Die Mauer würde fallen und Berlin würde leben, wie es Willy Brandt schon im Sommer 1989 zu Papier gebracht hatte, ohne zu ahnen, was in diesem Herbst passierte.

Da war Gretel Behm, 1919 geboren, von Dietrich Bonhoeffer in der Zionskirche auf dem Prenzlauer Berg konfirmiert und seit dem 13. August 1961 von ihrer im Westen lebenden Schwester getrennt. Ihr Bild ging durch die Medien. Als sie durch einen Anruf ihrer Tochter von der Öffnung der Grenze erfuhr, zog sich die kleine, schmächtige Frau mit den streichholzkurzen Haaren einfach einen Mantel übers Nachthemd und lief zur Bornholmer Brücke.

Jürgen Engert, als Fernsehjournalist an diesem Tag wegen des Besuchs von Helmut Kohl in Warschau, erfuhr von Schabowskis Pressekonferenz und den folgenden Ereignissen abends im Marriott-Hotel der polnischen Hauptstadt. Er machte sich sofort auf den Weg nach Berlin. Als er am frühen Morgen nach einer abenteuerlichen Fahrt mit einem schnell angeheuerten Taxi quer durch Polen den Grenzübergang Dreilinden erreichte, war die Stimmung am Kontrollpunkt unerwartet freundlich. Das sei eine Nacht gewesen, »mein lieber Scholli«, erinnert sich Engert an den Kommentar des östlichen Grenzoffiziers. In dieser Nacht hatte die DDR aufgehört, eine geschlossene Gesellschaft zu sein.

»Wie im Jahre 1848«, so der britische Historiker Mark Mazower über die Ereignisse des Jahres 1989, »löste eine Erhebung die nächste aus, doch diesmal kam es nicht zum Gegenschlag der imperialen Macht, da niemand mehr an das Imperium glaubte.« Weder Preußen noch Österreich seien souverän, urteilte vor 150 Jahren Karl Marx nach der Niederschlagung der revolutionären Erhebungen, sondern allein der Zar. Seinem Willen werde Europa sich beugen müssen. 1989 lagen die Dinge anders. Anfang Juli hatte Michail Gorbatschow in einer Rede vor dem Straßburger Europarat betont, die Sowjetunion werde Reformen in Osteuropa nicht im Wege stehen. Und einen Tag später versicherte er auf einer Konferenz der Ostblockführer in Bukarest, jeder sozialistische Staat habe das Recht, ohne äußere Einwirkungen seinen eigenen Weg zu gehen.

Russland, 1848 eine Bedrohung für die Demokraten Europas, war nun eher eine Bedrohung für die Machthaber Osteuropas geworden, die über vierzig Jahre fast allein dem Schutz sowjetischer Waffen ihr Überleben verdankten. Gorbatschow gab den Kommunismus in Osteuropa auf, um ihn in der Sowjetunion zu retten – so wie Stalin einst das sozialistische Osteuropa nicht um seiner selbst willen schuf, sondern um die sowjetische Westgrenze zu sichern.

Die Risse im sozialistischen Bündnis hatten sich schon lange angedeutet. Mitte 1981 stellte Leonid Breschnew Erich Honecker auf der Krim zur Rede und gab ihm zu verstehen, dass die Politik der Sowjetunion, ihre Bruderländer mit Dumpingpreisen für Brenn- und Rohstoffimporte zu subventionieren, ein Ende haben müsse. KGB-Chef Jurij Andropow äußerte nur wenig später im vertrauten Kreis die Ansicht, man werde sich zukünftig in erster Linie um das eigene Land und die Stärkung der Sowjetunion kümmern müssen, »selbst wenn Polen unter die Kontrolle von Solidarność fällt«.

Man bereitete sich schon damals auf so etwas wie ein zweites Brest-Litowsk vor, ein Zurückweichen auf die russischen Kerngebiete wie im Frühjahr 1918, und stellte sich die Frage, ob eine sozialistische Gemeinschaft überhaupt existiere oder ob man nicht besser allgemein demokratischen Grundsätzen der Nichteinmischung in innere Angelegenheiten schon aus Gründen des wirtschaftlichen Eigeninteresses den Vorzug geben solle. Es war eine Politik des kolonialen Rückzugs als Antwort auf einen bedrohlich und durch das Abenteuer Afghanistan sogar gefährlich werdenden *imperial overstretch*, die mit Gorbatschow ihren vorläufigen Abschluss fand.

Die Reaktionen des Sowjetführers auf den plötzlichen Fall der Mauer waren entsprechend gelassen. »Wie reagierte man in Moskau, als die Mauer fiel?«, erinnert sich der Gorbatschow-Berater Anatoli Tschernajew: »Vielleicht war es ein großer Schock? Nichts dergleichen.« Doch der Zeitpunkt und die Umstände waren natürlich eine Überraschung. Für einen kurzen Moment, so Eduard Schewardnadse, bestand sogar die Gefahr, dass irgendein Befehlshaber die Nerven verlieren würde, obwohl es seit Mitte des Jahres eine klare Anweisung gab, dass sich die sowjetischen Streitkräfte unter keinen Umständen in die innenpolitischen Angelegenheiten der DDR einzumischen hätten.

Am Ende galt die Hauptsorge der Sowjets dem Umstand, dass die Handlungsweise der DDR-Organe durch die faktische Missachtung des Viermächtestatus von Berlin in der Nacht vom 9. auf den 10. November der Autorität der Sowjetunion Schaden zugefügt hatte. Das war so wenig zu verhindern gewesen wie von der Hand zu weisen, und es sollte tatsächlich die Defensivposition der Sowjetunion in der Konsequenz nicht unbeträchtlich vergrößern und ihren schließlichen Zerfall beschleunigen.

Das Jahr 1989 stand nach den Worten des Historikers Steven Saxonberg ganz im Zeichen einer erfolgreich gescheiterten Revolution der kommunistischen Selbstüberwindung. Es ging so nicht weiter, und überall machte sich seit Jahren ein unübersehbarer Niedergang der kommunistischen Parteiherrschaft bemerkbar, die stets den Glauben an sich selbst und die Übereinstimmung ihres Handelns mit den angeblichen Gesetzen der Geschichte verordnet hatte. Ihr Niedergang und weniger die Entstehung einer offenen Opposition waren die bedeutsamen Kennzeichen der Krise, Freiheit zwar das Ergebnis der revolutionären Brüche, das Verlangen danach aber nicht unbedingt ihre primäre Ursache.

Zunächst erhebt man Forderungen, sagte Voltaire einmal, dann

Beschwerden, und schließlich stürzen die Throne – auch wenn die Herrscher, wie in Frankreich 1789 und in Ost- und Mitteleuropa 1989, zuvor zaghafte Versuche der Selbstüberwindung unternommen haben. Sie stürzen in dem Augenblick, wo sie ihren Schrecken verloren haben und niemand mehr an sie glaubt.

Wann war der Zeitpunkt gekommen, der Parallelen aufwies zu jenem berühmt gewordenen Auftritt des Duc de Liancourt gegenüber Ludwig XVI., als er dem König, der die Ereignisse vom Juli 1789 für eine der üblichen Revolten hielt, antwortete: *Non, Sire, c'est une révolution*? Liancourt war ein aufgeklärter Voltairianer, als er diesen Satz in der Nacht nach dem Sturm auf die Bastille aussprach. Er hatte es selbst gesehen, wie die alte Ordnung dort zusammenbrach, als kein Soldat der aufgebrachten Menge mehr entgegentreten wollte.

Danach würde nichts mehr so sein wie zuvor. So war es auch nach der Menschenflut des 9. November 1989.

Sprachlosigkeit

Es war morgens fünf nach neun, als das Zentralkomitee am Tag darauf seine Beratungen am Werderschen Markt wieder aufnahm. »Genossen! Es hat immer schwere Zeiten gegeben. Aber wir dürfen nicht den Mut verlieren«, versuchte Egon Krenz das Plenum am Mittag des 10. November zu beruhigen. Er wollte die Tragweite des historischen Einschnitts der vorausgegangenen Nacht so wenig verstehen wie Ludwig XVI. zweihundert Jahre zuvor den Fall seiner Trutzburg im Osten von Paris. Kaum jemand wollte das.

Zwar waren vor Beginn der Sitzung die Ereignisse der Nacht beherrschendes Thema der Gespräche in der Kantine und im Foyer des Plenarsaals gewesen, doch das eher aufgeregte und hilflose Gerede führte zu keiner einzigen politischen Initiative im höchsten Führungsgremium des Parteistaats, dessen Weiterexistenz nun für jeden sichtbar auf dem Spiel stand. Es war, als hätte sich eine Schar von Lemmingen zum letzten Marsch versammelt.

»Wir setzen unsere Beratung fort.« Mit diesen trockenen Worten eröffnete Krenz die Sitzung und bat dann darum, dass »aufgrund bestimmter Ereignisse« noch einige Genossen das Wort ergriffen,

»bevor wir dann direkt zum Aktionsprogramm reden«. Mit den »bestimmten Ereignissen« war aber keineswegs der Mauerfall gemeint, sondern der plötzliche Einbruch der ökonomischen und haushaltspolitischen Realität durch die unerwartete Frage des Kulturministers vom Vorabend und das folgende Entsetzen über die Eröffnungen des langen Wegs der DDR in die Schuldenfalle.

Krenz wollte keine Plenardiskussion über die Konsequenzen des Mauerfalls, vermutlich weil er sich von dem versammelten Zentralkomitee dazu keine sinnvollen Beiträge versprach und weil er selbst keine klaren Antworten geben konnte. In aller Frühe hatte er Alexander Schalck-Golodkowski damit beauftragt, umgehend Vorschläge zur Öffnung von fünfzig neuen Grenzübergängen vorzubereiten. Das war kaum mehr als eine erste Reflexhandlung, doch offenbar hatte er vor, das Problem weiter über die Bande der Geheimdiplomatie zu spielen und die Partei möglichst keiner großen Zerreißprobe auszusetzen.

Dass an diesem Tag die fatale ökonomische Lage zur Sprache kommen musste, war kaum zu vermeiden. Danach aber sollte sich die Partei nach der Ansicht von Krenz wieder um das neue Aktionsprogramm seiner Wende scharen. Mehr politische Fantasie stand ihm nicht zur Verfügung.

Planungschef Gerhard Schürer kam nun zu Wort, der den Genossen in ungeschminkten Worten klarmachte, dass die Talfahrt bereits mit dem sozialpolitischen Programm des VIII. Parteitags von 1971 begonnen hatte. Von da an, so Schürer, fuhr der Zug von den Realitäten weg, und zwar immer schneller. Die Pläne wurden immer unwirklicher, die Subventionen stiegen von 8 Milliarden Mark 1970 auf 58 Milliarden 1989 in steigend progressiver Distanz zum Wachstum des Nationaleinkommens. Produktive Akkumulationen wurden vernachlässigt, ganze Industriezweige veralteten, die Zulieferindustrie blieb zurück, was zwangsläufig zu Störungen und Disproportionen führen musste. Vorschläge der Plankommission zu einer Kursänderung in der Wirtschaftspolitik wurden konsequent mit dem Argument abgelehnt, Maßstab des Wirtschaftens sei für die SED nicht die Zahlungsbilanz, sondern die Einheit von Wirtschafts- und Sozialpolitik.

Was Schürer da dem versammelten Zentralkomitee eröffnete, war kaum weniger als das Eingeständnis, dass der ganze Sozialismus des Erich Honecker auf Sand gebaut war und ein permanentes Spiel mit dem Risiko eines betrügerischen Konkurses bedeutete.

Als Nächster sprach Politbüromitglied Werner Jarowinsky, im ZK-Apparat verantwortlich für Handel und Versorgung. Immer weniger, so auch Jarowinsky, sei die Sozialpolitik und damit die Versorgung durch die Wirtschaftspolitik getragen worden. »Es liegt etwas in unserem System«, gibt er zu bedenken. Doch in Wirklichkeit meint er damit kaum mehr als die autokratische Machtfülle, die Erich Honecker in seiner Person versammelt hatte und die ihm Jahr für Jahr mehr eine realistische Sicht auf die wirkliche Lage vernebelte. Hätte es anders kommen können? Vorschläge dazu, meint Jarowinsky, lagen in den Jahren 1969 und 1970 vor, als Walter Ulbrichts marktwirtschaftliche Teilreformen plötzlich zugunsten von Honeckers »Einheit von Wirtschafts- und Sozialpolitik« aufs Eis gelegt wurden. Sie hätten, das war Ulbricht ebenso klar wie Honecker, allerdings eine drastische Einschränkung des Konsums zur Folge gehabt. Der wirkliche Grund für das immer unberechenbarer werdende Risikospiel der letzten beiden Jahrzehnte der DDR war die nackte Angst.

»Es war die Angst und die Furcht vor solch rigorosen Eingriffen«, eröffnete Jarowinsky einem immer unruhiger werdenden Auditorium, »die, wie in Polen, eine solche Lage hätten schaffen können des Absinkens des Lebensstandards, und die Angst, vor dem Volk diese Konsequenzen offen darzulegen und das Volk um Mithilfe zu bitten.«

Stattdessen setzte man auf potemkinsche Dörfer, beispielsweise in der Mikroelektronik. »Es war Selbstbetrug«, so Jarowinsky. »Genossen, der Speicherschaltkreis 64 Kilobit, unsere Hauptproduktion gegenwärtig, 8,9 Mio. Stück Produktion, der Betriebspreis 40 Mark, der Weltmarktpreis eine Mark bis eine Mark fünfzig; der Speicherschaltkreis 256 Kilobit, das ist der, der jetzt groß angekündigt in die Produktion gegangen ist, der kostet bei uns – reine Kosten – 534 Mark, der Weltmarktpreis beträgt gegenwärtig vier bis fünf Valutamark. Vier bis fünf Valutamark, Genossen! Ich muss euch auch hier sagen: Die Stützung allein bei diesem Schaltkreis pro Stück 517 Mark und bei dem 64-Kilobit-Schaltkreis von 40 Mark, 31 Mark Stützungen. Ja, Genossen, das sollten die Zugpferde sein, um die

Konsumtion, um die übrige Volkswirtschaft zu entwickeln. So sind die Wahrheiten.«

Krenz blieb nur noch der dringende Hinweis, nichts davon nach außen dringen zu lassen, um die Kreditwürdigkeit der DDR nicht weiter in Gefahr zu bringen.

Doch im Plenum mehrten sich die Einwürfe, man sei belogen und betrogen worden, die ganzen Jahre über. »Die Partei ist kaputt im Grunde genommen!«, rief ein Anonymus erregt in den Saal.

Die Stimmung am Werderschen Markt an diesem Tag war so gespenstisch wie im Herbst 1918 im Reichstag, als Major von dem Bussche die ausweglose militärische Lage schilderte, in die eine Gruppe von Hasardeuren in der Obersten Heeresleitung das Reich gebracht hatte, obwohl Generalstabschef Falkenhayn bereits im Herbst 1914 zu der nüchternen Einschätzung gekommen war, man könne den Krieg nicht mehr gewinnen.

In beiden Fällen waren die Reaktionen auf den verspäteten Offenbarungseid überraschend ähnlich. Man fühlte sich über Jahre von einer größenwahnsinnigen und verantwortungslosen Führung an der Nase herumgeführt. An einem 9. November kollabierte zweimal ein deutsches System, weil es bis zuletzt an seinen unrealistischen Zielsetzungen festhielt und sich erfolgreich jeder rechtzeitigen Korrektur durch demokratische Kontrolle entzogen hatte.

Der 10. November 1989 endete in Sprachlosigkeit. Es sollte ein fast surrealer Tag werden. Erst um 10 Uhr sah sich Krenz vor dem Plenum des Zentralkomitees zu einer Erklärung über die aktuelle Lage veranlasst. Er hatte kurz zuvor von einem barschen Anruf des sowjetischen Botschafters Kotschemassow erfahren, der reichlich verstimmt war, weil in Moskau noch keine Erklärung über die Ereignisse der vergangenen Nacht vorlag. Krenz unterbrach die Debatte mit einem Klingelzeichen. »Genossen, ich bitte um Verständnis«, sagte er dann: »Ich weiß nicht, ob wir alle noch nicht oder viele, da will ich niemandem zu nahe treten, den Ernst der Lage erkannt haben.« Das war eigentlich eine Ohrfeige für das versammelte Zentralkomitee, doch Krenz beruhigte seine Genossen sofort, indem er das besonnene Verhalten der Grenzsoldaten, der Genossen vom Ministerium des Innern und vom Ministerium für Staatssicherheit lobte und darauf verwies, dass »zwei Drittel derer, die heute Nacht Westberlin besucht haben«, inzwischen wieder auf ihren Arbeitsplätzen seien. Das sei »ein positives Signal«, so Krenz: »Aber der Druck nimmt weiter zu.« Die Resonanz war eher verhalten. Zu sehr war man mit der katastrophalen Wirtschaftslage beschäftigt.

Der Einzige, der den Ernst der Lage begriffen zu haben schien, war der langjährige Chefideologe der Partei, Kurt Hager. Eigentlich wollte er sich gar nicht zu Wort melden. Doch dann sagte er, die Lage sei heute »schärfer, ernster als 1953«. Hager hatte genau verstanden, dass mit diesem Tag die Diktatur der SED zu Ende gegangen war. »Wir werden einen Wahlkampf führen müssen, in freien Wahlen, in dem sich zeigen wird, ob wir Vertrauen haben in der Bevölkerung und besonders in den Betrieben, in der Arbeiterklasse, ob wir es zurückgewinnen dort, wo wir es verloren haben. Aber wir werden um diese Situation nicht mehr herumkommen«, erklärte Hager vor dem Plenum des Zentralkomitees: »Spätestens seit der heutigen Nacht hat sich die Lage in dieser Hinsicht, glaube ich, geändert.« Nur wenigen im Saal war das so klar wie ihm, dem leninistischen Veteranen. Doch auch er wusste keine Antwort auf die verfahrene Lage, außer der, keine weiteren Kapitulationserscheinungen zuzulassen und »das Parteiaktiv zu formieren«.

Niemand wusste eine Antwort, niemand stellte sich wirklich die Frage, was die Öffnung der Mauer für die Zukunft des SED-Staats bedeutete.

Gegen halb eins unterbrach Krenz noch einmal die Debatte und rief laut über das Saalmikrofon, im ganzen Land sei eine sehr komplizierte Lage entstanden. Panik und Chaos würden sich ausbreiten, Arbeiter ungefragt ihre Betriebe verlassen, es komme zu Produktionsstillständen, Hortungskäufe von hochwertigen Konsumgütern würden verstärkt beobachtet, und es setze sich zunehmend die Meinung durch, man stehe vor dem Ausverkauf. Doch die Stimmung im Saal war kaum besser.

Mehr einer Eingebung des Augenblicks als einer überlegten Strategie folgend, schloss Krenz mit den Worten, die Genossen Modrow und Schabowski sollten unverzüglich Kontakt zu den Vorsitzenden der Blockparteien aufnehmen, um »unmittelbar eine Regierung« zu bilden. Das 10. Plenum des Zentralkomitees, aus dem eine erneuerte und handlungsfähige SED hervorgehen sollte, endete in einer improvisierten Defensive.

Fast wie in einem Satyrspiel gab der alternde Chefideologe Kurt

Hager nun ausgerechnet die Devise aus: »Jetzt ist Ruhe die erste Bürgerpflicht!«

Kaum anzunehmen, dass der gebildete Hager nicht wusste, was und wen er da zitierte. »Der König hat eine Bataille verloren«, annoncierte am 17. Oktober 1806 ein Maueranschlag in den Straßen Berlins nach der Schlacht gegen Napoleon bei Jena und Auerstedt. »Jetzt ist Ruhe die erste Bürgerpflicht.« Doch es war keineswegs eine kleine Bataille, die da verloren gegangen war. Es war der Untergang des friderizianischen Preußen.

Erosionen

Seit Mitte der Siebzigerjahre, seit der spektakulären Ausbürgerung des Liedermachers Wolf Biermann nach einem Konzert in Köln, war die Kritik an der realsozialistischen Entwicklung auch unter den Intellektuellen der SED immer grundsätzlicher geworden. Es war die Zeit der eurokommunistischen Häresie im Westen. 1976 verkündete der spanische KP-Führer Santiago Carrillo auf einer nach Ostberlin einberufenen Konferenz der kommunistischen Parteien: »Wir verlieren immer mehr den Charakter einer Kirche.« Offen plädierte er für einen »politischen und ideologischen Pluralismus ohne Einparteiensystem« und fand dabei die Unterstützung seiner französischen und italienischen Genossen. Das alles musste verabredungsgemäß in den DDR-Medien veröffentlicht werden, sodass jeder es am nächsten Tag im *Neuen Deutschland* nachlesen konnte. Und das blieb nicht ohne Resonanz.

1977 erschien Rudolf Bahros *Alternative* im Westen, laut Untertitel eine »Kritik des real existierenden Sozialismus«. In der DDR kursierte das Buch in eingeschmuggelten Exemplaren und als vervielfältigtes Typoskript. Fernseh- und Rundfunkinterviews, die das langjährige SED-Mitglied Bahro Westsendern vor seiner Verhaftung am 23. August 1977 gegeben hatte, erreichten ein weitgestreutes Publikum. Krenz' Kritik an »Subjektivismus« und den »administrativen« Methoden der Honeckerzeit im November 1989 war Bahro um einiges voraus. Der sogenannte Subjektivismus, meinte er, sei die notwendige Konsequenz einer Planwirtschaft, die auf dem diktierten Interessenausgleich von oben beruhe – auf der strukturellen

Trägheit der Bürokratie und der quasitheokratischen Allmacht der Politbüros.

Die sich selbst als sozialistisch bezeichnenden Länder hätten gar keinen Sozialismus vorzuweisen, sondern befänden sich bestenfalls auf einem nichtkapitalistischen Weg mit gewissen Berührungspunkten zu einer orientalisch-despotischen Tradition des Staatseigentums. Der sogenannte reale Sozialismus stellte für ihn nicht die Deformation einer im Ursprung guten Idee dar. Das Konzept war vielmehr im Kern falsch. Man sei gezwungen, den Sozialismus neu zu denken. Dabei hatte Bahro keineswegs politischen Pluralismus im Sinn; politische Führung erwartete er vielmehr durch neue Ideen und neues Personal in der *einen* erneuerten Staatspartei.

Man muss Bahro auf dem Weg seines reichlich utopischen Gegenentwurfs zu den bestehenden Verhältnissen im sozialistischen Lager nicht folgen, um zu verstehen, welche Sprengkraft in seinen Aussagen lag. Auch darin, dass er die persönlichen Konsequenzen nicht scheute und kurz vor Erscheinen der *Alternative* im Westen vor seine Parteigruppe trat, sich als Anhänger von Alexander Dubček und Santiago Carrillo zu erkennen gab und erklärte, seiner Ansicht nach gäbe es in der DDR alles andere als einen Sozialismus – wohl wissend, dass seine Verhaftung kurz bevorstand.

Das immer offensichtlicher werdende Scheitern der realsozialistischen Entwicklung beschäftigte seit Mitte der Siebzigerjahre auch andere Intellektuelle in der SED. Wolfram Wallraf beispielsweise, der am Institut für Internationale Beziehungen in Potsdam-Babelsberg forschte und lehrte, verfasste 1979 ein Thesenpapier über den Realsozialismus als System, diskutierte es im Freundeskreis und kam zu der Auffassung: »Das System ist funktionsunfähig, der Verfall ist vorprogrammiert.« Dennoch blieb er bis zuletzt in der SED.

Als Japanologe hatte ihn die Beschäftigung mit der Modernisierung des alten Shogunats in der Auffassung bestärkt, »dass es innerhalb des Systems möglich sein kann, Mehrheiten gegen das Bestehende und für eine Reform aufzubauen«. Er und seine Freunde wollten mehr, als den Sozialismus neu zu denken. Sie wollten ihn überwinden, weil sie der Ansicht waren, nur die liberale Demokratie besitze die Fähigkeit, »Herausforderungen frühzeitig zu thematisieren, hinreichend zu diskutieren und effektiv zu bewältigen«.

Solche Leute, von denen es in der sogenannten zweiten Riege einige gab, hätten in der DDR an anderer Position im Apparat vielleicht eine ähnliche Rolle spielen können wie die Reformkommunisten Gyula Horn, Miklós Németh oder Károly Grósz in Ungarn, die im Mai 1988 den alten Parteichef János Kádár auf einem eigens zu diesem Zweck einberufenen Sonderparteitag zum Rücktritt zwangen.

Nicht unbedingt gewaltsam, aber wenigstens in Form eines öffentlich gemachten Dissenses hätte es in der DDR »so etwas wie einen 20. Juli« geben müssen, um eine politische Beteiligung der SED-Reformer nach dem Ende der Politbürokratie zu legitimieren, meint Wallraf im Nachhinein. Doch es gab niemanden unter ihnen, außer dem verfrühten Rudolf Bahro, der mit Luther'scher Geste gesagt hätte: »Hier stehe ich und kann nicht anders.«

Die auf eine Erneuerung des Sozialismus zielenden Reformer innerhalb der SED waren gewissermaßen die Jesuiten der Partei, die sich im Zweifelsfall immer vom Kampf mit offenem Visier abhalten ließen. Ihnen allen war gemein, dass sie einen persönlichen Bruch um jeden Preis vermeiden wollten, um den Zugang zu den Machtpositionen nicht zu verlieren – und weil sie im Unterschied zu den Protestanten der Bürgerrechtsbewegung in einem durchaus jesuitischen Sinne auch institutionell dachten. Jenseits der Institution, so faul sie auch sein mochte, lauerte immer das andere – der »Gegner«.

Einige von ihnen spielten kurzfristig eine gewisse Rolle, als der über Nacht als letzter Hoffnungsträger des Parteiapparats zum Ministerpräsidenten beförderte Hans Modrow plötzlich feststellen musste, dass nach den »konzeptionslosen Darlegungen von Krenz« auf der 10. ZK-Tagung auch die offizielle Forschung an den wissenschaftlichen Einrichtungen der SED »für tief greifende Reformen nichts zu bieten« hatte. »Neue Überlegungen«, so Modrow, neue »Konzepte und Angebote waren notwendig.«

Plötzlich tauchte ein in den letzten Jahren unter konspirativen Bedingungen an der Berliner Humboldt-Universität ausgearbeitetes Projekt »Moderner Sozialismus« wie eine Fata Morgana, so ein Beteiligter, aus den Schubladen auf und versprach Rettung aus der Not, weil es mehr als die von Krenz praktizierte Rückzugstaktik zu bieten schien. Kurz gesagt, sollte nach den Vorstellungen des

Projekts der Sozialismus von seinen antimodernen Affekten befreit werden.

Man hatte seit 1987 im Halbverborgenen und mit gewissen Kontakten zur Staatssicherheit daran gearbeitet, mit dem Ziel, die SED in günstiger Stunde zum Träger eines Modernisierungsprozesses machen zu können. Doch so neu waren die Ergebnisse nicht. »Hypersynchronisation« des gesamten gesellschaftlichen Lebens wurde als Ursache des chronischen wirtschaftlichen Misserfolgs ausgemacht, dem Markt mit seinen autonomen Subjekten eine entscheidende Rolle bei der Entwicklung einer modernen Wirtschaft zugewiesen. Das Staatseigentum sollte in Zukunft öffentlich-rechtlich mit entsprechenden Aufsichtsgremien organisiert, Partei und Staat unter Berufung auf Immanuel Kant auf der Grundlage kategorischer Rechtsprinzipien voneinander abgegrenzt und getrennt werden.

Als sich den Projektmitarbeitern, gefördert durch Leute wie Markus Wolf und Günter Schabowski, die Chance eröffnete, durch Politikberatung an der Gestaltung der Macht zu partizipieren, waren solche Konzepte, die Jahre zuvor noch eine Sensation dargestellt hätten, schon längst durch die drohende Insolvenz und den Gang der Ereignisse auf der Straße überholt.

Einerseits wollte man, wie einer ihrer Akteure, Michael Brie, im Rückblick meint, die »Errungenschaft« des Staatsparteisozialismus bewahren, »die Kräfte der Moderne sozial und zivil bändigen«. Andererseits wollte man Fähigkeiten zur Innovation freisetzen, begrenzte zivile Freiräume und eine kontrollierte Öffentlichkeit zulassen, ohne die führende Rolle der Partei ernsthaft infrage zu stellen.

Man wollte, mit anderen Worten, zwanzig Jahre verspätet ein bisschen Prager Frühling spielen.

Auf das »Messianische«, das immer mehr sein muss als eine regulative Idee wertbestimmter demokratischer Zielsetzungen, wollte Brie aber auch im Rückblick auf keinen Fall verzichten, ohne offen auszusprechen oder es zu wissen, dass es zwangsläufig zu einer Perpetuierung vertikaler Politik von oben nach unten führen muss, wenn man Realitäten neu erfinden oder, nach seinen Worten, das Kontinuum der Geschichte »aufsprengen« will.

In Warschau setzte in diesem Herbst die erste nichtkommunistische Regierung unter dem bekennenden Katholiken Tadeusz Mazowiecki alle Hoffnung auf einen künftigen polnischen Ludwig Erhard. In Budapest waren die Reformkommunisten längst zu Anhängern der sozialen Marktwirtschaft geworden, und die jungen Liberalen unter Viktor Orbán hätten am liebsten alle Kommunikationsfäden mit der Generation über dreißig abgeschnitten. In Prag suchte Václav Havel nach den zivilgesellschaftlichen Grundlagen der Demokratie. In allen diesen Ländern gab es eine bürgerliche Opposition, die zur Macht drängte. Nicht so in der DDR.

Auch die meisten Bürgerrechtler im zweiten deutschen Staat hofften auf eine Erneuerung des Sozialismus – nicht anders als die Reformer in der SED. Anfang Oktober hatte sich das Neue Forum in einem offenen Brief an alle Mitglieder der SED gewandt. »Das Neue Forum ist eine Stätte für neues Denken. Das ist in der DDR ebenso wenig sozialismusfeindlich wie in der Sowjetunion«, heißt es da. »Eher schon gefährdet die SED den Sozialismus auf deutschem Boden. Wir wenden uns ausdrücklich an die zwei Millionen Mitglieder der SED: Ihr bildet die größte und wichtigste politische Körperschaft in unserem Land. Zu euch gehört ein enormes Potential von Fachwissen und Leitungserfahrung, das für die Erneuerung unserer Gesellschaft dringend gebraucht wird. Ihr beansprucht die führende Rolle – übt sie aus.«

Die Opposition stand auf eine merkwürdige Weise abseits in diesen Tagen. Sie wollte vieles, nur nicht die Macht. Sie war eine Bewegung der protestantischen Ethik und wollte eine Reformation.

Robert Minder, der elsässische Literaturhistoriker, stellte sich einmal die Frage, was in Frankreich dem deutschen Pfarrhaus als Urzelle des Geisteslebens entsprechen würde. Am ehesten könnte man wohl die aus der Adelsfronde gegen den Absolutismus entsprungene Libertinage und die Atmosphäre der Salons nennen, die jenen Geist der Freiheit hervorbrachte, der schließlich die große Revolution beflügelte. In Deutschland dagegen haben alle freiheitlichen Bewegungen mehr oder weniger protestantische Wurzeln. Die deutsche Zivilgesellschaft ist ohne das deutsche Pfarrhaus und seine Kultur der Innerlichkeit kaum denkbar.

Sein Geist der Wahrhaftigkeit und Authentizität prägte auch den Geist der Opposition in der DDR. »Männer und Frauen, die ahnten, dass sie in der DDR-Gesellschaft keinen Platz finden würden, gingen in die Kirche, um zu studieren und sich bilden zu können«, meint Steffen Reiche, ehemaliger Minister in Brandenburg und SPD-Bundestagsabgeordneter. »Man konnte nebenbei Philosophie und Literatur und vieles andere studieren, was im staatlichen Bereich in dieser Weise nicht möglich war.« Er wollte eigentlich zum Theater oder auf die Babelsberger Filmhochschule, doch dann studierte er Theologie. »Ich hätte mich nicht selbst verleugnen können«, sagt er im Rückblick. Man wollte Bürger sein, nicht Untertan, so der Pastor und spätere Mitbegründer der sozialdemokratischen Partei der DDR, Markus Meckel; und die Mitarbeit in den Friedens- und Umweltgruppen der Kirche wurde dabei gewissermaßen zu einer Schule des aufrechten Gangs, der im staatlichen Machtraum nicht praktizierbar war. Man wollte kein *Gebranntes Kind* werden, über das der Staatsdichter der frühen DDR, Johannes R. Becher, in für die Schublade hingeworfenen Zeilen einmal notiert hatte: »Wem einmal das Rückgrat gebrochen wurde, / Der ist kaum zu bewegen, / Eine aufrechte Haltung einzunehmen.«

In erster Linie ging es dabei weniger um den Anspruch auf Gegenmacht als um den Willen zu einem Leben jenseits der staatsoffiziellen Lüge, jenseits von modernem Ablasshandel und seinen Kompromissen mit der Macht und dem parteilichen Unfehlbarkeitsanspruch. Als Ferment der Delegitimierung des Parteistaats ist dieser Ruf nach Authentizität und freier Gewissensentscheidung allerdings kaum zu unterschätzen.

Die Kirchen waren die einzigen legalen Großorganisationen, die nicht in das System des Parteistaats eingebunden werden konnten. 1989 waren 5,1 Millionen Menschen im Bund der Evangelischen Kirchen der DDR organisiert, mehr als doppelt so viele wie in der SED, auch wenn zur gleichen Zeit nur noch 1,8 Millionen regelmäßig die Gottesdienste in einer der 7.385 Gemeinden besuchten. Es gab kirchliche Institutionen, Katechetenseminare, Hochschulen und konfessionelle Schulen, theologische Fakultäten auf den Universitäten, evangelische und katholische Studentengemeinden, kirchliche Verlage, Buchhandlungen, eigene Zeitschriften, konfessionelle Krankenhäuser und Spezialkliniken wie das Oberlinhaus in

Potsdam oder das Marienstift in Arnstadt, sieben reguläre kirchliche Hotels wie den Albrechtshof in Berlin und etwa 10.000 kircheneigene Gebäude, auf die der Staat bestenfalls einen strafrechtlich begründeten Zugriff hatte.

Edelbert Richter beispielsweise lehrte am Katechetischen Oberseminar in Naumburg, Richard Schröder am Sprachenkonvikt in Berlin, beide im Fach Philosophie, das es ansonsten an den staatlichen Hochschulen der DDR nur im marxistisch-leninistischen Korsett gab. Die kirchlichen Hochschulen der DDR waren nach den Worten eines ihrer Lehrer regelrechte »intellektuelle Oasen in einer ideologischen Wüste«, Orte »uneingeschränkter geistiger Freiheit« – im Süden des Landes eher von eschatologischer Tradition geprägt, im Berliner Sprachenkonvikt von der in Fragen des politischen Widerstands durchaus rational denkenden Bekennenden Kirche. Pastoren und kirchliche Mitarbeiter wie die oben Genannten sollten im Herbst 1989 die vernehmbarsten Sprachrohre des Protests und der Neuorientierung der Gesellschaft werden.

Ulbricht hatte 1952 den Versuch unternommen, mit den Mitteln des Staatsterrors den Einfluss der Kirchen radikal zu beschneiden, doch er wurde aus Moskau zurückgepfiffen, und nach dem Aufstand vom 17. Juni 1953 ist niemand mehr darauf zurückgekommen.

Die Kirchen blieben während der ganzen Lebenszeit der DDR ein real existierendes Dementi des totalitären Anspruchs der Partei auf die Gesellschaft, auch wenn sie nichts unversucht ließ, sie sich gefügig zu machen. Es gelang ihr nie oder nur teilweise und in eng gesetzten Grenzen.

Im Herbst 1989 wurden die Kirchen durch die regelmäßigen Friedensgebete an immer mehr Orten der Republik zu Keimzellen des anwachsenden Massenprotests, und sie bestimmten seine Sprache. »Fürchtet euch nicht!«, rief Pastor Christoph Wonneberger seiner Gemeinde in der zu einem Symbol des Aufruhrs gewordenen Leipziger Nikolaikirche zu.

Vielleicht war der Impuls von Propst Heino Falcke, der Suche von jungen Aussteigern, Pazifisten und Grün-Alternativen nach wahrem Leben einen unbewusst religiösen Kern zu unterstellen, ein entscheidender Funke, der den Protest entzündete. »Die Sozialgestalt des Bekennens heute könnten die Gruppen sein«, sagte er im

März 1985, man sollte diese Gruppen nicht nur dulden, sondern sie partnerschaftlich ernst nehmen.

Im Schutzraum der Jungen Gemeinden entstand zunehmend eine Gegenöffentlichkeit, selbst wenn sie oft nur vorpolitischen Charakter aufwies. Hier durften staatlicherseits unerwünschte Schriftsteller, Musiker und Künstler auftreten und ihre Werke ausstellen, hier konnte über Fragen diskutiert werden, die in der FDJ oder der Schule tabu waren – über Umweltprobleme, Fragen der Friedenspolitik und der Militarisierung des Alltags, aber auch darüber, was Falcke einmal die »Hoffnung auf einen verbesserlichen Sozialismus« genannt hatte. Die sich in diesen Schutzräumen langsam entwickelnde Koalition junger Christen und nachdenklicher Marxisten bildete für die SED eine nicht zu unterschätzende Herausforderung.

»Mündigkeit« wurde unter Berufung auf Dietrich Bonhoeffers Briefe aus der Tegeler Gestapohaft das große Stichwort der letzten Jahre der DDR. Die Welt müsse für sich selbst einstehen, hatte Bonhoeffer gefordert, als ob es Gott nicht gäbe. Das konnte, wer es wollte, auch gegen die Partei richten. Bereits im Sommer 1987 tauchten beim Kirchentag von unten Forderungen nach Wahlen mit mehreren Kandidaten auf, angesichts derer ein auf dem Podium sitzender Abgesandter des DDR-Außenministeriums vor laufenden Fernsehkameras der ARD sichtbar ins Schwitzen geriet.

Der große Wunsch dieser Zeit war eine Reformation des Sozialismus wie in Gorbatschows Sowjetunion. Und dabei sollte es bis zum Mauerfall am 9. November bleiben. Alle Oppositionsgruppen forderten in erster Linie einen offenen Dialog mit der herrschenden SED und einen reformierten Sozialismus.

Selbst der *Demokratische Aufbruch*, der später in der CDU aufging, wollte anfangs, wie es in seinem Gründungsaufruf hieß, »neu lernen, was Sozialismus für uns heißen kann«, und *Demokratie Jetzt* forderte: »Der Sozialismus muss nun seine eigentliche, demokratische Gestalt finden, wenn er nicht geschichtlich verloren gehen soll. Er darf nicht verloren gehen, weil die bedrohte Menschheit auf der Suche nach überlebensfähigen Formen menschlichen Zusammenlebens Alternativen zur westlichen Konsumgesellschaft braucht, deren Wohlstand die übrige Welt bezahlen muss.«

Eine Ausnahme bildete die am 7. Oktober 1989 in Schwante bei

Oranienburg illegal gegründete *Sozialdemokratische Partei in der DDR*, deren Programmgrundsätze, hauptsächlich verfasst von dem auf Berlins Sprachenkonvikt zum machtbewussten Hegelianer gereiften Markus Meckel, den Parteistaat von Anfang an infrage stellte und für Demokratie und soziale Marktwirtschaft nach westlichem Muster eintrat. Nicht deshalb, so Mitgründer Richard Schröder im Rückblick, »weil die bundesrepublikanischen Ordnungen die besten sind, sondern weil sie *verbesserungsfähig* sind, während der real existierende Sozialismus an seiner Unverbesserlichkeit zugrunde gegangen ist«. Die DDR-Sozialdemokraten waren im Frühherbst 1989 eine einsame Stimme des oppositionellen Realismus.

Doch die Nacht des 9. November und der folgende Tag bedeuteten ohnehin das Ende aller Träume von einer sozialistisch reformierten DDR. »Bedrohlich ist für autoritäre Regime nicht der Zusammenbruch der Legitimität«, meinte damals der polnische Publizist Adam Przeworski, »sondern die Organisation von Gegenhegemonie.« Das ist der Hauptgrund, weshalb der Entwurf einer »anderen DDR«, die sich Bürgerrechtler und kritische SED-Mitglieder erträumten, nie wirklich eine Chance haben konnte.

Die Gegenhegemonie hatte die Existenz der DDR während der ganzen vierzig Jahre ihres Bestehens in Gestalt der Bundesrepublik wie ein diabolischer Schatten begleitet. Sie war Abend für Abend auf den Fernsehschirmen in den ostdeutschen Wohnzimmern zu besichtigen und im Radio zu hören, sie war millionenfach zu Besuch, sie zeigte sich in den von Hand zu Hand gehenden Neckermann- und Quelle-Katalogen, den heimlich zirkulierenden Ausgaben von *Spiegel* und *Stern*, in den Intershops im eigenen Land und bei den großen Popkonzerten am Reichstag, und sie löste jene große Ausreisewelle des Sommers aus, mit der die letzten Tage des Regimes eingeleitet wurden. Dem konnten weder die subjektiv wie auch immer ernst gemeinten sozialistischen Reformversuche eines maroden Systems noch die Alternativentwürfe der oppositionellen Dissidentengruppen wirklich etwas entgegensetzen, so bedeutsam und unverzichtbar sie als Ferment zur Auflösung der Diktatur auch gewesen waren.

Zweifel

Ohne den wachsenden Zweifel der 2,3 Millionen organisierten Kommunisten in der DDR wäre die friedliche Revolution des Herbstes 1989 vermutlich anders verlaufen. Die Entrüstung über Erich Honeckers Anti-Gorbatschow-Kurs erfasste zuerst die Partei selbst. Es waren, kaum verwunderlich, zunächst viele Kommunisten, die große Hoffnungen auf den Reformer in Moskau setzten und immer mehr in Widerspruch zu Honeckers starrsinnigem Konzept vom »Sozialismus in den Farben der DDR« gerieten. Das ging so weit, dass Erich Mielke in einer Expertise an elf Mitglieder des Politbüros vom 22. September, zu denen interessanterweise Honecker nicht gehörte, feststellen musste, zahlreiche Parteimitglieder unterschieden sich in ihren Auffassungen kaum noch von Parteilosen. Es kam zu massenhaften Parteiaustritten und zu spektakulären Aktionen wie beispielsweise im Brandenburger Stahlwerk »Ernst Thälmann«, wo die Genossen mit Streik drohten und damit, ihre Parteidokumente in den Schmelzöfen zu verbrennen.

Als sich die Partei im Dezember auf einem gegen den Willen von Egon Krenz auf Druck der Basis einberufenen Sonderparteitag in *SED – Partei des demokratischen Sozialismus* umbenannte, war sie bereits eine andere geworden. Sie erklärte öffentlich ihren unwiderruflichen Bruch mit dem Stalinismus und versuchte, reichlich hilflos, sich beim Volk der DDR für die Politik der letzten vierzig Jahre zu entschuldigen – viel zu spät.

Dabei hatte es in der Geschichte der SED stets auch Kritik, Widerspruch und Rebellionen gegen die Parteiführung gegeben. Wie weit die zum Teil erheblichen Zweifel an der eigenen Sendung bereits zu Gründerzeiten der zweiten deutschen Republik tragen konnten, davon zeugt vielleicht am eindringlichsten ein Gedicht des ZK-Mitglieds Johannes R. Becher von 1949, dem Jahr, als mit Wolfgang Leonhard zum ersten Mal ein prominenter Kommunist über das inzwischen mit Bann belegte Jugoslawien in den Westen floh:

Das ist der Turm von Babel,
Er spricht in allen Zungen.
Und Kain erschlägt den Abel
Und wird als Gott besungen.

Er will mit seinem Turme
Wohl in den Himmel steigen
Und will vor keinem Sturme,
Der ihn umstürmt, sich neigen.

Gerüchte aber schwirren,
Die Wahrheit wird verschwiegen.
Die Herzen sich verwirren –
So hoch sind wir gestiegen!

Das Wort wird zur Vokabel,
Um sinnlos zu verhallen.
Es wird der Turm zu Babel
Im Sturz zu nichts zerfallen.

Meinte Becher Stalins Halbwelt oder die kommende Sprachverwirrung in Deutschland? Im Gedicht kann man beides meinen, ohne es deutlich auszusprechen, doch es ist kaum vorstellbar, dass er mit dem Bild des zum Gott erhobenen Brudermörders nicht an Stalin, die Moskauer Prozesse und die ihnen folgende Inflation der Lüge dachte, die er selbst erleben musste. Zum Jahreswechsel 1946/47 hatte er gar Antje Lemke, der von ihm verehrten Freundin Ricarda Huchs, unter vier Augen anvertraut, er spiele mit dem Gedanken, in den Westen zu gehen. Doch Becher fand immer wieder zur Partei zurück. »Ich liebe Dich, weil Du mich hart bewachst«, dichtete er einmal an seine Lebensgefährtin Lilly in Moskau: »Ich liebe Dich, weil Du mich besser machst.« Das galt in gleichem Maße für die Partei, ohne deren »Zucht« er sich als »wilder Spießer« fühlte, »der mit Wutgeschrei / Sich selbst zerfetzt«.

Becher entkam der Magie nie, als Kommunist dem gewaltigen Schauspiel einer mit eiserner Notwendigkeit sich vollziehenden weltgeschichtlichen Umwälzung beizuwohnen, aber er konnte ihm manchmal mit dem irritierten Blick eines zutiefst verstörten Zuschauers gegenübertreten. Er hat nach den Worten Theodor Pliviers »manche Träne getrocknet, und er tat es heimlich und verschwiegen, als schäme er sich seines Mitgefühls und der ungeheuerlichen Verbrechen eines Regimes, von dem er sich nicht zu befreien vermochte«. Becher war alles andere als ein Einzelfall, und eine

Geschichte des innerkommunistischen Zweifels würde vermutlich überraschende Einsichten zutage fördern.

Selbst ein Mann wie Lawrenti Beria, der gefürchtete Geheimdienstchef Stalins, stellte schon zu Lebzeiten des Diktators insgeheim das Sowjetsystem grundsätzlich infrage. Beria hatte bestimmt keine moralischen Skrupel, aber der gelernte Architekt verfügte über ein Gespür für die Ineffektivität des ideologisch geleiteten Systems, dem er mit blutigen Händen diente. Für kurze Zeit nach Stalins Tod war es ihm sogar gelungen, die Macht an der Partei vorbei in den Händen des Ministerrats zu konzentrieren und sie damit faktisch zugunsten eines eher technokratisch denkenden Staatsapparats auf ein Nebengleis zu schieben – was ihm schließlich zum Verhängnis werden sollte. Beria, als rücksichtsloser Handlanger der Macht nach oben gekommen, dann plötzlich ein Reformer, war ein »jesuitischer« Januskopf, den Stalin kurz vor seinem Tod als »äußerst bourgeois« empfand und am liebsten ans Messer geliefert hätte.

»Ohne Privateigentum kommt die UdSSR nie auf einen grünen Zweig«, äußerte Lawrenti Beria 1951 einmal in konspirativ verschwiegener Runde.

Das sah die Masse der Westbesucher aus dem Osten, bezogen auf die DDR, am 10. November 1989 kaum anders. Die Stimmung an den Grenzübergängen hatte an diesem Tag nichts mehr von der aufgeheizten und ungläubigen Euphorie des Vorabends an sich. Vor den Schaltern der Grenzbeamten, die bald überall wie nachts zuvor ihre Tätigkeit einfach einstellten, weil sie anders dem Ansturm nicht mehr gewachsen waren, erinnert sich ein Ostberliner, herrschte eher »erwartungsvolle Fröhlichkeit« vor. »Wahnsinn« war das Wort des Tages.

Im Kino *Babylon* am Berliner Rosa-Luxemburg-Platz lief an diesem Abend Konrad Wolfs Film *Der geteilte Himmel* von 1964 nach Motiven aus Christa Wolfs gleichnamigem Roman – eine Apotheose der Aussöhnung der jungen Generation der DDR mit Teilung und Mauerbau. Die Vorstellung hatte plötzlich etwas von einem Nachruf an sich.

»Vor den Grenzbaracken konnte man Bockwürste kaufen«, erzählt Günter de Bruyn über den Abend des 10. November an der Oberbaumbrücke: »In den winkligen Gängen, wo man früher, vor Aufregung schwitzend, Gepäckkontrollen und Leibesvisitationen hatte erdulden müssen, wurde niemand mehr aufgehalten. Die Schalter waren geschlossen worden, die Grenzwächter aber noch immer vorhanden. Mit Bierdosen hatten sie ein Plakat befestigt: Betriebsfeier, bitte nicht stören!, war in großen Buchstaben darauf gemalt.« Am Tag danach war die Erhabenheit schon wieder abhandengekommen. Prosa bestimmte nun die neue Zeit.

Die DDR löste sich auf. Sie hat vermutlich seit Mitte der Fünfzigerjahre kontinuierlich über ein höheres Sozialprodukt verfügt, als sie produzierte. Sie hatte das Glück, dass ihr aus unterschiedlichen Motiven zwei Partner und große Brüder immer wieder unter die Arme griffen – die Sowjetunion und die Bundesrepublik. Doch auch das reichte nicht aus. Insgesamt fünf existenzgefährdende Wirtschaftskrisen, die zugleich politische Krisen waren, hatte die DDR durchlebt, bevor sie unterging.

Am Ende war der bevorstehende Ruin sichtbar geworden. Die Infrastrukturen zerfielen, besonders die Verkehrsnetze, und am sichtbarsten die ältere bauliche Substanz der Städte und Dörfer. Man lebte einem buchstäblichen Zusammenbruch entgegen. Manches erinnerte an ausrangierte lothringische oder wallonische Industrielandschaften, nur dass in Ostdeutschland der Verfall einen ganzen Staat betraf. Das Gemäuer und die Ziegel mittelalterlicher Städte, etwa an der Stadtmauer von Neubrandenburg, für deren Erhalt zuvor Generationen mit Bürgersinn gesorgt hatten, begannen zu zerfallen. Der Alkoholkonsum war, wie Christa Wolf kurz vor dem Ende der DDR erschüttert feststellte, zweieinhalb Mal so hoch wie in der Bundesrepublik; dreißig bis vierzig Prozent aller Patienten, die einen Arzt aufsuchten, gaben für ihre Krankheiten seelische Ursachen an. Die Selbstmordrate war doppelt so hoch wie in Westdeutschland.

Wer glaubte in diesem Land noch an welche Zukunft?

»Euer Gral ist ein Fantom, dem ihr ein Leben lang hinterhergejagt seid«, sagt König Artus' Sohn Mordret in Christoph Heins im April 1989 in Dresden uraufgeführtem Theaterstück *Die Ritter von der Tafelrunde*, das als Parabel auf die Zustände in der DDR kaum misszuverstehen war: »Ein Hirngespinst, um das ihr euch die Köpfe blutig geschlagen habt. Sieh dir deine Gralsritter an. Verstörte, unzufriedene, ratlose Greise, die das Leben verklagen. Was, glaubst du, sollte mich dazu bringen, auch so zu werden?«

Die Zweifel machten nicht einmal vor der Staatssicherheit halt, die im Unterschied zu den selbstmörderischen Durchhaltebefehlen der ersten deutschen Diktatur nicht daran dachte, sich selbst und die Menschen im Land einer ausweglos gewordenen Idee zuliebe zu opfern. Der Nationalsozialismus, betont der britische Historiker und Hitler-Biograf Ian Kershaw, besaß eine immanente Tendenz zur Selbstzerstörung, die zum Wesen seiner militanten Dynamik und seiner kompromisslos gestellten Alternative zwischen Weltherrschaft und völliger Vernichtung gehörte. Die selbstzerstörerischen Tendenzen des poststalinistischen Realsozialismus dagegen waren eher in dem Umstand zu suchen, dass er seiner Anlage nach an den Überforderungen durch die Globalisierung scheitern musste. Diese Differenz ist allerdings wesentlich. Denn sie war für die betroffenen Menschen lebensentscheidend. Der Kelch wurde eben nicht bis zum letzten Tropfen geleert.

»Es ist doch keine isolierte Masse, die da weggeht«, so Staatssicherheitsminister Erich Mielke auf einer Dienstbesprechung Ende August, auf dem ersten Höhepunkt der Ausreisewelle, »die ist doch mittendrin in der Bevölkerung, geht aus der Bevölkerung heraus weg.« Am 5. September stellte er im Politbüro die Frage, ob nicht »einige der Wurzeln« der Krise auch »bei uns« liegen könnten. Und auf der Sitzung des Politbüros vom 17. Oktober, die zur Absetzung Erich Honeckers führte: »Wir können doch nicht anfangen, mit Panzern zu schießen.« Es sei, lässt er seinen bisherigen Chef wissen, nun »Schluss: Ich akzeptiere das«.

Eines der denkwürdigsten Dokumente der Übergangszeit des Herbstes 1989 ist eine Anleitung für Sekretäre und Funktionäre der SED-Parteiorganisation des Ministeriums für Staatssicherheit (MfS) vom 22. November, verfasst von Oberst Dr. Hannelore Philipp von der Hochschule der Staatssicherheit in Potsdam-Eiche. Der »Erneuerungsprozess«, schreibt Oberst Philipp mit dem Gestus eines Grafen Liancourt, habe eindeutig einen »volksrevolutionären Charakter«, der objektiv unumkehrbar und historisch notwendig sei, da er aus der Dialektik von Produktivkräften und Produktionsverhältnissen herrühre. Für Nichtmarxisten übersetzt meint sie damit, dass das bisherige gesellschaftliche und politische System der DDR dem technischen und wirtschaftlichen Fortschritt als unüberwindbares Hemmnis im Wege stand.

Der Untergang der DDR bedeutete aber aus diesem Grund unter allen Untergängen des Sozialismus im Herbst 1989 eine besondere weltgeschichtliche Zäsur. Das sowjetische Politbüromitglied Anastas Mikojan meinte kurz vor dem Mauerbau 1961, wenn der Sozialismus in der DDR nicht siegreich sei, »dann haben *wir* nicht gesiegt. So grundsätzlich steht für uns die Frage.« Allen Ernstes war der DDR, wie es Bertolt Brecht einmal eher ironisch formulierte, die Rolle einer »Musterprovinz« zugedacht. Die DDR als »unser Musterland«, so Nikita Chruschtschow, sollte aller Welt demonstrieren, dass das sozialistische Projekt in einem hoch entwickelten Industrieland, den Prognosen von Karl Marx entsprechend, dem westlichen Kapitalismus eindeutig überlegen war.

Dieses Experiment war spätestens in den Siebziger- und Achtzigerjahren unübersehbar gescheitert. Es war durch keine innere Reform und durch keinen dritten Weg zu retten.

»Trotz aller Sympathien, ich wählte Bündnis 90 nur kommunal«, erinnert sich der Physiker Frank Schneider, ein SED-Reformer, an das Jahr, als in der DDR zum ersten Mal freie Wahlen stattfanden. »Ansonsten die CDU, aus der Hoffnung heraus, dass die CDU noch am ehesten rechtsstaatliche Regularien garantiert. Bei den Grünen und beim Bündnis 90 gab es ein gewisses Eiferertum und Fanatismus, waren moralischer Rigorismus und Pharisäertum zu erkennen. Die PDS war damals nicht wählbar für mich, weil nicht klar war, in welche Richtung sie gehen wird. Sie würde natürlich versuchen, die Vereinigung zu verhindern, dachte ich. Über die Risiken der Vereinigung war ich mir klar, aber sie schien mir immer noch besser als das Risiko neuer Experimente, an deren Suppe so viele alte, machtgewohnte Ignoranten mitkochten. Das wollte ich nicht. Die SPD schien mir nicht geeignet. Es gab einige Meinungsäußerungen, die darauf hinausliefen, dass sie die Einheit zu schlechteren Bedingungen und später verwirklichen wollte. Das hielt ich für zu risikoreich, weil man ja nicht wusste, wie sich die Sowjetunion entwickelt.«

Davon aber hing vom Anfang bis zum Ende alles ab.

Antifaschismus

Strauß mit Akelei

»Sicher ist es für Sie eine Freude, Mr Stalin, sowjetische Truppen in Berlin zu sehen«, bemerkte der amerikanische Botschafter Averell Harriman auf der Potsdamer Konferenz Ende Juli 1945 gegenüber dem sowjetischen Diktator. »Wieso soll ich mich darüber freuen?«, antwortete Stalin, »russische Ulanen waren schon in Paris.« Stalin, dessen Stellung nach den Worten des amerikanischen Diplomaten George F. Kennan 1945 ganz erstaunlich der Alexanders I. am Ende der napoleonischen Ära ähnelte, wusste, dass man Siege im Krieg durch Politik und Diplomatie schnell wieder verspielen konnte.

Der rotbäckige Zar hatte in seinen Augen nach 1815 durch seine schwärmerischen Ideen einer heiligen Allianz der Fürsten und Völker Europas auf Dauer weder den Niedergang Russlands noch den Aufstieg der Deutschen zu einer bedrohlichen Großmacht verhindern können, und so etwas sollte nun nicht wieder passieren. Stalin hielt es lieber mit dem Fürsten Metternich, der über die Höhenflüge des Zaren nur meinte, abstrakte Gedanken zählten nicht viel. »Wir«, so die Ansicht des österreichischen Chefdiplomaten, »nehmen die Dinge so, wie sie sind, und wir suchen nach Kräften uns zu hüten, Gefangene von Illusionen über die Wirklichkeit zu werden.« Das sah der Machtpolitiker im Kreml 1945 genauso.

Deutschland, so wurde er nicht müde zu betonen, von dem man schon nach dem Ersten Weltkrieg annahm, es sei endgültig erledigt, habe sich danach schnell wieder aufgerichtet und die Welt mit einem neuen Krieg überzogen. Es gebe keine Garantien, dass es diesmal nicht wieder auf die Beine komme. »Sie sind eine starke Nation«, sagte er am 9. August 1944 zu Stanislaw Mikolajczyk von der polnischen Exilregierung in London, und Deutschlands wirtschaftliches und militärisches Potenzial werde Hitler überleben, auch wenn er alles unternommen habe, es zu schwächen. Das war in seinen Augen sogar unvermeidlich, und wenn es schon unvermeidlich war, dann sollte die Sowjetunion so viel Einfluss darauf haben wie möglich. Man müsse das Schwert geschliffen halten, erklärte er dem Polen.

Für die Sowjetunion war der Vernichtungsfeldzug Hitlers eine Katastrophe apokalyptischen Ausmaßes gewesen. »Was für ein schrecklicher Krieg«, sagte Stalin zu Marschall Schukow, als im März 1945 die Vorbereitungen des Sturms auf Berlin ihre Endphase erreichten: »Wahrscheinlich gibt es kaum eine Familie, die keine Angehörigen verloren hat.« Selten hatte man ihn so nachdenklich gehört. Über zwanzig Millionen Opfer musste die Sowjetunion beklagen, von den verwüsteten Städten und Dörfern und den ungeheuren Schäden im Wirtschaftsleben ganz zu schweigen. Auf ihrem Weg nach Westen hatte die Rote Armee dies alles vor Augen. Den Anblick der verkohlten Leichen russischer Mädchen und Frauen vor den Toren von Minsk musste sie ertragen, ausgemergelte, dem Tod nahe Häftlinge in den Vernichtungslagern Maidanek und Auschwitz, und vieles mehr. »Die Faschisten«, hatte der Schriftsteller Ilja Ehrenburg seit 1942 in Propagandaschriften der kämpfenden Truppe immer wieder eingebleut, »führten in ihrem Gepäck den Kult der Gewalt, Brutalität, Gräuel, Tod.« Das konnte sie während ihres Vormarschs nun alles übergenug durch eigene Anschauung bestätigt sehen, und entsprechend hinterließ sie selbst eine Spur des Grauens, als sie in Ostpreußen die Reichsgrenze überschritt.

Stalin wollte um jeden Preis der Eroberer von Berlin werden, weil sich in seinen Augen dort das Schicksal Deutschlands entscheiden würde. Zwar hatte man sich auf der Konferenz von Jalta im Februar 1945 bereits auf die künftigen Einflusssphären in Deutschland geeinigt, nach denen Berlin im Zentrum der sowjetischen Zone liegen sollte, doch er traute Eisenhower und Montgomery durchaus zu, dass sie ihm militärisch zuvorkommen würden oder dass die Deutschen mit den Westmächten einen Separatfrieden vereinbaren und ihre ganze verbliebene Kraft der Roten Armee entgegenwerfen könnten. Würde Eisenhower sein Versprechen halten, Berlin den Sowjets zu überlassen und auf Leipzig zu marschieren? Er hatte Stalin diese Nachricht zukommen lassen und gleichzeitig darum gebeten, die sowjetischen Pläne zu erfahren.

»Nichts werde ich ihm sagen«, war Stalins Antwort auf einer internen Besprechung im Kreml am 11. April.

Am 14. April schloss sich der Ring um Berlin. Tags darauf im Morgengrauen Punkt fünf Uhr gab Marschall Schukow den Befehl zum Angriff, und am 16. folgte der gleiche Befehl für Marschall Konews Armee. »Sonderbar ist es, die russischen Steppenpferde in Dahlems Villengärten weiden zu sehen«, notierte der norwegische *Aftenposten*-Korrespondent Theo Findahl unter dem Höllenlärm von auf das Zentrum der Stadt gerichteter Stalinorgeln am 29. April in sein Berliner Tagebuch: »Aber noch seltsamer mutet eine Schar Kamele an, die zu einer Gartenpforte in einer Nebenstraße hineinschaukeln – sie kommen wohl aus Turkestan oder einem anderen fernen asiatischen Lande –, so unermesslich groß ist der Krieg an Umfang.« Am 30. April hissten die beiden Feldwebel Jegorow und Kantarija die rote Fahne mit Hammer und Sichel auf dem Reichstag.

Viele, notierte Findahl am Tag darauf, hatten nun erwartet, dass das rote Berlin wiederauferstehen und es zu Verbrüderungen zwischen russischen und deutschen Kommunisten kommen werde. Doch er musste erleben, dass Deutsche, die plötzlich mit einer roten Blume im Knopfloch als Zeichen ihrer Gesinnung über die Straße liefen, von den Russen überhaupt nicht beachtet wurden. »Ich habe überhaupt ein sonderbares Gefühl«, vertraute er am ersten Mai seinem Tagebuch an, »so als seien die Russen nicht sonderlich interessiert an einem kommunistischen Deutschland; es könnte wohl auch ein beschwerliches und gefährliches Element innerhalb der Sowjetunion werden. Der einzige Russe, der uns bisher etwas von politischem Belang gesagt hat, ist ein Offizier, der heute bei uns war und erklärte, Deutschland solle eine demokratische Republik und nicht eine kommunistische Gemeinschaft werden.« Auf der Dahlemer Podbielskiallee verkündeten Plakate auf Deutsch und Russisch, dass es den Rotarmisten verboten sei, zivile Personen aus ihren Häusern zu vertreiben oder ohne die »Zulassung durch militärische Kommandanten« auf eigene Faust Hausdurchsuchungen vorzunehmen.

An diesem Tag kam es im Hauptquartier des Generals Tschuikow am Schulenburgring 2 unweit des Tempelhofer Flughafens zu einer denkwürdigen Begegnung. Morgens um halb vier erschien hier mit weißer Fahne an seinem Kübelwagen der letzte von Hitler ernannte Generalstabschef des Heeres, Hans Krebs. Er teilte Tschuikow in fließendem Russisch mit, dass Hitler sich umgebracht habe, und verlangte einen direkten Draht zur sowjetischen Führung. Krebs war für die Sowjets kein Unbekannter. Vor dem Überfall auf die Sowjetunion und zu Zeiten des Hitler-Stalin-Pakts war er Militärattaché in Moskau und kannte Stalin aus dieser Zeit persönlich. In Erinnerung blieb besonders die Begegnung, als Stalin am 13. April 1941 während der Verabschiedung des japanischen Außenministers Matsuoka auf dem Jaroslawler Bahnhof vor dem versammelten diplomatischen Corps auf Krebs zuschritt, mit beiden Händen dessen rechte Hand umfasste und laut vernehmlich sagte: »Wir werden Freunde bleiben, auf jeden Fall.« Er bezog diese spektakuläre Freundschaftsbekundung natürlich auf den Pakt der Diktatoren und nicht auf Krebs persönlich, doch war Krebs damals als ein überzeugter Befürworter deutsch-russischer Zusammenarbeit bekannt.

Offenbar hatte er jetzt die Illusion, an diese alten Verbindungen anknüpfen und Stalin über Schukow einen Waffenstillstand in letzter Minute anbieten zu können. Ein absurdes Angebot, dem nach voraussehbarer Ablehnung Stalins ein ebenso absurdes Besäufnis beider Generale folgte, bevor Krebs nach mehreren Stunden zurück ins umkämpfte Zentrum fuhr, um sich angesichts der nun unvermeidlich gewordenen bedingungslosen Kapitulation mit einer Kapsel Zyankali das Leben zu nehmen.

Für das eigentliche Kriegsgeschehen während der letzten Tage des Untergangs blieb diese Begegnung eine belanglose Episode, doch sie ruft noch einmal in Erinnerung, wie vielfältig Stalins Optionen in Bezug auf Deutschland waren. Sie bewegten sich auf einer Skala, die von einem Arrangement mit dem Reich oder seinen Erben über seine Aufteilung und Ausbeutung zu Reparationszwecken bis zur Sowjetisierung, Teilsowjetisierung oder Neutralisierung des besiegten Gegners reichte – je nachdem, welche Option für die Sowjetunion die günstigsten Resultate versprach.

1939 hatte Stalin gemeinsam mit Hitler das als britisch-französischen *cordon sanitaire* wahrgenommene Polen – den »polnischen

Vasallenstaat als Schranke zwischen dem Sowjetvolke und dem deutschen Volke«, wie es in einer zeitgleichen KPD-Erklärung heißt – zerschlagen und sich die polnischen Ostgebiete einverleibt. Polen wurde nun das einzige Land, das von Gestapo und NKWD gleichermaßen heimgesucht werden sollte. TASS veröffentlichte am 29. Oktober eine Erklärung Stalins, nicht Deutschland, sondern Frankreich und England hätten den Krieg begonnen. Durch den Pakt der Diktatoren war er zum ersten großen Kollaborateur des Dritten Reichs geworden, was sich auch atmosphärisch bemerkbar machte. Als der deutsche Außenminister Joachim von Ribbentrop am 24. August 1939 von seinen Verhandlungen in Moskau nach Berlin zurückkehrte, berichtete er Hitler, er habe sich dort ganz wie zu Hause »unter alten Parteigenossen« gefühlt. Hitler hatte ihm seinen persönlichen Fotografen Heinrich Hoffmann mit auf die Reise gegeben, der die historische Szene am frühen Morgen dieses Tages im Bild festhielt, als Ribbentrop mit einem Champagnerglas und Stalin mit einem Wodkaglas in der Hand sich nach Unterzeichnung des Pakts zuprosteten und Stalin den Trinkspruch von sich gab: »Ich weiß, wie sehr das deutsche Volk seinen Führer liebt; ich möchte darum auf seine Gesundheit trinken.« Der »Führer« hatte Hoffmann auch aufgetragen, Stalins Ohrläppchen aus der Nähe zu fotografieren, damit er feststellen konnte, ob sie »angewachsen und jüdisch oder frei und arisch« seien. Zu seiner Erleichterung waren sie Letzteres.

Johannes R. Bechers Lebensgefährtin Lilly, damals mit ihm im Moskauer Exil, vermutete, dass Stalin umgekehrt von Hitler tief beeindruckt war, so sehr, dass er ihm vertraute. Wenn man seinem Dolmetscher Valentin Bereschkow Glauben schenken will, gab Stalin schon 1934 seiner Hochachtung Ausdruck, als er Hitlers eiserne Hand gegen Ernst Röhm und die SA mit den zustimmenden Worten kommentierte, er habe damit gezeigt, dass er ein großer Mann sei. Becher selbst redete sich allerdings ein, Stalin habe den Pakt 1939 nur abgeschlossen, um Zeit zu gewinnen und den Frieden mit Deutschland nicht aufs Spiel zu setzen.

An Stalin richtete er damals die folgenden Verse: »Du schützt mit deiner starken Hand / den Garten der Sowjetunion, / Und jedes Unkraut reißt du aus. / Du, Mutter Russlands größter Sohn, nimm diesen Strauß, / nimm diesen Strauß mit Akelei zum Zeichen für das Friedensband, / das fest sich spannt zur Reichskanzlei.« Zu Hitlers

Reichskanzlei. War Becher, wie Arthur Koestler behauptet, tatsächlich gezwungen worden, solche Elogen zu verfassen? Eher waren sie vermutlich Teil seiner Neigung, sich von der Partei im Zweifelsfall den rechten Weg weisen zu lassen.

Ein von Walter Ulbricht und Herbert Wehner Ende Oktober gemeinsam verfasstes Papier der KPD kam nämlich zu dem Ergebnis, der deutsch-sowjetische Pakt habe im deutschen Volk – und, wie Ulbricht Anfang 1940 in einem Artikel für die in Stockholm erscheinende Kominternzeitung *Die Welt* hinzufügte, bei den »im deutschen Nationalitätenstaat eingegliederten Völkern« (!) – die Freundschaft zur sozialistischen Sowjetunion vertieft, während die »reaktionären, früheren führenden Kräfte der SPD und der früheren bürgerlichen Parteien« auf den »englischen Imperialismus« spekulierten. Dessen Ziel, so Wilhelm Pieck im Dezember 1939 in der Zeitschrift *Die Kommunistische Internationale*, bestünde aber in nichts anderem als in der »Unterwerfung des deutschen Volkes«, dem »ein noch schlimmeres Versailles als 1918 auferlegt« werden solle. Die SPD-Führer, ergänzte Politbüromitglied Wilhelm Florin mit kaum zu überbietendem Zynismus, seien 1939 »noch tiefer gesunken als 1914« und nur »durch besondere Umstände (!) verhindert, diesmal offen an der Seite ihrer Bourgeoisie zu kämpfen«. Sie folgten mit solchen Ausfällen nur der Stimme ihres Herrn im Kreml, bei dem sich spätestens Anfang 1939 der Gedanke festsetzte, England, und nicht etwa das durch die Unterwerfung seiner Nachbarländer vergrößerte Nazideutschland, sei »der Erzfeind von Frieden und internationaler Sicherheit«. England war der große Protegé des Störenfrieds Polen, und durch die gemeinsam mit Hitler geplante Zerschlagung dieses Pfahls im Fleische meinte Stalin sein Imperium als zweite große europäische Kontinentalmacht behaupten zu können.

Er hatte bis zuletzt an die Beständigkeit des Pakts mit Hitler glauben wollen. Am 22. Juni 1941, dem Tag des für ihn völlig unerwarteten deutschen Überfalls auf die Sowjetunion, meldete er sich nicht zu Wort, sondern ließ Molotow sprechen, der zum ersten Mal nach zwei Jahren das Wort »faschistisch« wieder in den Mund nahm. Nachmittags um vier hörte Wolfgang Leonhard einen Engländer auf dem Moskauer Theaterplatz ironisch sagen: *Now at last they became antifascists, too*, nun sind sie schließlich auch noch zu Antifaschisten geworden.

Ende April 1945 ging der Krieg seinem Ende zu, und die Sowjetunion, die neben dem unglücklichen Polen ohne Zweifel die Hauptlast des Krieges getragen hatte, konnte sich nun als die große antifaschistische Siegermacht fühlen, zumal die Ausrottung des Faschismus erklärtermaßen das Hauptziel der west-östlichen Anti-Hitler-Koalition darstellte. Dabei geriet leicht in Vergessenheit, dass nicht Stalin, 1943 vom *Time Magazine* zum »Man of the Year« gekürt und in Teheran mit dem von König George VI. gestifteten, auf ein weinrotes Samtpolster gebetteten »Stalingrad-Schwert« ausgezeichnet, sondern zwei europäische Konservative – der unbeugsame Winston Churchill und der anfangs recht einsame Charles de Gaulle – die beiden beständigsten Antifaschisten Europas gewesen waren.

In Stalins großem Arbeitszimmer im Kreml hingen die Porträts der zaristischen Generäle Kutusow und Suworow, Helden einer anderen Zeit abrupt wechselnder Koalitionen, in denen Russland erst mit Napoleon verbündet war, dann von ihm überfallen wurde und schließlich zur Hauptkraft heranwuchs, die seinen Untergang herbeiführte. Das veranlasste Stalin zu dem Trugschluss, die Lösung für den Frieden Europas in ähnlichen Konzepten zu suchen wie 1815. Eine Vorstellung von der künftigen Weltordnung hatte er, abgesehen von den immer vager werdenden und für die konkrete Politik unbrauchbaren Hoffnungen auf eine künftige Weltrevolution, im Unterschied zu Roosevelts Eine-Welt-Vision der *Vereinten Nationen* kaum.

Seine Bewunderung für Hitler blieb auch nach dem Krieg ungebrochen. »Könnte denn ein Verrückter derart seine Nation hinter sich bringen?«, fragte er sich während eines Abendessens an der Schwarzmeerküste und gab sich selbst die Antwort: »Hitler war ein begabter Mann, und nur ein solcher konnte das deutsche Volk vereinigen.« Ob einem das passe oder nicht, die Rote Armee habe sich bis Deutschland durchgekämpft und Berlin erreicht, ohne dass die deutsche Arbeiterklasse, auf die Lenin einmal so große Hoffnungen setzte, je gegen das faschistische Regime aufgestanden wäre. Die Hitler kommen und gehen, pflegte Stalin während des Krieges zu sagen, aber nur sein Kommen hatten die Deutschen bewirkt. Diese Sicht bestimmte auch seinen Blick auf die Zukunft der deutschen Frage.

»Ich bin für jede mögliche und unmögliche Niederhaltung Deutschlands«, ließ er Stanislaw Mikolajczyk, den Premier der polnischen Exilregierung, am 9. August 1944 wissen.

Stalin war damit nicht sehr weit entfernt von den Ansichten des amerikanischen Advisory Committee on Postwar Foreign Policy, das seit 1942 immer wieder dafür votierte, man solle nach dem Ende des Krieges keinen Zweifel aufkommen lassen, dass die deutsche Niederlage endgültig sei und es keine Hoffnungen auf Rückkehr zum Vorkriegsstatus geben könne. »Wir müssen hart mit Deutschland umgehen«, sagte Franklin Delano Roosevelt zu Henry Morgenthau in jenem August 1944, als Mikolajczyk bei Stalin weilte: »Wir müssen das deutsche Volk entweder kastrieren, oder man muss es so behandeln, dass sie nicht noch mal Leute hervorbringen, die auf gleichem Wege wie bisher weitermachen wollen.« Als Roosevelt Anfang Februar 1945 zu Beginn der letzten Konferenz der großen Drei vor der Endoffensive auf das Reich den alten zaristischen Livadia-Palast in Jalta bezog und auf der Fahrt vom Flughafen Saki dorthin die von den Deutschen auf der Krim angerichteten Zerstörungen persönlich in Augenschein nehmen konnte, fühlte er sich in dieser Ansicht mehr als bestätigt.

Das Advisory Committee hatte allerdings 1943 auch einen Deutschlandplan vorgelegt, der die Förderung demokratischer Institutionen als beste Garantie für einen Nachkriegsfrieden bezeichnete, und dabei ein »Minimum an Bitterkeit« als förderlichste Haltung gegenüber den Deutschen angemahnt. Entsprechend reagierte Roosevelt höchst indigniert, als Stalin in Jalta beiläufig die Meinung äußerte, demokratische Wahlen im künftigen Europa müssten über jeden Verdacht so erhaben sein wie der Ruf von Cäsars Weib. Er hatte als amerikanischer Demokrat für solche zynischen Scherze eines ehemaligen Priesterschülers wenig Verständnis, und sie verhießen nichts Gutes. Stalin war erst kurz zuvor von seinem Berater Maxim Litwinow gewarnt worden, es könnte vielleicht in Zukunft zu »Missverständnissen und Spannungen« kommen, die aus »Unterschieden im Zugang zur Errichtung von Ordnungs- und Regierungssystemen in einigen Ländern Europas« resultieren würden.

Während der Konferenz auf der Krim war Stalin, was Deutschland betraf, in erster Linie an einer Regelung der Reparationsfrage interessiert. Die Forderungen, die er stellte, nahmen sich angesichts der enormen Kriegsverluste recht bescheiden aus. Maiski, der bei internen Berechnungen 1944 auf eine Summe von 128 Milliarden Dollar Kriegsschäden allein in der Sowjetunion gekommen war (die Gesamtschäden des Ersten Weltkriegs beliefen sich auf dreißig Milliarden Dollar), trug sie vor. Am Ende verlangte Stalin zehn Milliarden Dollar, nachdem Maiski erklärt hatte, die Berechnungen der Verluste infolge der deutschen Aggression ergäben »so astronomische Zahlen«, dass keine Reparationen diese Verluste je decken könnten.

Mit Reparationen hatten Briten und Amerikaner nach dem Ersten Weltkrieg allerdings andere Erfahrungen gemacht als die Sowjetunion. Ihnen war in Erinnerung geblieben, dass sie damals letztlich zuzahlen mussten. Churchill wandte ein, wenn er einen Weg sähe, durch Reparationen die britische Wirtschaft zu stützen, würde er diesen Weg sofort beschreiten. Allein, er zweifle am Erfolg, und außerdem: Wer würde das hungernde Deutschland ernähren?

Wenn man ein Pferd reiten will, sagte Churchill, muss man es mit Heu und Hafer füttern.

Stalin antwortete nur etwas hilflos, das Pferd dürfe einen aber nie wieder angreifen.

Zwar einigte man sich in Jalta auf die von Stalin genannte Summe als Ausgangspunkt künftiger Verhandlungen, doch das Reparationsproblem blieb ungelöst.

Allerdings brauchte die Sowjetunion enorme Mittel für den Wiederaufbau. Stalins Chefökonom Eugen Varga prophezeite bei der Umstellung der amerikanischen Kriegswirtschaft auf den Frieden eine unweigerliche Überproduktion, für die der sowjetische Markt mittels Anleihen ein attraktiver Abnehmer und Krisendämpfer sein könnte. Die Anleihen könnten das Defizit an Reparationen zumindest teilweise kompensieren. Doch was wäre, wenn amerikanisches Kapital auch in die westlichen Zonen Deutschlands flösse, um das Pferd mit Heu und Hafer zu füttern? Was, wenn die Amerikaner Kredite für die Sowjetunion an Bedingungen knüpfen würden? Während der Konferenz auf der Krim deuteten sich bereits die ersten Umrisse jener Gegensätze an, die mit den Jahren immer weiter eskalieren und schließlich als Folge des Marshallplans zum Bruch mit den westlichen Verbündeten führen würden. Auf einen kurzen Nenner gebracht, liefen die anglo-amerikanischen Nachkriegsvorstellungen darauf hinaus, durch einen weltweiten *New Deal* und eine wirtschaftliche *Open-door*-Politik internationalen Umverteilungsprozessen durch gezielte Impulse zu weltweiter Bereicherung zuvorzukommen und so einer Entwicklung entgegenzusteuern, die als eine der Hauptursachen des Krieges gelten musste. Hätte sich Stalin eine solche Vision zu eigen gemacht, die später mit dem Marshallplan Wirklichkeit wurde, wäre das einer Selbstaufgabe des sowjetischen Staatsplansozialismus gleichgekommen.

In Jalta waren solche Gegensätze noch kaum sichtbar. Niemand stellte dort die weitere Zusammenarbeit der großen Drei infrage. »Wir müssen irgendeine Kooperation suchen, um wenigstens ein paar Jahrzehnte Frieden zu haben«, hatte Maxim Litwinow, bis zu seiner Absetzung als Außenminister ein Vierteljahr vor dem Hitler-Stalin-Pakt ohnehin ein Befürworter der Zusammenarbeit mit dem Westen, seinem Chef im Kreml nahegelegt.

»Die größte Gefahr«, meinte Stalin in Jalta, wäre ein »Konflikt zwischen den drei hier vertretenen Großmächten.«

Der Macher

In den letzten Tagen des Weltkriegs begann der Aufstieg Walter Ulbrichts zu einer prägenden Figur der deutschen Nachkriegspolitik. Das war keineswegs eine von Anfang an ausgemachte Sache.

Die alliierte Politik gegenüber Deutschland stand unter dem Vorbehalt der in Casablanca Anfang 1943 zwischen Churchill und Roosevelt vereinbarten und von Stalin akzeptierten Forderung nach einem *unconditional surrender*, einer bedingungslosen Kapitulation des Reichs, dessen Existenz sich mit dem Sieg der Anti-Hitler-Koalition auflöste. »Es gibt nur noch Millionen von staatenlosen Deutschen«, notierte Theo Findahl am 9. Mai, dem ersten Tag des Friedens, in sein Dahlemer Tagebuch: »Zwölf Jahre Hitler-Regiment hat genügt, um eine Großmacht ins Verderben zu stürzen; es ist so überwältigend, dass es gar nicht zu fassen ist.« Deutschland war kein Staat mehr, es war ein besiegtes feindliches Territorium in der Mitte Europas mit einer mehr oder weniger rechtlosen Bevölkerung unter alliierter Militärherrschaft.

Ulbricht kehrte aus seinem Moskauer Exil nicht als eine führende Figur des deutschen Kommunismus zurück, sondern als untergeordneter Mitarbeiter der Politischen Hauptverwaltung der Roten Armee, im Status kaum anders als jene Emigranten, die zur gleichen Zeit mit den Stäben der westlichen Armeen ihr Heimatland wieder erreichten. Man habe sich nach dem Sieg über Hitler auf »eine lange Periode der Besetzung« einzurichten, hatte Georgi Dimitroff von der Abteilung für Internationale Information des ZK der KPdSU den deutschen Kommunisten vor ihrer Abreise in Moskau eingeschärft. Es könnte unter Umständen Jahre dauern, so Dimitroff, bis deutsche politische Parteien wieder zugelassen würden. So lange hätten die »antifaschistisch-demokratischen Kräfte« die Aufgabe, auf Weisung der Alliierten in den örtlichen deutschen Verwaltungen mitzuarbeiten – in allen vier Zonen. Immer wieder wurde ihnen seit Februar 1945 in Instruktionsreferaten deutlich gemacht, wie Wolfgang Leonhard berichtet, dass der Sieg über Hitler im Unterschied zu anderen Ländern, in denen es starke Widerstandsbewegungen gab, »nicht durch eine innere Erhebung des deutschen Volkes, sondern durch die Armeen der Anti-Hitler-Koalition errungen worden« war, und dass aus diesem Grund die Einheit der Anti-Hitler-Koalition als Unterpfand des Sieges von niemandem infrage gestellt werden dürfe. Ihre Hauptaufgabe sollte es sein, die Tätigkeit der Besatzungsmächte nach Kräften zu unterstützen.

Die letzte Feinabstimmung für den Einsatz in Deutschland mit Dimitroff, dem »Chef«, wie Ulbricht ihn auch nach Auflösung der Kommunistischen Internationale immer noch nannte, erfolgte in Moskau am 1. April 1945. Sehr präzise wurden dabei Vorgaben für den Aufbau neuer Verwaltungsorgane, ihre Struktur und ihre Arbeitsweise festgelegt. Die für Ulbricht und seine Genossen vorgesehene Rolle war dabei kaum mehr als die von gehobenen sowjetischen Hilfssheriffs. Ulbricht akzeptierte das, nicht nur aus Gründen langjährig antrainierter stalinistischer Parteidisziplin, sondern auch innerlich, selbst wenn er seine Rolle gern anders gesehen hätte.

»Zwei Klassen, eine ihrem Ende entgegengehende, die Kapitalistenklasse, und eine von Jugendkraft strotzende, das Proletariat, stehen sich schroff gegenüber«, schrieb der zwanzigjährige Walter Ulbricht 1914 in einem Aufsatz als Absolvent der Leipziger sozialdemokratischen Parteischule. Von der ersten Zuschreibung würde er sein Leben lang überzeugt bleiben, doch die zweite erhielt für ihn durch die Erfolge und Siege Hitlers erhebliche Risse. »Die deutsche Arbeiterklasse war nicht imstande, die Kriegsvorbereitungen des Hitlerfaschismus zu durchkreuzen und den Überfall auf das Land des Sozialismus zu verhindern«, notierte er Ende Juni 1941 niedergeschlagen in sein Tagebuch: »Das war das Furchtbarste.« Mit diesem Schuldkomplex und dem Gefühl des völligen Versagens beladen kehrte er 1945 nach Deutschland zurück. Ulbricht misstraute den Deutschen vielleicht noch weit mehr als sein westlicher Gegenspieler Konrad Adenauer, eine Prägung, auf die Carola Stern bereits in ihrer frühen Ulbricht-Biografie aufmerksam gemacht hat. Das ging so weit, dass ihn niemand auf die Übergriffe und Vergewaltigungen durch Soldaten der Roten Armee ansprechen durfte. Er pflegte dann nur schmallippig und barsch zu antworten, diejenigen, die sich heute darüber aufregen, hätten sich lieber aufregen sollen, als Hitler seinen Krieg begann.

Ulbricht, meint Stern, verachtete das Hitler-Volk, aber nur mit diesem Volk konnte er das Versagen der deutschen Arbeiterbewegung wiedergutmachen. Dies erklärt vielleicht auch, dass er nach seiner Rückkehr von Anfang an in vielem bolschewistischer vorging als die eigentlich herrschende Besatzungsmacht der Bolschewiken. Das Politbüro der KPdSU war im Frühjahr 1945 zu der Einschätzung gekommen, man habe wenig Vertrauen in die Möglichkeit, »selbst jene Teile Deutschlands erfolgreich zu sowjetisieren, die von sowjetischen Truppen besetzt« werden würden. Ulbricht sah das etwas anders.

Er wollte jetzt alles richtig machen. Er wollte Stalins treuer Diener sein, die berechtigten sowjetischen Reparationsforderungen unterstützen, die Deutschen von ihrer Schuld überzeugen und gleichzeitig demonstrieren, dass Deutschland trotz der Schmach der letzten zwölf Jahre für die rote Fahne nicht immer verloren sein musste, wobei er nicht selten und fast zwangsläufig, nach den Worten Wladimir Semjonows, des politischen Beraters der Sowjetischen Militäradministration in Deutschland, über das Ziel der von Moskau jeweils aktuell vorgegebenen Linie hinausschoss. Er konnte entgegen seiner eigenen linientreuen Beteuerungen schnell vergessen, dass der Krieg ein Koalitionskrieg war, der in Stalins Sicht deshalb notwendig mit einem wenigstens vorläufigen Kompromiss der Koalitionäre enden musste.

Das würde nach dem Krieg immer wieder zu Reibereien mit der sowjetischen Besatzungsmacht führen, es zeigte sich aber schon während der Vorbereitungsarbeiten für die Rückkehr nach Deutschland in Moskau. Ulbricht nannte die KPD in den internen ZK-Debatten, bei denen die Planung für ein Nachkriegsdeutschland Anfang 1944 konkrete Züge annahm, die »einzig berufene Partei«, um »in den Kämpfen der Gegenwart wie auch in den kommenden Kämpfen die Führung zu übernehmen«. Allein sie könne für sich in Anspruch nehmen, in allen grundlegenden Fragen während der Weimarer Republik trotz gewisser taktischer Fehler im Kern richtig gehandelt zu haben. Doch solche Formulierungen wurden im Kreml 1944 nicht gern vernommen.

Das Ergebnis dieser ersten strategischen Überlegungen, das federführend von Walter Ulbricht, Wilhelm Pieck und Anton Ackermann erarbeitete »Aktionsprogramm des Blocks kämpferischer Demokratie«, durfte nicht veröffentlicht werden. Es war nicht nur nach der Konferenz von Jalta und der Festlegung der großen Drei auf ein längeres Besatzungsregime zur Makulatur geworden, sondern es widersprach auch der von Dimitroff während des Krieges immer wieder ausgegebenen Devise, in Zeiten der Anti-Hitler-Koalition weder zum Sturz des Kapitalismus noch zur Weltrevolution aufzurufen.

Zwar verzichtete der Programmentwurf darauf, die in Deutschland zu errichtende neue Ordnung ausdrücklich als den Beginn einer Übergangsperiode zum Sozialismus zu charakterisieren, aber das darin vorgesehene »starke Volksregime«, das durch den Einbau der »bisher illegalen Volksausschüsse« des heimatlichen Untergrunds in die künftige staatliche Administration Deutschlands errichtet werden sollte, beanspruchte in den Augen der Sowjets doch einen zu ausgeprägten deutschen Eigensinn. »Einiges passte nicht in die Vereinbarung der Alliierten hinein«, meinte Anton Ackermann später, »einiges passte Josef Wissarionowitsch [Stalin] nicht in den Kram«. Ulbricht machte sich in Moskau, beispielsweise während eines Vortrags vor der ZK-Arbeitskommission für das Blockprogramm am 24. April 1944, bereits Gedanken über die »Machtübernahme« in Deutschland. Doch davon wollte Stalin, der nicht einmal wusste, wie er am Ende des Krieges gegenüber seinen westlichen Verbündeten dastehen würde, nichts hören. Er bremste mit einem deutlichen Hinweis auf das Versagen der deutschen Arbeiterbewegung im Kampf gegen Hitler ab.

Auch Ulbrichts Vorstellungen einer künftigen deutschen Parteienlandschaft waren damals noch unzeitgemäß. »Parteien wird es geben«, meinte er vor der ZK-Kommission, »aber nur auf antifaschistischer Grundlage.« Parteien waren für ihn »Ausdruck verschiedener Interessen«, und er regte an, sowohl einen »Bauernbund« als auch eine »Mittelstandsorganisation« unter Umständen selbst ins Leben zu rufen. Ursprünglich sollte der »Block kämpferischer Demokratie« eine Massenpartei schaffen, in der die Kommunisten eine führende Rolle spielen würden. Wie immer diese Konstruktion hätte aussehen sollen, es zeugt für Ulbrichts Realismus, dass er sie sich nur als gegliedertes Parteiengefüge vorstellen konnte. Allerdings hatte er keine konkurrierende, sondern eine »ergänzende« Parteienlandschaft im Auge, zusammengesetzt aus sozial zugeordneten Verbänden, deren jeweiliger politischer Einfluss in etwa »objektiv« durch die Interessen der verschiedenen quantifizierbaren Gruppen und Schichten festgelegt werden konnte.

Selbstverständlich ging damit der Führungsanspruch der KPD in einem solchen blockartigen Parteiengefüge einher, denn die Kommunisten repräsentierten in seinen Augen nicht nur »objektiv« die Mehrheit des Volkes, die Arbeiterklasse. Sie waren vor allen Dingen nach den Lehren von Marx, Lenin und Stalin die mit der Gabe des absoluten Wissens ausgestatteten Exekutoren eines sozialistischen Heilsplans der Geschichte, in dem es eine Konkurrenz um die beste Lösung nicht geben konnte. Ulbricht hatte damit – auch wenn es zunächst nicht auf der Tagesordnung stand – das Programm der späteren Blockpolitik in der SBZ und der DDR, das sich unter ganz anderen Bedingungen herausbilden würde, bereits präzise vorformuliert.

Moskau war schon mit Transparenten, Losungen und Blumen für die großen Feiern zum 1. Mai geschmückt, als sich am 30. April 1945 ein kleiner Autobus vom Hotel Lux in der Gorkistraße, dem privilegierten Wohnsitz ausländischer kommunistischer Kader, morgens früh über den Puschkinplatz hinaus auf den Weg zum Flughafen machte. Dort wartete eine im Rahmen des *Lend-lease*-Abkommens an die Sowjetunion gelieferte amerikanische Douglas-Maschine darauf, die zehn aus dem Hotel Lux kommenden Mitglieder der Gruppe Ulbricht nach Deutschland zu fliegen. Nach einer Zwischenlandung in dem vom Krieg fast völlig zerstörten Minsk erreichte die Gruppe am Abend einen Feldflugplatz in Calau sechzig Kilometer östlich von Frankfurt an der Oder. Von dort wurde sie mit dem Auto nach Bruchmühle bei Strausberg im Osten Berlins gebracht. Hier befand sich der Stab der Politischen Hauptverwaltung der Ersten Belorussischen Front unter General Galadshijew.

In dem kleinen Ort Schwerin, dem heutigen polnischen Skwierzyna, war die Gruppe von sowjetischen Offizieren freundlich mit den Worten empfangen worden, man freue sich, sie »begrüßen zu können, da wir gehört haben, dass sie Mitglieder der neuen deutschen Regierung sind«. Wolfgang Leonhard, der zu den zehn aus Moskau eingeflogenen Mitgliedern der Gruppe Ulbricht gehörte, berichtet, dass sich keiner der Russen davon abbringen ließ, dieser Version Glauben zu schenken. Sie selbst hatten strikte Anweisung, ihre Identität als Vortrupp der im Januar 1944 von dem Moskauer KPD-Kaderchef Paul Försterling ausgesuchten Kadertruppe von 264 Mann für den Einsatz in Deutschland nicht preiszugeben. Gleiches galt für die Gruppe Sobottka im mecklenburgischen Schwerin und die Gruppe Ackermann in Dresden.

»Genosse Ulbricht ist nach einer gestrigen Abendbesprechung mit General Galadshijew bereits heute früh nach Berlin gefahren und wird erst gegen Abend zurückkehren«, erfuhr Leonhard am 1. Mai. »Es wird unsere Aufgabe sein, die deutschen Selbstverwaltungsorgane in Berlin aufzubauen«, erklärte Ulbricht nach seiner Rückkehr: »Wir werden in die verschiedenen Berliner Bezirke fahren und dort aus den antifaschistisch-demokratischen Kräften jene heraussuchen, die sich für den Aufbau der neuen deutschen Verwaltung eignen.« Am 2. Mai, dem Tag, an dem die Wehrmacht in Berlin kapitulierte, begann die eigentliche Arbeit der Gruppe Ulbricht.

Walter Ulbricht hatte bereits 1944 in Moskau die Devise ausgegeben, es sei bei der Rückkehr nach Deutschland von größter Bedeutung, schnell die »entscheidenden Posten« in die eigene Hand zu bekommen und so von Anfang an bei der Gestaltung eines neuen Deutschland in eine Vorlaufposition zu gelangen, was sicher ganz im Interesse Stalins lag. Alles war in Moskau bis ins Detail geplant, »einschließlich der Organisierung der Verwaltungen bis zu den Fragen der Organisierung des kulturellen Lebens«, wie Ulbricht später berichtete.

Er war ein ungewöhnliches organisatorisches Talent, und er hatte dies oft genug unter Beweis gestellt, seit er 1922 mit 29 Jahren in das Organisationsbüro der KPD, ein Jahr später in ihren Militärrat und ein weiteres Jahr später in den hauptamtlichen Kaderstamm der Kommunistischen Internationale kooptiert wurde. Als stellvertretender Organisationsleiter der Internationale konnte er sich oft wochenlang mit äußerster Genauigkeit und Penibilität organisatorischen Details widmen. In den Kämpfen der frühen Zwanzigerjahre, während der Bolschewisierung des deutschen Kommunismus und des Stalin'schen Terrors in den Dreißigerjahren, die Ulbricht in Moskau erlebte, hatte er sich den machtbewussten Charakterpanzer eines Berufsrevolutionärs zugelegt. Er war, als er nach Deutschland zurückkehrte, das Musterbeispiel eines Stalin'schen Kaders. Schon früh hatte er gelernt, Emotionen hinter einer Maske der Undurchdringlichkeit zu verbergen. Walter Ulbricht verfügte über ein phänomenales Gedächtnis, war nach dem Urteil Herbert Wehners stets besser informiert und ging viel hartnäckiger als alle anderen der Durchführung von Einzelheiten nach. Diese Eigenschaften kamen ihm jetzt zugute.

Am Vormittag des 2. Mai 1945 besuchte Ulbricht eine Gruppe alter Genossen in Neukölln. Seit dem Morgen um sechs Uhr schwiegen die Waffen in Berlin. Weiße Fahnen der Kapitulation oder rote der prosowjetischen Gesinnung säumten die von den Kämpfen zerstörten Straßen, in denen hungernde Menschen und verwirrte deutsche Soldaten umherirrten, als ein sowjetischer Konvoi mit der Gruppe Ulbricht an Bord von Bruchmühle über Kaulsdorf, Biesdorf und Friedrichsfelde ins Stadtzentrum einfuhr. Ulbricht gab kurz Anweisungen, wer in welchem Stadtbezirk nun welche Aufgabe zu erfüllen hatte, und machte sich dann mit Wolfgang Leonhard auf den Weg nach Neukölln. Er kannte sich gut aus – zwischen 1929 und 1933 war er KPD-Chef in Berlin gewesen –, und nun ließ er seinen sowjetischen Chauffeur vor einem halb zerstörten Neuköllner Mietshaus anhalten.

»Ulbricht!«, rief jemand überrascht und erfreut, als er unangemeldet eine Arbeiterwohnung betrat, in der zwölf seiner alten Genossen aus der Zeit vor 1933 um einen Tisch saßen und über dringend notwendige Maßnahmen zur Organisation der Lebensmittel- und Wasserversorgung in ihrem mitgenommenen Kiez berieten. Sie waren aus der Illegalität gerade erst wieder in die Halblegalität aufgetaucht und verbreiteten nach den Erinnerungen Leonhards einen Hauch von improvisierter Revolutionsatmosphäre wie zu Zeiten des Petrograder Sowjets um sich. Doch Walter Ulbricht zeigte weder eine freudige Regung des Wiedersehens, noch interessierte er sich für das Schicksal seiner Genossen in der Zeit der Illegalität oder ihre Probleme des Alltags in einer zerstörten, an allen Ecken und Enden noch brennenden Stadt. Er trat auf wie ein Feldkommandeur, der nach einem hitzigen Gefecht seine versprengten Truppen einsammelt, um ihnen neue Weisungen zu erteilen.

»Unaufhörlich prasselten Namen, die Ulbricht alle im Kopf hatte«, erinnert sich Leonhard an die absurde Situation: »Er stellte Fragen, zwar nicht wie bei einem Polizeiverhör, aber doch keineswegs in einem Ton, den ich von einem Emigranten erwartet hätte, der nach zwölf Jahren die überlebenden Genossen wiedertrifft.« Dann erklärte er die neue politische Linie in einem Ton, der keinen Widerspruch zuließ. Ulbricht verfügte.

Neukölln war vor dem Untergang der Weimarer Republik eine Hochburg des Roten Frontkämpferbundes gewesen – handfeste, mitunter auch »recht finstere Gesellen«, wie Arthur Koestler sie beschreibt, und das war Ulbricht offenbar bestens in Erinnerung geblieben. Die Zeiten des Frontalangriffs auf den Staat, besonders in der Endphase der Weimarer Republik Kernstrategie der deutschen Kommunisten, gehörten für ihn aber, nachdem die Staatsmacht nun in den Händen der verbündeten alliierten Armeen lag, ein für allemal der Vergangenheit an. Bei vielen seiner alten Genossen war diese Lektion allerdings noch nicht angekommen. Etwa fünftausend aktive Kommunisten hatten in Berlin die Nazizeit überlebt, und die meisten von ihnen hofften im alten Geist, gestützt auf die Bajonette der sowjetischen Militärmacht, endlich am Ziel ihrer Weimarer Träume angelangt zu sein. Ein nicht unbeträchtlicher Teil, so die Neuköllner KPD-Vorsitzende Gertrud Rosenmeyer, erwartete die unmittelbare Ablösung des Faschismus durch den Sozialismus. Viele wollten sich erst dann wieder aus dem Untergrund hervorwagen, wenn die Revolution, gewissermaßen eine Neuauflage des Spartakusaufstands von 1918/19, nur diesmal mit einer befreundeten Armee im Hintergrund, bereits begonnen hatte.

In Spandau gründeten sie eine Internationale Miliz, in Wittenau bildeten sie einen Arbeiter- und Soldatenrat, in Charlottenburg riefen sie zur sofortigen Errichtung der Sowjetmacht in Berlin auf. An anderen Orten waren sie nicht minder radikal. In Meißen übernahmen Kommissare die Macht im Rathaus, noch bevor die Sowjets in die Stadt einrückten, schmückten die Stadt mit fünfzackigen Sowjetsternen aus und verkündeten in ihrer Parteizeitung *Die Volksstimme* die Diktatur des Proletariats. In Waren an der Müritz zog eine »Rote Miliz« mit ihrem Stadtkommandanten durch die Straßen, erließ Verordnungen und verfügte Beschlagnahmungen. Es hatte streckenweise etwas von der radikalen Kommune Tschewengur in Andrej Platonows gleichnamigem satirischem Roman aus den Zeiten des russischen Bürgerkriegs an sich, auch in Eisleben, wo eine Antifaschistische Arbeitergruppe Mitteldeutschlands zur Bildung bewaffneter Widerstandsgruppen aufrief und die Luther-Statue niederreißen wollte. Pirna musste erleben, dass die Kommunisten den wöchentlichen Ruhetag mit antikirchlicher Stoßrichtung vom Sonntag auf den Freitag verlegten und die Bürger der sächsischen Stadt aufforderten, sich gegenseitig mit »Rot Front« zu begrüßen.

Solche Aktivitäten waren keineswegs im Sinne der sowjetischen Besatzungsmacht und ihrer Mitarbeiter um Walter Ulbricht. Während der ersten Friedenstage verbreitete sich an vielen Orten ein kaum zu kontrollierender Wildwuchs antifaschistischer Komitees. Nicht überall waren sie so radikal wie in den genannten Fällen, oft ging es ihnen mehr um praktische Dinge des Neuanfangs und die Bewältigung der dringendsten Alltagsprobleme in einem zerstörten Land, doch ihr Eigensinn war kaum erwünscht.

»Die deutschen Kommunisten sind in vollem Gange, sich zu organisieren«, vertraute der sorgfältige norwegische Beobachter Theo Findahl am 11. Mai seinem Tagebuch an: »Die ›roten‹ Deutschen gehen ganz in der gleichen Weise vor wie die ›braunen‹, sie organisieren ›Zellen‹ in jedem Haus, verschaffen sich im Kleinen überall Kontrolle.« Sie machten allerdings nicht den Eindruck, als seien sie überströmend glücklich oder trügen den Kopf sehr hoch. »Die Sache ist die, dass die deutschen Kommunisten ihre russischen Gesinnungsgenossen enttäuscht haben, weil sie nicht zur rechten

Zeit scharf genug gegen Hitler eingeschritten sind«, meint Findahl: »Den deutschen Kommunisten wird daher von den Russen nicht besonders gehuldigt, und ich kann mich von dem Gedanken nicht losmachen, dass sie eine ähnliche Rolle spielen, wie nichtdeutsche Nazisten in den deutschbesetzten Ländern es den deutschen Okkupanten gegenüber getan haben, und dass sie den brennenden Schmerz fühlen, wie der Traum, in einem Sowjet-Deutschland die erste Rolle zu spielen, Herren in ihrem eigenen Haus zu sein, nicht in Erfüllung gehen wird.« Das war auch die Botschaft, die Walter Ulbricht, der noch 1944 auf solche »bisher illegalen Volksausschüsse« gezählt hatte, den Neuköllner Genossen bereits am zweiten Tag seiner Ankunft in Berlin mitzuteilen hatte. Die »Rummurkserei mit der Antifa«, ließ er Dimitroff in einem Schreiben verärgert wissen, müsse schnellstmöglich ein Ende finden.

Ihm ging es in erster Linie um Ordnung und Kontrolle und den Aufbau kommunaler deutscher Verwaltungen, die sich loyal zur Besatzungsmacht verhielten. Die Kommunisten mussten eine positive, staatsaufbauende Kraft werden, die sich den politischen Zielen Stalins unterordnete, so unklar diese auch manchmal blieben.

Walter Ulbricht hatte seine Position nicht nur den Moskauer Direktiven angepasst, er hatte diese vielmehr vollständig in sein Weltbild eingebaut. Es war ein bedenkliches Zeichen, als Ulbricht plötzlich behauptete, man habe »in Erfahrung gebracht«, dass die antifaschistischen Komitees in Wirklichkeit von Nazis aufgezogen worden seien, um die demokratische Entwicklung zu stören. Der bleierne Schatten stalinistischer Paranoia breitete sich – ein Unheil verheißender Geburtsfehler – schon in den Anfangstagen über Berlin aus.

Besonders in den ersten Wochen herrschte unter den in Deutschland stationierten Sowjets ein fast undurchschaubarer Kompetenzwirrwar. Die Sowjetische Militäradministration in Deutschland (SMAD) nahm erst mit Dekret vom 6. Juni ihre Tätigkeit auf. Vorstellungen darüber, wie eine gemeinsame alliierte Verwaltung Deutschlands im Detail aussehen sollte, waren völlig ungeklärt und sollten es auf Dauer bleiben. Die Rote Armee war auf die Besatzung nur unzureichend vorbereitet und schon aus diesem Grund auf die Ortskenntnis und Kompetenz ihrer deutschen Mitarbeiter angewiesen. Ulbricht konnte so von Anfang an eine Schaltstelle besetzen, wenn es darum ging, geeignete Kandidaten für die neue Verwaltung auszusuchen. Meist wurden seine Vorschläge widerstandslos akzeptiert.

Noch vor dem für Anfang Juli vorgesehenen Einzug der Westalliierten in Berlin, so hatte er es sich vorgenommen, sollte die gesamte Administration der Hauptstadt stehen. Er wollte vollendete Tatsachen schaffen, was ihm mit der Amtseinführung des neuen Magistrats unter dem parteilosen Oberbürgermeister Dr. Arthur Werner am 19. Mai auch gelang. Ulbricht war von den politischen Fähigkeiten Werners nicht besonders überzeugt. Er war für ihn eher eine bürgerliche Vorzeigefigur, die auf die Westmächte einen guten Eindruck machen sollte.

Umso wichtiger sollte es für ihn sein, dass die Schlüsselpositionen wie das Amt des ersten Stellvertreters und der Verantwortlichen für Personalfragen und Volksbildung mit seinen engsten Vertrauensleuten besetzt wurden. Neun der sechzehn Mitglieder des Magistrats waren Kommunisten, und so bildeten der demobilisierte Major der Roten Armee, Arthur Pieck, und die Mitglieder der Gruppe Ulbricht, Karl Maron und Otto Winzer, das eigentliche Rückgrat der Berliner Stadtverwaltung. Dieses System der Stellvertreter war für Ulbricht ein Modell, von dem er sich anfangs sehr viel versprach.

Es war »unser Kurs für ganz Deutschland«, meinte er im Rückblick. Doch damit hatte er die Möglichkeiten weit überschätzt, allein durch »richtige« Kaderpolitik politischen Einfluss gewinnen zu können. Im Osten würde ihm das nur teilweise und zunehmend nur noch durch den Einsatz polizeistaatlicher Zwangsmittel gelingen, im Westen war dieser Kurs von Anfang an zum Scheitern verurteilt. Es gab dort ja auch keine Gruppen Ulbricht, Ackermann oder Sobottka, die ihn mithilfe der Besatzungsmächte hätten durchsetzen können.

Zum ersten Mal in der deutschen Geschichte konnten Kommunisten zumindest in der sowjetischen Zone allerdings in entscheidende Positionen aufrücken, und das zu einem Zeitpunkt, als die Partei, die bereits wieder über eine Kaderabteilung zur Schulung und Auswahl handverlesener Genossen verfügte, offiziell noch gar keine Zulassung besaß. Schon in den ersten zehn Maitagen waren sämtliche Berliner Bezirksverwaltungen nach einem ähnlichen Schlüssel wie im Magistrat zusammengesetzt worden. »Es muss demokratisch aussehen«, meinte Ulbricht auf einer Lagebesprechung Anfang Mai, »aber wir müssen alles in der Hand haben.«

Am Tag der deutschen Kapitulation hatte er darauf gedrängt, vorrangig die westlichen Bezirke zu »bearbeiten«, um sicherzustellen, dass besonders dort die Verwaltungen noch vor dem Eintreffen der Westalliierten eingearbeitet und voll funktionstüchtig sein würden. Für den Osten, meinte er, »haben wir später noch Zeit«.

Am 11. Mai wurde der 33-jährige Moskauer Exilkommunist Hans Mahle im Beisein Ulbrichts von General Bersarin zum Intendanten des Berliner Rundfunks in der Charlottenburger Masurenallee bestimmt. Auch das war eine Schlüsselposition, die von den Westalliierten kaum infrage gestellt werden konnte, zumal sich der Sender noch lange Zeit, beispielsweise mit dem Format *Tribüne der Demokratie*, um ein breit angelegtes »antifaschistisch-demokratisches« Spektrum bemühte.

Berlin sei ausschlaggebend für ganz Deutschland, meinte das ZK-Mitglied Franz Dahlem: »Hier im sowjetisch besetzten Gebiet wird sich das Schicksal des Reiches entscheiden.« Berlin war schließlich – als künftiger Sitz des Alliierten Kontrollrats als oberster Regierungsinstanz – immer noch die Metropole. Doch die Stadt würde mit dem Einzug der Westalliierten im Juli ihren ausschließlich von der sowjetischen Besatzung diktierten Charakter allmählich verlieren, auch wenn Ulbrichts Verwaltungen zunächst, zur Überraschung vieler, noch für einige Zeit im Amt bleiben sollten. Vorbild für das »Reich« aber waren sie nie und konnten sie nie werden.

In der Reserve der Rückkehrer der ersten Stunde gab es Tausende von Kriegsgefangenen. Sie waren durch die Erfahrungen des Krieges zu Hitler-Gegnern geworden und hatten in der Sowjetunion, einer Initiative von Exilkommunisten folgend, das Nationalkomitee Freies Deutschland und den Bund Deutscher Offiziere gegründet. Auf von der KPD kontrollierten Antifa-Schulen waren sie für ihre spätere Verwendung in Deutschland präpariert worden. Keine andere deutsche Partei hatte schon während des Krieges die Möglichkeit, in größerem Umfang Kaderpolitik für die Zukunft zu betreiben. Zwischen 1942 und 1946 durchliefen 8.000 Gefangene solche Schulen, von 1947 bis 1949 waren es noch einmal 48.000, unter ihnen Tausende von Offizieren.

Am gleichen Tag, als die Gruppe Ulbricht sich auf den Weg machte, beobachtete Wolfgang Leonhard auf dem Minsker Flughafen ein zweites Flugzeug mit Militärs, die er von seiner Arbeit im Nationalkomitee her kannte, unter ihnen den Ritterkreuzträger und späteren Berliner Polizeipräsidenten Paul Markgraf und den Wehrmachtsgeistlichen und späteren Personalchef des Berliner Rundfunks Matthäus Klein.

Sie alle hatten intensive Schulungen durchlaufen und waren zu überzeugten Sozialisten geworden, bevor sie für ihre künftigen Aufgaben im Nachkriegsdeutschland ausgewählt wurden. Im Unterschied zu den Kommunisten, die den Untergrund in Deutschland überlebt hatten, konnte man davon ausgehen, dass sie bei ihrer Rückkehr bereits strikt auf Moskauer Linie waren.

Zudem verfügten sie über administrative und intellektuelle Kompetenzen, die den alten Kämpfern oft abgingen, die sich nicht selten weigerten, nun »Bonzen« in Ulbrichts Verwaltungen zu werden. In den ersten Tagen nach dem Krieg bestand der deutsche Hauptkader des Aufbaus aus siebzig kommunistischen Moskauer Emigranten und dreihundert ehemaligen Kriegsgefangenen. Diese roten Preußen konnten in den Augen der Kommunisten als Vorbild für die Wandlungen dienen, die nach dem Ende des Hitler-Regimes dem ganzen deutschen Volk bevorstehen würden.

Nicht wenige von ihnen waren ehemalige Nationalsozialisten wie der Hitlerputschteilnehmer und spätere Oberst i. G. Wilhelm Adam, die an ihrem »Führer« verzweifelten, je mehr sie einsahen, dass der Krieg nicht mehr zu gewinnen war und so, wie er weitergeführt wurde, zu einer Selbstzerstörung Deutschlands führen musste. Adam war tief verunsichert, als er während seiner Gefangenschaft nach der Schlacht von Stalingrad die Erfahrung machen musste, dass die führenden Kommunisten in Moskau den künftigen Kriegsverlauf offenbar viel sicherer voraussagen konnten »als die gesamte deutsche Generalität zusammengenommen«. Er entwickelte sich zu einem Russophilen, ohne an seinem volksgemeinschaftlichen Vitalismus allzu große Abstriche machen zu müssen. In der Lagerbibliothek verschlang er Bücher wie Nikolai Ostrowskis *Wie der Stahl gehärtet wurde*, Fjodor Gladkows *Energie* und Michail Scholchows *Neuland unterm Pflug* und wurde so zu einem Bewunderer der kriegerischen Dynamik des Stalinismus. »Was«, fragte er sich, »verleiht dem sowjetischen Soldaten so viel Standhaftigkeit, Heldenmut und

Kampfgeist, Eigenschaften, die uns immer wieder in Erstaunen gesetzt und schwerste Opfer abverlangt haben?«

Andere hatten in erster Linie moralische Motive. »Als Kulturvolk waren wir Hitler gefolgt und hatten uns zu Barbaren machen lassen«, schreibt beispielsweise der Luftwaffenkommodore und Oberstleutnant Walter Lehweß-Litzmann in seinen Erinnerungen. In ihm war die Überzeugung herangereift, dass der Vernichtungskrieg in Russland »unehrenhaft geführt« wurde, und darin lag für ihn »ein wichtiger, auch moralischer Grund für eine unvermeidliche Niederlage. Der Krieg musste verloren gehen. Aber würde es auch das Ende Deutschlands, das Ende der Deutschen sein? Ich befürchtete es.« Seine alte Welt brach Anfang 1944 in Gefangenschaft zusammen, und Gespräche mit einem jungen, zum Antifaschisten gewandelten Offizier des Nationalkomitees ließen ihn langsam zu der Anschauung kommen, dass »Hitler ein Mann des Kapitals« und »die Kapitalisten die Ursache des Kriegs überhaupt« seien. Er besuchte die Antifa-Schule im Lager Lunjowo, entwickelte sich zum überzeugten Marxisten und arbeitete in der Redaktion des Moskauer Nationalkomitee-Senders *Freies Deutschland*. Mit der fünften Antifa-Staffel wurde er Ende 1945 nach Berlin ausgeflogen, nicht ohne ein gewisses Gefühl der Dankbarkeit dafür, dass den Russen am Ende Deutschlands offenbar nicht gelegen war.

Die Motive der an der Arbeit des Nationalkomitees beteiligten Offiziere mögen unterschiedlich gewesen sein. Viele von ihnen, wie Feldmarschall Paulus und General von Seydlitz, hatten das Inferno von Stalingrad erlebt und wollten Deutschland durch Hitlers Sturz ein Stalingrad in noch größerem Ausmaß ersparen. »Der Beitritt zur Bewegung«, so Lehweß-Litzmann 1946 in einem Brief an die Schwester Renate im Berliner Nobelvorort Nikolassee, »war für die meisten Soldaten, besonders aber die Offiziere, ein außerordentlich schwerer Entschluss. War es doch etwas Unerhörtes, noch nicht dagewesenes, dass Kriegsgefangene, besonders Offiziere, sich in dieser Form gegen ihre eigene Staatsführung wandten. Aber es war ja auch kaum je dagewesen, es war ›einmalig‹, dass eine Staatsführung ein ganzes Volk für sich aufopfern wollte.«

In Gefangenschaft lernte der ehemalige Luftwaffenkommodore gebildete kommunistische Intellektuelle wie den Journalisten Rudolf Herrnstadt, den Dichter Erich Weinert und den Schauspieler

Gustav von Wangenheim kennen. »Ich wurde mit dem Marxismus bekannt«, schrieb er 1946 in einem privaten Brief, »mit dieser heute bedeutendsten geistigen Strömung neben dem Christentum.« Und der Marxismus schien ihm plötzlich alles das zu erklären, was zwei durch Deutschland verursachte Weltkriege hervorgebracht hatten, nämlich dass »das Kernproblem nicht im Raum, sondern in der Wirtschaftsform« liegt. Hitlers expansionistische Gelüste im Osten, die er schon in *Mein Kampf* entdeckte, »entsprachen den Erfordernissen der deutschen Monopole«, vergewisserte er sich, »wenn sie nicht im Wirtschaftskampf unterliegen, dagegen die wirtschaftliche stärkste Macht auf der Erde werden wollten«. Er suchte in einer durch die Gewaltorgien des Kriegs zerstörten Welt nach einem neuen Platz und fand ihn in einem Faschismusbild, nach dem der nationalsozialistische Terror lediglich die »reaktionärste Spielart« einer antikommunistischen und antisowjetischen Konterrevolution darstellte.

Im Dezember 1945 landete Lehweß-Litzmann, aus der Gefangenschaft entlassen, auf dem Berliner Flugplatz Johannisthal. In der Kommandozentrale der KPD in der Wallstraße von Walter Ulbricht herzlich begrüßt, wurde ihm sofort seine künftige Aufgabe zugeteilt. »Ihr Einsatz«, so Ulbricht, »ist im Berliner Verlag vorgesehen. Sie melden sich dort beim Genossen Herrnstadt.«

Er arbeitete zunächst als Bauleiter des Verlages, wurde im Sommer 1946 auf der Schule der Sowjetischen Militäradministration in Königs Wusterhausen intensiv in Marxismus-Leninismus weitergeschult und war später außenpolitischer Redakteur der *Berliner Zeitung*.

Die meisten der zurückgekehrten Kriegsgefangenen wurden aber in die Polizei, die Justiz oder die Verwaltung delegiert, darunter der bereits genannte Ritterkreuzträger Paul Markgraf, der Polizeipräsident von Berlin oder Oberleutnant Eberhard Charisius, der Polizeipräsident von Gera wurde. Den ehemaligen Stalingrader Bataillonskommandeur Helmut Welz setzte die Rote Armee im Mai 1945 als Bürgermeister von Dresden ein.

Das vielleicht prominenteste frühe Beispiel war der 34-jährige Major i. G. Bernhard Bechler, der, im Gefolge der Roten Armee als kriegsgefangener Abgesandter des Nationalkomitees bereits in Berlin, Mitte Mai offiziell seine Freilassung erfuhr. Im Juni wurde er

1. Vizepräsident der Landesverwaltung Brandenburg, Anfang Juli trat er der KPD bei und avancierte Ende 1946 zum brandenburgischen Innenminister.

Auch er war, wie Lehweß-Litzmann und viele andere, den Russen persönlich dankbar. 1941 hatte er als Adjutant von General Eugen Müller den berüchtigten Kommissarbefehl, nach dem, entgegen der Genfer Konvention, alle politischen Kommissare der Roten Armee sofort zu erschießen waren, nicht nur als sachlich richtig gegenzeichnen, sondern auch für seine Verteilung sorgen müssen. Bechler war sich des verbrecherischen Charakters dieses Befehls früh bewusst, und deshalb konnte er es den Russen nie vergessen, dass sie ihn in Gefangenschaft nicht dafür haftbar und kurzen Prozess mit ihm machten. Seine aus einem vermutlich ehrlich empfundenen Schuldkomplex resultierende Wandlung war vollständig.

»Ich werde immer das machen, was Moskau sagt«, äußerte er bereits in der Antifa-Schule, seitdem einer der loyalsten Gefolgsleute der Sowjets.

Er verfiel, vielleicht um sich selbst zu entkommen, in einen regelrechten deutschen Selbsthass. Die Verwüstungen der Wehrmacht auf ihrem Zerstörungsweg nach Stalingrad stets vor Augen, zeigte er beim Anblick der sowjetischen Gräuel in Ostpreußen kaum eine Regung. Er war ein früher »stalinistischer Antifaschist« und machte den nachvollziehbaren Hass der Rotarmisten auf die Deutschen, die in seinen Augen jede strafende Hand der Nemesis mehr als verdient hatten, zu seiner eigenen Sache.

»Euer Sieg ist auch mein Sieg«, erklärte er gegenüber sowjetischen Offizieren, die ihn am 8. Mai 1945 anlässlich der Feier zur bedingungslosen Kapitulation des Dritten Reichs nach seinen Gefühlen befragten. Er sah seinen neuen Platz unter Opfern und Siegern zugleich. So deutlich wird das damals kaum ein Zweiter ausgesprochen haben, doch das Gefühl, nach vollzogenem politischem und ideologischem Wandel mit den Sowjets auf der richtigen Seite der Geschichte zu stehen, sollte später zu einem nicht unwesentlichen Gründungsmythos und Legitimationsmuster des Staates DDR werden.

»Ich war Faschist«, schreibt der Schriftsteller und ehemalige Noginsker Antifa-Schüler Franz Fühmann in einem 1979 erschienenen autobiografischen Zyklus: »Die Vergangenheit bewältigen heißt, die Frage nach jeder Möglichkeit und also auch nach der äußersten zu stellen.« Beispielsweise, wie er sich verhalten hätte, wenn er nach Auschwitz abkommandiert worden wäre. »Die neue Gesellschaftsordnung war zu Auschwitz das Andere«, so Fühmann über die Fangseile eines Antifaschismus, der Hitler auf eine Marionette des Kapitals glaubte reduzieren zu können: »Über die Gaskammer bin ich zu ihr gekommen und hatte es als den Vollzug meiner Wandlung angesehen, mich ihr mit ausgelöschtem Willen als Werkzeug zur Verfügung zu stellen.« Mit ausgelöschtem Willen.

Die Wandlungen im Osten konnten mitunter weitaus radikaler ausfallen als im Westen.

Russische Schatten

Stalin hatte ein Interesse an der Einheit Deutschlands, schon aus Gründen der zu erwartenden Reparationszahlungen, des Zugriffs auf die Potenziale des Ruhrreviers und vor allem, um eine drohende amerikanische Hegemonie über Westeuropa zu verhindern. Dem jugoslawischen Partisanenführer Milovan Djilas gegenüber äußerte er im April 1945, dieser Krieg sei nicht wie die in der Vergangenheit, wer vielmehr heute ein Gebiet besetze, erlege ihm auch sein eigenes gesellschaftliches System auf. Damit rechtfertigte er zwar seine Akquisitionen und seine brutale Repressionspolitik in Polen und auf dem Balkan, doch bezogen auf Deutschland war diese Aussage eher mit einer Befürchtung verbunden. Es werde zwei Deutschlands geben – »trotz aller Einheit der Verbündeten« –, war seine nüchterne Diagnose, die sich Wilhelm Pieck und andere deutsche kommunistische Spitzenfunktionäre am 4. Juni in Moskau anhören mussten. Dies sei nicht etwa der Fall, weil die Sowjets darauf hinarbeiteten, sondern weil es in der englischen und amerikanischen Zone Bestrebungen gab, ein Gegengewicht gegen den wachsenden Einfluss der Sowjetunion zu schaffen. Vermutlich meinte er damit noch nicht eine bevorstehende Teilung des Landes, sondern, ganz in der Terminologie seiner Zeit, eine innere Spaltung zwischen »progressiven« und »reaktionären« Kräften. Doch die Vorstellung, eine solche Entwicklung könnte am Ende zu einer Allianz von deutschem und amerikanischem Kapital führen, löste bei ihm geradezu apokalyptische

Bedrohungsgefühle aus. Man musste alles dafür tun, die Deutschen für sich zu gewinnen.

Wenige Tage zuvor hatte Stalin auf einer Tagung des Politbüros in Moskau verkündet, man befinde sich in einer historisch außerordentlichen Entscheidungssituation. Deutschland habe zwar bedingungslos kapituliert, doch es sei nicht von der Landkarte verschwunden, und es sei unrealistisch, das Land aufsplittern oder seine Industrie vernichten zu wollen.

»Die Aufgabe besteht nicht darin, Deutschland zu zerstören«, dozierte Stalin, während er in seiner halbmilitärischen Jacke und in niedrigen geflickten Stiefeln den langen Sitzungstisch auf und ab ging, mit manchmal stockender, konzentriert und mühsam nach Worten suchender Rede, »sondern darin, ihm die Möglichkeit zu nehmen, erneut als aggressive Kraft in Europa aufzusteigen. Das bedeutet, die Wurzeln von Militarismus und Nazismus in Deutschland müssen ausgerottet werden, es selbst muss aber als einheitlicher, friedliebender und demokratischer Staat erhalten bleiben.« Es herrschte Grabesstille und angespannte Aufmerksamkeit im Saal, denn so deutlich hatte der sowjetische Führer seine Nachkriegsoptionen für Deutschland vorher noch nie ausgesprochen. Zu sehr war man mit dem Krieg selbst und der Frage der Wiedergutmachungen und Reparationen beschäftigt gewesen.

Wladimir Semjonow empfand die Rede als einen ganz großen Wurf, weil Stalin hier nach dem Krieg zum ersten Mal auf die »gewaltige, ja schicksalhafte Bedeutung der Zusammenarbeit zwischen unseren beiden Nachbarstaaten und Völkern« aufmerksam machte und so die Interessen der Sowjetunion wieder emotionslos in die große, wenn auch alte Vision eines dem Osten Europas entscheidende Modernitätsimpulse verheißenden russischen Deutschlandkomplexes fasste.

Sie hieß für ihn »Rapallo«, als sich die Sowjetunion schon einmal, nach den Verträgen von Versailles, zum gegenseitigen Vorteil an die Seite Deutschlands stellte. Doch diesmal sollten die Deutschen als wirkliche Partner der Sowjetunion und ohne die künftigen Gefahren eines neuen »Militarismus und Nazismus« wieder auferstehen. Das konnte durchaus mit gewissen Kompromissen gegenüber den anderen Besatzungsmächten verbunden sein. Was immer das im Einzelnen bedeutet haben würde, Stalin schwebten für eine Übergangszeit die Ordnung und auch gewisse Personen der Weimarer Republik vor. Er war laut Semjonow der Ansicht, die Niederlage Deutschlands sei für sich genommen schon »der größte Sieg Russlands« gewesen. Allerdings, fügte er einschränkend hinzu, musste das noch nicht unbedingt einen großen Sieg der Kommunisten bedeuten.

Sein taktischer Schachzug bestand jetzt darin, entgegen der bisherigen politischen Linie und ohne Absprache mit den Westmächten Parteien in der sowjetischen Zone zuzulassen, von denen er sich eine Magnetwirkung auf die Entwicklung in den übrigen Zonen versprach. In gewisser Weise wollte er damit die gesamtnationale Entwicklung steuern, ohne ausschließlich auf das vielleicht doch brüchige Einvernehmen der Siegermächte angewiesen zu sein, und die Kommunisten sollten ihm dabei helfen, die »Einheit Deutschlands« durch eine »einheitliche Partei der Werktätigen« zu sichern, wie Wilhelm Pieck die Juni-Anweisungen in Moskau getreu mitschrieb. Glaubte Stalin tatsächlich, dass die Kommunisten in Deutschland zu einem bedeutenden Ordnungsfaktor werden könnten? Davon muss man ausgehen. Die KPD, so überliefert Wladimir Semjonow seine Vorstellungen, habe in der gegenwärtigen Situation eine wichtige historische Aufgabe zu übernehmen. Sie sollte der Garant für ein einheitliches Deutschland auf antifaschistischer Grundlage in seinem Sinn werden.

Die Partei hatte in der sowjetischen Besatzungszone schnell einen erstaunlichen Zulauf, meist junge Leute, die im Unterschied zu den alten Genossen der Weimarer Zeit ohne besonders große Probleme durch intensive Schulung auf den sowjetischen Nachkriegskurs eingeschworen werden konnten. Ende August zählte sie 150.000, im Dezember schon 375.000 Mitglieder – vier Mal so viele wie 1933.

Man müsse nach dem Krieg zur Ausbildung der Kader »ähnliche Einrichtungen« schaffen, »wie sie die Nazipartei auf ihren Ordensburgen« hatte, meinte Wilhelm Pieck bereits 1944. Nur auf diese Weise, als Orden in einer feindlichen Umgebung wie die Mönche im frühen Mittelalter, so Pieck, könnte die KPD ihre ungeheuren Erziehungsaufgaben und ihre politische Missionsaufgabe bewältigen. Diese Vision wurde Politik. »Ehe die Potsdamer Konferenz stattfand«, erinnert sich Wolfgang Leonhard, »längst bevor sich die westlichen Alliierten überhaupt einigermaßen darüber klar geworden waren, was denn nun mit Deutschland zu tun sei, wurden in der Sowjetzone Hunderttausende von Parteimitgliedern einmal wöchentlich in bestimmten politischen Fragen geschult, oder – wie es damals bei uns hieß – auf die ›richtige‹ Linie gebracht.« Damit, und mit der unübersehbaren Bevorteilung bei der Zuteilung von Büroraum und Material sowie dem direkten Draht zu den Besatzungsbehörden, wurde der KPD in der sowjetischen Zone ein Startvorteil eingeräumt, den keine andere der wenig später ebenfalls zugelassenen Parteien mehr wettmachen konnte.

Die ganz große Überraschung der neu gegründeten KPD war ihr Programm. Sie präsentierte sich – vor 1933 hauptsächlich durch destruktive Fundamentalopposition und Aufrufe zur Errichtung eines Sowjetdeutschland aufgefallen – plötzlich als Gesamtrepräsentant der von ihr ehemals bekämpften Weimarer Demokraten, bereinigt um die Fehler, die damals gemacht worden seien, als man versäumt habe, die Kriegsschuldigen und Kriegsverbrecher zu bestrafen. Es sei »falsch«, heißt es im Gründungsaufruf des ZK der KPD vom 11. Juni 1945, Deutschland das Sowjetsystem aufzwingen zu wollen, denn dieser Weg entspreche »nicht den gegenwärtigen Entwicklungsbedingungen in Deutschland«. »Gegenwärtig« – das schloss künftige dynamische Entwicklungen zumindest nicht aus, doch bezogen auf die unmittelbar bevorstehenden Aufgaben war den KPD-Oberen offenbar klar, dass man, nach den Worten ihres Leipziger Ortschefs Fritz Selbmann, auf den Trümmern Deutschlands keinen Sozialismus aufbauen konnte.

Von Sozialismus war im gesamten Aufruf mit keinem Wort die Rede, sondern im Gegenteil von der »völlig ungehinderte[n] Entfaltung des freien Handels und der privaten Unternehmerinitiative auf der Grundlage des Privateigentums«, ganz anders als im Gründungsaufruf des Berliner Zentralausschusses der SPD, der sich wesentlich vehementer für Sozialisierungsmaßnahmen einsetzte und vom Geist der Rückbesinnung auf den revolutionären Marxismus des »Prager Manifests« der Exil-SPD von 1934 geprägt war.

Allerdings: Nach sozialdemokratischem Politikverständnis bestimmen demokratische Mehrheiten und gegebenenfalls koalitionäre Kompromisse das Handeln. Die eigenen Ziele musste man deshalb erst einmal offen als solche formulieren, während nach kommunistischem Verständnis Kompromisse eine exklusive Angelegenheit der Avantgarde selbst waren, wenn sie ihres Führungsanspruchs nicht verlustig gehen wollte. Der sorgfältig und mit privilegiertem Vorlauf formulierte Gründungsaufruf der KPD sollte gleichzeitig nämlich als programmatische Grundlage eines künftigen Blocks der antifaschistisch-demokratischen Parteien dienen, in dem die KPD auf diese Weise von vornherein die Definitionshoheit für sich beanspruchen konnte.

Vielleicht habe man doch sehr unterschiedliche Auffassungen von Demokratie, warf der Sozialdemokrat Erich Gniffke in einem Gespräch mit Ulbricht in diesen Tagen fragend ein. Ulbricht ging einer Antwort aus dem Weg.

Umrahmt von klassischer Musik erläuterte er dagegen am 12. Juni im großen Saal des Berliner Magistrats den geladenen Gästen – unter ihnen Sozialdemokraten, spätere Christdemokraten und Liberale – ausführlich den KPD-Gründungsaufruf, begrüßte die Zulassung antifaschistisch-demokratischer Parteien durch die Sowjetische Militäradministration und schlug den Aufruf gleichzeitig als Aktionsprogramm für einen gemeinsamen Block der Parteien vor. Wem die lauten Auftritte der Kommunisten aus der Weimarer Zeit noch in Erinnerung geblieben waren, dem musste dieser staatstragende Akt wie eine wundersame Verwandlung erscheinen. Ulbricht vergaß auch nicht, darauf hinzuweisen, dass in seinen Augen die Sowjetunion der politisch, ökonomisch und militärisch fortschrittlichste Staat der Welt sei und dass die Deutschen an ihrer Seite mit ihrer reaktionären Vergangenheit brechen und einen neuen Weg beschreiten müssten. Am Ende gab Fred Oelßner die Parole von der KPD als der nationalen Partei, der Partei des Volkes und der Partei des Friedens aus. Kaum einer der Anwesenden bemerkte sogleich, welche ungeheuren Anmaßungen dahinter standen.

Der kommunistische Kompromiss des Aufrufs von 1945 hieß: »Mit der Vernichtung des Hitlerismus gilt es gleichzeitig, die Sache der Demokratisierung Deutschlands, die Sache der bürgerlich-demokratischen Umbildung, die 1848 begonnen wurde, zu Ende zu führen, die feudalen Überreste völlig zu beseitigen und den reaktionären altpreußischen Militarismus mit allen seinen ökonomischen und politischen Ablegern zu vernichten.« Diese allgemeinen Formulierungen hätten so auch von Churchill und Truman unterschrieben werden können.

Doch sie waren gleichzeitig Bestandteil eines integralen Konzepts von neuen Wegen zum Sozialismus, wie sie etwa Stalins Chefökonom Eugen Varga 1945 in einer Studie über »Veränderungen in der kapitalistischen Wirtschaft im Gefolge des Zweiten Weltkrieges« ausgearbeitet hatte. Varga ging davon aus, dass die durch den Krieg verarmten Staaten Europas mindestens zehn Jahre benötigen würden, um wieder auf die Beine zu kommen, und so lange auf staatsinterventionistische Maßnahmen angewiesen wären. Zwar gebe es weiter Privateigentum an den Produktionsmitteln, doch große Unternehmen der Industrie, das Transport- und Kreditwesen befänden sich unter staatlicher Kontrolle, und der Staat selbst und sein Apparat diene nicht mehr »den Interessen der Monopolbourgeoisie«. Unter diesen Voraussetzungen einer »Demokratie neuen Typs« bilde die größere oder geringere Beteiligung an der Staatsverwaltung den Hauptinhalt des politischen Kampfes zwischen den beiden Hauptklassen der kapitalistischen Gesellschaft. Stalin folgerte daraus, dass der russische Weg des Staatsterrors, wie er ihn beschritten hatte, zweifellos die beste und schnellste Methode des Übergangs zum Sozialismus darstelle, aber doch nicht die einzig denkbare (wenn man auch gegebenenfalls immer darauf zurückkommen konnte). »Nicht mehr überall«, meinte er zu Tito im April 1945, seien heute Revolutionen notwendig, wenn die Umstände es hergäben und man sich geduldig Zeit lasse.

Es reichte nach den Worten des KPD-Theoretikers Anton Ackermann aus, »Militarismus und reaktionäre Bürokratie« zu beseitigen, was in Deutschland 1918 versäumt worden, nun aber ohnehin erklärte Absicht aller Alliierten war. Oder, wie es Walter Ulbricht im März 1946 in einem programmatischen Aufsatz, bezogen auf die deutschen Verhältnisse, formulierte: »Die Besonderheit der Lage besteht darin, dass diese Beendigung der bürgerlich-demokratischen Umwälzung zusammenfällt mit der tiefsten Katastrophe Deutschlands, die durch den deutschen Imperialismus herbeigeführt wurde. Daraus ergibt sich, dass gleichzeitig mit der Bodenreform und der Schaffung einer demokratischen Selbstverwaltung die Macht des Monopolkapitals, der Konzerne, privaten Großbanken, Kartelle und Syndikate beseitigt werden muss. Wird diese Aufgabe gelöst, dann ist der demokratische Weg gesichert.« Die antifaschistisch-demokratische Umwälzung und Vargas Konzept der »Demokratie neuen

Typs« boten also eine einzigartige Gelegenheit, die Machtfrage im klassischen Sinn anzusteuern, ohne sie benennen zu müssen.

Hinzu kommt, dass nach dem Krieg in ganz Deutschland eigentlich nur die Liberalen entschieden gegen den Sozialismus waren, was sowohl eine späte Nachwirkung der krisenhaften »Systemzeit« von Weimar als auch der Katastrophe von Krieg und Niederlage war. Man sollte nicht vergessen, dass beispielsweise der Wirtschaftswissenschaftler Joseph Schumpeter noch 1949 auf dem Jahreskongress der *American Economic Association* erklärte, die Zeit der kapitalistischen Marktwirtschaft sei vorüber, und überall könne man eine »Verlagerung der wirtschaftlichen Angelegenheiten aus der privaten in die öffentliche Sphäre« beobachten. Es gab bei Kriegsende nach den Worten von Sigrid Meuschel wie 1918 einen verblüffenden Konsens, dass mit dem Versagen der alten Eliten das bürgerliche Zeitalter zu Ende gehe und der Sozialismus in der einen oder anderen Weise auf der Tagesordnung stehe. Der verbreitete Antikapitalismus konnte zudem von dem Umstand zehren, dass die eher konservative Tradition organischer Gemeinschaft und deutscher »Kultur« sich schon immer als Antipode zur angeblich ausschließlich von materiellen Interessen bestimmten westlichen »Zivilisation« empfand – und dass die nationalsozialistische Variante dieser Tradition durch Hitlers Götterdämmerung vollständig diskreditiert war.

Im Sommer 1945 war die Stimmung in Deutschland jedenfalls keineswegs einhellig antisowjetisch. Dazu hat auch die amerikanische Direktive JCS 1067 vom 26. April 1945 nicht unwesentlich beigetragen, die als Handlungsanleitung für die Militärregierung vorgab, dass Deutschland nicht zum »Zwecke seiner Befreiung«, sondern als »besiegter Feindstaat« zu besetzen sei. Der Sozialdemokrat Carlo Schmid beobachtete im Juli sogar im eher bürgerlichen Württemberg, obwohl fast alle Neigungen der Menschen dort dem Westen gelten würden, sei doch »überall ein beträchtliches Anwachsen der Stimmen zu beobachten, die meinen, dass eine Orientierung auf Russland hin unvermeidlich sein und daher bejaht werden müsse«. Einer der Hauptgründe sei die weitverbreitete Vorstellung, die Russen würden, im Gegensatz zu den Westmächten, eine »konstruktive Aufbaupolitik« betreiben.

Die Sowjetunion, behauptete auch eine Denkschrift des Berliner

Zentralausschusses der SPD vom Juli 1945, habe »nicht an der dauernden Niederhaltung eines geschlagenen Konkurrenten ein Interesse«, sondern vielmehr »an der Beseitigung der Machtgrundlagen einer Bourgeoisie, die von Neuem einen Verteidigungskrieg notwendig machen könnte«. Im Sommer 1945 erlebten sozialistische Stimmungen eine gewisse Hochzeit. Obwohl die Russen selbst, teils wegen überkommener Ressentiments aus der Nazizeit, teils wegen anhaltender Übergriffe von Rotarmisten gegenüber der Zivilbevölkerung, sich keiner großen Beliebtheit erfreuten, standen politische Konzepte der Ostorientierung, wie sie der Berliner Zentralausschuss der SPD vertrat, hoch im Kurs. Ein »Leben im Schatten Russlands«, meinte Carlo Schmid, erscheine vielen als der einzige Ausweg aus der Hoffnungslosigkeit.

Auch die Vorstellung einer Synthese von Ost und West im Leben Europas, die dem Berliner CDU-Mitbegründer Jakob Kaiser als künftige Zielrichtung Deutschlands vorschwebte, war aus solchen Stimmungen geboren. Nach dem »Chaos von Schuld und Schande, in die uns die Vergottung eines verbrecherischen Abenteurers gestürzt hat«, prognostizierte er eine »Zeitenwende vom bürgerlichen Zeitalter zum Zeitalter des werktätigen Volkes«, zu einer sozialistischen Ordnung, doch sie hatte bei ihm eine ausgeprägt antiwestliche Schlagseite. Im »Zeitalter der Massen«, meinte Kaiser mit Blick sowohl auf Hitlers Gefolgschaft als auch auf den westlichen Massenmenschen, komme es darauf an, diese »sinnvoll zu gliedern«, damit sich die »Würde der gottgeprägten Menschenseele« wieder organisch in das Volksganze einfügen könne. So weit, wie man heute glaubt, war das von einigen Vorstellungen Walter Ulbrichts, des späteren Erfinders der »sozialistischen Menschengemeinschaft«, nicht entfernt.

Die CDU in Berlin präsentierte sich mit einer Programmatik, die man nach Ansicht der französischen Zeitung *L'Ordre* kaum anders als »sozialistisch und radikal« bezeichnen konnte, und ihr Berliner Reichsvorstand unter Andreas Hermes erhob unverhohlen einen Führungsanspruch für Gesamtdeutschland, nicht anders als der Berliner Zentralausschuss der SPD unter Max Fechner, Erich Gniffke und Otto Grotewohl. »Nur wir«, beantwortete Grotewohl im Juli die Frage der russischen Zeitung *Krasnaja Swesda*, wie er die ablehnende Haltung des Londoner Exilvorstands der SPD zu einer Zusammenarbeit mit den Kommunisten beurteile, »haben das Recht, im Namen der Sozialdemokratischen Partei Deutschlands zu sprechen.«

Christdemokraten wie Jakob Kaiser und Ernst Lemmer kamen aus der Gewerkschaftsbewegung und forderten einen christlichen Sozialismus als dritten Weg, was konkret, wie es im Gründungsaufruf der Berliner Christdemokraten vom 26. Juni 1946 hieß, eine Verstaatlichung von Bodenschätzen, Bergbau und monopolartigen Schlüsselunternehmen, den Ausbau des landwirtschaftlichen Genossenschaftswesens sowie eine generelle Orientierung des Eigentums an der »Verantwortung für die Allgemeinheit« bedeutete. Um diese Ziele zu erreichen, bekundete die CDU ihren Willen, »mit den anderen Parteien der neuen Demokratie gemeinsam am Aufbau Deutschlands« zu arbeiten. Ulbricht empfand dies und ähnliche Willensbekundungen der Sozial- und Christdemokraten als Aufforderung, sein Blockkonzept von 1944 doch noch zu verwirklichen.

Am 19. Juni kam es nach mehreren vergeblichen Anläufen seitens der SPD zu einem ersten Treffen mit Vertretern des ZK der KPD. Die Kommunisten hatten vorherige Gesprächsangebote einfach ignoriert, offenbar weil ihre strategische Linie noch nicht feststand und es nicht ihren Gepflogenheiten entsprach, in offenen Debatten gemeinsame Problemlösungen anzustreben. So wurde dieses erste Treffen auch gleich zu einer ersten Vereinnahmung.

Anton Ackermann zog ein fertiges Papier aus der Tasche, das die Bildung eines gemeinsamen Arbeitsausschusses vorsah, der aus je fünf Vertretern der beiden Führungsgremien zusammengesetzt sein sollte. Die völlig überrollten, aber grundsätzlich kooperationsbereiten Sozialdemokraten stimmten mit wenigen unwesentlichen Änderungsvorschlägen zu. In Ulbrichts Vorstellung, das war ihnen vermutlich kaum bewusst, sollte diese Vereinbarung der entscheidende Weg in den Block sein, weil sie die Sozialdemokraten an Absprachen mit den Kommunisten band und ihnen damit zu einer Position der Stärke gegenüber den »bürgerlichen« Parteien verhelfen konnte.

Der Block wurde in den Planspielen Walter Ulbrichts ein strategisches Modell für die künftige Entwicklung im gesamten »Reich«. Am 14. Juli als »Einheitsfront der antifaschistisch-demokratischen Parteien« gegründet, war er von Anfang an eine unkündbare Koalition, deren alle Parteien bindende Beschlüsse nach dem Prinzip der Einstimmigkeit gefällt werden sollten. Je fünf Vertreter aller Parteien fanden sich in dieser Einheitsfront nach den Worten des mittlerweile ebenfalls aus Moskau zurückgekehrten KPD-Vorsitzenden Wilhelm Pieck zu einem vorläufigen »Parlamentsersatz« zusammen.

Eine entscheidende, wenn auch noch nicht zwingend dominierende Rolle der Kommunisten im politischen Entscheidungsprozess war damit institutionell abgesichert. Im Zweifelsfall konnten sie immer noch – wie die Sowjets in den zur gleichen Zeit gegründeten Vereinten Nationen – ihr Vetorecht geltend machen. Es war vermutlich eine solche Konstruktion, die Stalin mit Blick auf seine Sicht der »einen Welt« Roosevelts im Auge hatte, wenn er immer wieder Absichten einer Sowjetisierung Deutschlands in Abrede stellte und dabei etwas unklar die demokratischen Weimarer Traditionen als Modell beschwor.

»Die KPD-Führung«, meint Dietrich Staritz in seiner klassischen Studie über die Gründung der DDR, »hatte damit innerhalb kurzer Zeit erreicht, worauf alle in der Emigration entwickelten Pläne für den Neubeginn gezielt hatten: die Schwächung der Sozialdemokratie durch eine Einheitsfront und die Gewinnung von Teilen des Bürgertums und der Mittelschichten.« Die Machtergreifung der ersten Stunde, vornehmlich ein Werk des unermüdlichen Taktikers und Organisators Walter Ulbricht, war vollkommen. Sie sicherte den Kommunisten zum ersten Mal in der deutschen Geschichte eine feste Position in der staatlichen Politik und schien gleichzeitig flexibel genug, um aus sowjetischer Sicht als Modell für Gesamtdeutschland allen künftigen Konjunkturen Rechnung tragen zu können.

Die erste große Bewährungsprobe des Blocks kam bereits im späten Sommer. Am 30. August 1945 eröffnete die KPD im Hauptausschuss eine Debatte über die Bodenreform. Dass der Großgrundbesitz, zumal im deutschen Osten, eine soziale Stütze des deutschen Militarismus darstellte, war unter den Alliierten kaum umstritten. Auch amerikanische und britische Intellektuelle neigten auf der Folie der Erfahrungen des Ersten Weltkriegs 1945 dazu, die »Kriegslust« der Junker als den eigentlichen Feind hinter dem Nationalsozialismus zu betrachten. Churchill dachte so und Stalin ebenfalls, auch wenn die Junker durch den Krieg selbst und die Zerstörung ihrer Güter in Ostpreußen, der Neumark und Pommern den größten Teil ihres Besitzes bereits verloren hatten.

Die Bodenreform, betont Wladimir Semjonow, gehörte in sowjetischer Sicht »zu den Problemen der großen Politik«. Sie war für ihn eine Frage von erstrangiger Bedeutung – noch wichtiger als die Reparationsfrage. Der Mittelbauer sollte durch diesen Eingriff die reaktionären Junker ablösen und so zu einer verlässlichen Stütze der antifaschistisch-demokratischen Umwälzung in Ostdeutschland werden. Stalin, der sich selbst für einen Kenner der Agrarfrage hielt, steuerte die Maßnahmen bis ins Detail der Obergrenze des zu enteignenden Landes, stets auch mit Blick darauf, wie Semjonow festhält, dass die Landfrage in der Dynamik der russischen Oktoberrevolution eine entscheidende Rolle gespielt hatte. Es ging also von Anfang an um mehr als um den Kampf gegen die sozialen Wurzeln des deutschen Militarismus und Faschismus.

Stalin konnte sein revolutionäres Pathos kaum im Zaum halten, als er bei Vorbesprechungen in Moskau begeistert die Verbrennung alter Grundbücher auf deutschen Bauernversammlungen 1525 und 1648 als Vorbild beschwor. Er sah sich auch gern in der Tradition Napoleon Bonapartes, der den revolutionsunfähigen Deutschen schon einmal den Fortschritt diktiert hatte. Dessen linksrheinische Bodenreform war nach den Worten Semjonows sogar noch weit radikaler ausgefallen als die nun geplante. Wie in Russland 1917 sollte die Landfrage in der sowjetischen Zone einen dynamischen Prozess auslösen, auch wenn er sich einstweilen auf die Erzeugung von Loyalität gegenüber der Besatzungsmacht beschränken würde. 2.743.306 Hektar Land wurden verteilt, davon 398.080 an arme Bauern, 740.704 an landlose Bauern und Landarbeiter, 567.366 Hektar an Vertriebene aus Pommern, Schlesien, der Neumark und Ostpreußen. Etwa ein Drittel des Landes fiel an Gemeinden und Landkreise. Es war eine soziale Revolution, nicht minder als die Verstaatlichung der Banken vom Sommer und der Beschlagnahmebefehl der SMAD gegen das industrielle Eigentum aktiver Nazis und »Kriegsgewinnler« vom Oktober. Von der Mehrheit der Bauern wurde die Bodenreform erwartungsgemäß begrüßt.

Im Spätsommer 1945 überzog ein Vorschein von Bolschewismus die ländlichen Gebiete der sowjetischen Zone. Anfang September verkündete Wilhelm Pieck unter der Parole »Junkerland in Bauernhand« den Beginn der Enteignungen mit der Begründung, auf diese Weise »alle Kriegsschuldigen und Kriegsverbrecher« unschädlich zu machen, und zwar »für immer«. Domänen und Rittergüter sollten aufgeteilt, die Höfe aktiver Nazis enteignet werden. Kaum einer der Betroffenen hatte in den folgenden Tagen Zeit, seine persönliche Habe zusammenzupacken, bevor er in aller Eile und nicht selten gewaltsam von seinem Gut vertrieben wurde. Niemand bekam ein amtliches Dokument, aus dem die Rechtmäßigkeit der Enteignung hervorgegangen wäre, und es traf auch keineswegs nur die genannten Schuldigen. Angestachelt von örtlichen Kommunisten und sowjetischen Kommandanten begann nun vielerorts ein regelrechter Rausch der Umverteilung. »Was wird mit dem Wald? Was mit Teichen, Maschinen?«, erinnert sich der Schriftsteller Erich Loest, damals Landarbeiter auf dem von zwei alten Damen und einem Haufen Flüchtlingen bewohnten Gut Kahnsdorf in Sachsen-Anhalt: »Schon hingen Girlanden an Gutshäusern, Besitzurkunden wurden feierlich ausgetauscht und Saboteure aufgespürt.« Mit Letzteren waren Gutsbesitzer gemeint, die sich der Bodenreform ernsthaft zu widersetzen versuchten. Sie wurden kurzerhand in Güter- oder Viehwaggons nach Stralsund verfrachtet, mussten dann den Rügendamm zu Fuß überqueren und durften die Insel, im Winter von Kälte, Hunger und Krankheiten heimgesucht, auf absehbare Zeit nicht verlassen.

In den Dörfern selbst stellte sich die KPD unterdes die Aufgabe, die alten Raiffeisen-Genossenschaften in ihrer Macht zu beschneiden. Ihnen entstand durch die Vereinigung der gegenseitigen Bauernhilfe (VdgB) eine Konkurrenz, die von Anfang an unter kommunistischer Kontrolle stand und nun das Privileg hatte, durch den Zugriff auf enteignetes schweres Gerät, Silos und Lagerräume den Weg der Neubauern in die wirtschaftliche Selbstständigkeit zu organisieren. Weniger hilfreich waren aus der Sowjetunion importierte Wundermittel zur Produktivitätssteigerung, die plötzlich als Neuerervorschläge in den Parteizeitungen kursierten. Von Umpflanzmethoden für Roggen berichtet Erich Loest, die wie bei der asiatischen Methode des Umpflanzens von Reis angeblich eine dreifache Ernte einbringen würden. Gestandene Bauern konnten da nur den Kopf schütteln.

Politisch zahlte sich die Bodenreform aber trotzdem aus. Selbst im konservativen Mecklenburg würden die zu Neubauern gewordenen Flüchtlinge bei den Wahlen des Jahres 1946 der SED nicht unerhebliche Stimmen einbringen.

Doch die Bodenreform führte in der Art und Weise, wie sie vollstreckt wurde, zu ersten ernsthaften Differenzen im Block. »Völlig unschuldige Leute«, meinte der CDU-Vorsitzende Andreas Hermes auf einer Veranstaltung in Dresden im Oktober 1945, würden oft auf die brutalste Weise ihres Eigentums beraubt und von ihrem Besitz vertrieben, nicht selten auf der Grundlage bloßer Denunziationen. Die CDU war nicht grundsätzlich gegen die Bodenreform, aber Hermes wollte dabei unbedingt summarische Mitenteignungen vermieden, die Rechtsstaatlichkeit gewahrt und Entschädigungen vereinbart wissen. Das Recht, hatte der Berliner Gründungsaufruf der CDU gefordert, müsse mit dem Neuanfang »wieder die Grundlage des ganzen öffentlichen Lebens werden«.

Am 19. Dezember 1945 abends um 10 Uhr wurde Hermes von Oberst Sergej Tulpanow unmissverständlich aufgefordert, seinen Rücktritt als Parteivorsitzender einzureichen.

»Ist das ein Befehl?«, fragte Hermes.

»Ja«, entgegnete Tulpanow, »es ist ein Befehl der SMAD.«

In eins nun die Hände

»Vielleicht war die Vereinigung von KPD und SPD verfrüht«, meinte Oberst Tulpanow zu Erich Gniffke Anfang April 1947, »vielleicht war sie in ihrer Totalität in der sowjetisch besetzten Zone ein Fehler. Gemachte Fehler sollte man korrigieren.« Er hatte den ehemaligen Sozialdemokraten eigens nach Karlshorst einberufen, um mit ihm über dieses Thema zu sprechen. Es sei wichtig, was er mit ihm zu erörtern habe, eröffnete Tulpanow das Gespräch in seinem Dienstzimmer, setzte sich die Offiziersmütze auf und bat Gniffke in seine Privatwohnung, wo den beiden Herren ein frugales Abendessen serviert wurde. Der mächtige Tulpanow, Chef der Verwaltung Propaganda und Information in der Sowjetischen Militäradministration und als solcher für Fragen der politischen Umgestaltung im Osten Deutschlands zuständig, konnte zuweilen äußerst charmant sein. 1901 geboren, hatte er einst in Heidelberg bei Alfred Weber Nationalökonomie und Soziologie studiert, kannte also das Land aus Weimarer Zeiten und sprach fließend Deutsch.

In Moskau tagte zu dieser Zeit die Konferenz der Außenminister der vier Mächte. Sie kam in ihren Bemühungen um eine Lösung der deutschen Frage nur schleppend voran. Die Sowjetunion beharrte auf einer Viermächtekontrolle des Ruhrgebiets, doch in dieser Frage war keine Einigkeit zu erwarten. Zwei Tage nach Beginn der Konferenz, am 12. März, hatte Präsident Truman verkündet, die künftige Politik der Vereinigten Staaten müsse darin bestehen, die freien Völker zu unterstützen, die sich der Unterwerfung durch bewaffnete Minderheiten oder durch Druck von außen widersetzten. Die Rede sollte in erster Linie den amerikanischen Kongress davon überzeugen, Gelder für die griechische Regierung im Bürgerkrieg gegen kommunistische (von Moskau im Übrigen keineswegs unterstützte) Partisanen zu bewilligen. Sie markierte aber zugleich den Beginn einer neuen Politik, die mit dem Begriff des *containment*, der weltweiten Eindämmung des Kommunismus, verbunden war.

Ein besorgter Tulpanow konfrontierte Gniffke Anfang April mit der Ansicht, dass sich die westlichen Alliierten immer mehr von gemeinsam gefassten Beschlüssen entfernen würden. Sie gingen ihre eigenen Wege, brachte er mit Blick auf den Moskauer Konferenzverlauf seine Besorgnis auf den Punkt, doch man müsse »schon sehr kurzsichtig und allen Realitätssinnes bar sein, um glauben zu können, das deutsche Problem könne aufgrund von Schemata gelöst werden, die aus Übersee eingeführt und als heilige Schrift präsentiert werden«. In Westdeutschland habe das dazu geführt, dass die Reaktion schon wieder alle Schlüsselstellungen in Wirtschaft und Verwaltung besetzt halte, und er, Tulpanow, frage sich, wie diese verhängnisvolle Entwicklung, die in seinen Augen einem neuen Faschismus den fruchtbaren Schoß öffnete, noch aufzuhalten sei.

Moskau sah seinen Einfluss in Deutschland schwinden. Das war die Kernaussage der Überlegungen von Tulpanow, die bereits seit Dezember 1946 in Planspielen des Kreml eine Rolle spielten. Die SED, meinte er zu Gniffke, habe außer zur KPD keine Verbindung zu fortschrittlichen Kräften von Belang in Westdeutschland. Vielleicht war das auch ein Ergebnis der gewaltsamen Vereinigungspolitik, bei der er selbst ein Jahr zuvor nicht unmaßgeblich die Fäden gezogen hatte. Vielleicht sollte man deshalb eine SPD in der sowjetisch besetzten Zone wieder zulassen, sagte er nach dem Abendessen zu Gniffke, »eine Aufgabe, die dir zufallen« könnte. »Überleg es dir!«

Er sagte »eine SPD«, und nicht »die SPD«. Wenn etwas aus der Sache würde, dann hätten er und die Besatzungsmacht, glaubte Tulpanow, sie unter Kontrolle.

Parallel dazu forderte die Sowjetunion auf der Moskauer Konferenz, der Kontrollrat solle ein Parteiengesetz verabschieden, das es allen Parteien erlauben würde, sich in gesamtdeutschem Rahmen zu vereinigen. Das hätte bedeutet, auch die SPD im Osten und die SED im Westen zuzulassen. Doch die Konferenz ging ohne Ergebnis zu Ende, vor allem, weil man sich über die deutschen Reparationen nicht einigen konnte.

Was die Sowjets mit ihrem Vorstoß verhindern wollten, zeigte sich bereits im Juni 1947, als im Westen der Wirtschaftsrat der Bizone zu seiner konstituierenden Sitzung zusammentrat. CDU/CSU und SPD waren mit jeweils zwanzig, die KPD nur mit drei Repräsentanten vertreten. Das entsprach ihrem tatsächlichen Einfluss, und die Politoffiziere in der sowjetischen Zone wussten es, wenn sie über die künftige Besetzung gesamtdeutscher Repräsentanzen nachdachten. Im Osten sah es, trotz des Standortvorteils der Besatzungsmacht, kaum anders aus. Als Wolfgang Leonhard, von einem dieser Offiziere nach seiner offenen Meinung befragt, die Auffassung vertrat, vermutlich würden bei freien Wahlen in der sowjetischen Zone etwa 15 bis 20 Prozent für den Osten und 80 bis 85 Prozent für den Westen stimmen, erhielt er die Antwort: »Sie haben ein gutes Gefühl für Massenstimmung. Zum gleichen Resultat sind auch wir gekommen.«

Es blieb also nur noch der Weg in die Diktatur eines östlichen Teilstaats oder die zumindest teilweise Kapitulation, die Tulpanow in dem erwähnten Gespräch mit Gniffke mit Blick auf die gesamtdeutschen Ambitionen der Sowjetunion und ihren Anspruch auf die Ressourcen des Ruhrgebiets ins Auge fasste. Bei der SED-Führung stieß der Plan keineswegs auf große Zustimmung, als die Sowjets ihn am 23. Dezember 1946 zum ersten Mal auf den Tisch legten. Sie fürchtete, zu Recht, in der Konsequenz eine Rückverwandlung der SED in eine einflusslose KPD – und zwar in allen vier Zonen. Das Experiment SED war deutschlandpolitisch schon gescheitert, kaum dass es begonnen hatte.

Stalin sah das nicht ganz so dramatisch, als er die SED-Führung am 31. Januar 1947 abends um neun Uhr im Kreml empfing. Ob die SED etwa Angst habe vor der SPD, fragte er die deutschen Genossen etwas bösartig, nachdem Otto Grotewohl das Gespräch mit der Bemerkung eröffnet hatte, es bestünde keine Notwendigkeit, die SPD in der Sowjetzone zuzulassen.

»Man gewinnt nichts auf dem Weg eines Verbots«, dekretierte Stalin: »Machen Sie Gegenpropaganda!«

Die SED müsse die Sozialdemokraten politisch schlagen. Stalin suchte verzweifelt nach Wegen, eine drohende Neuauflage der Weimarer Koalition zwischen Sozialdemokraten und bürgerlichen Parteien in Westdeutschland zu verhindern. Was er aber wirklich vorzuschlagen hatte, war nichts als ein Griff in die Mottenkiste kommunistischer Politik der Zwanzigerjahre. Es müsse doch möglich sein, hielt er den deutschen Gästen vor, durch Einheitsfront-Komitees und Ausschüsse gegen die Reaktion im Westen linke Elemente aus der SPD herauszubrechen, in eine gesamtdeutsche SED zu überführen und damit die Sozialdemokratie zu spalten.

Dem Unbehagen seiner deutschen Genossen konnte er damit kaum abhelfen, auch wenn Grotewohl, prominentester ehemaliger Sozialdemokrat in der Führung der Einheitspartei, die erste Zusammenkunft im Kreml gegen Mitternacht mit den begeisterten Worten verließ, »Genosse Stalin« sei »der größte Sozialist der Welt«. Geduldig hörte er Michail Suslow zu, als dieser ihm am 2. Februar die Organisationsstruktur und Funktionsweise einer bolschewistischen Partei und die besondere Bedeutung ihres Propaganda- und Agitationsapparats umständlich auseinandersetzte. Grotewohl ließ sich bei diesem Moskau-Aufenthalt auch durch die obligatorischen Revolutionsfilme tief beeindrucken, die ausländischen Besuchern im Kreml regelmäßig stundenlang zugemutet wurden. »Wir haben gesehen«, schwärmte er unter dem Eindruck von *Lenin im Jahre 1918*, »wie Kommunisten die Massen führen und um sich scharen können. Daran fehlt es uns Deutschen noch.«

In Wirklichkeit hatte er nur einen stalinistischen Historienschinken von 1939 gesehen, in dem Regisseur Michail Romm einen statuarisch überhöhten Lenin präsentiert, der die Gewalt bejaht und ständig vor Verschwörung, Verrat und Attentat warnt. Otto Grotewohl war mit seiner politischen Fantasie schon ganz in einer fiktionalen Welt angelangt, deren Gegensatz zur unbeugsamen Realität schnell alle Wege in die Diktatur eröffnen konnte, besonders nachdem die sowjetischen Stellen in Deutschland jegliche Aktivitäten zur Wiederzulassung der SPD im Sommer 1947 wieder einschlafen ließen.

Der Weg Grotewohls in die Fiktion hat vermutlich im Frühjahr 1946 seinen Anfang genommen, mit einer spontanen Geste auf einer sonst eher langweiligen Veranstaltung zum 70. Geburtstag Wilhelm Piecks im Berliner Admiralspalast. Ihn zeichnete ohnehin eine gewisse Neigung zur Theatralik aus, aber nun konnte er angesichts des ereignislosen Festverlaufs der Versuchung nicht widerstehen, sich unwiederbringlich in Szene zu setzen. Er hatte nach den Erinnerungen Erich Gniffkes einen »Höhepunkt« improvisieren wollen, als er mit den Worten, er habe etwas Schlichtes, aber von Herzen Kommendes zu sagen, plötzlich auf Pieck zuschritt und ihm die Hand gab. Dieser Händedruck, rief er dabei mit seinem unverkennbar norddeutschen Akzent in den Saal, sei ein »Händedruck, der nicht nur für heute Bedeutung haben soll, sondern der einmal so lange währen soll, dass die Hände sich nicht mehr trennen«. Übrig von der theatralischen Szene, die auf dem Vereinigungsparteitag von KPD und SPD am 21. April noch einmal öffentlichkeitswirksam wiederholt wurde, blieb schließlich ein Parteiabzeichen.

Anfang Februar 1946 hatte Marschall Schukow in Karlshorst Grotewohl Audienz gewährt. Schukow wollte ihn ins Vertrauen ziehen, und das ist ihm auch gelungen. Niemand im Zentralausschuss der SPD erfuhr etwas von dieser Begegnung, und Gniffke berichtet, Grotewohl habe ihm den Inhalt der Beratung erst zwei Jahre später gebeichtet. Der Marschall legte ihm dar, dass mit dem Einspruch Frankreichs gegen die Errichtung einer deutschen Zentralverwaltung die Zonengrenzen in ihrer bisherigen Form vermutlich auf unbestimmte Zeit bestehen bleiben würden. Es sei eine komplizierte Situation entstanden, in der er seinerseits nun darauf drängen müsse, die Vereinigung von SPD und KPD im zonalen Rahmen zu vollziehen, und zwar so schnell wie möglich. Grotewohl solle ihm dabei helfen, dafür werde die sowjetische Regierung auf lange Sicht seine Kandidatur zum Reichskanzler unterstützen. Nach der Fusion sollte man überlegen, ob nicht die Rote Armee umgehend aus der Zone zurückgezogen und eine provisorische Zonenregierung unter

Führung der Einheitspartei als Prototyp einer künftigen Reichsregierung eingesetzt werden könnte. Grotewohl zögerte.

»Gibt es persönliche Gründe?«, fragte der Marschall: »Ist Ulbricht nicht genehm? Soll er zurückgezogen werden?«

Vermutlich war das Angebot Schukows, wie Wilfried Loth meint, tatsächlich ernst gemeint. Doch Grotewohl unterrichtete weder seine Genossen im Zentralausschuss, noch agierte er sonst besonders geschickt, sodass von einer Ablösung Ulbrichts bald keine Rede mehr war, zumal Schukow schon einen Monat später aus Berlin wieder abberufen wurde. Der Rest waren Planspiele und Optionen, die sich durch den Gang der Ereignisse erledigten.

Vermutlich war es auch so, dass sich Grotewohl die ihm von Schukow angetragene Rolle nicht zugetraut hat. Schon früh haben sich bei ihm Ansätze eines regelrechten Minderwertigkeitskomplexes gegenüber den Kommunisten herausgebildet. Dass die Kommunisten um Ulbricht, die ihm nach dem Krieg begegneten, durch ihre »wissenschaftliche Weltanschauung« auf jedes Problem eine fundierte Antwort zu haben schienen, beeindruckte den eher musisch begabten, in seinen Urteilen oft schwankenden Autodidakten zutiefst. Er zeigte sich unsicher den geschulten KPD-Kadern gegenüber und sollte sich später, wie sein langjähriger persönlicher Mitarbeiter Ludwig Eisermann berichtet, seiner sozialdemokratischen Vergangenheit regelrecht zu schämen beginnen. Zudem hatte er jene Aussage aus einer Studie des Zentralausschusses vom Sommer 1945 zur Ostorientierung verinnerlicht, in der es heißt, die Sozialdemokraten hätten sich nach dem Untergang von Hitlers Reich der Weltmacht anzuschließen, »deren Struktur den Faschismus als kriegerische Organisationsform ausschließt«. Das war nach Sicht der von Grotewohl beauftragten Autoren Gustav Klingelhöfer und Gustav Dahrendorf zwingend die Sowjetunion, und ihren Anhängern gegenüber musste er zunächst einmal ein Lernender bleiben.

Weniger Grotewohl als Dahrendorf war die eigentlich treibende Kraft hinter den frühen Einheitsbestrebungen in der Sozialdemokratie gewesen. Er hatte im Oktober 1944 als Beteiligter der Verschwörung des 20. Juli vor dem Volksgerichtshof gestanden, und Wilhelm Leuschner war es, der ihm im Zuchthaus kurz vor seiner Hinrichtung die folgenschweren Worte zurief: »Schafft mir die Einheit!« Dahrendorf war es, der am 12. Juni 1945, als Ulbricht im Berliner

Stadthaus den Aufruf der KPD verkündete, als Erster unumwunden und fast ungeduldig zur sofortigen Gründung einer Einheitspartei aufforderte.

»Die Sozialdemokratische Partei will die politische und, wenn es sein kann, die organisatorische Einheit in Stadt und Land«, rief er den Versammelten zu: »Wir sind rückhaltlos bereit, über den Vollzug dieser Einheit mit unseren kommunistischen Freunden zu sprechen. Es darf sich nicht wiederholen, dass die Gegner der Demokratie die Demokratie wieder für ihre Zwecke benutzen.« Weimar war in seinen Augen an der Uneinigkeit der fortschrittlichen Kräfte zugrunde gegangen, und der Ruf nach Einheit hatte in diesem Zusammenhang in den ersten Nachkriegstagen etwas von einer Erlösungsformel an sich. Die neue Zeit musste zwingend eine Zeit der Einheit sein, wollte man die richtigen Lehren aus dem Versagen des Bürgertums und der Zersplitterung der Arbeiterbewegung ziehen, die 1933 die Kapitulation der Demokratie zur Folge hatten.

Dass er sich mit seinem Aufruf zu einer wehrhaften Demokratie an der Seite der Kommunisten auf eine schiefe Ebene begeben hatte, sollte Dahrendorf allerdings früher als die meisten seiner engeren Freunde bemerken. Irritiert über das privilegierte und undurchsichtige Zusammenspiel von Kommunisten und sowjetischer Besatzungsmacht, wandelte er sich bald zu einem vehementen Verteidiger unabhängiger sozialdemokratischer Politik und geriet dadurch immer mehr unter sowjetischen Druck. Könnte er, wenn er bliebe, Schlimmeres verhindern, fragte er Anfang 1946 in nächtlichen Gesprächen mit Gniffke und Grotewohl immer wieder. Im Frühjahr schließlich, nachdem ihn eines Abends die irritierende Nachricht erreicht hatte, er solle sofort im sowjetischen Hauptquartier in Karlshorst erscheinen, ließ er sein Haus in der Zehlendorfer Onkel-Tom-Siedlung unter amerikanischen Schutz stellen und sich in einer Dakota nach Westdeutschland ausfliegen. »Ich bin nicht Ostdeutscher«, sagte er nur wenige Tage vor diesem Schritt zu Grotewohl. Er hatte andere Freiheiten als diejenigen, die zu Gefangenen des Territoriums zu werden drohten, von dem sie stammten. Der Braunschweiger Otto Grotewohl aber igelte sich in einer immer hermetischer werdenden politischen Traumwelt ein.

Ein anderer Einheitsimpuls ging von Buchenwald aus. Hermann Brill, promovierter Jurist und Soziologe, hatte 1944 im Konzentrationslager Buchenwald ein parteiübergreifendes illegales Volksfrontkomitee ins Leben gerufen. Außer dem ehemaligen sozialdemokratischen Reichstagsabgeordneten Brill gehörten ihm unter anderem Benedikt Kautsky von der SPÖ sowie Walter Wolf von der KPD und Werner Hilpert vom Zentrum an. Gemeinsam wollte man nach dem Krieg alle antifaschistischen Kräfte mobilisieren, um jede Wiederholung der verbrecherischen Diktatur zu verhindern, wie es in der Erklärung des Volksfrontkomitees heißt, die nach der Befreiung des Lagers am 11. April 1945 während einer Trauerkundgebung des Internationalen Lagerkomitees für die Toten von Buchenwald auf dem Appellplatz vor den 21.000 Überlebenden bekannt gegeben wurde. Es war die gleiche Kundgebung, auf der die Häftlinge mit den Worten »Die Vernichtung des Nazismus mit seinen Wurzeln ist unsere Losung« ihre Arme zum in französischer, russischer, polnischer, englischer und deutscher Sprache verlesenen Schwur von Buchenwald erhoben, der für den antifaschistischen Legitimationsmythos der DDR bis zum Ende eine große Rolle spielen würde.

Hermann Brill, der noch im April 1945 in Weimar im Geist der Buchenwalder Volksfront einen Bund demokratischer Sozialisten nach dem Vorbild der britischen Labour Party gründete und im Juni von den Amerikanern zum Thüringer Regierungspräsidenten ernannt wurde, fand dabei nie eine Erwähnung. Nicht wenige KPD-Veteranen, denen Brill den Weg in seinen Bund öffnen wollte, verurteilten seine Kooperation mit den Amerikanern und blieben lieber im Untergrund. Ihm sei schon am zweiten Tag nach der Befreiung klar geworden, meinte Brill später, dass die KPD im Gegensatz zu seinen Erwartungen und Hoffnungen »die alte geblieben war«. Als im Juli die sowjetische Besatzungsmacht verabredungsgemäß in Thüringen einzog, verlor Brill sein Amt als Regierungspräsident sofort wieder, blieb jedoch bis zum Jahresende 1945 Vorsitzender der nun gegründeten thüringischen SPD und widersetzte sich standhaft jeder Vereinnahmung durch die KPD in der Einheitskampagne, die einen ganz anderen Lauf nahm, als er es sich vorgestellt hatte. Zweimal verhaftet und verhört, verließ er schließlich Thüringen und setzte sich über Westberlin nach Wiesbaden ab. Er wurde später einer der Väter des Grundgesetzes der Bundesrepublik.

Nie hätte er den Weg Otto Grotewohls gehen wollen. Zu nah war ihm das, was er mit der sowjetischen Besatzungsmacht erleben musste, an dem, was er gerade hinter sich gebracht hatte. »Die Schwierigkeiten der Sprache sind nicht nur Übersetzungsschwierigkeiten«, sagte er Ende September 1945 vor Zuhörern der sozialdemokratischen Parteischule in Probstzella, »sie sind auch Schwierigkeiten der Bedeutung und des Bedeutungswandels der Worte und Gedanken, die ausgetauscht werden.« Das russische Denken, »obrigkeitlich-polizeistaatlich« geprägt, verstehe unter Demokratie und Sozialismus jedenfalls etwas grundsätzlich anderes – und sogar Gegensätzliches – als die sozialdemokratische Tradition.

Die Sowjets verstanden darunter meist das, was sie kannten. General Alexander Kotikow, der neue Berliner Stadtkommandant, meinte bei einem Besuch im Büro des SPD-Zentralausschusses Anfang 1946 jovial, Einigkeit mache stark. Das habe sich erst wieder bei den letzten Wahlen zum Obersten Sowjet in seinem Land gezeigt. Auch in Deutschland, fügte er hinzu, werde die Einheit der Arbeiterklasse siegen, und die Sowjetunion werde ihr dabei behilflich sein. Nach dem Vorbild der Wahlen zum Obersten Sowjet?

Die Russen waren nach den Worten eines SPD-Parteisekretärs aus Magdeburg auch in ihrer Beurteilung der gesamtdeutschen Verhältnisse von einer geradezu »erstaunlich großen Ignoranz«. Demokratische Traditionen, die in der SPD lebendig geblieben waren und im Westen offensiv vertreten werden konnten, blieben ihnen immer ein Buch mit sieben Siegeln. »Die kannten das einfach nicht«, so der genannte Sekretär, »und glaubten, dass sie auch in den Westzonen eine Vereinigung durchsetzen könnten.«

Zunächst einmal setzten sie das Projekt in der eigenen Zone durch – mit sowjetischen Methoden. Der Vater des Dramatikers Heiner Müller beispielsweise war SPD-Kreisvorsitzender in Waren an der Müritz. Ein erklärter Gegner der Vereinigung, wurde er eines Tages auf das örtliche NKWD-Kommando zitiert. Ein Major gab ihm dort mehr oder weniger den Befehl, am nächsten Tag während einer Versammlung für die Einheitspartei das Wort zu ergreifen. Als Müller sich weigerte, bekam er die Aussagen seines Chauffeurs und seiner Sekretärin vorgelegt, nach denen er eine faschistische Widerstandsgruppe gebildet und in einem Keller der Altstadt ein Waffenlager angelegt habe. Man könne die Sache natürlich auch auf sich beruhen lassen, so der Major, wenn Müller sich bereit erkläre, in Zukunft »feurig« für die Vereinigung einzutreten. Es war einer von unzähligen Erpressungsversuchen in dieser Zeit. Nach den Worten Oberst Tulpanows hatte nämlich ein zäher Kampf mit den Feinden der Einheit in der gesamten sowjetischen Besatzungszone eingesetzt.

Jede Abkehr vom Projekt der Einheitspartei bedeutete in den Augen der Sowjets ein unverhohlenes Paktieren mit dem Klassenfeind. Der KPD-Ideologe Anton Ackermann formulierte es so: Die demokratische Republik drohte im Fall des Scheiterns der Einheit durch eine Wiederauflage der Weimarer Koalition erneut zu einem »Gewaltinstrument in den Händen reaktionärer Kräfte« zu werden. Damit aber wäre der deutsche Imperialismus, kaum besiegt, wieder auf dem Weg zum Faschismus.

Die Sowjets beschlossen, die Einheitskampagne mit allen denkbaren Mitteln zum Erfolg zu führen, als deutlich wurde, dass sie, allein auf die KPD gestellt, niemals den in ihren Augen nötigen Einfluss in Deutschland erringen würden. Das war spätestens bei den Wahlen in Österreich und Ungarn im November 1945 deutlich geworden, bei denen die Kommunisten entgegen allen sowjetischen Erwartungen herbe Niederlagen erlitten. Auch die ersten Kommunalwahlen in den Westzonen waren kaum ermutigend. Die KPD kam in Hessen auf 4,6 und in Bayern nur auf 2,4 Prozent. Der SMAD wurde schlagartig klar, dass man mit der KPD, selbst wenn sie im Osten über eine traditionell stärkere Basis verfügte als im Westen und nach dem Krieg einen erheblichen Mitgliederzuwachs hatte verzeichnen können, die für 1946 in der sowjetischen Zone vorgesehenen Wahlen auf keinen Fall gewinnen konnte.

Nun setzte unter der Federführung von Sergej Tulpanow mit Urgewalt eine systematische Einheitskampagne ein, um die SPD als eigenständige politische Kraft auszuschalten. Ein »ständiger Prozess der Liquidierung aller Grundlagen des sozialdemokratischen Ideals«, meinte der KPD-Mann Franz Dahlem, müsse unverzüglich in die Wege geleitet werden. Marschall Schukow ließ sich zweimal wöchentlich über die Fortschritte Bericht erstatten. Über 20.000 Sozialdemokraten wurden zwischen Dezember 1945 und April 1946 Repressalien ausgesetzt, verloren ihre Wohnung oder ihren Arbeitsplatz und nicht selten auch ihr Leben.

Andere versuchte man mit Angeboten und Geschenken zu locken, zu erpressen, zu nötigen, zu lähmen oder auch mit Geduld zu überzeugen, wo das möglich war. Nicht wenige gaben sich der Hoffnung hin, bis zu einem Friedensvertrag mit Deutschland in der SED überwintern zu können, andere hatten die Illusion, der Einheitspartei ihren sozialdemokratischen Stempel aufdrücken zu können. Eine Wahl außer der Flucht in den Westen hatte keiner.

»Es widerstrebt mir«, schrieb Hermann Brill, als sich der SPD-Parteitag in seiner Heimat Thüringen am 7. April 1946 einstimmig für die Fusion erklärte, »diesen Sumpf von materieller Korruption, Brutalität, Feigheit, Gefühlsduselei, Rührseligkeit, die doch alle ein verantwortungsloses Verbrechen sind, zu beschreiben.«

Es war kein Sieg, was auf dem Vereinigungsparteitag am 21./22. April 1946 im Berliner Admiralspalast triumphal verkündet wurde. Walter Ulbricht verkündete dort, laut Protokoll mit stürmischer Zustimmung, die »Neugeburt der deutschen Arbeiterbewegung«, in der es keine Sozialdemokraten und keine Kommunisten, sondern »mit dem heutigen Tage« nur noch Sozialisten gebe. Kurt Maetzigs Propagandafilm *Einheit SPD-KPD* vom Mai 1946, die Urausgabe der DDR-Wochenschau *Der Augenzeuge*, trug diese Botschaft ins Land. Von Gotha, dem mythischen Ort der Sozialdemokratie, über Halle und Dresden bis Berlin werden hier »einhellig«, wie der Kommentator Fritz Erpenbeck von der ehemaligen Gruppe Ulbricht behauptet, Beschlüsse gefasst, finden KPD-Versammlungen unter dem Bild des sozialdemokratischen Übervaters August Bebel statt und strömen beigeisterte Massen dem ersehnten Einheitsziel entgegen. Otto Grotewohl ist bei einer Ansprache im Straßenbahnhof Charlottenburg zu sehen, und ansonsten wird nur erwähnt, in den Westsektoren Berlins habe es »Lügen- und Zwangsmethoden« gegeben. Maetzig orchestriert mit suggestiven Bildern den dramatischen Verlauf eines inszenierten Ereignisses, das es so nie gegeben hat.

Dass die Großberliner SPD-Konferenz vom 21. Februar 1946 eine Urabstimmung für diejenigen Berliner Bezirke verlangte, die sie durchzuführen wünschten, hat der erste *Augenzeuge* nicht zu berichten. Sie wurde eine klare Niederlage für Grotewohl, der mit Zwang nur unvollkommen beizukommen war. In den Ostsektoren schlossen die Sowjets die Wahllokale eine halbe Stunde nach ihrer Eröffnung, doch in den Westssektoren stimmten 82,2 Prozent der Sozialdemokraten gegen die sofortige Einheit. 62,7 Prozent wollten allerdings eine weitere Zusammenarbeit mit den Kommunisten auf selbstständiger Basis nicht ausschließen.

Die Stunde der Wahrheit schlug bei den Landtagswahlen vom 20. Oktober 1946. Im Zonendurchschnitt erreichte die SED 47,6, in Großberlin jedoch nur 19,8 Prozent. Gewinner war dort mit 48,7 Prozent eindeutig die SPD, die man als »Zehlendorfer Verein« im Wahlkampf noch großspurig lächerlich zu machen versucht hatte. Selbst im »roten« Berliner Wedding, wo 1932 die KPD 60 Prozent erzielte, kam die SED nur auf magere 29 Prozent. Die SPD begann nach der Wahl in Berlin umgehend, die Verwaltungen von Ulbrichts alten Kadern aus den ersten Nachkriegstagen zu säubern.

Durch die Zwangsvereinigung hatten die Sowjets in ihrer Zone eine Situation geschaffen, mit der sich nach 1933 eine legale demokratische Partei plötzlich wieder in einer Untergrund- und Exilsituation befand. Kurt Schumacher, die Führungsfigur der SPD in den Westzonen, hatte diese Entwicklung befürchtet und war darauf vorbereitet. Das Rezept der Einheitspartei, meinte er im Herbst 1945, sei kaum mehr als der Versuch, »der sozialdemokratischen Partei eine kommunistische Führung aufzuzwingen«, unternommen von einer Partei, die durch ihre die Demokratie zerstörende Fundamentalopposition vor 1933 den Nazis in die Hände gespielt und nichts daraus gelernt habe.

In einem Gespräch mit dem politischen Berater des britischen Oberbefehlshabers, William Strang, deutete er Ende Februar 1946 zum ersten Mal an, welche Konsequenzen sich daraus ergeben könnten. »Sein Plan scheint zu sein«, so Strang in einem Telegramm an das *Foreign Office* in London, »Kontakt zu einer Untergrundorganisation in der Einheitspartei zu halten, wofür er bereits Vorbereitungen trifft«. Schumachers Trauma war der sogenannte Preußenschlag von 1932, als Reichskanzler Franz von Papen den rechtmäßig gewählten sozialdemokratischen Ministerpräsidenten Otto Braun einfach gewaltsam absetzen ließ, ohne auf Widerstand zu stoßen. Der Leiter von Schumachers SPD-Ostbüro, der legendenumwobene Stephan Grzeskowiak, der sich nun das Pseudonym Stephan Thomas zulegte, hatte damals im kleinen Kreis seiner Freunde zehn Gewehre und Maschinengewehre gehortet. Doch die SPD wollte um den Erhalt der Demokratie in Preußen nicht kämpfen. So etwas, meinten beide, sollte sich nie wiederholen. Ende 1947 hatte das Ostbüro in allen Städten und Regionen ein zonenweites Untergrundnetz aufgebaut, zu dem im Übrigen auch Heiner Müllers Vater gehörte.

Die Zwangsvereinigung zur SED war ein wesentlicher Schritt in Richtung deutsche Zweistaatlichkeit, auch wenn die Sowjets dies ursprünglich nicht beabsichtigt hatten. Es war ihr spezifischer Politikstil, der sie zu ahnungslosen Zauberlehrlingen in eigener Sache werden ließ. »Wenn es der Bourgeoisie gelungen ist, ihre Diktatur in Form von Koalitionsregierungen auszuüben, so ist dies uns heute umgekehrt gelungen«, belehrte Sergej Tulpanow seine Zuhörer auf der SED-Parteihochschule *Karl Marx* Ende April 1948. Die befohlene Gründung der SED war dafür eine erste, die Disziplinierung der bürgerlichen Blockparteien eine zweite Voraussetzung.

Glaubte Tulpanow wirklich, durch Strippenziehereien, Erpressungen und Verfolgungen die Weimarer Koalitionsverhältnisse in seiner Zone erfolgreich umgedreht zu haben? Mit einer gewissen Zwangsläufigkeit musste der gewaltsame Traumtanz der Einheit bald auf eine Stalinisierung der SED und eine offene Parteidiktatur hinauslaufen.

Viele Menschen in der sowjetischen Zone aber, Bewohner eines nach der Niederlage zutiefst irritierten Deutschland, nahmen es hin oder schöpften aus den Ereignissen sogar Hoffnung. Man war sich, so der in den letzten Kriegswochen noch zum Werwolf ausgebildete junge Erich Loest, der Tragweite dessen, was über einen kam, kaum bewusst: »Februar 1945: Wir werden siegen, weil wir den Führer haben! Februar 1946: Nie wieder Politik! Februar 1947: Brüder, in eins nun die Hände. Verwirrend genug.« Tagsüber zum glühenden Sozialisten erzogen, erinnert sich sein Kollege Günter de Bruyn, sang man abends in feuchtfröhlicher Runde die Lieder, die man aus der Kindheit kannte: »Wir lagen vor Madagaskar«, »Es zittern die morschen Knochen« oder »Bomben auf Engelland«. Der später preisgekrönte Filmregisseur Frank Beyer erzählt, wie der Mathematiklehrer Dr. Dölle, einer der wenigen Nichtnazis unter seinen alten Lehrern, die Feierstunde, in der seine Schule 1946 den Namen »Karl Marx« verliehen bekam, mit den martialischen Worten eröffnete: »Liebe Schüler, wir leben in einer Zeit der Umwertung aller Werte. Wer da schmollend beiseite steht, ist ein Saboteur und muss ausgemerzt werden.« Es war auch Aufbruch, mit allen jakobinischen Implikationen des Kampfs einer neuen Zeit gegen ihre Feinde.

Die Deutschen hatten sich nach 1933 als formbar erwiesen, sie waren nun wieder formbar. Der verordnete Antifaschismus, statuarisch symbolisiert durch die in eins gelegten Hände, war einer verloren geglaubten Generation willkommener Trost. »Als wir sechzehn waren, konnten wir uns mit niemandem identifizieren«, erinnert sich Christa Wolf an die Jahre 1945/46: »Uns wurde dann ein verlockendes Angebot gemacht: Ihr könnt, hieß es, eure mögliche, noch nicht verwirklichte Teilhabe an dieser nationalen Schuld loswerden oder abtragen, indem ihr aktiv am Aufbau der neuen Gesellschaft teilnehmt, die das genaue Gegenteil, die einzig radikale Alternative zum verbrecherischen System des Nationalsozialismus darstellt.« Der verordnete Antifaschismus und das spätere Pathos des sozialistischen Aufbaus versprachen dem, der sie sich zu eigen machte, durch inneren Wandel und Anpassung eine Absolution von historischer Schuld. Es war ein fast religiöses Angebot.

Jugendliche konnten darin zu Zeiten tiefster Verunsicherung eine Hoffnung entdecken. Otto Grotewohl und andere, die es hätten besser wissen können, taten es auch.

Der Weg in die Surrealität

Tage der Commune

François Bondy erinnerte sich in einem Essay für die Zeitschrift *Der Monat* in den Sechzigerjahren eines Besuchs in Prag 1947. Es war das zweite Jahr nach Kriegsende. In allen Amtsstuben der Tschechoslowakei hing das Bild des Staatspräsidenten Eduard Beneš, links umrahmt von einem Porträt des Staatsgründers Tomáš Masaryk, rechts von einem Porträt Stalins. Zu jener Zeit galt die Tschechoslowakei als der gelungene Versuch einer Brücke zwischen Ost und West, geradezu als Modellfall einer möglichen Koexistenz. Beneš, enttäuscht von der Haltung der Westmächte in der Zeit des Münchner Abkommens mit Hitler, hatte sich schon während des Krieges unter den Schutz der Sowjetunion gestellt, aber die Tschechoslowakei, ein Land mit älteren demokratischen Traditionen, befand sich trotz einer ungewöhnlich starken kommunistischen Partei keineswegs auf einem sowjetischen Weg. Stalin hatte seine Truppen nach dem Krieg sogar wieder abgezogen, und Bondy glaubte 1947, die Trinität des Kompromisses – Beneš zwischen Masaryk und Stalin – könne noch lange andauern. »Die Russen können die Entwicklung mit Ruhe ansehen«, schrieb er damals in der Schweizer *Weltwoche*: »Die Tschechoslowakei bleibt ihnen unter jeder Partei treu.« Ein Jahr danach war alles anders.

Eduard Beneš, 1938 vom Westen gezwungen, das Münchner Abkommen und die Abtretung des Sudetenlands an Hitler zu akzeptieren, musste zehn Jahre danach ein zweites Mal ein Todesurteil für die tschechoslowakische Demokratie unterzeichnen. Von der Angst vor erheblichen Stimmverlusten bei den Frühjahrswahlen

1948 getrieben, riskierten die Kommunisten im Februar eine Konfrontation mit den demokratischen Parteien, die statt zu einer Parlamentsauflösung zu einem Staatsstreich führte, dem Beneš nichts entgegensetzen konnte.

Besonders für die demokratischen Sozialisten Europas war die Machtergreifung in Prag ein Schockerlebnis. Léon Blum, der Führer der französischen Volksfront aus den Dreißigerjahren, veröffentlichte am 29. Februar 1948 in *Le Populaire* einen aufsehenerregenden Artikel, in dem er die Solidarität mit den osteuropäischen Sozialisten anmahnte. Die Tschechoslowakei erschien bis dahin als das Beispiel einer erfolgreichen Volksfront nach dem Zweiten Weltkrieg. Der Staatssektor belief sich auf 75 Prozent der gesamten Produktion, und seit Juni 1946 gab es in Prag eine zentrale Plankommission. Beneš' Tschechoslowakei war für viele Sozialisten, unter ihnen der junge norwegische Major Willy Brandt, eine Art Modell. Es werde schwer sein, schrieb Brandt nach einem Prag-Besuch 1947, in Europa einen Ort zu finden, an dem man so lebhafte und engagierte Diskussionen erleben könne wie auf dem Wenzelsplatz. Man habe hier tatsächlich in völliger Meinungsfreiheit »ein Stück Sozialismus errungen«. Die Planung bezog sich, ähnlich wie bei Jean Monnets *Commissariat général du Plan* in Frankreich, in erster Linie auf Investitionslenkung und die Benennung von Orientierungszielen, nie aber, wie im sowjetischen Modell, auf Produktionsleistungen. Das staatliche Planungsbüro führte jedoch im Februar 1949 gerade dieses Modell verbindlich ein und setzte damit, nach dem politischen Putsch der Kommunisten, einen weiteren Schlussstrich unter den ersten Prager Frühling.

Planung bedeutete nach sowjetischer Vorstellung immer weit mehr als rationale Wirtschaftsführung. Sie war ein revolutionäres Projekt der Umwertung aller Werte, dem nach den Worten Martin Malias ein mit beinahe religiöser Inbrunst vertretener Glaube zugrunde lag, eine vernünftige, wissenschaftlich begründete Ordnung der menschlichen Verhältnisse werde eine völlig neue Gesellschaft und einen ganz neuen Menschen erschaffen und auf diesem Weg der Produktionssteigerung ungeahnte Perspektiven eröffnen. Die Entscheidung für oder gegen den sowjetischen Weg bedeutete also nicht nur eine Entscheidung zwischen Markt- und Planwirtschaft, sondern ebenfalls zwischen Demokratie und totalitärer Erziehungs- und Mobilisierungsdiktatur.

Im Februar 1948 wurde die Deutsche Wirtschaftskommission (DWK) der sowjetischen Zone mit gesetzgeberischen Vollmachten ausgestattet und den Ländern durch den stillen Coup eines SMAD-Befehls sämtliche wirtschaftspolitische Kompetenz entzogen. Dem aufmerksamen Zeitgenossen konnte kaum entgehen, dass damit ein ähnlicher Weg eingeschlagen war wie in der Tschechoslowakei. Die DWK stellte von Anfang an eine Domäne der SED dar, die darauf geachtet hatte, dass diese zentrale Lenkungsinstitution des gesellschaftlichen Umbaus an den entscheidenden Stellen mit verlässlichen Parteikadern besetzt wurde. Es gab nun ein zentrales Planungsamt, dem alle Einzelwirtschaftsabteilungen untergeordnet waren und das sich sogleich auf den Weg machte, einen Zweijahresplan für die Jahre 1948/49 sowie umfangreiche Enteignungen vorzubereiten.

Die Deutsche Wirtschaftskommission war so etwas wie der Nukleus einer volksdemokratischen Staatsmacht. Grundlage der Industrie, so die Vorlage der SED zum Zweijahresplan vom 30. Juni 1948, seien nun die volkseigenen Betriebe, und diese Tatsache allein beweise schon eine »unvergleichlich höhere Stufe der demokratischen Entwicklung« als im Westen.

Es war ein Anlauf, offen die antifaschistisch-demokratische Entwicklung Richtung Sozialismus zu transzendieren. Im Herbst 1948, ein Jahr vor Gründung der DDR, sprach Walter Ulbricht zum ersten Mal von der »völligen Beseitigung und Liquidierung der kapitalistischen Elemente sowohl auf dem Lande wie in den Städten« und nannte als Hauptaufgabe den »sozialistischen Aufbau«. 1948, im ersten Jahr des Kalten Krieges, sollte damit eine heroische Antwort auf den amerikanischen Marshallplan im Westen gegeben werden. Bereits im Februar begann die DWK gemeinsam mit sogenannten »Volkskontrollausschüssen« die Jagd auf »Wirtschaftssaboteure, Spekulanten und Schieber«. Eigentumsentziehungen konnten ohne ausdrückliche Berufung auf sozialistische Ziele vorgenommen werden.

Im September 1948 erklärte Ulbricht, der bevorstehende Prozess gegen »Textilschieber« in Glauchau und Meerane zeige mit aller Deutlichkeit, dass eine »feindliche Organisation« von Privatunternehmern »im Interesse des Kampfs gegen die demokratische Staatsordnung« gearbeitet habe, was ein klares Indiz für eine »Verschärfung des Klassenkampfs« sei. Deshalb habe in die Arbeit der

Zentralen Kommission für Staatliche Kontrolle der DWK in Zukunft kein Minister, kein Staatsfunktionär und kein Staatsanwalt mehr hineinzureden. Auf öffentlichen Versammlungen und Kundgebungen sollte die Todesstrafe für die »Saboteure« gefordert werden. Die sechs vor 1.000 Zuschauern im Glauchauer »Lindenhof« und vor 1.200 Zuschauern im Dessauer Theater verhängten Todesurteile wurden zwar in lebenslängliches Zuchthaus unter erschwerten Bedingungen umgewandelt, doch seit diesen ersten Schauprozessen beanspruchte die SED außerhalb aller Rechtsstaatlichkeit eine souveräne Entscheidung über Leben oder Tod für sich.

Die »Reinigung« von »Saboteuren« war stalinistische Wirtschaftspolitik nach dem Modell des Unkrautjätens in einem ansonsten blühenden Garten. Sie wurde gängige Praxis. Ohne sie, ohne die beständige Wachsamkeit gegenüber der prinzipiell kriminellen Neigung des privaten Unternehmertums kein Fortschritt. Das war der Kern des im Grunde dämonologischen Stalin'schen Dogmas von der unaufhaltsamen Verschärfung des Klassenkampfs.

»Jetzt kommt die Zeit der Erfolge«, kündigte Ulbricht dann Anfang 1949 im *Neuen Deutschland* an. Jetzt werde sich die Überlegenheit der Planwirtschaft gegenüber der »krisengeschüttelten, von den Konzern- und Bankherren der USA kommandierten Misswirtschaft in den Westzonen« deutlich zeigen.

»Weg der alte, her der neue Staat«, dichtete Brecht: »Denn das Haus ist hin, doch nicht die Wanzen / Junker, Unternehmer, Potentat. / Schaufeln her, Mensch, schaufeln wir den ganzen / Klumpatsch heiter jetzt aus unserm Staat.«

Einen Staat gab es freilich noch nicht, doch damals herrschte Gründerzeit in der sowjetischen Zone, wie Hans Mayer die Atmosphäre empfand, als er in jenem Herbst 1948, aus Frankfurt am Main kommend, einen Ruf an die Leipziger Universität annahm. Er begrüßte den Aufbruch. Werner Krauss hatte für seine Berufung gesorgt, ein ehemaliges Mitglied der Widerstandsorganisation Rote Kapelle und Schüler des international renommierten Romanisten Erich Auerbach. Der schwäbische Bildungsbürger Krauss war ein Mann der französischen Aufklärung, der nach Gestapohaft und kurzer Nachkriegsprofessur in Marburg den Weg in die sowjetische Zone gefunden hatte, einer der Ersten, die für einen gewissen intellektuellen Glanz besonders der Leipziger Universität sorgten. Im

Zentrum seines Interesses standen die französischen Philosophen des 18. Jahrhunderts und ihre Vision von den unbegrenzten Möglichkeiten einer Vervollkommnung des Menschengeschlechts. Er war Parteimitglied, aber für einen Parteiideologen viel zu differenziert in seinem Denken.

Dennoch war er willkommen, nicht nur seines Renommees wegen. Die Perfektibilitätsidee der *philosophes* und ihre Vorstellung, dass der Philosoph nach den Worten von César DuMarsais und Baron Holbach von reiferem Alter sei als seine Mitmenschen, konnten auch als historische Legitimation der Utopie des Neuen Menschen und der führenden Rolle der Partei umgedeutet werden, ohne dass man Krauss solche Absichten unterstellen wollte. Was die Gnade für den Christen, meinte Diderot einmal, sei die Vernunft für den Philosophen. Er verändert die Welt, indem er sie rational beherrschbar werden lässt. Dieser diktatorische Anspruch der Vernunft, Erbe der französischen Aufklärung, sollte im Osten zur politischen Maxime werden. Stalin würde das auf dem XIX. Parteitag der KPdSU 1952 noch einmal ausdrücklich bekräftigen.

Leipzig wurde damals zu einer Hochburg der Edelmarxisten. Krauss bemühte sich mit Erfolg auch um Ernst Bloch, und mit weniger Erfolg um Herbert Marcuse, dessen letztes Werk über den Anspruch der Vernunft bei Hegel, *Reason and Revolution*, von 1941 ganz seiner eigenen Denkweise entsprach. In Leipzig lehrten der aus Kiel gekommene Wirtschaftswissenschaftler Fritz Behrens und Henryk Grossman, einst Mitarbeiter von Max Horkheimers *Zeitschrift für Sozialforschung* sowie der slowenische Historiker Walter Markov. Es war eine Zeit, als der Westen noch nicht glänzte.

Nach Berlin war Bertolt Brecht zurückgekehrt. »Brecht war die Legitimation, warum man für die DDR sein konnte«, meinte der Dramatiker Heiner Müller später einmal: »Weil Brecht da war, musste man dableiben. Damit gab es einen Grund, das System grundsätzlich zu akzeptieren. Ein Beweis für die Überlegenheit des Systems war die bessere Literatur.« Wie sehr solche Urteile sich apolitischem deutschem Dünkel von der Überlegenheit der »Kultur« über die westliche »Zivilisation« verdanken, mag Müller nicht bewusst gewesen sein, doch er dachte nicht als Einziger so. Etwas von der kulturellen Explosion des perikleischen Zeitalters der Zwanzigerjahre, meint der Schweizer Regisseur Benno Besson im Rückblick, habe sich durch die Rückkehr der Emigranten, vor allem durch Bertolt Brecht und Anna Seghers, aber auch durch Johannes R. Becher und John Heartfield, in die DDR weitergetragen. *Sinn und Form*, 1949 von Becher gegründet, wurde unter ihrem ersten Chefredakteur Peter Huchel zur bedeutendsten deutschen Literaturzeitschrift. Die Theater öffneten sich im Osten dem Experiment, während im Westen, wie der aus den USA eingereiste österreichische Schriftsteller Berthold Viertel 1948 beobachtete, häufig noch das hohle Pathos des »Reichskanzleistils« vorherrschte.

Ende Dezember 1947 inszenierte der Wiener Walter Felsenstein sein erstes Stück, *Die Fledermaus* von Johann Strauß, in der Ostberliner Komischen Oper, und bald bezauberte er nach den Worten Friedrich Dieckmanns sein Publikum mit einer poetischen Schönheit, wie nur das Ringen um Wahrheit, um Wirklichkeit sie bewirken kann. »Felsenstein hat gezeigt, wie man die Oper säubern kann«, schreibt Brecht, »von der Tradition, wo sie Denkfaulheit, und von der Routine, wo sie Faulheit des Gefühls bedeutet.« Ohne ihn wäre die ganze moderne Regieoper nicht denkbar. Sein Impuls ging um die Welt und veränderte die Auffassung von Oper grundlegend. Die Kultur der sowjetischen Besatzungszone strahlte, während die Politik sich verhärtete.

Es war die Zeit der Berlin-Blockade, als Hans Mayer im Oktober 1948 mit einer amerikanischen Militärmaschine auf dem Tempelhofer Flughafen landete. »Es war«, schreibt er in seinen Erinnerungen, »eine kriegsmäßige Ankunft gewesen, geprägt durch die Bedingungen eines Kalten Krieges. Keine Eisenbahnverbindung zwischen Deutschland West und Deutschland Ost. Kein Grenzverkehr mit dem Auto. Mich setzte eine amerikanische Militärmaschine auf dem Flughafen Tempelhof ab, dort wartete ein Auto, das mich in den sowjetischen Sektor der Stadt brachte.« Noch herrschte eine gewisse Zwischenzeit. Mayer, der in Frankfurt am Main lange mit den Amerikanern zusammengearbeitet hatte, wurde offenbar nicht als Deserteur betrachtet. Vielleicht wussten die Amerikaner auch nicht, wohin sein Weg ihn führen würde. Brecht jedenfalls ließen sie nicht durch. Er war in den USA als Kommunistenfreund namhaft geworden und durfte auf dem Weg von Österreich nach Ostberlin die amerikanische Zone nicht passieren. Sein Weg führte über Prag.

In Berlin entschied sich in diesen Tagen das Schicksal des Ost-

West-Konflikts. Im Laufe des Jahres 1947 war endgültig klar geworden, dass jeder der Sieger des Weltkriegs dem anderen das Deutschland seiner Wahl verweigerte. Eine klassische Antinomie hatte sich ergeben, und sie konnte brandgefährlich werden. Die Blockade Berlins führte das zum ersten Mal der Weltöffentlichkeit in aller Deutlichkeit vor Augen.

In der Nacht vom 23. auf den 24. Juni 1948 gingen, vordergründig als Antwort auf die westliche Währungsreform, in Westberlin die Lichter aus. Die Sowjets schalteten das Großkraftwerk Golpa-Zschornewitz ab, das Berlin seit Jahrzehnten mit Fernstrom versorgt hatte. Am frühen Morgen des 24. Juni folgte die Unterbrechung des gesamten Straßen- und Schienenverkehrs sowie der Binnenschifffahrt zwischen Berlin und den Westzonen, angeblich aufgrund von technischen Schwierigkeiten. Stalin wollte die Westmächte zum Abzug aus Berlin zwinge wie er Eduard Beneš in Prag zum Einlenken gezwungen hatte.

»Versuchen wir es gemeinsam«, vertraute er Vertretern der SED-Führung im März 1948 an, »vielleicht können wir sie rausschmeißen.«

Es gelang ihm bekanntlich nicht. Niemand, nicht einmal der sowjetische Auslandsnachrichtendienst, hatte damit gerechnet, dass Amerikaner und Briten auf logistische Erfahrungen zurückgreifen würden, die sie während des *Hump* über den Himalaja im Zweiten Weltkrieg gesammelt hatten. Sie organisierten eine Luftbrücke, bei der neben den Flugplätzen Gatow und Tegel der Tempelhofer Flughafen die Hauptrolle spielte. General William H. Tunner, der während des Lifts von Indien nach China 1944 sein außerordentliches organisatorisches Talent unter Beweis gestellt hatte, übernahm am 28. Juli 1948 seitens der US-Air Force das Oberkommando über die Luftbrücke.

Doch während er 1944 nur 71.000 Tonnen über das unwegsame asiatische Hochgebirge transportieren musste, waren es während der Berliner Luftbrücke 1,83 Millionen Tonnen. Der amerikanische Militärgouverneur Lucius D. Clay bemühte sich von Anfang an, maximale Transportleistungen zu erreichen, und ordnete ganze Staffeln von Skymastern aus Alaska, Texas und Hawaii nach Deutschland. Flugpläne mit sekundengenauer Präzision mussten erstellt werden, und Tunner, der in den ersten Tagen noch den Eindruck einer regelrechten »Cowboy-Aktion« hatte, gab die Devise aus: »keine Begeisterung und keine Panik«, sondern nur »Unerbittlichkeit der Arbeit«. Bald funktionierte die Luftbrücke wie ein gut geölter Reißverschluss.

In Rekordzeiten wurden beispielsweise Mitte April 1949 mit 1.398 Flügen allein 12.940 Tonnen durch die Luftkorridore verfrachtet. Eine solche logistische Leistung war beispiellos in der Geschichte und ließ Berlin schnell zu einem internationalen Symbol des westlichen Widerstands- und Selbstbehauptungswillens werden. Spätestens seit der Berliner Blockade waren der Westen Deutschlands und die Westsektoren Berlins in den Augen der meisten Amerikaner kein Feindstaat mehr. Die westlichen Besatzungsmächte wurden fast über Nacht nach den Worten Ernst Reuters zu »unseren« demokratischen Alliierten.

Reuter galt vielen seiner sozialdemokratischen Genossen lange Zeit als zu proamerikanisch. Doch er wusste vielleicht wie kein Zweiter, was in diesen Tagen auf dem Spiel stand. Ernst Reuter war ein »geläuterter Linker«, der den Sowjets tief misstraute, weil er sie aus eigener Anschauung bestens kannte. Begeistert von der Oktoberrevolution, die er als Kriegsgefangener in Russland erlebte, war er auf Geheiß Lenins und Stalins als kommunistischer Kommissar unter den Deutschen an der Wolga tätig gewesen und wirkte kurze Zeit als Generalsekretär der KPD, bevor er in den Zwanzigerjahren enttäuscht und gereift zur SPD zurückkehrte. Er kam »aus jenem Chaos«, wie Willy Brandt einmal bemerkte, das allein große Führer hervorbringt.

Im Kampf um Berlin, meinte Reuter auf einer Massenveranstaltung zum hundertsten Jahrestag der deutschen Revolution von 1848 vor dem Reichstag, »siegt derjenige, der die stärksten Nerven hat«. Als die Blockade zur Mitternachtsstunde des 12. Mai 1949 nach langen Geheimverhandlungen wieder aufgehoben wurde, war eine folgenschwere sowjetische Niederlage offensichtlich geworden. »Der waffenlose Kampf um die Unabhängigkeit hatte der neuen deutschen Demokratie wichtige Energien zugeführt«, schreibt Brandt in seinen *Erinnerungen*. »Berlin war das Schild geworden, hinter dem sich die drei Westzonen in die Bundesrepublik verwandeln konnten«. Stalin hatte das genaue Gegenteil dessen erreicht, was ursprünglich in seiner Absicht lag.

Bertolt Brecht, am 22. Oktober 1948 von einer Delegation der Dresdner Landesleitung der SED an der deutsch-tschechoslowakischen Grenze bei Bad Schandau empfangen, erlebte die Blockade als ein Neuankömmling, der noch kurz zuvor in den USA, der kommunistischen Konspiration verdächtig, vor den Ausschuss für unamerikanische Umtriebe geladen war. In Berlin, jener »radierung churchills nach einer idee hitlers«, wie er im *Arbeitsjournal* schreibt, lebte er in einem stehen gebliebenen Seitenflügel des Hotels Adlon und hörte nachts über den »völlig verstummten ruinenstraßen« das Dröhnen der »lastaeroplane der luftbrücke«. Tags gilt seine Aufmerksamkeit besonders Jacob Walcher, den er vom *Council for a Democratic Germany* aus der New Yorker Emigrationszeit kannte.

Walcher, auch ein Mann aus dem »Chaos«, gehörte 1919 zu den Gründern der KPD, überwarf sich mit ihr in den Zwanzigerjahren, nahm Führungspositionen in der Sozialistischen Arbeiterpartei (SAP) ein und kehrte nach dem Krieg in die KPD zurück. Während seiner SAP-Zeit war er ein Mentor des jungen Willy Brandt, der 1946 in einem Brief an den alten Freund Walcher Klage führt über jene Demokratie neuen Typs in der sowjetischen Zone, »die mit den demokratischen Grundrechten wenig gemein« habe. Anfang 1948 besuchte Walcher, mittlerweile Chefredakteur der FDGB-Gewerkschaftszeitung *Tribüne*, Brandt zum letzten Mal in dessen Villa am Halensee. Da waren die Fronten schon klar gezogen. Wenn die Westmächte demnächst aus Berlin abgezogen seien, ließ Walcher den ehemaligen Zögling beim Abschied wissen, werde er Brandts Haus gern für sich übernehmen.

Für Walcher, und nicht nur für ihn, reifte zu dieser Zeit in Berlin eine Entscheidung heran, die etwas von einer revolutionären Situation an sich hatte. Er konnte mit Brecht darüber stundenlang im Adlon diskutieren. Wessen Welt war die Welt? Im November stand der 30. Jahrestag der Revolution von 1918 an. Auch darum ging es, um die sogenannten »Lehren aus der Geschichte«. Otto Grotewohl würde sie in einer programmatischen Rede vor dem SED-Parteivorstand darin erblicken, dass 1918 noch »keine völlig Klarheit« über den Begriff der Diktatur des Proletariats herrschte und auf diese Weise die nun mit Eilschritten vollzogene Stalinisierung der SED rechtfertigten. Brecht würde im Ergebnis der Gespräche mit Walcher ein Stück schreiben: *Die Tage der Commune*.

Es war das erste Mal, dass er eine Tragödie verfasste. Die Commune hatte 1871 in Paris einen proletarischen Staat errichtet, aber sie war unfähig, ihn zu erhalten. Sie war für ihn an ihrer inneren Zerrissenheit und Gutmütigkeit zugrunde gegangen. Es genüge nicht, sagt der Communard Varlin bei Brecht, »den Staatsapparat in Besitz zu nehmen: Er ist nicht gebaut für unsere Zwecke. Also müssen wir ihn zerschlagen. Das muss mit Gewalt geschehen.« Allein, er hatte nicht die Kraft, sich durchzusetzen. 72 Tage konnte die Commune von Paris sich halten, und Brecht fragte sich in den Tagen seiner Ankunft, ob Berlin mehr Zeit haben würde. In der Berliner Blockadefrage, notierte er am 6. November ins *Arbeitsjournal*, sei man nämlich »deutlich in der defensive«.

War Ernst Reuter für Brecht so etwas wie ein deutscher Thiers? War das Stück, wie der amerikanische Brecht-Biograf Frederic Ewen vermutet, angesichts der amerikanischen Truman-Doktrin als Warnung gedacht, die Macht nicht leichtsinnig wieder aus den Händen zu geben? Brecht, der das Stück nach einer Vorlage des Norwegers Nordahl Grieg bearbeitete, hat seiner Version einen Handlungsstrang beigefügt, der bei Grieg ganz fehlt. Die Szenen spielen im Pariser Stadthaus, das von der Commune gewaltsam besetzt wird. Man kann darüber spekulieren, ob Brecht durch die von der SED inszenierten Krawalle im Berliner Stadthaus vom Herbst dazu angeregt wurde, und wird kaum zu einem eindeutigen Ergebnis kommen. Doch die Bezüge sind frappierend.

Brecht, meint François Bondy, entwickelte damals als Überlebender aus einer Zeit, wo der Kommunismus noch ganz für sich stand, kaum einen realistischen Blick für die Großmachtverwicklungen der Nachkriegszeit. Seine Fantasie bewegte mehr die »Große Ordnung« des Kommunismus als einer Gesellschaft vollendeter Rationalität und Gerechtigkeit, von der er seit den Zwanzigerjahren träumte. 1948 hatte das etwas sehr Realitätsfernes an sich. Er sah zwischen Ruinen und Flugzeugen der Luftbrücke nur das geheimnisvolle Wirken der Vernunft in der Geschichte und konnte auf dieser Abstraktionsebene in der Auseinandersetzung mit den Kämpfen der Commune leicht seine Berliner Gegenwart verhandelt sehen.

Es ging 1948 in Wirklichkeit um die Frage des Einflusses der SED in Berlin. Am 22. April hatte die Stadtverordnetenversammlung mit den Stimmen von SPD, CDU und der Liberal-Demokratischen Partei (LDP) eine Verfassung für Groß-Berlin verabschiedet, die das Blockprinzip und damit die Zwangskoalition mit der SED außer Kraft setzte. Die SED stimmte erwartungsgemäß dagegen, weil dies die Ostsektoren Berlins in ein westlich bestimmtes politisches System geführt hätte. Am 23. Juni kam es dann zum ersten öffentlichen Eklat, als SPD, CDU und LDP die von der SMAD angeordnete SBZ-Währungsreform für die Westsektoren außer Kraft setzten. Die Sitzung konnte nur unter erheblichen tätlichen Behinderungen durch SED-Anhänger stattfinden. Jeanette Wolff, eine alte Sozialdemokratin, wurde dabei sogar zu Boden geworfen und als »Judensau« beschimpft. Es war, als seien die Zeiten der Saalschlachten aus den Endtagen der Demokratie von Weimar wiedergekehrt.

»Berlin wird nicht drankommen!«, rief Ernst Reuter tags darauf einer Menge von 70.000 Berlinern zu: »Wir werden uns mit allen Mitteln, über die wir hier verfügen, bis zum Äußersten gegen den Machtanspruch wenden, der uns zu Sklaven, der uns zu Heloten einer Partei machen will.«

Am 6. September kam es dann zu einem regelrechten Sturm auf das Neue Stadthaus in der Parochialstraße, wo die Stadtverordnetenversammlung tagte. Hunderte von SED-gesteuerten Randalierern hatten sich auf der Straße versammelt und drangen in den Sitzungssaal ein. Den Stadtverordneten blieb kein anderer Ausweg, als sich zurückzuziehen. Am Abend setzten sie ihre Sitzung im Studentenhaus am Westberliner Steinplatz fort, ohne die Fraktion der SED, die fernblieb. Sie wollte dieses Parlament nicht mehr, in dem sie sich als Ergebnis demokratischer Wahlen und bevorstehender Verabschiedung der Verfassung in eine dauerhafte Minderheitsposition versetzt sah.

Die Partei Ulbrichts und Grotewohls hatte im Sommer 1948, nach dem plötzlichen Bruch Stalins mit Tito, beschlossen, sich in eine stalinistische Kaderpartei »neuen Typs« umzuwandeln. Sie setzte nun offen auf die Parteiherrschaft der Kader in einem von oben disziplinierten Block der ostzonalen Parteien, die ausschließlich den Direktiven der Sowjetischen Militäradministration unterworfen waren. Am 30. November rief die SED im Berliner Admiralspalast an der Friedrichstraße einen »provisorischen demokratischen Senat« des sogenannten »Demokratischen Blocks« aus. Den für Anfang Dezember vorgesehenen Gesamtberliner Wahlen musste sie sich nun, wenigstens im Osten, nicht mehr stellen.

Durch dieses staatsstreichartige Vorgehen wurde die Stadt im Herbst 1948 administrativ und politisch in zwei Hälften geteilt. Es gab jetzt zwei Stadtregierungen, die eine auf der Grundlage des Blockprinzips, die andere als Ergebnis freier Wahlen. Im Osten stellte die SED mit dem ehemaligen Sozialdemokraten Friedrich Ebert den Oberbürgermeister, im Westen die SPD mit dem ehemaligen Kommunisten Ernst Reuter. Ostberlin war seitdem de facto ein Teil der sowjetischen Besatzungszone und konnte sich auf seine künftige Rolle als Hauptstadt der DDR vorbereiten, ohne dabei den gesamtdeutschen Anspruch ganz aus der Hand geben zu müssen.

Bertolt Brecht allerdings stellte sich schon wenige Tage nach dem Putsch skeptisch die Frage, ob denn eine solche »von den russen militärisch (und polizeilich) verteidigte musterprovinz« tatsächlich geeignet sein könne, das übrige Deutschland »durch eine mustermesse« zur Revolution zu bringen. Er hatte da manchmal Zweifel anzumelden. War es überhaupt eine Mustermesse, was da entstand, oder vielleicht doch eher eine »neue deutsche misere«? War die Parallele zu den Tagen der Commune vielleicht doch zu weit hergeholt?

Ein Jahr später wurde der Staat DDR aus der Taufe gehoben. Als Grotewohl, Pieck, Ulbricht und Oelßner am 16. September 1949 nach Moskau flogen, um sich dafür ihr Plazet abzuholen, ließ Stalin sie allerdings erst einmal zehn Tage lang in der Regierungsdatscha Kunzewo bei Moskau warten, bevor die entscheidende Sitzung überhaupt stattfinden konnte. Die Gründung der DDR bezeichnete Otto Grotewohl als einen Akt der »nationalen Selbsthilfe des deutschen Volkes«, weil durch die Politik der Westmächte ein zwingender »nationaler Notstand« eingetreten sei. Die DDR, verkündete er mit trotzigem Selbstbewusstsein, repräsentiere das »eigentliche Deutschland«.

Trommelschläge begleiteten den Fackelzug der FDJ zu den Feierlichkeiten am 11. Oktober 1949 die Linden entlang zum Bebel-Platz. Bei den 200.000 »Jugendfreunden« war, auf gleicher Strecke wie im Januar 1933 und mit täuschend ähnlicher Illumination, Gleichschritt angesagt. Der FDJ-Vorsitzende Erich Honecker hatte den Zug organisiert, und seine spätere Frau Margot, mit 22 Jahren jüngste Abgeordnete der ersten Volkskammer, überreichte mit strahlendem Lächeln Wilhelm Pieck, dem ersten Präsidenten der DDR, einen riesigen Blumenstrauß als »Gruß der Jugend«.

Erfüllt euch mit Kampfgeist

Als Walter Ulbricht am 9. Juli 1952 in der Werner-Seelenbinder-Halle am Berliner Ringbahnhof Landsberger Allee nachmittags unter »rasendem Jubel« der Versammelten, wie das *Neue Deutschland* berichtete, den planmäßigen Aufbau des Sozialismus verkündete, gab es die DDR schon fast drei Jahre. Dennoch war er erst vor Kurzem aus Moskau mit der Anweisung zurückgekehrt, die Zeit sei jetzt reif, endlich einen eigenen Staat auf die Beine zu stellen. »Faktisch wird in Westdeutschland ein selbstständiger Staat organisiert«, hatte Stalin am 7. April spätabends im Kreml den SED-Führern nicht ohne einen Anflug von Resignation auseinandergesetzt: »Ihr müsst auch euren eigenen Staat organisieren. Die Demarkationslinie zwischen West- und Ostdeutschland muss als eine Grenze betrachtet werden, und zwar nicht als eine einfache Grenze, sondern als gefährliche Grenze.« Im Mai sollte in Bonn der Deutschlandvertrag unterzeichnet werden, der für die Bundesrepublik das Besatzungsregime beenden würde, kurz darauf in Paris unter Einschluss der Bundesrepublik der Vertrag über die Europäische Verteidigungsgemeinschaft.

Bis dahin hatte Stalin die DDR als ein Provisorium betrachtet. Zwar war aus seiner deutschen Zone immer mehr ein sowjetisiertes Gebilde geworden, doch sie besaß für ihn nie einen Eigenwert, solange er noch glaubte, sie als Faustpfand für seine gesamtdeutschen Pläne einsetzen zu können. Als sich am 7. Oktober 1949 offiziell eine provisorische Regierung der Deutschen Demokratischen Republik konstituierte, ließ er bewusst offen, für welches Territorium diese Regierung Zuständigkeit erlangen sollte. Ende März 1952 aber war auch sein letztes Angebot zur deutschen Einheit, mit dem er den Westmächten weiter als je zuvor entgegenkam, zurückgewiesen worden. Er hatte ein neutrales Deutschland mit der Oder-Neiße-Linie als Ostgrenze, die Bildung einer gesamtdeutschen Regierung mit eigener Armee, den Abschluss eines Friedensvertrags und den Abzug der Besatzungsmächte innerhalb eines Jahres vorgeschlagen.

Auf einen kurzen Nenner gebracht, handelte es sich um einen vorläufig letzten ernst zu nehmenden Versuch, Westdeutschland der amerikanischen Einflusssphäre zu entziehen, ohne es direkt unter sowjetische Kontrolle zu stellen. Stalin hatte mehrere Motive. Neben sicherheitspolitischen waren vor allem auch wirtschaftspolitische Überlegungen ausschlaggebend. Während die sogenannte Stalin-Note zirkulierte, fand in Moskau eine internationale Wirtschaftskonferenz statt mit dem Ziel, das von den USA im Zuge des Koreakrieges gegen die Sowjetunion verhängte Embargo zu durchbrechen, das Stalin in seiner Schrift *Ökonomische Probleme des Sozialismus in der UdSSR* vom Februar 1952 eine ökonomische »Blockade« nannte mit dem Ziel, den Sozialismus zu erdrosseln. Ein vereintes neutrales Deutschland aber, strategischer Eckpunkt der diplomatischen Notenoffensive, würde den Beschränkungen des Embargos nicht mehr unterliegen, vermutlich die gesamte Embargopolitik zu Fall bringen und die internationalen Beziehungen neu ordnen.

Die Offerte war von den ehemaligen Verbündeten nicht einmal ernsthaft in Erwägung gezogen worden. Jetzt beabsichtigte Stalin, nach den Worten Valentin Falins, das »Sozialismusgespenst« als Joker im komplizierten Tauziehen mit den Westmächten einzusetzen. Mit anderen Worten, er wollte zeigen, dass er auch anders konnte, ohne seine ursprünglichen gesamtdeutschen Ziele damit ganz auf Eis zu legen. So richtig glaubte er nicht an seine eigenen Prognosen vom Februar, die Embargopolitik habe nicht zu einer Erdrosselung, sondern im Gegenteil zu einer Festigung eines neuen, dem kapitalistischen gegenüberstehenden sozialistischen Weltmarkts geführt. Doch irgendein Weg der Festigung musste nun beschritten werden. Wenn ein vereintes Deutschland dabei als Partner nicht zur Verfügung stehen konnte, dann wenigstens die DDR mit ihrem industriellen und technischen Potenzial. In diesem Falle ganz.

»Sie reagieren nur auf Stärke«, sagte Stalin bereits bei einem ersten Treffen am 1. April zu den deutschen Genossen: »Erfüllt euch mit Kampfgeist, wir werden euch helfen.«

Walter Ulbricht, der mit den Kompromissen der antifaschistisch-demokratischen Umwälzung und Stalins zögernd-erratischer

Deutschlandpolitik ohnehin nie viel anfangen konnte, sah seine große Stunde gekommen. Lange hatte er nur mit verdecktem Widerstand gegen das Offenhalten der deutschen Frage seitens der Sowjetunion taktieren können. Zurück in Berlin, wurde nun unverzüglich eine Politik des verschärften Klassenkampfs in die Wege geleitet.

»Die Adenauer-Regierung«, schrieb die SED-Führung dann am 2. Juli an Stalin in einer Einschätzung des Beitritts zur EVG, »ist die Regierung der reaktionärsten, militaristischen, profitgierigsten Kreise des westdeutschen Finanzkapitals, die unter dem Kommando des USA-Imperialismus Westdeutschland den aggressiven Zielen des Atlantikpaktes opfern wollen.«

Die stakkatohafte Anreihung der negativen Superlative folgte wortgleich der Definition des Faschismus, die Georgi Dimitroff 1935 dem 7. Weltkongress der Kommunistischen Internationale vorgetragen hatte. Man erinnerte sich im Glashaus, wofür man schon immer stand, und wollte nun unter den verwitterten Fahnen von gestern die Parolen des Kampfs für morgen ausgeben – gegen einen nur schablonenhaft und verzerrt wahrgenommenen Gegner, die vorgeblichen Erben Hitlers in Bonn und Washington. Mit den Realitäten in Deutschland hatte das wenig zu tun.

In dieser Lage werde die SED sich entschieden als »Vorhut des deutschen Volkes« bewähren, versicherte man in dem Schreiben nach Moskau weiter. Von der Schaffung der Grundlagen des Sozialismus in der DDR verspreche man sich nämlich wichtige Impulse für die Entwicklung des Klassenbewusstseins der westdeutschen und Westberliner Arbeiterklasse. »Auch die werktätigen Bauern und die Kleinbürger«, schließt das Schreiben, »werden zu dem Resultat kommen, dass man bei uns besser leben kann als in Westdeutschland.« Große Sprünge waren also geplant, denn 1952 lag der Pro-Kopf-Verbrauch in der DDR bei kaum zwei Drittel des bundesrepublikanischen. Eher verhalten gab Stalin am Abend des 8. Juli seine Zustimmung, nur wenige Stunden bevor Walter Ulbricht seinen großen Auftritt in der Seelenbinderhalle haben würde.

Über 4.500 Personen füllten den Saal in der ehemaligen Großmarkthalle, 1.565 ordentliche Delegierte, 494 Gastdelegierte und mehr als 2.500 Gäste, darunter 553 aus der Bundesrepublik. Eine Delegation der KPdSU war allerdings nicht darunter. Stalin zeigte demonstrative Zurückhaltung. Er war der Ansicht, wie er wenig später Semjonow anvertraute, Ulbrichts »schwere Faust« könne mitunter »größer als sein Kopf« sein.

Für die Delegierten, die in Bussen und Sonderzügen der Reichsbahn nach Berlin anreisten, war die Parteikonferenz eine Überraschung. Warum hatte man keinen ordentlichen Parteitag einberufen, der in diesem Jahr ohnehin anstand? Es musste also etwas Außergewöhnliches zu verkünden und zu verhandeln sein. Doch die vorgesehene Tagesordnung, am 6. Juni veröffentlicht, blieb nichtssagend: »Die gegenwärtige Lage und die neuen Aufgaben der Sozialistischen Einheitspartei Deutschlands«, Referent: Walter Ulbricht.

Die Bühne hinter dem Präsidium war mit Porträts von Marx, Engels, Lenin, Stalin und mächtigen Bannern ausstaffiert, wie sich der Arbeiterschriftsteller Jan Koplowitz erinnert, tiefrot, »wie das Blut des Kampfes und der Revolution«. Um zehn Uhr eröffnete Wilhelm Pieck die Sitzung. Er machte darauf aufmerksam, dass zur gleichen Zeit in Bonn der Bundestag zusammentrat, »um die erste Lesung des Generalkriegsvertrages vorzunehmen«. Dann rezitierte er Grußschreiben. Aus Moskau kamen ermunternde Worte, in denen der Begriff »Sozialismus« allerdings nicht ein einziges Mal erwähnt wurde.

Etwas mehr als eine halbe Stunde später trat Walter Ulbricht ans Rednerpult. Seine Rede sollte acht Stunden dauern – Pausen eingerechnet.

Während der ersten zwei Stunden referierte er über die Weltlage. Dass dem Aufstieg des Sozialismus die Fäulnis des Kapitalismus gegenüberstehe, führte er weitschweifig aus, dass sich im Ergebnis des Zweiten Weltkrieges zwei Weltsysteme und zwei deutsche Staaten herausgebildet hätten, von denen einer dem Lager des Friedens und der andere dem Lager des Imperialismus angehöre. Dass die Sowjetunion mit ihren Bemühungen um eine friedliche Lösung der deutschen Frage am Widerstand der Reaktion gescheitert sei, der Unmut über die antinationale Adenauer-Politik aber stetig wachse. Dass der Übergang der Bundesrepublik zur Rüstungswirtschaft eine Krise und die Verschärfung des Klassenkampfs in Westdeutschland zur Folge haben werde, während sich seit 1945 im Osten mit der DDR ein Modell für Gesamtdeutschland entwickelt habe, das zum ersten Mal mit den historischen Gesetzmäßigkeiten im Einklang stehe und zugleich ein »Bollwerk des nationalen Befreiungskampfes des deutschen Volkes gegen den Imperialismus« darstelle.

Um 12 Uhr 30 verkündete Pieck eine halbe Stunde Pause. Dann trat Ulbricht wieder ans Rednerpult.

»Es besteht kein Zweifel«, erklärte er einem darauf völlig unvorbereiteten Auditorium, »dass nicht alle Schwierigkeiten auf der bisherigen Stufe unserer demokratischen und wirtschaftlichen Entwicklung gelöst werden konnten. Die demokratische und wirtschaftliche Entwicklung sowie das Bewusstsein der Arbeiterklasse und der Mehrheit der Werktätigen sind jedoch bereits so weit entwickelt, dass der Aufbau des Sozialismus zur grundlegenden Aufgabe geworden ist.« Das Protokoll vermerkt, dass sich die Delegierten und Gäste bei diesen Worten begeistert von ihren Plätzen erhoben und lang anhaltenden Beifall spendeten. »Auf dem Wege der sozialistischen Entwicklung«, fuhr Ulbricht dann fort, »werden wir alle bei uns vorhandenen Schwierigkeiten überwinden können.« Fünfunddreißig Mal hatte er während seiner Rede Stalin erwähnt oder zitiert, als er gegen Abend zum Schluss kam.

»Wir werden siegen, weil uns der große Stalin führt!«, verkündete Ulbricht und legte den Genossen noch einmal »das Studieren der Werke des Genossen Stalin und seiner Biografie« ans Herz. Das sei »von besonderer Bedeutung«. Er glaubte tatsächlich, dass von dieser Krönung proletarischer Wissenschaft eine fast magische Wirkung ausgehen könne.

Sie offenbarte ihm die Geheimnisse des Seins, der gesetzmäßigen Entwicklung der Gesellschaft, wie Stalin in dem Kapitel »Über dialektischen und historischen Materialismus« seines *Kurzen Lehrgangs* zur Geschichte der KPdSU schrieb, und zwar, indem sie als Weltanschauung der marxistisch-leninistischen Partei die Dialektik zum Gesetz aller wissenschaftlichen Gesetze vor den Dingen selbst erklärte. Mit dem Zauberstab der richtigen »Anwendung« versehen, konnte es bei diesem absoluten – und im Übrigen auf wenige Grundregeln reduzierbaren – Fundamentalwissen im Prinzip keine unlösbaren Probleme geben. Alles war nur eine Frage des Standpunkts: Ob man sich mit dem Dialektischen Materialismus auf den Standpunkt des Proletariats oder mit dem »Idealismus« auf den Standpunkt untergehender Klassen stellte. Die Lehre von Marx, verkündeten die Parolen der Partei schon länger, sei allmächtig, weil sie wahr sei. Im Prinzip dachte Ulbricht bereits so, seit er vor dem Ersten Weltkrieg in der sozialdemokratischen Abendschule ein Überlegenheitsgefühl eingeimpft bekam, das von der prinzipiellen und klassenmäßig bedingten Unterlegenheit seiner durch die »Gesetze« der Geschichte zum Untergang verdammten Gegner ausging. Stalin war da schon fast eine elaborierte Fassung dieses Weltbilds.

Der Marxismus in seiner Stalin'schen Fassung wirkte aber auch auf viele Intellektuelle wie ein Aphrodisiakum. »Stalin lehrt uns die Kraft des Optimismus, die nicht zu brechen ist, weil sie zutiefst im festen Wissen um den Sieg des Fortschritts wurzelt«, meinte der Schriftsteller Franz Fühmann 1953 in einem Aufsatz über *Stalin und die Literatur*. Bei vielen Leuten, beobachtete Günter de Bruyn Anfang der Fünfzigerjahre, breitete sich die Überzeugung aus, Stalins *Grundlagen des Leninismus* könnten auf sämtliche Fragen des menschlichen Lebens passende Antworten geben. Umgekehrt behauptete der Chemiker und spätere Dissident Robert Havemann auf einer Konferenz des ZK der SED zu Stalins *Marxismus und die Fragen der Sprachwissenschaft*, er glaube, dass selbst die Naturwissenschaften durch den Zersetzungsprozess der kapitalistischen Gesellschaft in ihrer Existenz bedroht seien, während man in der Sowjetunion etwa mit den Arbeiten von Lyssenko große Erfolge und Fortschritte verzeichnen könne. Trofim Lyssenko war nun allerdings erwiesenermaßen ein Scharlatan, der die »Macht des Menschen über die Erde« durch die »Anwendung« des dialektischen Materialismus auf die biologische Vererbungslehre revolutionieren wollte und so der sowjetischen Landwirtschaft erheblichen Schaden zufügte. Leute wie Havemann konnten sich mit ihren Vorstellungen damals jedoch kaum einsam fühlen, wenn man bedenkt, dass auch unter westlichen Linksintellektuellen – etwa auf den Seiten der Pariser *Nouvelle Critique* – die Ansicht vorherrschte, mit der Krise des Kapitalismus habe unweigerlich die Stunde der »proletarischen Wissenschaft« geschlagen. So viel kommunistische Zukunftszuversicht war nie.

Walter Ulbrichts am Nachmittag des 9. Juli 1952 verkündeter planmäßiger Aufbau des Sozialismus sollte in gewisser Weise das Wunder von Stalins erstem Fünfjahresplan unter den Bedingungen einer entwickelten Industriegesellschaft wiederholen. Warum könnte eine Kopie der Methoden der Sowjetunion in einem Industrieland nicht zu ungleich fantastischeren Ergebnissen führen als in den sowjetischen Jahren nach 1927? Konnten und mussten nicht Hunderttausende Parteimitglieder in Stalins *Kurzem Lehrgang* Hymnen auf diese Erfolgsgeschichte nachlesen? »Während die Sowjetunion in der sozialistischen Industrialisierung des Landes große Erfolge erzielte und in schnellem Tempo die Industrie entwickelte«, heißt es da, »brach in den Ländern des Kapitalismus Ende 1929 eine Weltwirtschaftskrise von beispielloser zerstörender Gewalt aus und vertiefte sich in den folgenden drei Jahren.« Und weiter: »Diese Sachlage zeigte noch einmal die Überlegenheit des sozialistischen Wirtschaftssystems über das kapitalistische System.« Das war in den Augen der SED-Ideologen ein Ergebnis von Stalins Genie – und seiner harten Hand.

Von Stalin lernen, hieß Anfang der Fünfzigerjahre, vom Stalin des ersten Fünfjahresplans lernen, der damals ohne jede Rücksicht auf Menschenleben anordnete, Berge und Meere zu versetzen und mithilfe pharaonischer Methoden gigantische Industriekathedralen auf unwirtlichen Steppenwüsten zu errichten. Ähnlich, wenn auch etwas deutsch-kleinformatiger, sah Ulbrichts geradezu amerikanischer Traum von einer schnellen Überlegenheit des Sozialismus in Deutschland aus. Es sollte, wie er in einer Rede zum 135. Geburtstag von Karl Marx im Mai 1953 ausführte, der Beweis erbracht werden, »dass die Arbeiterklasse nach Eroberung der Staatsmacht das wirtschaftliche Leben mit einer höheren Meisterschaft als die Bourgeoisie organisieren kann«. Diese Eroberung zu vollenden war das Programm, das er den Delegierten in der Seelenbinderhalle aufgetragen hatte.

Der Parteikonferenz folgte eine wahre Invasion von Beschlüssen, ganz dem vorgegebenen Tempo des *Kurzen Lehrgangs* entsprechend. Die föderalen Länder werden nun aufgelöst und die Zentralmacht gestärkt, Parteiinstrukteure aufs Land geschickt, der Aufschwung der fortschrittlichen deutschen Filmkunst beschworen, der »Dienst für Deutschland« als sechsmonatiger Arbeitsdienst für die sozialistischen Großbaustellen eingerichtet, die »Gesellschaft für Sport und Technik« gegründet, die Kasernierte Volkspolizei ausgebaut, der sozialistische Aufbau auf dem Lande beschlossen, der Rundfunk im »Staatlichen Rundfunkkomitee beim Ministerrat« zentralisiert, ein Gesetz zum Schutz des Volkseigentums erlassen und die staatsbürgerlichen Rechte ehemaliger Wehrmachtsoffiziere und NSDAP-Mitglieder geregelt. Tag für Tag hagelte es neue Beschlüsse, wochenlang – bis das sogenannte Stalinisierungsplenum des ZK Ende November den Schlussakkord verkündete. Er hieß noch einmal: Aufbau des Sozialismus und allseitige Stärkung der Staatsmacht nach dem kanonisierten Vorbild der Sowjetunion.

Für Walter Ulbricht war dies ein Teil seiner persönlichen Wiedergutmachung. »Die deutsche Arbeiterklasse war die erste Arbeiterklasse in der Geschichte, die den Marxismus als ihre Lehre aufgenommen hat«, rief er seinen Zuhörern zum Marx-Jahr im Mai 1953 entgegen. Nach vielen Jahren ideologischer Schwankungen, verursacht besonders durch die rechten Sozialdemokraten, wappne sich das deutsche Proletariat nun endlich »mit neuer Kraft mit der mächtigen Idee des Marxismus-Leninismus«. Endlich konnte wenigstens ein Teil der Heimat von Karl Marx, deren Arbeiterklasse im Weltkrieg so kläglich versagt hatte, für die rote Fahne gewonnen werden. Sie, die einmal die »Erste« war, würde sich in seinen Augen nun wieder in die erste Reihe einordnen. Das war schon mehr als Wiedergutmachung. Es enthielt auch einen unverhohlenen Anspruch auf Eigensinn.

Doch der forcierte Aufbau des Sozialismus musste zwangsläufig zum Programm einer planvoll gelenkten Überforderung führen. Gigantische Investitionen in die Grundstoff- und Schwerindustrie, die chemische Industrie, den Maschinen- und Fahrzeugbau waren vorgesehen. Die Werftindustrie an der Ostsee sollte ausgebaut, in Rostock ein Überseehafen angelegt werden. Selbst an eine eigene Flugzeugproduktion war gedacht. Die dafür erforderlichen riesigen Summen gingen auf Kosten des Konsums und wurden durch Steuern, Enteignungen und Kollektivierung aus den Mittelklassen und den Bauern, durch höhere Arbeitsnormen aus den arbeitenden Menschen herausgepresst. Die »absterbenden Klassen«, so die SED, sollten mit zusätzlichen Abgaben belastet werden. Ihnen wurden auch die Lebensmittelkarten entzogen.

Auf ideologischer Ebene wurde der Kirchenkampf verschärft. In den Schulen durfte kein Religionsunterricht mehr erteilt werden, kirchentreue Schüler, Lehrer und Dozenten wurden relegiert, die Junge Gemeinde Verfolgungen ausgesetzt, politisch auffällige Pfarrer verhaftet. Von regelrechten Schultribunalen gegen die angeblich terroristische Rolle der anarchistischen Jungen Gemeinde berichtet Uwe Johnsons Roman *Ingrid Babendererde*, von öffentlicher Denunziation und dem Vorwurf der Boykotthetze gegen einzelne Schüler, die in der Aula einer mecklenburgischen Oberschule unter dem Bildnis Stalins und der Parole »Reinigt wachsam und unerbittlich unsere Reihen von den Feinden unserer demokratischen Ordnung« stattfanden.

Walter Ulbrichts sozialistische Revolution von 1952 führte die DDR in kurzer Zeit in eine tiefe Krise. Die Geschäfte leerten sich. Fett, Fleisch und Zucker mussten rationiert werden, vieles wurde zur Mangelware. Die Partei reagierte darauf mit den ihr geläufigen Feindbildern. Verantwortlich für den Mangel waren in ihren Augen vor allem die Großbauern und der private Großhandel, gegen die man nun noch entschiedener vorgehen musste. Im Dezember 1952 verhaftete die Staatssicherheit den der LDPD angehörenden Minister für Handel und Versorgung, Karl Hamann, mit der Begründung, er habe »bewusst« die Leitung in seinem Ministerium »desorganisiert«. Das war aber nur ein – besonders prominenter – Fall von vielen.

Der Kampf gegen »Saboteure« konnte jeden treffen. Weil er in seinem Betrieb 80 Zigaretten gestohlen hatte, wurde im November 1952 ein Arbeiter in Berlin zu einem Jahr Zuchthaus verurteilt; eine Frau aus Pankow erhielt die gleiche Strafe, weil sie sechs Taschentücher mit nach Hause genommen hatte. In Luckenwalde erhielt ein Lagerarbeiter drei Jahre Zuchthaus, weil er den Diebstahl von einem Paar Hausschuhen nicht gemeldet hatte. Die Hotelbesitzerin Ilse F. aus Kühlungsborn verurteilte man zu neun Monaten Haft und Enteignung, weil sie in Westberlin ein Paar Stiefel, einen Mantel und einen Rock im Gesamtwert von 684 DDR-Mark eingekauft hatte. Ein Bauer hatte sieben Pfund Gänsefedern in Westberlin verkauft und für das Geld Schuhwerk erworben. Er erhielt vor dem Kreisgericht Zittau drei Jahre Gefängnis, zumal laut Staatsanwalt verschärfend festzustellen war, dass er die Mangelware amerikanischen »Kriegsverbrechern« überlassen hatte, »die durch ihre unmilitärischen Luftangriffe des vorgenannten Krieges die Einbuße an unzähligen Federbetten der deutschen Menschen auf ihrem Gewissen haben«. Solche drakonischen Maßnahmen blieben keine Einzelfälle. Zwischen Oktober 1952 und März 1953 wurden insgesamt 10.194 Verfahren auf der Grundlage eines neuen »Gesetzes zum

Schutz des Volkeigentums und anderen gesellschaftlichen Eigentums« eröffnet.

»Kälte legte sich über das Land«, erinnert sich Erich Loest: »Die Entsagung einer Art Kriegskommunismus wurde gepriesen, durch ein Nadelöhr musste der Sozialismus noch einmal hindurch, aber gleich, gleich dahinter blühte das Paradies kommunistischen Überflusses!« Die Menschen sollten zu Gläubigen einer innerweltlichen Theodizee erzogen werden, wonach die Entsagung und selbst das Amoralische als Bedingung eines endlich Guten ihre Rechtfertigung erfahren würden.

Es stehe doch in der Regel so, meinte der damals in Leipzig lehrende Philosoph Ernst Bloch bereits in seinem *Geist der Utopie* von 1919, »dass die Seele schuldig werden muss, um das schlecht Bestehende zu vernichten, um nicht durch idyllischen Rückzug, scheingute Duldung des Unrechts noch schuldiger zu werden«. *Par pitié, par amour de l'humanité, soyez inhumains*, um des Mitleides, um der Liebe zur Menschheit willen, seid unmenschlich, hieß es während der ersten radikalen Tage der Französischen Revolution. Für viele marxistische Intellektuelle waren solche Verführungen des Denkens schon lange zu gewohnten Ritualen geworden. Auch Bertolt Brecht dachte so. Ulbricht operierte da gedanklich weniger subtil. Für ihn heiligte der Zweck im Namen eiserner geschichtlicher Notwendigkeiten im Prinzip alle Mittel. Einer wachsenden Anzahl von Menschen in der DDR wurden die praktischen Auswirkungen solch wahnhafter Scholastik allerdings eher ein Grund, das Weite zu suchen und in den Westen zu flüchten.

Dass dies eine Konsequenz des gewaltsamen Aufbruchs zum Sozialismus sein würde, war von vornherein einkalkuliert. Die Demarkationslinie zu den Westzonen, hatte Stalin seinen deutschen Genossen Anfang April in Moskau eingeschärft, sei durch die bevorstehende Eingliederung der Bundesrepublik in die Militärstrukturen des Westens eine gefährliche Grenze geworden. Man müsse mit »terroristischen Anschlägen« rechnen. »Sie säen Wind und werden Sturm ernten«, wenn die westdeutsche Regierung den »Generalkriegsvertrag« unterzeichne, drohte Wladimir Semjonow dann am 20. Mai unter Pseudonym in der *Täglichen Rundschau* und kündigte »Gegenmaßnahmen« an. Am 26. Mai fand in Bonn die Unterzeichnung statt.

Am nächsten Tag kündigte eine öffentliche Bekanntmachung des Ministeriums für Staatssicherheit den westlichen Grenzbewohnern Thüringens, Sachsen-Anhalts und Mecklenburg-Vorpommerns mit, sie seien über Nacht zu »Bewohnern der 5-Kilometer-Sperrzone« geworden, die Interzonenpässe würden eingezogen, ein 500-Meter-Schutzstreifen errichtet, ein zehn Meter breiter Kontrollstreifen umgepflügt und geeggt und alle grenzüberschreitenden Straßen und Eisenbahnlinien mit Ausnahme der wenigen Wege für den offiziellen Interzonenverkehr aufgerissen und geschlossen. Die Maßnahme unter dem Kennwort »Amboss« wurde zügig durchgeführt. »Wer sich in diesem Sperrgebiet aufhält, der wird beschossen«, erklärte Ulbricht am 4. Juni: »Der Grenzpolizist, der sich irgendwie von einer Banditengruppe zurückzieht, wird streng bestraft werden.« Es war der eigentliche Beginn des bis zum Untergang gültigen DDR-Grenzregimes einschließlich des berüchtigten Schießbefehls. Die Grenze wurde ein militärischer Sicherheitsbereich, mit eigenen territorialen Regeln.

Sie hatten Folgen und führten unmittelbar mit der Einrichtung des Grenzregimes zu einer groß angelegten Säuberungsaktion zwischen Ostsee und Fichtelgebirge. Unter dem Codenamen »Ungeziefer« wurden bis Herbst 1952 über achttausend »verdächtige« Personen aus der Sperrzone ins Landesinnere deportiert. Mehr als 6.400 Grenzbewohner flüchteten während der mitunter fast bürgerkriegsartig verlaufenden Aktionen in den Dörfern und Kleinstädten nach Westdeutschland. »Amboss« und »Ungeziefer« signalisierten aber nur den Beginn einer allgemeinen Mobilmachung.

»Heimat, dich werden wir schützen«, sang ein FDJ-Chor auf der zweiten Parteikonferenz Anfang Juli in der Seelenbinderhalle: »Heimat, in sonnigem Kleide, / droht dir verrufene Hand, / hüll dich in stählerne Seide, / webe aus Erz dein Gewand!« Das Lied endete mit den Zeilen: »Greift zum Gewehr, Kameraden! / Herz, trommle zornig Alarm!« In den letzten zwei Jahren war die einst überparteiliche Freie Deutsche Jugend unter der Führung des vierzigjährigen Erich Honecker immer mehr zu einer Kaderschmiede der Einheitspartei geworden, von der er forderte, sie müsse sich »eindeutig zu den bolschewistischen Prinzipien bekennen«. Jetzt sollte sie in den Kampf geführt werden. Auf dem Pfingsttreffen der FDJ 1952 rief Honecker die »deutsche Jugend« zum Sturz der Adenauer-Regierung auf und ließ an die Jungen und Mädchen, die während der Abschlussparade an der Partei- und Staatsführung vorbeidefilieren sollten, olivgrüne Jacken im Schnitt eines Kampfanzugs verteilen. Die FDJ nahm unübersehbar vormilitärische Züge an. »Freiwillig«, so Honecker, sollten die Jugendfreunde in Zukunft ihren »Ehrendienst bei den bewaffneten Kräften« leisten, und Walter Ulbricht wünschte sich auf dem IV. Parlament der FDJ Ende Mai, dass aus den Reihen der Freien Deutschen Jugend »viele gute Scharfschützen« hervorgehen würden.

Noch vor der zweiten Parteikonferenz war der Jugendverband Ziel einer umfangreichen Militarisierungskampagne, was seinen Ausdruck auch in der im April gegründeten paramilitärischen Gesellschaft für Sport und Technik (GST) fand. Honeckers FDJ stellte den Paten und zeichnete für ihren Aufbau zuständig, ebenso wie für das Staatliche Komitee für Körperkultur. Ende 1952 gehörten der GST, bei der man Schießen, Segelfliegen, Fallschirmspringen, Wasser- und Motorsport sowie Geländekunde lernen konnte, nahezu eine halbe Million junger Menschen an, die durch Abenteuerspiele in dieser staatlichen Kampfsportgruppe den Weg in eine Armee finden sollten, deren unverzüglicher Aufbau von Stalin während des Moskauer Treffens Anfang April angeordnet worden war.

Als Wilhelm Pieck dort vorsichtig von Schritten zur Bildung einer Volksarmee sprach, hatte Stalin autoritativ entgegnet: »Nicht Schritte, sondern sofort!« Wenn es schon notwendig wurde, angesichts der als ernsthafte kriegerische Bedrohung empfundenen Einbeziehung der Bundesrepublik in die Militärstrukturen des Westens, über eine Aufrüstung der DDR nachzudenken, dann sollte sie der sowjetischen Militärdoktrin entsprechen. Sie ging auf der Grundlage des Desasters von 1941 davon aus, dass man dem Gegner grundsätzlich überlegen sein müsse, um bereits in der Anfangsphase eines Krieges von der Verteidigung zur strategischen Offensive übergehen zu können. Stalin sprach in Moskau von 9 bis 10 Armeekorps mit 30 Divisionen und einer Gesamtstärke von 300.000 Mann, von vormilitärischer Ausbildung der Jugend, zivilen Organisationen der Verteidigung sowie der Einführung der Wehrpflicht und dem Aufbau einer »Produktion für Ausrüstung«, also einer eigenen DDR-Rüstungsindustrie. Die künftige ostdeutsche

Volksarmee, ergänzte er am 7. April, solle über voll einsatzfähige Teilstreitkräfte des Heeres, der Marine und der Luftwaffe verfügen. Vor allem aber sollte ihr Aufbau vollendet sein, bevor die westdeutsche Wiederbewaffnung Wirklichkeit werden konnte.

Anfang Juli 1952 erhielt der ehemalige Luftwaffenkommodore Walter Lehweß-Litzmann einen Anruf aus dem Innenministerium. Er möge sich dort am nächsten Tag zu einem Gespräch einfinden. Es sollte eine überraschende Begegnung werden. Man hatte ihn geladen, weil man nach Spezialisten für den geplanten Aufbau von Lufteinheiten der Kasernierten Volkspolizei suchte. Chef der Volkspolizei-Luft war der 32-jährige Heinz Keßler, den Lehweß-Litzmann bereits aus dem sowjetischen Kriegsgefangenenlager Lunjowo gut kannte, nachdem der einfache Soldat und Maschinenschlosser Keßler aus der Wehrmacht desertiert war und die Fahnen gewechselt hatte. Er war zuletzt 2. Sekretär des Zentralrats der FDJ gewesen und stand ihm nun als Generalinspekteur der Volkspolizei-Luft gegenüber. Ohne Leute wie den erfahrenen Kommodore und ehemaligen Generalstabsoffizier Lehweß-Litzmann hätte der in militärischen Führungsaufgaben völlig unerfahrene Keßler seine Aufgabe nie bewältigen können.

Im Oktober 1952 saß Lehweß-Litzmann zum ersten Mal am Steuerknüppel einer sowjetischen Jak-18, im Frühjahr 1953 im Cockpit eines Düsenjägers, der MiG-15, nachdem die Weisung ausgegangen war, die Ausrüstung der Volkspolizei-Luft auf strahlengetriebene Abfangjäger vorzubereiten. Gerade an der Luftwaffenplanung der Kasernierten Volkspolizei wird deutlich, dass es sich hier von vornherein um den Nukleus einer regelrechten Armee und keineswegs nur um bloße Polizeitruppen gehandelt hat.

Die Wiederaufrüstung der DDR war seit Ende der Vierzigerjahre den Schwankungen der sowjetischen Deutschlandpolitik gefolgt. Schon 1948 hatte die Sowjetische Militäradministration die Bildung von kasernierten Bereitschaften innerhalb der Deutschen Volkspolizei gefordert und noch vor Gründung der DDR 150 Kandidaten zur Ausbildung als Kommandeure in die Sowjetunion geschickt. Im Herbst 1949 verfügte die Truppe über einen Personalbestand von 31.000, im Oktober 1951 waren es 52.000. Alle Einheiten wurden militärisch ausgebaut. Zum Jahrestag der Staatsgründung am 7. Oktober 1952 paradierte die Kasernierte Volkspolizei (KVP) erstmals in neuen Uniformen in Ostberlin. Ende des Jahres zählte sie bereits 90.250, Mitte 1953 113.000 Mann.

Nicht wenige Offiziere waren ehemalige Kriegsgefangene, unter ihnen als alle überragende Figur Generalleutnant Vinzenz Müller. Er war Frontoffizier im Ersten Weltkrieg gewesen, in der Weimarer Republik ein Vertrauter des Generals Kurt von Schleicher und später Stabschef in der Wehrmacht. Als kommandierender General der 4. Armee war er 1944 bei Minsk in Kriegsgefangenschaft geraten und hatte sich dort bald dem antifaschistischen Bund Deutscher Offiziere angeschlossen. 1948 in die sowjetische Zone zurückgekehrt, war Müller der entscheidende Kopf beim Aufbau der Kasernierten Volkspolizei, deren Stabschef er wurde. Dem Armeenukleus KVP verordnete er eine der deutschen Tradition entsprechende innere Ordnung, die auch stilbildend für den Aufbau der Nationalen Volksarmee wurde.

Im Nationalkomitee Freies Deutschland hatte man, um kriegsgefangene Offiziere zur Mitarbeit zu bewegen, gern den Geist von Tauroggen beschworen, jenem litauischen Ort, wo 1813 das Bündnis zwischen Preußen und Russland gegen Napoleon geschlossen wurde. Der Vergleich stimmte nicht ganz, denn Hitler war für die Deutschen nicht wie Napoleon ein fremder Herrscher. Doch mit den Feiern zum 140. Jahrestag der Völkerschlacht bei Leipzig wurde der »Geist von 1813« wieder ein Thema, weil er der Propaganda die zeitgemäße Möglichkeit eröffnete, daran zu erinnern, dass Deutsche und Russen schon einmal gemeinsam gegen eine westliche Fremdherrschaft gekämpft hatten. Stein und Gneisenau, Scharnhorst und Clausewitz, Arndt und Fichte, schrieb der SED-Mann Albert Norden 1953 in dem Buch *Das Banner von 1813*, waren »Männer, die Deutschland retteten, weil sie an ihr Volk glaubten und mit Russland im Bunde kämpften«. Deutschnational, aber mit Russland im Bunde.

Vinzenz Müller war ein solcher Nationalbolschewist neuen Typs. Die Westorientierung der Bundesrepublik an der Seite der ehemaligen Versailles-Mächte lehnte er strikt ab. Er war von der »Querfrontpolitik« seines Freundes und Mentors, des von Hitler ermordeten »roten« Generals und kurzfristigen Reichskanzlers Kurt von Schleicher stark beeinflusst. Wie Schleicher, der Anfang der Dreißigerjahre erklärte, er sei weder ein Anhänger des »reinen« Sozialismus noch des Kapitalismus, zeigte Müller nie Berührungsängste mit der Linken, soweit sie in seinen Augen national gesinnt war. Adenauer unterstellte er nationale Spaltungsabsichten, aber er war auch nicht unbedingt ein Mann Ulbrichts. Er war aus nationalen Gründen für ein Bündnis mit der Sowjetunion, die er für »gesünder« und »weitsichtiger« hielt als den Westen, dabei ebenso grundsätzlich wie verblendet ostorientiert wie der ehemalige Sozialdemokrat Otto Grotewohl.

Auf dem 4. Parteitag der Nationaldemokratischen Partei Deutschlands sprach Müller im Juni 1952 in Leipzig unter dem Motto »Deutschlands Zukunft – nicht Schicksal, sondern Selbstbestimmung« über den »nationalen Befreiungskampf des deutschen Volkes« und nannte die DDR das »unabhängige Vaterland der Demokratie auf deutschem Boden«. Ein nationaler Nukleus wie zu Zeiten des italienischen *Risorgimento*, als die Wiedererstehung der italienischen Nation von dem Teilstaat Piemont ausging? Vermutlich wird er so oder ähnlich gedacht haben, und auch Stalin passte diese »Querfront« von nationalen und linken Kräften ins Kalkül.

Die Volksarmee der DDR konnte in seiner doppelgleisigen Strategie zusammen mit den sowjetischen Besatzungstruppen das westliche Bollwerk des Ostblocks militärisch stärken. Sie konnte aber auch, bei einem Wechsel der Fortune, zum mächtigen Nukleus der Armee eines zwischen den Blöcken stehenden neutralen Deutschlands werden – nun weit fester noch als die Reichswehr zu Weimarer Zeiten mit der Sowjetunion verbunden. Im Juni 1952 begannen in Pasewalk unter strenger Geheimhaltung die ersten Vorbereitungen für den Aufbau eines Armeekorps. Die alten deutschen Militärdienstgrade wurden bei der KVP wieder eingeführt, khakifarbene Uniformen ersetzten die bisherige blaue Polizeikluft.

Die »pazifistische Periode« gehöre nun der Vergangenheit an, hatte Stalin seinen deutschen Genossen am Abend des 1. April eingebläut. Ulbricht nahm das Angebot dankbar an, schon weil er sich dadurch einen Zuwachs an Souveränität für sein halbes Land versprechen konnte. Das dafür vorgesehene Programm aber sollte, vor allem was die geplante Aufrüstung betraf – Marineprojekte von 139 Kampfschiffen bis 1956 und 314 weiteren Wasserfahrzeugen, die

Reaktivierung der auf ostdeutschem Gebiet gelegenen alten Luftkriegsindustrie bis zu Plänen des Neubaus eines Flugzeugwerks für Bomber – alle Möglichkeiten und Ressourcen des kleinen Landes bei Weitem übersteigen.

Stalinallee

Stalinstadt, das heutige Eisenhüttenstadt bei Frankfurt an der Oder, war 1952 eine im Entstehen begriffene sozialistische Musterstadt. Hier stand der erste volkseigene Hochofen für die künftige Schwerindustrie der DDR, hier baute man an einem der Großprojekte von Ulbrichts Aufbruch. Ungebrochen wirkte der Personenkult um den sowjetischen Führer nach, als man am 7. Mai 1953 die Stadt dem zwei Monate zuvor verstorbenen »großen Baumeister des Sozialismus« zueignete. »Stalin schreitet durch das Kombinat«, schrieb die örtliche Tageszeitung einen Tag später, als sei er dort als Geist persönlich zur Weihe erschienen: »Der feierliche Ernst seiner Gesichtszüge ist einem gütigen, väterlichen Aussehen gewichen. Zart spielt der Wind mit den Silberfäden seines Haupthaares.« Stalinstadt mit seinem Stahlkombinat sollte ein kleines deutsches Magnitogorsk werden. Stalinstadt war für Ulbricht der Ort, an dem zum ersten Mal ein »neuer« sozialistischer Mensch entstehen würde, der sich von allen schädlichen Verbindungen zur Vergangenheit befreit hat. Einen Turm brauche man nur für das Rathaus, meinte Ulbricht, und folglich gab es in Stalinstadt auch keine Kirchen. »Der Neubau der Stadt des Hüttenwerks Ost«, verkündete er auf der zweiten Parteikonferenz enthusiastisch, sei »der erste vollständige Bau einer sozialistischen Stadt«. In diesem Industriegebiet und in der Stadt werde es keine kapitalistische Ausbeutung mehr geben, und die Architektur mit ihren monumentalen Bauten werde »das hehre Ziel des Sozialismus« für jeden sichtbar zum Ausdruck bringen.

Es gab kein privates Handwerk, keinen privaten Handel und keinen privaten Grundbesitz. Das sozialistische Leben sollte sich ganz zwischen Stahlwerk, Hausgemeinschaft, Kulturhaus und Betriebssportgemeinschaft abspielen, wie in einer preußischen Variante der Fourier'schen Gemeinschaftssiedlung *Phalanstère*. Als einzige Partei war die SED zugelassen. Viele zogen nach Stalinstadt, weil das *Eisen-*

hüttenkombinat J. W. Stalin hohe Löhne, gute Sozialleistungen, eine Sonderversorgung mit Lebensmitteln und Konsumgütern sowie jedem eine neue Wohnung zu bieten hatte. Es gab genügend Krippen, Kindergärten und Schulen.

»Hier soll, so wird im Osten immer wieder erklärt, etwas völlig Neues entstanden sein, eine Stadt ohne jegliche Verbindung zur bürgerlichen Vergangenheit, das bis ins Letzte durchorganisierte Idealbild der klassenlosen Gesellschaft«, schreibt der ehemalige Kriegsberichterstatter Hilmar Pabel zwei Jahre später in einer Stalinstadt-Reportage für die westdeutsche *Quick*: »In der Stadt gibt es weder selbstständige Bäcker, Schneider, Schlächter noch selbstständige Ärzte oder Juristen – nur Arbeiter und Angestellte volkseigener Betriebe.« Alles, was ihm begegnet, ist ihm vertraut und fremd zugleich. Die Menschen sprechen seine Sprache. Aber sie denken anders als er. Er trifft auf junge Frauen mit Kopftüchern, denen Politik viel wichtiger zu sein scheint als ein schickes Abendkleid. Sie sind freundlich, lachen und winken ihm zu. Doch: »Etwas Beklemmendes und Erregendes hat mich hier erfasst. Heute gehe ich auf den Straßen der jüngsten Stadt Deutschlands. Aber ist das noch Deutschland?« Pabel stellt sich diese Frage gleiche mehrer Male. Sie ist bei Weitem nicht nur rhetorisch gemeint. Die Straßen sind wie leer gefegt, und nur zum Schichtwechsel im Kombinat werden sie für einen kurzen Augenblick von Massen bevölkert. »Beginnt hier die große Umwandlung der Einzelwesen in Kollektiv-Glieder?«, fragt er sich und kommt zu dem Schluss: »Ich habe das beklemmende Gefühl, hier in einem fremden Land zu sein.«

Dabei sollte Stalinstadt eigentlich ein Ort sein, der sich mit seiner klassizistisch inspirierten Architektur ganz auf nationale, in diesem Fall preußische Traditionen der Schinkelzeit bezog. Auch die Baukunst war, besonders in diesen frühen Tagen des Kalten Krieges, bei Weitem nicht frei von Politik. Die westliche Moderne, meinte der Architekt Kurt Liebknecht, erfülle allein den Zweck, die Völker den Weltherrschaftsplänen des amerikanischen Imperialismus gefügig zu machen. Und Walter Ulbricht, bald Ehrenmitglied der Deutschen Bauakademie, bestimmte, dass die »rechteckigen Hochhäuser« der »amerikanischen Okkupanten« im Westen nichts anderes darstellten als eine Wiederholung der mittelalterlichen Zwingburgen in amerikanischer Form. Das Bauhaus galt ihm als eine »volksfeindliche Erscheinung«. In bewusster Polemik dagegen wollte man mit einer zeitgemäßen nationalen Architektur jungen »deutschen Patrioten« neue Selbstachtung geben. Das war auch der Auftrag der Stalinallee in Berlin, der »ersten Straße des Sozialismus« in Deutschland, ganz im Sinne des zu dieser Zeit verschärft geführten Kampfs gegen den »Kosmopolitismus« und den »Formalismus«.

Die beiden mit dem Namen des sowjetischen Führers verbundenen Großprojekte sollten der Neuen Welt Ulbrichts einen repräsentativen Vorschein geben. Bertolt Brecht widmete dem Modell des neuen deutschen Bauens, Hermann Henselmanns Hochhaus an der Berliner Weberwiese, die folgende Inschrift: »Als wir aber dann beschlossen / Endlich unsrer eignen Kraft zu traun / Und ein schönres Leben aufzubaun / Haben Kampf und Müh uns nicht verdrossen.« Es waren Verse ganz im Tonfall eines bekannten Lieds aus den *Tagen der Commune*, doch die alte Skepsis schien gewichen. Man war aus Trümmerlandschaften unterwegs in den sozialistischen Aufbau.

In der Rekordzeit von 148 Tagen wurde rechtzeitig zu den III. Weltfestspielen der Jugend auf der Stalinallee die 1971 aus statischen Gründen wieder abgerissene »Deutsche Sporthalle« mit repräsentativem Säuleneingang hochgezogen. Ihr gegenüber erhob sich bis 1961 ein überlebensgroßes Stalindenkmal. 45.000 freiwillige Helfer beteiligten sich an den Enttrümmerungsaktionen, und wer unter ihnen das richtige Los zog, konnte auf eine der komfortablen Wohnungen hoffen. 1952/53 entstanden in der Stalinallee insgesamt 2.129 Wohneinheiten, alle mit Innentoilette und Badewanne, Zentralheizung, Aufzug, Müllschlucker, ausreichendem Tageslicht und schwellenfreiem Parkettboden, der durchgehend von der Diele ins Wohnzimmer führt. Dreißig Arbeiter zogen mit ihren Familien am 1. Mai 1952 in das erste Hochhaus an der Weberwiese ein, ein Architekt, ein Lehrer und ein Volkspolizist. Es gab in jedem Haus eine Hausgemeinschaftsleitung und eine Parteigruppe. Gemessen an den alten Berliner Mietskasernen war die Stalinallee mit ihren Laubengängen und ihrer verspielten Fassadengestaltung eine regelrechte Palastanlage für politisch bewusste und staatstreue Werktätige.

Henselmann, der mit dem Bau der Villa Kenwin bei Montreux Anfang der Dreißigerjahre seinen ersten Erfolg verzeichnete, kam ursprünglich aus der Tradition Le Corbusiers und der Neuen Sachlichkeit. Seine ersten Entwürfe zur Stalinallee waren Ulbricht noch zu modern. Doch er änderte sie schnell im Sinne der geforderten »nationalen« Bautradition und wurde so als Chefarchitekt von Ostberlin zum geistigen Vater einer frühen sozialistischen Postmoderne.

Nicht nur in der architektonischen Gestaltung, auch in der städtebaulichen Anlage sollte sich das neue Deutschland deutlich von westlichen Konzepten absetzen. Die englisch-amerikanische Nachkriegsmode der Gartenstadt, musste sich eine ostdeutsche Architektendelegation in Moskau 1950 belehren lassen, isoliere den Arbeiter vom politischen Leben und mache ihn zum Kleinbürger. Man sei deshalb für eine »kompakte« Stadt, mit monumentalen Bauten, »in denen sich der Bauwille und das Wollen der Bevölkerung ausdrücken«.

Plätze und breite Straßen spielten in dieser urbanen Vision eine herausragende Rolle. »Die Straße hat nicht nur Verkehrsfunktionen«, dozierte Professor Baburow vom Ministerium für Städtebau vor den ostdeutschen Moskaubesuchern, »sie hat auch die festliche Bevölkerung aufzunehmen. Die Straße ist ein Mittel zum festlichen Leben. Sie muss das Bewusstsein der Bevölkerung heben, sie muss die politische Bedeutung der Massen unterstreichen.« Sie sollte ganz in der jakobinischen Tradition durchchoreografierter Massenaufmärsche zu Ehren des Höchsten Wesens die von der Partei inszenierten Feste und Aufzüge des Volkes in einen würdigen Rahmen stellen. Die »kompakte Stadt« sowjetischer Prägung, weit davon entfernt, ein ziviler Entwurf geselligen Stadtlebens zu sein, zeigte deutliche Komponenten von ideologischer, fast religiöser Überhöhung einer urbanen Utopie.

Auch die wahrhaft orchestrale Weise, in der die Stalinallee als Ausfallstraße in Richtung der »Freunde« die Ostbindung des ganzen Landes unterstreicht, gehört dazu. Sie wurde zur Magistrale der großen Paraden. Doch blieb sie ein urbanes Fragment, und sie musste es bleiben, weil der Sozialismus, nicht anders als in vergangenen Zeiten, keine Paläste für alle bauen konnte. Ein Modell für die Gesamtstadt wurde sie nie.

»Das Zentrum bildet den bestimmenden Kern der Stadt«, legten die »Sechzehn Grundsätze des Städtebaus« im Juli 1950 fest. Es sollte der zentrale öffentliche Raum sein, aber zugleich ein Raum der ideologischen Formierung, in dem sich das sozialistische Leben in geordneten Bahnen entfaltet.

Nicht von ungefähr konnte man sich hier zu politischen Feiertagen der frühen Jahre mitunter an die Zeit der französischen Revolutionskulte erinnert fühlen. »Auf dem Marx-Engels-Platz tanzten noch ein paar Hundert Verrückte Laurenzia unter dem riesigen Stalinbild, das an einem Fesselballon im Himmel hing«, schwelgt Hermann Kants Roman *Das Impressum* in Erinnerungen an ein Pfingsttreffen der FDJ um 1950: »Vier Scheinwerfer beleuchteten von den beiden Spreearmen her den lächelnden Generalissimus.« Er war für die tanzenden Jugendlichen damals tatsächlich das »Höchste Wesen«.

Ein Hauch der Feierlichkeit aus Zeiten des jakobinischen Konvents konnte bei solchen Gelegenheiten über dem Osten Berlins liegen – einschließlich gewisser Züge von Libertinage, wie Kant sie unter den ausgelassenen Jugendfreunden beiderlei Geschlechts beschreibt. Solche Erlebnisse von Seelengemeinschaft waren in der Lage, eine erhebliche Anziehungskraft zu entfalten. »Damals tanzte die Unschuld«, erinnert sich Milan Kundera, »die Unschuld mit ihrem blutigen Lächeln.«

Fast alles war Unschuld mit blutigem Lächeln damals. Fast alles Aufbau und Vergewaltigung zugleich. 1948 bereits forderte Ulbricht auch von den Schriftstellern Mithilfe bei der Erfüllung des Zweijahresplans. Denn dabei, so Ulbricht, handle es sich ja »nicht um eine rein wirtschaftliche Angelegenheit«, vielmehr sei »das Wichtigste«, die »Menschen zu ändern«. Kultur wie Architektur und Städtebau sollten gewissermaßen als »Produktivkräfte« zu Bestandteilen revolutionärer Wirtschaftspolitik werden. Weniger utilitaristisch, eher expressionistisch, geisterte der »neu sich bildende Mensch« durch den Kopf Johannes R. Bechers. 1951 schrieb Eduard Claudius mit *Menschen an unserer Seite* den ersten Produktionsroman der DDR. Er handelt von dem Ringofenmaurer und Aktivisten Hans Garbe. »Er trug die Fahne, schaffte mehr«, dichtete Uwe Berger ein Jahr später über Garbe, »weil er Fabrik und Land als Eigen spürt. / Und heute mauern sie wie er.«

Das Urbild des Aktivisten erschuf sich die SED mit dem sächsischen Bergmann Adolf Hennecke. Er war 43 Jahre alt, als er am 13. Oktober 1948 in den Karl-Liebknecht-Schacht des Zwickau-

Oelsnitzer Steinkohlenreviers zu seiner Rekordschicht einfuhr. In der Propaganda wurde aus ihm ein sozialistischer Übermensch. »Lieber Genosse Hennecke!«, schrieb die SED-Führung Mitte Oktober 1948 an den künftigen ersten sozialistischen Helden der Arbeit in Deutschland: »Mit großer Freude haben wir von deiner wegweisenden Tat erfahren. 380 Prozent des Tagessolls – 24,4 Kubikmeter Steinkohle in einer Schicht – ist eine revolutionierende Leistung zur Erfüllung des Wirtschaftsplanes und eine schlagende Antwort auf die Marshallpolitik des Westens!« Auch hier kamen von Stalin die Stichworte.

Der sozialistische Wettbewerb, heißt es im *Kurzen Lehrgang*, »ergab bewunderungswürdige Vorbilder der Arbeitsleistung und des neuen Verhaltens zur Arbeit«, ja geradezu »Weltrekorde der Arbeitsproduktivität«. Stalins *Kurzer Lehrgang* war eben auch ein Wirtschaftshandbuch, das suggerierte, eine verordnete Mobilisierungskampagne nach dem Motto »schneller arbeiten« könne wahre Wunder bewirken. Die Stachanow-Bewegung von 1935, auf die sich die Hennecke-Kampagne berief, auch das konnte man im *Kurzen Lehrgang* nachlesen, hatte nämlich angeblich »die Arbeitsproduktivität der fortgeschrittensten kapitalistischen Länder in einer ganzen Reihe von Fällen« weit übertroffen. Und noch mehr. Sie bereite, führte Stalin auf der ersten Unionsberatung der Stachanow-Leute 1935 aus, die Bedingungen für den Übergang vom Sozialismus zum Kommunismus vor. Die »neuen, besonderen Menschen« der Stachanow-Bewegung, wollte er nämlich entdeckt haben, stellten die eigentliche Produktivkraft des Kommunismus dar, weil sie aus Enthusiasmus mit den alten technischen Normen brachen. Er hielt sie allen Ernstes dafür berufen, »in unserer Industrie eine Revolution zu vollbringen«.

Niemand wird behaupten, dass Mobilisierungs- und Motivierungskampagnen, gekoppelt mit Disziplinierungs- und Strafmaßnahmen, gar nichts bewirken. Tatsächlich ist nachweisbar, dass die Aktivisten- und Wettbewerbsbewegung der frühen DDR nicht unerhebliche Leistungen hervorgebracht hat. Adolf Hennecke verkörperte für sich selbst und andere sogar ein beispielgebendes Vorbild. »Spart eure Muskelkraft«, rief er den Kumpels auf Betriebsversammlungen zu, »strengt dafür das Köpfchen an.« Er hatte eine eigene Technik entwickelt, die empfindlichste Stele im Stoß aufzuspüren, das Gewicht des Hammers für den Vortrieb zu nutzen und die Schaufel rhythmisch zu führen. Hennecke war ein »kreativer« Arbeiter, der sich nach seinen eigenen Worten fühlte »wie ein frei schaffender Künstler in seinem Reich«. In den Grenzen des Bereichs Arbeitsmotivation konnten Stachanowisten durchaus beachtliche Ergebnisse erzielen. Man wird aber nicht behaupten können, dass Motivationskampagnen, Detailrationalisierung und der Voluntarismus einer Bewegung von Bestarbeitern schon ein neues Wirtschaftssystem darstellen.

Bis 1950 gab es 114.400 registrierte Aktivisten. Sie dienten ab dem Herbst 1948 auch als lebende Propagandafolien der Partei im Kampf gegen das sogenannte »Nurgewerkschaftertum«. Ihnen ging es sichtlich um mehr als um ihre engeren materiellen Interessen, die bisher institutionell von den Betriebsräten vertreten wurden. Sie zeigten Enthusiasmus für die Erfüllung des Plans, und ihr Beispiel beförderte die Umgestaltung des Freien Deutschen Gewerkschaftsbundes in ein diszipliniertes Instrument der Partei. Konsequent wurden die Betriebsräte als Relikt des »Sozialdemokratismus« abgeschafft und mit dem Gesetzbuch der Arbeit 1950 durch Betriebsgewerkschaftsleitungen ersetzt. Die Partei, die in der Weimarer Republik die Parole »Akkord ist Mord« ausgegeben hatte, führte als Staatspartei das Prinzip des Leistungslohns, also eine Erweiterung des Stück- und Akkordlohns zur Steigerung der Arbeitsproduktivität ein. Was die Aktivisten freiwillig und nicht selten mit hohem persönlichem Ethos gaben, sollte bei dem Rest der Arbeiterklasse durch Zwang bewirkt werden.

Die eigentliche Utopie jedoch blieb die Aktivistenbewegung, denn nur sie konnte die Illusion eines volkseigenen Aufbruchs lebendig werden lassen. Aktivisten waren gewissermaßen die Frontkämpfer des Enthusiasmus der neuen Zeit, und der Sozialismus, wie ihn Ulbricht sich vorstellte, die Utopie einer ganzen Volksgemeinschaft von Helden der Arbeit. »Was haben wir bis auf wenige Ausnahmen der Aktivistenbewegung entgegenzustellen?«, fragte Johannes R. Becher 1951 die Schriftsteller. Der Beitrag der Künstler und Schriftsteller zum Zweijahresplan, forderte Ulbricht schon 1949, habe in der Entwicklung einer realistischen Kunst zu bestehen, und das bedeutete für ihn: »Arbeitsfreude und Optimismus bei den Arbeitern in den Betrieben und bei der werktätigen Landbevölkerung zu entwickeln.« Kaum mehr als »eine primitive Form der Psychotechnik« sei das, meinte der Schriftsteller Alfred Kantorowicz, kaum mehr als eine von unbefugter Stelle eingeforderte »Beihilfe zur Erhöhung der Arbeitsproduktivität«. Man bräuchte weder Bilder von Mondlandschaften noch von faulen Fischen, dekretierte Ulbricht 1951. Mittelpunkt des künstlerischen Schaffens dagegen müsse der »neue Mensch« sein, »der Aktivist, der Held des sozialistischen Aufbaus«.

Die Invektiven zielten auf Ernst Barlach, dem man vorwarf, verkommene Vagabunden als Heilige zu mystifizieren, und selbst auf Käthe Kollwitz. Die ganze westliche Moderne und ihr Einfluss auf die linken Künstler und Intellektuellen wurde ins Visier genommen. Wladimir Semjonow, der bei Grundsatzangelegenheiten gern selbst zur Feder griff, meinte unter dem Pseudonym N. Orlow in der *Täglichen Rundschau*, der Westen habe »im letzten halben Jahrhundert auf dem Gebiet der Kunst fast nichts von Bedeutung hervorgebracht«. Eine Analogie zum kulturellen Verfall im alten Rom dränge sich in diesem Zusammenhang geradezu auf. Warum, fragte Ulbricht bereits im Herbst 1948, könne ein Schriftsteller nicht das Thema wählen, »wie der Kampf um den Aufbau eines Betriebes geführt wurde«? Es wäre doch sehr interessant, meinte er, »zu zeigen, wie man den Unternehmer und einige Leute hinausexpediert« und »unter riesigen Anstrengungen den Kampf um den Neuaufbau« geführt habe.

Alles in diesem Bürgerkrieg gegen eine Alte Welt war Kampf und Produktionsschlacht. Die zweite Parteikonferenz von 1952 erklärte dann den sozialistischen Realismus zur verbindlichen Methode einer Kulturrevolution des historischen Optimismus. »Für eine neue Blüte der deutschen Literatur und Kunst!«, hieß eine der Parolen zum 1. Mai 1953.

Von der sozialistischen Stadt, der Hausgemeinschaft, dem Betrieb und der Aktivistenbewegung über die Literatur, Musik und Kunst, die Schule, Universität und Jugendbewegung sollte jetzt alles in die planvolle Zucht eines siegesgewissen Neuen Menschen einbezogen werden. Walter Ulbrichts sozialistischer Aufbau in der DDR zeigte sich, wie schon in Stalins Sowjetunion, als das fantastische und im Kern unrealisierbare Projekt einer ausschließlich ideologisch begründeten, bis ins Detail durchpolitisierten Zivilisation ohne eigene materielle und zivile Grundlagen.

Sonnenfinsternis

Wo es Helden gab, da musste es auch Feiglinge, Feinde und Verräter geben. Anfang Januar 1953 fasste das Politbüro der SED einen Beschluss von grundlegender Bedeutung. »Feindliche Agenturen«, heißt es da unter Bezugnahme auf den Prager Schauprozess gegen Rudolf Slánský vom November 1952, »können sich nur dort entwickeln, wo eine Atmosphäre der Selbstzufriedenheit, der Schönfärberei, der Sorglosigkeit in ideologischen Fragen und der Gleichgültigkeit gegenüber der Durchführung der Parteibeschlüsse besteht.« Deshalb sei eine Verstärkung der »revolutionären Klassenwachsamkeit« das dringende Gebot der Stunde. Der Beschluss stellte einen bis dahin in der DDR nicht erreichten Höhepunkt stalinistischer Paranoia dar.

»Ihr seid blind wie junge Katzen«, hatte Stalin Anfang Dezember auf seiner Datscha in Kunzewo verkündet: »Was werdet ihr ohne mich machen? Unser Land wird zugrunde gehen, weil ihr es nicht versteht, Feinde zu erkennen.«

Martin Malia stellte sich in seiner Geschichte der Sowjetunion einmal die Frage, ob das System paranoid gewesen sei oder Stalin persönlich. Am Ende war es beides. Stalin begann mit zunehmendem Alter, die Ärzte für seine Krankheiten und seinen körperlichen Verfall verantwortlich zu machen, so wie er zeit seines Lebens die Klassen- und Volksfeinde für selbst verursachte Missstände in seinem Reich verantwortlich gemacht hatte. Dramatische Ausmaße nahm sein Misstrauen an, nachdem sein Leibarzt Winogradow ihm Anfang 1952 geraten hatte, sich wegen seines hohen Blutdrucks und der Gefahr eines neuen Gehirnschlags aus dem politischen Leben zurückzuziehen. Stalin beschloss, keine Ärzte mehr zu konsultieren, trank lebensverlängerndes, Wunderwirkungen versprechendes Gletscherwasser aus dem Kaukasus und quälte sich mit Bildern einer globalen Terroraktion, deren Ziel es sein sollte, ihn zu vernichten. Ausgeheckt war der Plan seiner Ansicht nach von imperialistischen Geheimdiensten, die nationalistisch eingestellte Juden in verantwortliche Positionen der Sowjetunion eingeschleust hatten. Insbesondere sollte es sich dabei um jüdische Ärzte handeln, die bereits mit der Vernichtung einiger seiner Mitarbeiter wie dem an Herzinfarkt verstorbenen Andrej Shdanow begonnen hatten und sich nun an ihn selbst heranschlichen.

Doch das alles war nur Teil einer größeren zionistischen Verschwörung, über die man am 20. November 1952 in Prag einen großen Schauprozess eröffnete. Am 17. November wurden nach sorgfältig im Politbüro vorbereitetem Prozessdrehbuch elf führende tschechoslowakische Kommunisten, unter ihnen der ehemalige Generalsekretär der KPC, Rudolf Slánský, als *staatsfeindliches Verschwörerzentrum unter der Führung R. Slánskýs* zum Tode verurteilt. Sie waren fast ausnahmslos Juden. Die Tschechoslowakei galt damals, trotz der Machtergreifung von 1948, als schwächstes Kettenglied der sozialistischen Gemeinschaft. In ihr gab es, wegen der alten demokratischen Tradition des Landes, zu viele »unzuverlässige« Genossen, und als der gefährlichste Feind galt ohnehin der mit Parteibuch.

Dass es dem Imperialismus gelungen war, seine Agenten bis in die höchsten Spitzen der Partei einzuschleusen, konnte als untrüglicher Beweis seiner besonderen Perfidie gelten. Es mussten auch zwingend in erster Linie Juden sein, denen diese Rolle zufiel, schon ihres wurzellosen »Kosmopolitismus« wegen, der nach Stalins Ansicht eine wahre Loyalität zum sozialistischen Vaterland gar nicht zuließ. Hatte nicht selbst Polina, die Frau seines treuen Außenministers Molotow, bei einem Besuch Golda Meirs in Moskau 1948 der Israelin gegenüber in der ihm unverständlichen Geheimsprache Jiddisch geäußert, auch sie sei »a jiddische Tochter«? Stalin gab das Signal für die antisemitische Kampagne in der Tschechoslowakei. Anfang Dezember 1952 erklärte er seinen engsten Genossen in Kunzewo kategorisch, »alle Juden« seien jüdische Nationalisten und »Agenten des US-Geheimdienstes«, die fest daran glaubten, dass »Amerika seine Leute rettet«. Das konnte nicht ohne Auswirkungen auf die DDR bleiben.

Der Beschluss über die *Lehren aus dem Prozess gegen das Verschwörerzentrum Slánský* wurde am 4. Januar 1953 im *Neuen Deutschland* veröffentlicht.

»Von besonderer Bedeutung im Prozess gegen die Slánský-Bande«, heißt es da, »waren die Enthüllungen über die verbrecherische Tätigkeit der zionistischen Organisationen.« Und weiter: »Die Entlarvung der Zionisten als einer Agentur des amerikanischen Imperialismus entlarvt zugleich die feindliche Rolle des Agenten Paul Merker.«

Die »Enthüllungen« trafen das Publikum nicht unvorbereitet. Bereits zwei Tage nach Prozessbeginn in Prag begannen der Rundfunk der DDR und das *Neue Deutschland* mit einer umfangreichen Berichterstattung. Merker, seit 1927 Mitglied erst des ZK, dann des Politbüros der KPD, war 1950 aus dem Politbüro und aus der SED ausgeschlossen worden, weil er angeblich während der Emigration in Mexiko enge Verbindungen zu amerikanischen Agenten unterhalten hatte. Er erfuhr nun in Luckenwalde, wohin man ihn als Leiter der HO-Gaststätte »Turmklause« verbannt hatte, dass man ihn im Prager Prozess als Beteiligten der dort inszenierten und fabrizierten zionistischen Konspiration namhaft gemacht hatte. Am 25. November berichtete das *Neue Deutschland* über Verbindungen des »deutschen Trotzkisten« Paul Merker zu dem Hauptangeklagten Rudolf Slánský und forderte fünf Tage später, die »Lehre« aus den Ereignissen in Prag müsse sein, jetzt endlich auch in der DDR einen Schauprozess durchzuführen.

Ende November forderte das Politbüro die Staatssicherheit auf, »unverzüglich« eine Untersuchung einzuleiten. Einen Tag später tagte die Zentrale Parteikontrollkommission. »Es gibt Positionen, die Nachrichten-Positionen sind, und solche, die machtpolitischer Natur sind. Beispiel: der Prozess in Prag«, belehrte dort der Vorsitzende Hermann Matern die Anwesenden. In Prag sei es nicht um Spionage gegangen, sondern darum, die Partei zu erobern und die Staatsmacht mit Agenten zu durchsetzen. »Auch bei uns«, sagte er warnend im konspirativen Tonfall eines in die perfide Natur seines Gegners auf wundersame Weise Eingeweihten, »wird das wahrscheinlich der Fall sein.«

So etwas war weit mehr als Gesinnungsterror. Es hatte etwas von einer mittelalterlichen Jagd auf Hexen an sich, von der Hegel einmal sagte, man habe dabei keine Personen, sondern abstrakt die Macht des Bösen in ihnen verfolgt. Auf die Person und ihr mögliches Vergehen kam es dabei gar nicht an. Sie stand als Personifikation eines Prinzips vor dem Richter, und da die Existenz des Prinzips – das Böse, die imperialistisch-zionistische Verschwörung – unstreitig war, zeigte sich auch die Schuld des Exempels als a priori unstreitig. An ihm sollte ein magischer Exorzismus praktiziert werden. Das ging so weit, dass man in Prag die Asche der Hingerichteten dem Streusplitt des Winterdiensts beimischte und sie so spurlos verschwinden ließ.

Jeder, insbesondere jedes Parteimitglied, sollte sich auch in der DDR auf den Prüfstand gestellt sehen. Seit Jahren gab es Säuberungskampagnen in der SED, erst gegen Vertreter des sogenannten Sozialdemokratismus, dann gegen vorgebliche Trotzkisten und andere Abweichler – ein rabiater Gleichschaltungsprozess, bei dem jedes fünfte Parteimitglied schon Ende 1951 sein Parteibuch verloren hatte. Jetzt erreichten sie die Spitze selbst, und alles lief auf einen großen Schauprozess Stalin'schen Musters in der DDR hinaus.

Am 3. Dezember 1952, dem Tag der Hinrichtung von Rudolf Slánský und zehn seiner Mitangeklagten, wurde Paul Merker spätnachmittags auf dem Luckenwalder Bahnhof verhaftet und abends um 23 Uhr in die Berliner Haftanstalt Hohenschönhausen eingeliefert. Er hatte es vorausgeahnt. »Kurz vor seiner Verhaftung«, erinnert sich Hans Mayer, »war ich Paul Merker in Berlin begegnet. Wir sprachen ein paar Worte miteinander. Er wirkte, ich habe auch damals keinen anderen Ausdruck gefunden, wie ein *Toter auf Urlaub.*« Merker sollte zu einem Slánský der DDR aufgebaut werden. Nur Stalins Tod verhinderte das.

In der Untersuchungshaft galt Merker seinen Vernehmungsbeamten von der Staatssicherheit bald als »Judenknecht« und als »König der Juden«. Er habe, heißt es in der Entschließung über die Lehren aus dem Slánský-Prozess, durch seine Forderung nach bedingungsloser Entschädigung für jüdische Opfer des Naziregimes eine »Preisgabe«, eine »Verschiebung« von »deutschem Volkseigentum« gefordert und sich so zweifelsfrei als ein »Subjekt der USA-Finanzoligarchie« erwiesen, das die Entschädigung jüdischen Vermögens nur fordere, um dem amerikanischen Finanzkapital das Eindringen in Deutschland zu ermöglichen.

Tatsächlich war Merker in dieser Frage eine Ausnahme unter den Kommunisten seiner Zeit. In der mexikanischen Emigration hatte er in seinem Aufsatz *Hitlers Antisemitismus und wir* 1942 die Wiedergutmachungsfrage zum ersten Mal mit Entschiedenheit aufgeworfen und zugleich gefordert, zu den ersten Dekreten einer deutschen Nachkriegsregierung müsse es gehören, den Antisemitismus und jeden Rassenhass zum Staatsverbrechen zu erklären. Im Emigrationsverlag *El Libro Libre* war vor der Rückkehr nach Deutschland sein umfangreiches Werk *Deutschland – Sein oder Nichtsein?* erschienen, dessen zweiter Band sich auf den ersten hundert Seiten ausführlich mit der nationalsozialistischen Rassentheorie beschäftigt und damit weit über die ansonsten unter Kommunisten geläufigen Platitüden von Georgi Dimitroffs Faschismustheorie von 1935 hinausgeht. »Sollen Rassismus und Antisemitismus ausgerottet werden, so bedarf es deren Brandmarkung zum todwürdigen Verbrechen«, heißt es da noch einmal: »Alles geraubte Eigentum, besonders dasjenige der deutsch-jüdischen Bevölkerung ist ohne juristische Formalitäten an den rechtmäßigen Besitzer zurückzuerstatten ohne Rücksicht darauf, ob es unterdessen veräußert wurde und ob es sich in zweiter, dritter oder vierter Hand befindet.« Ende 1952 war das für die SED zu einer offenen Verteidigung der »Interessen zionistischer Monopolkapitalisten« geworden.

Sie folgte damit ganz offensichtlich einer Direktive aus Moskau, die sich durch die Eröffnung des Prager Slánský-Prozesses und den bevorstehenden Schauprozess gegen die jüdischen »Schädlingsärzte« im Kreml zu einem Imperativ entwickelt hatte. Noch Ende August war in Erfurt eine neu erbaute Synagoge eingeweiht worden, und noch am 9. November 1952 fanden in Erfurt und Görlitz Gedenkfeiern zum Jahrestag der Reichspogromnacht statt, auf denen die jüdischen Opfer ausdrücklich geehrt und nicht, wie später üblich, in einen allgemeinen Widerstandskontext eingeordnet wurden. Doch dann war über Nacht alles anders.

Mit dem Beschluss über die Lehren aus dem Slánský-Prozess wurden plötzlich unter der Parole »Der Feind steht in der Festung« Kaderakten jüdischer Parteimitglieder überprüft, die Büros der jüdischen Gemeinden durchsucht und jüdische Mitglieder der Vereinigung der Verfolgten des Naziregimes verhört. Julius Meyer musste sich Anfang Januar 1953 stundenlangen Verhören der Zentralen Parteikontrollkommission stellen. Meyer war seit 1930 Mitglied der KPD, hatte Auschwitz und Ravensbrück überlebt, war Mitglied der SED, leitete seit 1949 gemeinsam mit Heinz Galinski die Jüdische Gemeinde in Berlin und war Vorsitzender der Gemeinden in der DDR. Er geriet nun wegen seiner proisraelischen Haltung und seines Engagements für ein Wiedergutmachungsgesetz ins Visier. Außerdem sollte er eine Liste von Gemeindemitgliedern erstellen, die Care-Pakete in Empfang nahmen und denen die Slánský-Resolution unterstellte, sie würden damit einer »imperialistischen Agentur« verpflichtet.

Er weigerte sich und bereitete, wissend um die Gefahr seiner Verhaftung, für sich und andere ins Visier Geratene die Flucht in den Westen vor. Am 10. Januar 1953 gab er das Signal aus: »Großmutter im Sterben«. Fünfhundert Mitglieder jüdischer Gemeinden verließen daraufhin innerhalb weniger Tage die DDR. »Es gibt keinen Antisemitismus im deutschen Volk«, erklärte Julius Meyer auf einer internationalen Pressekonferenz am 23. Januar in Westberlin: »Es gibt nur einen Antisemitismus in der SED, der aus hochpolitischen Gründen von Moskau gesteuert wird.« Leo Zuckermann, der ehemalige Leiter des Präsidialamts von Wilhelm Pieck, hatte sich, im Kontext des Slánský-Prozesses als »zionistischer Agent« diffamiert, bereits Ende Dezember abgesetzt und kehrte auf Umwegen über Westberlin und Paris in sein altes Exilland Mexiko zurück.

Im Februar 1953 wurde auf Beschluss der SED die Vereinigung der Verfolgten des Naziregimes aufgelöst und in ein vom Zentralkomitee eingesetztes Komitee der Antifaschistischen Widerstandskämpfer überführt. Den rassischen Opfern der nationalsozialistischen Vernichtungspolitik sollte gegenüber den »Kämpfern« ein Platz in der zweiten Reihe zugewiesen werden, zumal die »jüdische deutsche Bevölkerung«, so eine der unglaublichen Formulierungen der Slánský-Resolution, die gleiche Schuld am Sieg des Faschismus treffe wie den Rest des deutschen Volkes.

Was von den jüdischen Gemeinden übrig blieb, war in Zukunft ganz auf die Ausübung des religiösen Kultus reduziert, und der Antifaschismus geriet nun vollends zum privilegierten Eigentum eines gleichgeschalteten Partei- und Staatsapparats. Das Feindbild »Zionismus« verschwand aber auch nach dem Tod Stalins nicht aus dem Lager der bevorzugten ideologischen Stereotypen. Durch seine Verbindung mit dem Vorwurf des »Kosmopolitismus« wies es zudem nach Hannah Arendt von Anfang an eine bedenkliche Nähe zu dem nazistischen Stereotyp der jüdischen Weltverschwörung auf. Mit dem Slánský-Prozess war der Zionismus im Arsenal der kommunistischen Dämonologie zum bleibenden Inbegriff des Weltbösen schlechthin geworden.

Seit dem 7. Februar 1950 gab es in der DDR ein Ministerium für Staatssicherheit. Geleitet wurde es von Wilhelm Zaisser, der nicht unbedingt Ulbrichts erste Wahl war. Ulbricht hätte lieber seinen Vertrauten Erich Mielke auf dem Posten gesehen, doch die Sowjets trauten ihm nicht ganz über den Weg. Das war weniger deshalb der Fall, weil Mielke wegen der Beteiligung an der Ermordung zweier Polizisten 1931 vor dem Berliner Karl-Liebknecht-Haus zu einem Sicherheitsrisiko hätte werden können, sondern wegen einiger Unklarkeiten in seiner Exilbiografie. Zaisser dagegen hatte den lupenreinen Lebenslauf eines Berufsrevolutionärs aufzuweisen.

Im Unruhejahr 1920 General der Roten Ruhrarmee, hatte der studierte Lehrer aus Essen später im Auftrag der IV. Abteilung des Generalstabs der Roten Armee an elf Aufständen teilgenommen, darunter am Drusenaufstand in Syrien, als militärischer Berater von Abd el-Krim im algerischen Rif und am kommunistischen Aufstand in Kanton. Im spanischen Bürgerkrieg war er als General Gòmez zur Legende geworden und hatte später deutsche Kriegsgefangene in sowjetischen Antifa-Schulen ausgebildet.

In den Augen der Sowjets, mit denen er über einen direkten Kanal zu Geheimdienstchef Lawrenti Beria privilegierte Kontakte unterhielt, sollte er auch als Korrektiv gegenüber dem manchmal unberechenbaren Walter Ulbricht dienen. Zaisser also wurde Minister und Erich Mielke sein Stellvertreter. Allerdings hatte Mielke in dieser Funktion von Anfang an das eigentliche operative Geschäft in der Hand.

Erich Mielkes erstes großes Verhör in neuer Funktion fand am 23. März 1950 im Stasigefängnis Berlin-Hohenschönhausen statt. Kurt Müller aus Hannover war als Bundestagsabgeordneter und stellvertretender Vorsitzender der KPD nach Berlin gelockt und dort verhaftet worden. Am 22. März wurde ihm der »auf Anordnung des Herrn Staatssekretär Mielke« ausgestellte Haftbebefehl vorgelegt. Mielke, berichtete Müller später, habe ihn gleich während der ersten Vernehmungen zu verstehen gegeben, dass er in Moskauer Auftrag und mit Billigung der SED-Führung handle. Müller sei nicht der Erste, den er fertigmachen würde. Er habe schon mehrere »liquidiert« und sei sogar dabei gewesen, wie die alten Kommunisten Knorin, Béla Kun und Pianitzki zu Zeiten der großen Stalin'schen Säuberungen »erledigt wurden«. Mielke zählte für Müller ohne Zweifel, wie er Otto Grotewohl nach seiner vorzeitigen Entlassung 1956 brieflich mitteilte, zu dem neuen Menschentypus des Sadisten aus politischer Überzeugung.

Kurt Müller wurde in Hohenschönhausen fünf Monate lang in einer Wasserzelle gehalten, zu anderen Zeiten gab es bis zu zehn Tage dauernde Tag- und Nachtverhöre ohne jeden Schlaf. Die Verhöre liefen ganz nach dem sowjetischen Muster ab, das der während des Stalin'schen Terrors inhaftierte ehemalige österreichische Kommunist Alexander Weissberg-Cybulski in seinem 1951 erschienenen Buch *Hexensabbat* zum ersten Mal beschrieben hat. Die Gefangenen der GPU nannten die tagelangen und pausenlosen Verhöre ohne Schlaf den *Konveyer*. »Der Druck des Konveyers wirkt lautlos, automatisch«, so Weissberg-Cybulski: »Nach einigen Tagen beginnen die Glieder anzuschwellen, die Muskeln um die Leistengegend schmerzen furchtbar. Der Untersuchungsrichter muss sich nicht anstrengen. Er kann warten.« Das praktizierte Mielke jetzt auch mit Müller.

»Wir wissen, dass Sie Mitglied einer trotzkistischen Organisation waren«, so Mielkes erster Satz am ersten Vernehmungstag. Müller: »Das stimmt nicht.« Mielke: »Ich fordere Sie auf, die volle Wahrheit zu sagen!«

Im Prinzip lief die Vernehmung darauf hinaus, Müller für das schlechte Abschneiden der KPD bei den Bundestagswahlen 1949 – bei der sich SED und KPdSU einen spektakulären Wahlerfolg versprochen hatten – verantwortlich zu machen. Politische Traumtänzer, die sie waren, konnten sie sich den Misserfolg angesichts der nach wie vor auch in Westdeutschland vorherrschenden Not- und Mangelsituation kaum anders als durch Sabotage und Diversion erklären. Hatte Müller möglicherweise in Abwesenheit des KPD-Vorsitzenden Max Reimann eine »Zersetzungsarbeit« in die Wege geleitet? Es musste also in seiner Vergangenheit etwas gefunden werden, das ihn auf Dauer geprägt und zum Verräter prädestiniert hatte.

Man sei verpflichtet, so Mielke auf einer ZK-Tagung Ende August 1950, radikal die »Wurzeln« aufzuzeigen, die es ermöglicht hätten, dass manche Genossen zu Agenten des amerikanischen Imperialismus werden konnten. Ulbricht stimmte ihm zu. »Alle diese Fragen«, entgegnete er dem eher auf Ausgleich gesonnenen Wilhelm Pieck mit scharfer Zunge, wirkten sich nämlich gewissermaßen wie ein tiefenpsychologischer Zwangsmechanismus »unmittelbar auf die Gegenwart aus«.

Es war der gleiche Ritus wie bei dem Psychoterror der parteiintern seit der Umwandlung in eine stalinistische Kaderpartei turnusmäßig wiederkehrenden »Kritik-und-Selbstkritik«-Sitzungen. Die Verfehlungen von einst, selbst wenn sie nur auf Unachtsamkeiten beruhten, konnten Fehler von heute begründen. Sie konnten sie auch bewusst hervorbringen. Alte Fehler waren ein untrügliches Indiz für zu erwartende neue Verfehlungen. Fehler von heute bewiesen Fehler von gestern. Vor allem aber waren Misserfolge im heilen Garten des historischen Optimismus nur auf dieser wahnhaften Grundlage erklärbar.

Die Kunst der Ermittlung bestand bei solchen Verhören der Staatssicherheit ausschließlich darin, der Person mit allen Mitteln das Geständnis abzuringen, Vollstrecker eines inkriminierten »konterrevolutionären« Prinzips gewesen zu sein, möglicherweise, ohne es gewusst zu haben. Ohne Folter war das kaum zu erreichen. Aber auch nicht ohne das primitive Insistieren auf der »psychoanalytischen« Frage nach den angeblichen »Wurzeln« des unterstellten Defekts. Daher begannen die Stasiverhöre nicht mit der Aufklärung eines Tatbestands, sondern mit der nebulösen Frage nach einer gefährlichen Vergangenheit. Um Tatbestände ging es ohnehin nicht. So wenig wie in dem sowjetischen Vorbild, das damit Einzug hielt.

»Das ist es, was wir suchen!«, rief Hilde Benjamin, ab 1954 neue Justizministerin, anlässlich des Todes von Andrej Wyschinski, dem fanatischen Chefankläger der großen Moskauer Schauprozesse, aus. Die Begegnung mit seinem Werk sei eine »aufrüttelnde Bewegung« gewesen, »die zugleich eine Begegnung mit seiner Persönlichkeit war, die wie ein Blitz einschlug und jene Flamme der Begeisterung entzündete«. 1951 war, gewissermaßen als Vorbereitung auf die geplanten Schauprozesse, im SED-eigenen Dietz-Verlag ein Auswahlband seiner Gerichtsreden erschienen.

Die terroristischen Purgatorien der Dreißigerjahre, muss man dazu sagen, übten auch auf manche westliche Intellektuelle damals eine nicht unerhebliche Faszination aus. Das bürgerliche Recht, meinte beispielsweise Maurice Merleau-Ponty in *Humanisme et terreur* von 1947, einer Abrechnung mit Arthur Koestlers Stalinismuskritik, nehme die Vergangenheit als letzte Instanz, das revolutionäre Recht dagegen die Zukunft. Es sei lediglich die Frage zu stellen, ob es eine Gewalt gebe, »die sich selbst überwindet in Richtung auf die menschliche Zukunft«. Der Geburtsfehler des sowjetischen Terrors sei es jedoch gewesen, der revolutionären Gerechtigkeit die

Maske des Strafrechts aufzusetzen und die Gewalt damit auf Dauer zu institutionalisieren.

Merleau-Ponty war ein zu selbstständiger Denker, um als Stalinist zu gelten. Für das sogenannte dynamische Recht der Revolution, das nun auch in der DDR Einzug hielt, hatte er in französisch-jakobinischer Tradition allerdings vollstes Verständnis. Demokratie, behauptete der lange Zeit führende Staatsrechtler der DDR Karl Polak bereits 1946, sei im Unterschied zur Auffassung bürgerlicher Positivisten und Neukantianer kein statisches Phänomen. Man müsse sie vielmehr »dynamisch« verstehen, nicht als ein »System von Normen«, sondern als eine »gesellschaftliche Erscheinung« zur Gestaltung der Zukunft. Unterm Strich bedeutete das die Unterordnung allen Rechts und aller politischer Partizipation unter ein historisches Telos, das, kaum verwunderlich, seinen einzig gültigen Ausdruck nur in den jeweiligen letzten Beschlüssen der führenden Avantgardepartei finden konnte.

Im Juli 1952 wurde dieses längst praktizierte Prinzip zur offiziellen Parteidoktrin. Der Versuch, neuen Wein in alte Schläuche zu füllen, referierte Otto Grotewohl auf der zweiten Parteikonferenz, sei für eine gewisse Übergangszeit berechtigt gewesen. Doch nun, da an die Stelle der privaten Wirtschaft das Volkseigentum mit Wirtschaftsplänen getreten sei, müsse man ein »Zurückbleiben des Staatsapparats« hinter der wirtschaftlichen Entwicklung um jeden Preis vermeiden. Konsequent beschloss die Konferenz: »Das Hauptinstrument bei der Schaffung der Grundlagen des Sozialismus ist die Staatsmacht.« Konkret hieß das: die Justiz und die Polizei.

Bereits seit 1947 gab es mit der Abteilung K5 eine politische Polizei in der sowjetischen Zone. Sie operierte auf der Grundlage des Befehls Nr. 201 der SMAD, obwohl das Gesetz Nr. 31 des Alliierten Kontrollrats eigentlich die Einrichtung politischer Polizeiagenturen in ganz Deutschland verboten hatte, um jeden Ansatz einer neuen Gestapo von vornherein auszuschließen.

Die K5 durfte nach den Anweisungen des damaligen Vizepräsidenten der Deutschen Verwaltung des Inneren Erich Mielke vom Januar 1948 Verhaftungen ohne richterlichen Haftbefehl vornehmen und stand so noch vor Gründung des Staates DDR am Anfang einer »dynamischen« Umgestaltung der deutschen Justiz. Außerdem hatte sie das Recht, Eigentum und Vermögen ohne richterlichen

Entscheid sicherzustellen. Der SMAD-Befehl Nr. 201 führte vor allem aber auch die Regelung des sowjetischen Strafprozessrechts ein, dass Staatsanwälte über die Einleitung eines Verfahrens lediglich unterrichtet werden müssen und keine allgemeine Weisungsbefugnis über die Polizei besitzen. Anklageschriften konnten vom K5 in eigener Machtvollkommenheit ausgestellt und ausgehändigt werden. Das war der Beginn des ostdeutschen Polizeistaats.

Mit der Gründung der DDR wurde Mielkes politische Polizei als »Hauptverwaltung zum Schutz der Volkswirtschaft« in das Ministerium des Innern integriert und erlangte Anfang 1950 als Ministerium für Staatssicherheit ihre Selbstständigkeit. Unter allen Ministerien der DDR hatte die Stasi jedoch von Anfang an einen Sonderstatus. Als Behörde eigener Verantwortung war sie nicht der Regierung, sondern allein dem Politbüro und damit faktisch Ulbrichts Sekretariat unterstellt. Sie stellte nach den Worten von Jens Giesecke einen elitären Apparat der unmittelbaren politischen Repression im Dienste der Revolution von oben dar – eine »revolutionäre Exekutive«. Dass im Übrigen die Polizei und nicht die Armee als zuverlässigste Stütze des Partei- und Staatsapparats betrachtet wurde, beweist Hannah Arendt zufolge wie kein zweiter Sachverhalt, wie tief die Fiktion einer umfassenden Verschwörung in der Parteiräson verankert war und sie sogar im eigentlichen Sinne ausmachte. Der Polizei fiel, so Arendt, die Aufgabe zu, das innenpolitische Experiment der Transformation der Tatsächlichkeit in eine Fiktion zu überwachen, zu sichern und durchzuführen. Ende 1952 hatte die Stasi den einstigen Personalbestand der Gestapo im gesamten Reichsgebiet bereits weit übertroffen.

Keine andere Institution kam in der DDR der Idealvorstellung einer kommunistischen Kampforganisation so nahe wie die Staatssicherheit. Gewissermaßen lebte in ihr, wie Giesecke vermerkt, das Konzept des Berufsrevolutionärs unter staatsozialistischen Bedingungen fort. Stasibeamte verstanden sich als Kämpfer in einem kalten Bürgerkrieg und konnten insofern die Regeln zivilen Zusammenlebens für sich als ungültig betrachten. Sie standen außerhalb aller Normen. Sie waren aber auch die Erben einer sowjetischen Tradition von terroristischer Sozialtechnik.

Von dem menschewistischen Parteiführer Raphael Abramowitsch stammt die Überlieferung eines Gesprächs mit dem späteren Gründer der sowjetischen Geheimpolizei Tscheka, Feliks Dserschinski, in dem dieser im August 1917 zum ersten Mal die Idee entwickelte, den Terror als »Ferment« der gesellschaftlichen Entwicklung einzusetzen. Ob man den Prozess des sozialen Wandels nicht beschleunigen, »radikal verändern« könne, fragte sich Dserschinski damals, gewissermaßen seine künftige Rolle als sowjetischer Chefingenieur der Sozialtechnik antizipierend, »durch Unterwerfung oder Ausrottung bestimmter Gesellschaftsschichten beispielsweise«? Und, müsste man hinzufügen, aller künftigen Feinde, Diversanten und Saboteure. Die polizeiliche Utopie des Bolschewismus konnte kaum präziser benannt werden.

Im Prinzip war dies der Anfang einer unendlichen Geschichte.

Dann starb Stalin. Seinen Tod am 5. März 1953 erlebten viele wie einen Schock. »Es war, als ob die Welt stehen bleiben müsste«, berichtet Erich Loest über eine Feierstunde zu Ehren des großen Führers in der Leipziger Arbeiter- und Bauernfakultät: »Der Direktor sprach, danach ein Student, ihnen versagte die Stimme. Den Jungen standen Tränen in den Augen, die Mädchen weinten.« Paul Merker erfuhr davon erst zwei Jahre später, durch Zufall während einer Rasur beim Friseur in der Haftanstalt.

Draußen aber begann langsam die Nach-Stalin-Zeit. Die erste Irritation kam aus den Zeitungen, die daran gewöhnt waren, wichtige Ereignisse und Entscheidungen aus Moskau kommentarlos wiederzugeben. Am 5. April konnte man dort eine Mitteilung der *Prawda* lesen, die angebliche Verschwörung der Mörderärzte im Kreml sei gar keine Verschwörung gewesen und ihre Geständnisse seien durch Methoden erzwungen worden, die nach sowjetischem Gesetz unzulässig waren. Das warf plötzlich Fragen auf, die weit über diesen besonderen Fall hinausgingen.

Eine neue Ära hatte über Nacht eingesetzt und traf die DDR ohne jede Vorbereitung.

Ernüchterung

Der Aufstand

Zu welchem Ergebnis Ulbrichts stalinistischer Kurs geführt hatte, das machte Rudolf Herrnstadt auf einer Sitzung des Politbüros der SED am 6. Juni 1953 mit aller Deutlichkeit klar. Man habe fast eine halbe Million Republikflüchtlinge produziert und damit ebenso viele glaubwürdige Propagandisten gegen den in der DDR eingeschlagenen Weg. »Von welchem Ausgangspunkt sind wir also ausgegangen?«, fragte er: »Man muss heute sagen: von einem irrealen, metaphysischen, der etwa so aussah: Wir bauen den Sozialismus auf, die Deutschlandfrage regelt sich inzwischen auf irgendeine Weise allein, oder, wenn sie das nicht tut, wird sie letzten Endes von den Bajonetten der Sowjetarmee geregelt.« Diese Feststellung beinhaltete aber auch das vernichtende Eingeständnis, dass die Partei nicht imstande gewesen sei, »in der historisch zur Verfügung stehenden, nun im Wesentlichen abgelaufenen Frist, das Kräfteverhältnis in Deutschland zu ihren Gunsten zu ändern«. Ulbrichts Politik war, mit anderen Worten, in allem, was sie sich seit 1945 vorgenommen hatte, auf der ganzen Linie gescheitert.

Herrnstadt hatte viele Attribute eines künftigen Tauwetterpolitikers an sich. Er war, im Unterschied zu Ulbricht, ein Intellektueller. Sein Vater, ein sozialdemokratischer Rechtsanwalt mit jüdischen Wurzeln, hatte 1905 den wegen seiner Beteiligung am russischen Aufstand des Jahres verfolgten Dimitri Manuilski unterstützt. Herrnstadt war damals noch ein Kind, doch Manuilski sollte später im internationalen Apparat der KPdSU und der Komintern zu großem Einfluss kommen. Er war gewissermaßen der Erfinder des Nationalkomitees Freies Deutschland, und er war es, der im Juni 1943 Herrnstadt damit beauftragte, das Gründungsmanifest des Komitees zu verfassen, das Ulbricht nach Stalins Absegnung nur noch kommentarlos zur Kenntnisnahme vorgelegt wurde. Rudolf Herrnstadt, seit 1928 als Journalist beim *Berliner Tageblatt* beschäftigt, war 1929 der KPD beigetreten, doch er wurde nie ein Mann des Parteiapparats. In den Dreißigerjahren baute er im Auftrag des sowjetischen Nachrichtendienstes ein internationales Agentennetz auf, dem zeitweilig auch der spätere Münchner Verleger Helmut Kindler angehörte. Nach dem Krieg gründete er in Ostberlin die *Berliner Zeitung* und war seit Mai 1949 Chefredakteur des *Neuen Deutschland*. Seit 1950 gehörte er, unterstützt von einflussreichen politischen Kräften in der Sowjetunion, auch dem Politbüro an. Herrnstadt galt politisch als stets zuverlässig.

Der Prozess gegen Rudolf Slánský, bei dem auch einer seiner ältesten und engsten Freunde, Ludwig Frejka, zum Tode verurteilt wurde, führte bei ihm jedoch zu tief gehenden Irritationen. Die Prager Anklageschrift, meinte er später, sei kaum mehr als ein 600 Seiten langes antisemitisches Pasquill, also eine verleumdende Schmähschrift, gewesen. In dieser Zeit fing er an, wie seine Tochter Irina Liebmann berichtet, abends heimlich den RIAS einzuschalten, und im April 1953 wagte er sich gemeinsam mit der Chefreporterin des *Neuen Deutschland*, Margot Pfannstiel, zum ersten Mal seit zwanzig Jahren inkognito wieder in ein Restaurant auf dem Kurfürstendamm. Er wollte wissen, ob es den Menschen im Westen, wie die umtriebige Pfannstiel behauptete, tatsächlich mittlerweile besser ging als im Osten. Was er am 6. Juni vor dem Politbüro verkündete, war auch ein Ergebnis seiner neuen Nachdenklichkeit. In erster Linie handelte es sich jedoch um eine neue sowjetische Politik, die Herrnstadts volle Unterstützung fand.

Tatsächlich hatte es in Moskau seit Stalins Tod bemerkenswerte Entwicklungen gegeben. Die *Prawda*-Nachricht über das sogenannte Ärztekomplott war nur die spektakulärste. Das unter der Leitung Lawrenti Berias stehende Innenministerium hatte die absurden Anschuldigungen sogar noch weit entschiedener zurückgewiesen als die Erklärung des Zentralkomitees. Es war, so Pawel Sudoplatow, der Chef des Ersten Büros der Staatssicherheit, eigentlich schon am Tag nach Stalins Beerdigung so etwas wie ein »neues

Zeitalter« angebrochen. Am 10. März lauteten die Befehle des Tages in der Lubjanka, die Folterungen und Schläge von Häftlingen sofort einzustellen sowie das gefälschte Beweismaterial der angeblichen zionistischen Verschwörung eindringlich zu überprüfen.

Beria war gegen den Koreakrieg gewesen, und er träumte nach den Worten des Stalin-Biografen Simon Sebag Montefiore nun davon, nicht mehr nur Geheimpolizist, sondern ein international anerkannter Staatsmann zu werden, mit neuen, antibolschewistischen Ideen. Er wollte die sowjetischen Nationalitäten emanzipieren, die Wirtschaft öffnen, die Arbeitslager – in erster Linie wegen ihrer wirtschaftlichen Ineffizienz und Perspektivlosigkeit – auflösen, eine Amnestie verkünden und das Ärztekomplott ans Licht bringen. Vor allem aber wollte er den Staatsapparat aus der Bevormundung durch die Partei befreien und den Ministerien eigene Entscheidungskompetenzen einräumen. Ein »echter Kommunist«, meint Martha Peschkowa, die Enkelin Maxim Gorkis, sei Beria jedenfalls nicht gewesen.

Sie glaubte, in Amerika geboren, hätte er vermutlich als Tycoon Karriere gemacht. Der als energischer und skrupelloser Manager bekannte Lawrenti Beria war eher ein nüchtern kalkulierender Realist stalinistischen Kalibers, dem besonders in den Jahren, als er das sowjetische Atombombenprojekt leitete, die wirtschaftliche und technische Ineffektivität der sowjetischen Ideokratie zunehmend bewusst wurde. Dem Atomphysiker und späteren Dissidenten Andrej Sacharow gestand er 1948 den technischen Rückstand der sowjetischen Nukleartechnologie gegenüber der amerikanischen mit einem bedauernden und vielsagenden Achselzucken sogar offen ein. Was ihm nach Stalins Tod vorschwebte, war gewissermaßen eine von oben gelenkte Perestroika unter der Kontrolle seines Innenministeriums und der Staatssicherheit. In der Deutschlandpolitik hatte er, um seine weitreichenden Reformpläne zu grundieren, einen überraschenden Neuanlauf ins Auge gefasst.

»Vor den Feiern zum 1. Mai 1953«, berichtet Pawel Sudoplatow, »beauftragte Beria mich mit der Vorbereitung streng geheimer nachrichtendienstlicher Sondierungen, um die Durchführung der eventuellen deutschen Wiedervereinigung zu ermitteln. Er erklärte mir, man sei im Kreml der Ansicht, die Schaffung eines neutralen, vereinigten Deutschland unter einer Koalitionsregierung sei der beste Weg, unsere Position in der Welt zu stärken. Deutschland solle als ausgleichender Faktor zwischen den amerikanischen und den sowjetischen Interessen in Westeuropa wirken. Dies werde zwar einige Konzessionen unsererseits erfordern, doch lasse sich das Problem mittels einer Entschädigung für die Sowjetunion lösen. Mit anderen Worten wollte man für die Demontage der Regierung Ulbricht von ihrer zentralen zu einer peripheren Rolle Geld erpressen. Ostdeutschland – das Gebiet der Deutschen Demokratischen Republik – sollte ein autonomes Gebiet im neuen vereinigten Deutschland werden.« Angeblich, so Sudoplatow, habe man damals Ernst Wollweber, den späteren Nachfolger Wilhelm Zaissers als Chef der Staatssicherheit, nach Moskau berufen, der über wirtschaftliche Engpässe und eine wachsende Unruhe unter der ostdeutschen Bevölkerung Bericht erstattete.

Wollweber, der tatsächlich seit seiner Rückkehr nach dem Krieg Anweisungen aus Moskau folgte, die sich Ulbrichts Wissen meist entzogen, teilte zudem Berias Ansichten über den sozialistischen Aufbau in der DDR. Wollweber sah darin einen bürokratisch verordneten Ansturm gegen die Windmühlen des Unmöglichen mit dem voraussehbaren Ergebnis dramatisch zunehmender Republikflucht. »Warum«, fragte er sich auf dem Höhepunkt von Ulbrichts Revolution im November 1952, »wird eigentlich immer auf den Kapitalismus des Westens geschimpft?« Einzig durch freie Kapitalbildung, verkündete er ganz offen in vertrautem Kreis, sei es nämlich möglich, die Produktivität in Menge und Qualität zu steigern. Wäre es nicht eine Überlegung wert, die Lehren Lenins und Stalins mit einigen Erfahrungen des Westens zu verbinden?

Ernst Wollweber, in den Zwanziger- und Dreißigerjahren einer der großen Geheimagenten und professionellen Terroristen des internationalen Apparats der KPdSU, verfügte zweifellos über intimste Verbindungen zur sowjetischen Staatssicherheit, aber auch andere Quellen ließen in Moskau die Alarmglocken schrillen. Anfang März war eine Untersuchungsgruppe des ZK der SED und der Regierung der DDR zu dem Ergebnis gekommen, dass ein Beibehalten der bisherigen Politik nur noch kurzzeitig durchzustehen sei. Doch davon wollte Ulbricht nichts wissen. Er schlug alle Warnungen als parteifeindliche Angriffe in den Wind und drängte in Moskau stattdessen beharrlich auf einen großzügigen Kredit. Nach Stalins Tod kam eine endgültige Absage und im April der erste vorsichtige Hinweis an die deutschen Genossen, »dringend« ihren Kurs zu mäßigen.

Ein zunächst internes Memorandum der sowjetischen Regierung *Über die Maßnahmen zur Gesundung der politischen Lage in der Deutschen Demokratischen Republik* von Ende Mai kam dann unübersehbar zur Sache. Die fehlerhafte politische Linie in der DDR, heißt es da, sei am deutlichsten in der massenhaften Flucht nach Westdeutschland zum Ausdruck gekommen. Fälschlicherweise habe man 1952 Kurs auf einen beschleunigten Aufbau des Sozialismus genommen, ohne die dafür notwendigen sowohl innen- als auch außenpolitischen Voraussetzungen zu berücksichtigen. Das alles sollte jetzt einer grundsätzlichen Revision unterzogen werden.

Um zu verhindern, dass die »haushälterischen deutschen Bauern, die sonst stark an ihrem Landstück hängen«, so die sowjetischen Genossen, massenhaft weiter ihr Land verlassen, sollte die Kollektivierung der Landwirtschaft weitgehend zurückgenommen werden. Auch die Politik der Einschränkung und Herausdrängung des mittleren und kleinen Privatkapitals sollte ein Ende finden, ebenso wie die schädliche Praxis der groben Einmischung der Behörden in die Angelegenheiten der Kirche. Maßnahmen zur Stärkung der Gesetzlichkeit und Gewahrung der Bürgerrechte seien zu treffen. Der gesamte Fünfjahrplan sei zu revidieren. Anstatt einseitig die Schwerindustrie zu fördern, sollte in Zukunft vielmehr auf die Produktion von Massenbedarfswaren und Lebensmitteln gesetzt werden, um baldmöglichst auch das Kartensystem abschaffen zu können.

Ulbricht und Grotewohl wurden diese Weisungen am 2. Juni 1953 in Moskau vorgelegt. Sergo Beria berichtet in seinen Erinnerungen, sein Vater habe damals einen Aufstand in der DDR befürchtet und mit diesem warnenden Hinweis die dringende Einbestellung der SED-Führung durchgesetzt. Vor der Tatsache der Massenflucht, so der eindringliche Appell des sowjetischen Regierungschefs Georgi Malenkow auf diesem Treffen, könne niemand mehr die Augen verschließen. Die enormen Flüchtlingsströme zeigten aber mit aller Deutlichkeit, dass man auf diesem Weg »tatsächlich nicht nur zu keinem Sozialismus« komme, sondern im Gegenteil »mit aller Kraft auf eine innere Katastrophe« zusteuere. Das Ergebnis des Rapports war nichts weniger als eine vollständige Bankrotterklärung der bisherigen SED-Politik.

Die sowjetische Initiative hatte auch ein klares personalpolitisches Ziel. Ulbricht sollte kaltgestellt werden, meint Sergo Beria.

Als das Politbüro der SED in den Tagen nach dem 5. Juni zusammentrat, schienen seine Tage tatsächlich gezählt zu sein. Schon in Moskau hatte ihn Beria angesichts seines uneinsichtigen Verhaltens unwirsch zurechtgewiesen und angeschrien, doch jetzt entlud sich auch der ganze aufgestaute Zorn der Politbürokollegen gegen den Mann, der die DDR seit Jahren immer mehr wie sein persönliches Eigentum behandelt hatte. Jetzt war im Politbüro plötzlich mit scharfen Worten von einer »Diktatur Ulbrichts« und der Notwendigkeit einer Generalüberprüfung der gesamten Politik die Rede. »Ja, Genosse Ulbricht«, meinte Wladimir Semjonow, als sowjetischer Hochkommissar auf allen Sitzungen des Politbüros als letzte Instanz zugegen, »meiner Meinung nach ist es jetzt an Ihnen, aus dieser sehr fundierten Kritik des Politbüros ernste Folgerungen zu ziehen.« In den nächsten zwei Wochen wurde Ulbricht, sonst allgegenwärtig, in der DDR-Presse überhaupt nicht mehr erwähnt, und in der SED begannen Gerüchte zu kursieren, er sei faktisch bereits abgesetzt, und Rudolf Herrnstadt habe den Auftrag, ein neues Politbüro zusammenzustellen.

Tatsächlich hat Herrnstadt, der noch im Sommer 1952 den Aufbau des Sozialismus begeistert begrüßte, in diesen Tagen die deutlichsten Worte gefunden. Schon damals, meinte er Anfang Juni 1953, habe ihm allerdings zu denken gegeben, dass mit dem Aufbaubeschluss die Perspektive einer friedlichen und nach seinen Vorstellungen sozialistischen Wiedervereinigung Deutschlands gegenüber der Perspektive einer bewaffneten Auseinandersetzung in den Hintergrund getreten sei. Den entscheidenden Fehler des Sommers 1952 sah Herrnstadt darin, »dass wir die Losung ›Beschleunigter Aufbau des Sozialismus‹ herausgegeben haben zu einem Zeitpunkt, als die Voraussetzungen dafür nicht vorlagen«. Die SED habe ein zynisches Verhältnis zu den Massen entwickelt und jeden verantwortungsbewussten Meinungsstreit mit administrativen Maßnahmen unterdrückt. Das ging eindeutig an die Adresse Walter Ulbrichts, dem er wenig später vorwerfen würde, seine diktatorischen Methoden unterschieden sich kaum von dem mittelalterlichen Feudalprinzip der bedingungslosen Lehenstreue.

Die SED war Anfang Juni 1953 gezwungen, auf sowjetischen

Druck hin eine Kurskorrektur um 180 Grad zu vollziehen. Fast wörtlich übernahm das am 12. Juni veröffentlichte Kommuniqué des Politbüros sämtliche Moskauer Forderungen. Die Stimmung hatte sich in den Monaten vorher allerdings bereits so aufgeheizt, dass nun, da alles Bisherige infrage gestellt wurde, kaum jemand mehr dem neuen Kurs Vertrauen schenken wollte. Alles kam sehr plötzlich. Im Kino, berichtet Erich Loest, zeigte die Wochenschau noch drastische Beispiele angeblicher imperialistischer Unterwanderung durch die Junge Gemeinde, die inzwischen schon wieder rehabilitiert war – »da brach höhnisches Lachen im Zuschauerraum auf, ungeniert, aggressiv«. Die SED hatte ein zusätzliches Glaubwürdigkeitsproblem.

»Durch das Selbsteingeständnis der schweren Fehler, die unserem Volk und Staat ungeheuerlichen Schaden zugefügt haben«, so eine Resolution von Bürgern aus dem thüringischen Eckolstädt am 13. Juni, »hat die derzeitige Regierung der DDR sich selbst das Vertrauen im Volke entzogen. Demokratischer Gesetzlichkeit zufolge muss sie sofort zurücktreten und als letzte Amtshandlung Neuwahlen zur Volkskammer bis herunter zu den Gemeindevertretungen binnen gesetzlich kürzestmöglicher Frist ausschreiben.« Arbeiter aus einem Magdeburger Großbetrieb forderten bereits einen Tag davor, »dass aufgrund der Beschlüsse des Politbüros Wilhelm Pieck, Walter Ulbricht, ja unsere ganze Regierung verhaftet werden müssten«. Jetzt, so Belegschaftsmitglieder aus dem Buna-Werk, »haben wir in der DDR den Staatsbankrott«. Parteimitglieder fühlten sich von ihrer Führung verraten, andere feierten den Rückzug der SED als »Tag der Befreiung«. Aus Dresden wurde gemeldet, dass in manchen Kneipen der Schnaps ausgegangen war, weil Handwerker nach dem Bekanntwerden der neuen Beschlüsse regelrechte Trinkgelage veranstaltet hatten.

Was in solchen Ereignissen auch anderswo zum Ausdruck kam, entwickelte sich in den Tagen vom 16. bis 18. Juni zu einem Flächenbrand. Ausgelöst wurde er vor allem durch die Art und Weise, wie die SED die Frage der Normenerhöhung behandelte. Seit der Auflösung der Betriebsräte und der Umwandlung des Freien Deutschen Gewerkschaftsbundes in einen Transmissionsriemen der Partei war es immer wieder zu heftigen Auseinandersetzungen um die Betriebskollektivverträge gekommen. Dabei ging es auch in den Jahren zuvor meist um Mitbestimmung bei den Arbeitsnormen. Mit Wirkung vom 28. Mai 1953 waren sie per Dekret um zehn Prozent angehoben worden. Faktisch kam das einer Lohnsenkung gleich.

Die Normerhöhung war durch den neuen Moskauer Kurs nicht zurückgenommen worden, was schnell großen Unmut unter den Arbeitern erzeugte. Herrnstadt spürte das, als er am 14. Juni im *Neuen Deutschland* unter der Überschrift *Es wird Zeit, den Holzhammer beiseite zu legen*, das Thema der Proteste gegen generelle Normerhöhungen auf den Baustellen der Stalinallee aufgreifen ließ und vorsichtig anmerkte, die Beschlüsse von Partei und Regierung dürften »nicht diktatorisch und administrativ« durchgeführt werden. Konterkariert wurde diese Suche nach Ausgleich ausgerechnet durch das Gewerkschaftsorgan *Tribüne*, das – gewissermaßen als Antwort auf das *Neue Deutschland* und vermutlich einer Weisung Walter Ulbrichts an FDGB-Chef Warnke folgend – trotzig verkündete, die Erhöhung der Normen habe auf jeden Fall Bestand. Diese arrogante Vorführung einer vollständig entmündigten und durch die eigene Gewerkschaft faktisch in militärische Disziplin gezwungenen Arbeiterklasse ließ am 16. Juni das Fass zum Überlaufen bringen.

Nach dem *Tribüne*-Artikel zogen aufgebrachte Bauarbeiter von der Stalinallee zum Haus der Ministerien in der Leipziger Straße. Ulbricht, der herablassend meinte, sie würden sich wegen des schlechten Wetters ohnehin bald wieder verziehen, weigerte sich, zu ihnen zu sprechen. Schließlich waren es zehntausend, die lautstark seinen Rücktritt und freie Wahlen in der DDR forderten. Während ihres Rückmarschs passierte die Menge das Haus des Zentralkomitees. Einige kaperten am Rosenthaler Platz einen Lautsprecherwagen der FDJ und riefen zum Sturz der Regierung auf. Es war zu spät, als das Politbüro dann doch die Rücknahme der Normerhöhung verkündete. Ohnehin ging es angesichts der Bankrotterklärung von Partei und Regierung und der Missachtung elementarer Mitbestimmungsrechte von Anfang an um mehr. Es ging um Mündigkeit.

Am Morgen des 17. Juni standen in Ostberlin fast alle Räder still. Über eine Million Menschen beteiligten sich in mehr als 700 Städten und Gemeinden in diesen Tagen an Demonstrationen und Streiks. Über zehntausend Arbeiter des Stahlwerks Hennigsdorf im Nordwesten Berlins marschierten am 17. Juni durch die Westsektoren der Stadt auf das Brandenburger Tor zu. Potsdam und Brandenburg wurden von dem Aufstand erfasst, Halle und Magdeburg, Merseburg und Bitterfeld, Gera und Jena, Dresden und Leipzig. Im thüringischen Mühlhausen, einem der historischen Zentren des Bauernkriegs, kam es zu einer regelrechten Bauernrebellion. In Halle gründete sich ein Nationales Komitee Freies Deutschland, das überregionale Verbindungsnetze aufzubauen begann. Bitterfeld war um die Mittagszeit ganz in der Hand von Aufständischen.

An einigen Orten wurden Volkspolizisten und Parteifunktionäre verprügelt. In Rathenow erlag der Leiter eines Betriebsschutzes später den dabei erlittenen Verletzungen. Dienststellen der Partei, der Volkspolizei, der Staatssicherheit und Gefängnisse wurden gestürmt, Häftlinge oft ohne Ansehen ihrer Straftaten freigelassen. In Görlitz versuchte ein revolutionäres Stadtkomitee mithilfe unbewaffneter Arbeiterwehren Ausschreitungen zu verhindern. Bemerkenswert war der hohe Anteil von SED-, FDJ- und FDGB-Mitgliedern an diesen Aktionen. »Ich kam am Abend dieses Tages nach Hause mit einer Handvoll Parteiabzeichen, die ich von der Straße aufgelesen hatte«, erinnert sich Christa Wolf an den 17. Juni in Leipzig: »Mir wurde bewusst, auf einer wie dünnen Decke wir gingen.«

Zehn Tage vor dem Aufstand hatte der sowjetische Hochkommissar Wladimir Semjonow seinen ostdeutschen Gesprächspartnern noch erklärt, mit der selbstständigen Existenz der DDR könne es bald ein Ende haben, wenn die Moskauer Pläne Berias für einen Ausgleich mit dem Westen rasche Fortschritte machten. Jetzt, wo der Aufstand ausbrach, war die Führung der DDR wie gelähmt. In der Nacht vom 16. auf den 17. Juni spielte sie sogar mit dem Gedanken, Vorbereitungen für ihre Evakuierung in die Sowjetunion zu treffen.

Als der Aufstand die ganze Republik erfasste und Moskau zu der Überzeugung gekommen war, dass die DDR-Führung unfähig war, der Krise Herr zu werden, erhielten Marschall Gretschko und Semjonow die Weisung, mit militärischen Mitteln für Ordnung zu sorgen. Ab ein Uhr mittags herrschte am 17. Juni das Kriegsrecht, um 23 Uhr 30 meldete der eigens aus Moskau angereiste ehemalige SMAD-Chef Marschall Sokolowski, dass die Störungen in Berlin aufgehört hätten. Faktisch gab es an diesem Tag keine eigene Staatsmacht in der DDR, und als der RIAS die Nachricht durch den Äther schickte, es existiere im Osten keine Regierung mehr, spottete Hochkommissar Semjonow in Anwesenheit seiner deutschen Genossen, die Meldung sei doch zweifellos fast richtig.

»Es geschah genau das, von dem wir behauptet hatten, es sei unter den Bedingungen der modernen totalitären Gewaltherrschaft nicht möglich«, schrieb Sebastian Haffner am 21. Juni in einem Kommentar für den britischen *Observer*: »Ein totalitäres Regime, fast vier Jahre lang im vollen Besitz aller Mittel, die eine moderne Diktatur braucht, war binnen nicht einmal zwölf Stunden zu vollkommener Machtlosigkeit verdammt und gezwungen, hinter den Panzern einer fremden Armee Schutz zu suchen.« Während der Tage des Aufstands wurden mindestens fünfzig Demonstranten getötet, auch vierzig Sowjetsoldaten und drei SED-Funktionäre kamen ums Leben. 16.000 Menschen wurden verhaftet. Ohne das Eingreifen des sowjetischen Militärs wäre die DDR bereits im Juni 1953 sang- und klanglos untergegangen.

Dass dieser Fall nicht eintrat, fand allerdings auch die Billigung der Westmächte. »Kann man sich vorstellen«, fragte sich Winston Churchill nach dem Aufstand, »dass die Sowjets es zugelassen hätten, dass die Ostzone in Anarchie und Aufruhr zerfällt? Ich hatte den Eindruck, sie handelten mit bemerkenswerter Zurückhaltung angesichts der zunehmenden Unordnung.« Im Übrigen war die Politik des Westens ohnehin vornehmlich auf die Sicherung Westeuropas und nicht auf Veränderungen in Osteuropa gerichtet. In Washington zeigte man sich zudem unsicher, wie man die Ereignisse vom 17. Juni interpretieren sollte. Ausgerechnet die Deutschen, die bis zum Ende des Krieges fanatisch ihrem »Führer« gefolgt waren, hatten sich an die Spitze der ersten Freiheitsbewegung in Osteuropa gestellt. Das war irritierend.

Entgegen allen lautstarken Ankündigungen eines bevorstehenden *roll-back* des Kommunismus lief die wirkliche Staatsräson der Eisenhower-Administration auf eine Art offensive friedliche Koexistenz hinaus, verbunden mit der Propagierung westlicher Werte. Selbst der als harter Antikommunist geltende amerikanische Außenminister John Foster Dulles warnte vor jeder unbedachten Unterstützung einer Revolte gegen die Sowjetunion. »Ein geteiltes Europa bedeutet ein geteiltes Deutschland«, schrieb der britische Staatsminister im *Foreign Office*, Selwyn Lloyd am 22. Juni 1953, fünf Tage nach dem Volksaufstand in der DDR, in einem internen

Memorandum an Winston Churchill, der nach dem Tod Stalins für einige Zeit an einen möglichen Ausgleich mit der Sowjetunion geglaubt hatte: »Deutschland wieder zu vereinigen, solange Europa geteilt ist – selbst wenn dies machbar wäre –, ist gefahrvoll für uns alle. Deshalb fühlen alle – Dr. Adenauer, die Russen, die Amerikaner, die Franzosen und wir selbst – im Grunde ihres Herzens, dass ein geteiltes Deutschland zur Zeit die sicherste Lösung ist.« Die deutsche Frage, heißt das, würde so lange unlösbar bleiben, wie der Kalte Krieg andauerte.

Lawrenti Beria war allerdings nach den Erinnerungen Valentin Falins weiterhin der Ansicht, man müsse das halbe Deutschland in sowjetischem Interesse zu den denkbar günstigsten Konditionen wieder loswerden. Am 24. Juni gaben Marschall Sokolowski und Hochkommissar Semjonow die Empfehlung aus, dass der neue Kurs fortgesetzt, die Situation in der DDR verbessert und der Reformflügel der SED gestärkt werden sollten. Es sei über Maßnahmen zur wirtschaftlichen Entlastung der DDR nachzudenken, Walter Ulbricht müsse vom Posten des stellvertretenden Ministerpräsidenten der DDR entbunden werden und der von ihm bisher eingenommene Posten des Generalsekretärs der SED sei »zu liquidieren«. Sokolowski und Semjonow gingen sogar so weit, den Vorstellungen Berias folgend gewisse Elemente des Parteistaats infrage zu stellen. Die Partei, forderten sie, müsse sich in Zukunft auf die politische Arbeit unter den Massen konzentrieren und aufhören, die Regierung zu bevormunden. Diese wiederum sollte sich der Kritik durch die Volkskammer stellen, inkompetente und unpopuläre Minister entlassen und sich bei der dann notwendigen Neubesetzung von Regierungsposten stärker auf die Vertreter anderer Parteien stützen.

Am gleichen Tag erhielt die Sudoplatow-Mitarbeiterin und Leiterin der deutschen Abteilung des sowjetischen Geheimdienstes, Soja Rybkina, den Auftrag, von Moskau nach Berlin zu fliegen und dort Kontakt mit der Schauspielerin und KGB-Agentin Olga Tschechowa aufzunehmen. Durch sie sollte sie in Bonn in gesellschaftliche Kreise aus der Umgebung Konrad Adenauers eingeführt werden, um in Ermangelung offizieller diplomatischer Kontakte auf diesem Weg die Möglichkeiten einer neuen sowjetischen Deutschland-Offensive zu sondieren.

Alles das sollte durch die dramatischen Ereignisse in Moskau zwei Tage später schnell zu Makulatur werden. Am 26. Juni wurde in Moskau der Innenminister und Geheimdienstchef Lawrenti Beria überraschend verhaftet, weil er für viele in seiner Umgebung zu übermächtig geworden war und das nicht ganz unberechtigte Gerücht umging, es sei seine Absicht gewesen, die Partei zu entmachten.

Drahtzieher der Aktion war Parteichef Nikita Chruschtschow. Er warf Beria unter anderem vor, er habe die DDR in einen bürgerlichen Staat umwandeln wollen.

Staatsfeinde

Einige Tage nach dem Aufstand sprach Fritz Selbmann in Stalinstadt. Der Minister für Erzbergbau und Hüttenwesen hatte sich am 16. Juni vor dem Haus der Ministerien in Berlin gemeinsam mit den späteren Dissidenten Heinz Brandt und Robert Havemann den streikenden Arbeitern gestellt und war niedergeschrien worden. Das war mutig, doch Selbmann, der für einen Moment auf Dialog gesetzt hatte, entwickelte sich in diesen Krisentagen schnell zu einem Hardliner.

Als er in Stalinstadt auftrat, hatte er bereits eine genaue Vorstellung über die angeblichen Hintermänner des Aufstands. »Kollegen, Genossen, liebe Freunde«, begann Selbmann seine Rede vor den Hüttenwerkern, »wenn am 17. Juni die Besatzungsmacht nicht die Verpflichtung auf sich genommen hätte, normale und ordnungsgemäße Zustände in der Deutschen Demokratischen Republik wiederherzustellen, wenn die faschistischen Absichten der Provokateure in der Republik gelungen wären, dann hätten wir heute im Gebiet unserer Republik faschistische Zustände, und unsere Republik wäre heute mit ein Bestandteil der Basis der Politik der Kriegstreiber, die Deutschland in einen neuen Krieg führen wollen.« In Stalinstadt mit seiner politisch einigermaßen ausgesuchten Bevölkerung konnte sich Selbmann mit dieser Version sogar einige Zustimmung erhoffen. »Hat man geglaubt«, so der Minister weiter, »dass wir es zulassen werden, dass unser stolzes Eisenhüttenkombinat J. W. Stalin den Schlotbaronen aus dem Ruhrgebiet überantwortet wird?«

Den Hüttenarbeitern in Riesa gegenüber hatte Selbmann andere

Worte gefunden. Hier in Sachsen traf er am 18. Juni ein, als der Aufstand noch längst nicht abgeebbt war. Wieder, wie zwei Tage zuvor in Berlin, stellte er sich mutig den Arbeitern. Doch jetzt ging es ihm nicht mehr darum, auch nur noch irgendjemanden im Dialog überzeugen zu wollen. Er mache deshalb darauf aufmerksam, sagte er in scharfem Befehlston, dass jede »weitere Provokation« im Werk dazu führe, »dass mit militärischer Gewalt im Betrieb eingegriffen und die Schuldigen unnachsichtig zur Bestrafung geführt werden«. Was das im Zweifelsfall bedeuten konnte, belegte er mit einem drastischen Beispiel, nämlich »dass in Berlin heute bereits aufgrund der gestrigen faschistischen Provokation gegen einige der übelsten Rädelsführer aus der Westberliner Unterwelt die ersten Todesurteile ausgesprochen worden sind«. Die Partei zeigte ihren Willen, mit allen Mitteln zurückzuschlagen. Streiks und Arbeitsniederlegungen flammten dennoch an einzelnen Orten bis Mitte Juli immer wieder auf, ein Indiz dafür, dass die SED, trotz des militärischen Eingreifens der Sowjets und drakonischer Strafmaßnahmen, die allergrößten Schwierigkeiten hatte, ihre Autorität wiederherzustellen.

Für Bertolt Brecht war nach dem 17. Juni mit einem Mal »die ganze existenz verfremdet«. Er notierte diese elegischen Gedanken an seinem Buckower See in der märkischen Schweiz, dessen Lieblichkeit ihm vor dem Hintergrund der jüngsten politischen Ereignisse plötzlich in einem fahlen Licht erschien. *Böser Morgen* heißt eine der Buckower Elegien vom Sommer 1953: »Die Silberpappel, eine ortsbekannte Schönheit / Heut eine alte Vettel. Der See / Eine Lache Abwaschwasser, nicht rühren! / Die Fuchsien unter dem Löwenmaul billig und eitel. / Warum? / Heut nacht im Traum sah ich Finger, auf mich deutend / Wie auf einen Aussätzigen. Sie waren zerarbeitet und / Sie waren gebrochen. / Unwissende! Schrie ich / Schuldbewusst.« Es waren innere Gedanken, doch sie zeigen die ganze Hilflosigkeit eines kommunistischen Intellektuellen dieser Zeit.

Schon am sehr frühen Morgen des 17. Juni war Brecht noch vor dem Gang ins Theater klar geworden, dass dieser Tag einen Flächenbrand hervorbringen würde. Trotzig schrieb er einen Brief an Ulbricht, in dem er der revolutionären Ungeduld der SED seinen zynischen Respekt zollte. Er wusste genau, dass diese Ungeduld die Ursache der Katastrophe war, und dennoch versicherte er Ulbricht in diesem Augenblick seine Verbundenheit. Er meinte nämlich, in den teils gewalttätigen Vorgängen auf der Straße Deformationen im Bewusstsein der Arbeiter erkannt zu haben, »hervorgerufen durch den Faschismus«. Schuldbewusst wandte er sich aus halbherziger Überzeugung gegen die »Unwissenden«.

Brecht war damit kein Einzelfall, und deshalb hatte die Partei besonders unter den Intellektuellen leichtes Spiel. Die junge Christa Wolf empfand den »wilden, ungezügelten Hass gegen diesen Staat« als »etwas Bedrohliches, stark Gewalttätiges, Gestriges«, und auch Hans Mayer meint noch in seinen Erinnerungen: »Ich konnte nicht gemeinsame Sache machen.« Bald setzte sich parteioffiziell die Sprachregelung durch, dass der Aufstand vom 17. Juni nicht etwa das Ergebnis eigener verfehlter Politik, sondern vielmehr ein von langer Hand geplanter faschistischer Putschversuch gewesen sei.

Was nach dem Sturz Lawrenti Berias gültige Version werden sollte, bereitete sich schon während des Aufstands vor. Marschall Sokolowski war es, der bereits am 17. Juni in Karlshorst die Devise ausgab, hinter den Massenstreiks könne nur ein ganzes feindliches Netz stehen und folgerichtig sei es ein Versagen der Staatssicherheit, darauf nicht rechtzeitig hingewiesen zu haben. Herrnstadt musste daraufhin in einem Leitartikel für das *Neue Deutschland* am 18. Juni den Aufstand als faschistische Provokation ausländischer Agenten bezeichnen.

Einen Tag später schlug er allerdings schon wieder ungewohnt kritische Töne an. Im Leitartikel vom 19. Juni forderte er, die eigene Tätigkeit in den vergangenen acht Jahren und das eigene Verhalten in den letzten zwei Tagen zu überprüfen und die notwendigen Konsequenzen zu ziehen. Der Richtungskampf in der SED, der mit dem Moskauer neuen Kurs begonnen hatte, ging auch nach dem 17. Juni weiter und sollte noch über einen Monat lang nicht abflauen. Er erfasste die ganze Partei, so sehr, dass die Abteilung Leitende Organe noch in ihrem Bericht vom 23. Juli über ein Wachstum opportunistischer und sozialdemokratischer Stimmungen Klage führte und SED-Mitglieder zitierte, die offen eine Parteidiskussion über den sozialdemokratischen Weg zum Sozialismus forderten.

Die denkwürdigste Rolle in diesen Wochen spielte Otto Grotewohl. Irritiert über den neuen Kurs und dessen dramatische Folgen, hatte er sich in das Studium der Werke Stalins vertieft und in der aktuellen Lage der DDR Parallelen zur Zeit des Übergangs vom Kriegskommunismus zur Lenin'schen Neuen Ökonomischen Politik in der Sowjetunion feststellen wollen. Von zwei Abweichungen war da beispielsweise im *Kurzen Lehrgang* die Rede, von den sogenannten linken Schreihälsen auf der einen und von den direkten Kapitulanten auf der anderen Seite, die nicht an die Möglichkeit der sozialistischen Entwicklung glaubten. Anfangs sah Grotewohl in den »linken Schreihälsen« – sprich Walter Ulbricht – die größte Gefahr, doch nach dem 17. Juni wurden dies mehr und mehr die sogenannten »Kapitulanten«, verkörpert durch Rudolf Herrnstadt und Staatssicherheitsminister Wilhelm Zaisser.

Die Auseinandersetzung eskalierte in den folgenden Wochen zu einem regelrechten Crescendo des politischen Wahns. War man sich auf der ZK-Tagung am 21. Juni noch weitgehend einig, dass »das, was wir uns eingebrockt haben«, nach den Worten Anton Ackermanns weit schlimmer war »als manche schwere Niederlage, die die Arbeiterklasse in der Vergangenheit von ihren Gegnern erlitten hat«, so schoss sich die Gruppe um Ulbricht zunehmend mehr auf die »Kapitulanten« Zaisser und Herrnstadt ein. Ulbricht meinte schon an diesem Tag, die Anfang Juni auf Moskauer Geheiß eingeleitete Wende zu einer Neuen Ökonomischen Politik sei ohnehin wie Anfang der Zwanzigerjahre in der Sowjetunion nichts als ein taktisches Rückzugsmanöver. Seine ganze Aufmerksamkeit galt der Verfolgung der »Provokateure«.

Doch am 26. Juni musste er sich seitens Herrnstadts unwidersprochen die Frage gefallen lassen, ob es nicht besser sei, wenn er die unmittelbare Anleitung der Parteiorganisation aus der Hand gebe. Am 3. Juli schlug Wilhelm Zaisser vor, Rudolf Herrnstadt mit dem neu zu schaffenden Amt eines ersten Sekretärs des Politbüros zu betrauen. Das war eine klare Kampfansage an Walter Ulbricht, und sie führte zu tumultartigen Szenen, bei denen sich Ulbricht und Zaisser gegenseitig lautstark mit heftigen Worten bedrohten, ohne dass es an diesem Tag zu einer Entscheidung kam.

Einen Tag zuvor allerdings hatte man in Moskau die Weichen neu gestellt. Vor dem Hintergrund der Ereignisse des 17. Juni war auf Molotows Initiative hin der Beschluss gefasst worden, alle Vorschläge zur Trennung von Partei und Regierung sowie zur Entmachtung Ulbrichts aus der Diskussion zurückzuziehen und der Stabilisierung der SED-Herrschaft eindeutigen Vorrang einzuräumen.

Hochkommissar Semjonow, nach den Worten Werner Mittenzweis eine Art sowjetischer Talleyrand mehr in seinen Handlungen als vom geistigen Format her, knickte sofort ein.

Nach der Rückkehr von einer Moskaureise konnte der angeschlagene Ulbricht dann am 14. Juli endlich zu einem entscheidenden Schlag ausholen. Die sowjetischen Genossen hatten ihn mit dem Kommuniqué *Über die verbrecherische partei- und staatsfeindliche Tätigkeit Berias* vertraut gemacht, das Ulbricht jetzt aus der Tasche zog. Schnell konstruierte er daraus eine Verbindung zwischen dem »Verbrecher Beria« und der »Fraktion Zaisser/Herrnstadt«, die sich ohne Zweifel gut kannten. Sie waren, behauptete Ulbricht, nichts als Verschwörer, die sich wie Beria das Ziel gesetzt hatten, die Führung abzusetzen und die Macht im Staat zu ergreifen.

Zaisser habe als Chef der Staatssicherheit am 17. Juni völlig versagt, und Herrnstadt habe sich in den kritischen Tagen hauptsächlich durch defätistisches Zurückweichen ausgezeichnet. Nach solcher Vorbereitung gerieten die Tagungen von Politbüro und Zentralkomitee Ende Juli zu einem regelrechten Schaulaufen gegen Zaisser und Herrnstadt. Letzterem wurde vorgeworfen, eine »unrichtige, kapitulantenhafte Linie« im *Neuen Deutschland* vertreten zu haben. Herrnstadt habe in den Krisentagen seine »im Wesentlichen sozialdemokratische Auffassung« von Politik deutlich zu erkennen gegeben.

Das betraf besonders Herrnstadts Kritik, die Partei habe sich bisher als Vormund und nicht als Diener der Massen gesehen und durch die Diktatur ihres zentralistischen Apparats eine negative Kaderauslese begünstigt. Dazu zählt auch die am 7. Juli zum letzten Mal im *Neuen Deutschland* vorgetragene Forderung, die Gewerkschaften sollten die Interessen der Arbeiter vertreten, statt sich als bloßen Transmissionsriemen der Planerfüllung zu sehen. In Wirklichkeit waren das vorsichtige Grautöne eines sich tastend voransuchenden, von ersten Zweifeln heimgesuchten Stalinisten, doch zu Ende gedacht hätten sie den Avantgardeanspruch der Partei tatsächlich infrage stellen können. Ulbricht hatte dafür ein feines Gespür, denn es ging um Machtfragen. Herrnstadts Vorstellungen, meinte er, würden zur Zerstörung der Partei führen, und SED-Großinquisitor Hermann Matern fügte eilig und wie immer wissend hinzu, ohne Zweifel stünden gut durchdachte Absichten dahinter.

»Seit Langem organisierte Agentengruppen« und »ihre politischen Beauftragten, die Adenauer und Kaiser«, lautete nun die offizielle Version des Zentralkomitees über den Aufstand, hätten »den faschistischen Tag X offen angekündigt«. Ehemals aktive Nazis, illegale Organisationen aus ehemaligen SPD-Mitgliedern, »brandleristische Spionagegruppen, Trotzkisten, SAP-Gruppen und andere« hätten dabei ihre Hand im Spiel gehabt. Es sei eindeutig bewiesen, dass es »in der DDR eine von den Amerikanern organisierte und unterstützte faschistische Untergrundbewegung« gebe, die nach der Verkündung des neuen Kurses der SED »in Verwirrung gebracht und in Wut versetzt« worden sei und deshalb »den von langer Hand vorbereiteten Tag X beschleunigt« festgesetzt habe, »um die Durchführung des neuen Kurses zu stören«.

Zaisser und Herrnstadt könnten von Glück sprechen, so Ulbricht in dieser Stunde seines Triumphs, dass sie nicht, wie Beria, verhaftet, sondern nur aus dem Zentralkomitee ausgeschlossen würden.

Zwar hielt die SED weiter, zumindest in Worten, am sogenannten neuen Kurs fest, doch gleichzeitig betonte das Zentralkomitee auf seiner Julitagung, der Beschluss zum Aufbau des Sozialismus vom Sommer 1952 sei vollkommen richtig gewesen.

Von jeder Parteiversammlung wurde nun eine deutliche Verurteilung der »Fraktion Zaisser/Herrnstadt« gefordert. 20.000 Funktionäre und 50.000 einfache Mitglieder mussten die SED verlassen, andere wurden in der Hierarchie zurückgestuft. Von den Säuberungen waren sechzig Prozent der Bezirksleitungen und über siebzig Prozent der ersten und zweiten Kreissekretäre betroffen. Herrnstadt und Zaisser übten sich in Selbstkritik und gestanden wie in einem modernen scientologischen Ritus ihre Verfehlungen und Unzulänglichkeiten ein. Das hinderte Ulbricht nicht daran, am Ende erfolgreich ihren Parteiausschluss zu betreiben.

Wilhelm Zaisser starb 1958 mit 65 Jahren an einem Schlaganfall. Als Herrnstadt ihn drei Monate vor seinem Tod besuchte, fand er ihn aufgelöst in seiner Wohnung vor. Die Hände im Weinkrampf vor dem Gesicht, rief er immer wieder aus: »Man hat mich fertiggemacht!« Aus dem großen General Gómez des spanischen Bürgerkriegs war ein gebrochener Mann geworden.

Rudolf Herrnstadt wurde im August 1953 vom Politbüro angewiesen, sich aus Berlin nach Merseburg zurückzuziehen. Hier arbeitete er seitdem im Deutschen Zentralarchiv, stets von Misstrauen umgeben. 1965 erschien im Ostberliner Verlag der Wissenschaften sein drittes Merseburger Buch, *Die Entdeckung der Klassen*. Zwei Jahre vorher hatte das *Neue Deutschland* kommentarlos die Rehabilitation der im Prozess gegen Rudolf Slánský und andere Ermordeten bekannt gegeben. »Es ist nicht in einem Wort zu sagen, wie viele Verbrechen sich in dieser Nachricht verbergen und überkreuzen«, notierte Herrnstadt nach Lektüre.

Für diejenigen, deren wahnhaftes Weltbild es möglich machte, Menschen »objektiv schuldig« zu sprechen, schreibt er in *Die Entdeckung der Klassen*, waren solche Prozesse nichts als »ein gewohntes, staatserhaltendes Schauspiel«, das sie ohne sonderliche innere Erregung exekutieren konnten. Im Buch bezog sich diese Aussage auf die Auswertung des Dokuments eines Hexenprozesses, das er im Merseburger Archiv gefunden hatte. Doch sie war sehr persönlich gemeint. »Es gibt kaum noch jemanden von den mir nahe stehenden Menschen aus den Jahren 1930 bis 1953, der nicht ermordet wurde«, notierte er kurz vor seinem Tod, erst durch die Nazis, dann durch die Kommunisten. »*Solche* Opfer«, so sein Lebensfazit: »Wenn ich heute noch einmal sollte – und wüsste dies, das Ergebnis –, nein.«

Das erste Bauernopfer des Aufstands war jedoch Justizminister Max Fechner. Am 14. Juli 1953 um 18 Uhr wurde der ehemalige Sozialdemokrat ins Politbüro der SED einbestellt. Fechner hatte am 30. Juni und am 2. Juli im *Neuen Deutschland* auf die Frage hin, wie sich die Gerichte gegenüber den Streikenden des 17. Juni verhalten sollten, das verfassungsmäßig garantierte Recht auf Streik verteidigt. »Es werden also nur diejenigen der Bestrafung zugeführt«, so der Justizminister, »die Brände anlegten, die raubten, mordeten oder andere gefährliche Verbrechen begangen haben. Es wird also nicht gegenüber denen, die gestreikt oder demonstriert haben, eine Rachepolitik betrieben.« Am 9. Juni, mit der Verkündung des neuen Kurses, hatte die SED ausdrücklich von einer Stärkung der Rechtssicherheit in der DDR gesprochen, was ganz in Fechners Sinn war. Er sah sich durch die neue Parteilinie gedeckt.

Dabei galt er, besonders seit Ulbrichts Revolution vom Sommer 1952, als ein gnadenloser Justizfunktionär. Fechner war von der harten Linie aber offenbar nicht ganz überzeugt und hatte dann den neuen Kurs entschieden begrüßt. Während des Aufstands im Juni war ihm zudem klar geworden, wie populär besonders unter den Arbeitern sozialdemokratische Auffassungen nach wie vor waren.

Den ehemaligen Sozialdemokraten hatte die massive Verhaftungswelle nach dem Aufstand überrascht. Um Fehlentwicklungen entgegenzusteuern, hatte er dem *Neuen Deutschland* unter der Überschrift »Alle Inhaftierten kommen vor ein ordentliches Gericht« das erwähnte Interview gegeben, das ihm nun im Politbüro zum Verhängnis werden sollte. Als er gegen halb neun ins Ministerium zurückkehrte, meinte er zu seinem Referenten, es sähe schlecht aus wegen der ND-Geschichte. Er habe sich verteidigt, müsse aber wohl mit einer strengen Rüge oder sogar mehr rechnen. Gegen Mitternacht wurde er in seinem Haus in Schöneiche von einem operativen Trupp der Staatssicherheit festgenommen und nach Hohenschönhausen verfrachtet.

»Als wir in den Hof unserer Haftanstalt fuhren«, heißt es lakonisch im Bericht des Einsatzleiters der Staatssicherheit, »verstummte Genosse Fechner.« Durch sein Interview im *Neuen Deutschland* war laut Haftbefehl angeblich die Rechtssicherheit der Deutschen Demokratischen Republik ernsthaft gefährdet worden. Fechner war durch seine Äußerungen zu einer Gefahr für die nun einsetzende Abrechnungsjustiz geworden. Am 24. Mai 1955 wurde er zu acht Jahren Zuchthaus verurteilt.

Es habe »gefährliche Tendenzen innerhalb unserer Justizverwaltung« gegeben, ließ seine Nachfolgerin Hilde Benjamin in ihrer Antrittsrede am 20. Juli 1953 verlautbaren. »Man wollte die Provokateure des 17. Juni schonen und sie der gerechten Strafe entziehen«, so die neue Justizministerin: »Man beging den grundsätzlichen Fehler, einen versuchten Staatsstreich und faschistischen Putsch als einen Streik zu rechtfertigen.« Viele der noch unter Fechners Ägide gefällten Schnellurteile wurden nach ihrem Amtsantritt sofort kassiert und nach erneuten Verfahren meist drakonisch verschärft.

Ein Schlosser aus Delitzsch, ursprünglich zu anderthalb Jahren Zuchthaus verurteilt, musste am Ende vier Jahre absitzen. Einer der maßgeblichen Streikführer in Halle erhielt zehn Jahre, Lothar Markwirth aus Niesky lebenslänglich – weil er am 17. Juni Stasimitarbeiter in einen Hundezwinger gesperrt hatte. Am 5. März 1954 gab die Generalstaatsanwaltschaft bekannt: 1.526 Verurteilungen als Folge des 17. Juni, darunter zweimal Todesstrafe, zweimal lebenslänglich, 13-mal 10 bis 15 Jahre Freiheitsstrafe, 99-mal 5 bis 10 Jahre, 824-mal 1 bis 5 Jahre und nur 39 Freisprüche.

Nach dem 17. Juni entstand in der DDR einer der mächtigsten und wirkungsvollsten Staatssicherheitsdienste des Ostblocks – eine Konsequenz aus Wilhelm Zaissers angeblichem Versagen. Fieberhaft suchte die Stasi nun nach Hinweisen auf einen neuen »Tag X« und erzeugte so eine Stimmung, bei der leicht jedes nicht systemkonforme Verhalten als Anzeichen für einen neuen Putschversuch gedeutet werden konnte. Der Niederschlagung des Aufstands folgte eine regelrechte innere Mobilmachung.

Die DDR, so Hermann Matern auf einer Dienstkonferenz der Staatssicherheit im November 1953, sollte zu einer Hölle für die feindlichen Agenten gemacht werden. Eine Professionalisierung der Ausbildung war die Folge, die Zahl der hauptamtlichen Stasimitarbeiter stieg an. Im Januar 1954 vermerkte eine Aktennotiz allerdings, dass die Zahl der geheimen Informanten noch völlig ungenügend sei. Der Aufbau des Überwachungsstaats hatte erst begonnen.

Die Volkspolizei wurde personell aufgestockt und erhielt mit motorisierten Schnellkommandos bei den Bezirksbehörden eine schlagkräftige Einsatzreserve. Am 1. Mai 1954 paradieren zum ersten Mal Kampfgruppen der Arbeiterklasse mit roten Armbinden auf den Straßen Ostberlins und der größeren Städte der DDR. Mit ihnen hatte sich die Partei für den Fall künftiger Unruhen eine Art Militärpräsenz in den Betrieben aufgebaut.

Der Aufstand hinterließ ein bleibendes Trauma. Vor allem würde es die Partei nie wieder wagen, ihre Bevölkerung auf sozialpolitischem Gebiet so weit herauszufordern wie in den Jahren 1952/53.

Für den Stalin-Nachfolger Nikita Chruschtschow entwickelte sich die DDR nun zu einer Art sowjetischem Westwall. Er war der erste Kreml-Führer, der Ulbrichts Interesse an seinem deutschen Separatstaat voll und ganz teilte – schon deshalb, weil die Ereignisse des Sommers 1953 den Sowjets mit aller Deutlichkeit vor Augen geführt hatten, wie instabil ihr Vasallenstaat tatsächlich war.

»Wir sind an der Aufrechterhaltung des Regimes interessiert, das in der DDR errichtet wurde«, ließ Chruschtschow den manchmal noch zweifelnden Molotow wissen. »Das sollte gesagt werden.«

Statt Mühle Schach

Als Stalin starb, schrieb Johannes R. Becher für die Trauerausgabe des *Neuen Deutschland* wie ein Aktivist in Windeseile einen sechzehn Strophen langen Nachruf in Gedichtform. »Wen so wie dich die Welt zu Grabe trägt«, heißt es da, »Das Herz im Herz der Völker weiterschlägt. / Dein Atem wird in unseren Fahnen wehen, / Dein Name lebt in leuchtenden Alleen. / Den Namen Stalin trägt die neue Zeit.«

Drei Jahre nach seinem Tod war vieles anders geworden. Eine Entstalinisierungswelle hatte die Staaten des sowjetischen Lagers erfasst.

Das Jahr 1956 stand ganz im Zeichen der Abrechnung mit Stalin durch den neuen sowjetischen Parteichef Nikita Chruschtschow auf dem XX. Parteitag der KPdSU, der am 14. Februar eröffnet wurde. Für die Weltöffentlichkeit war das eine Überraschung. Man hatte sie in einem totalitären System so wenig für möglich gehalten wie den Volksaufstand vom 17. Juni 1953.

Diesmal kam die Infragestellung nicht von unten, sondern aus dem Zentrum der Macht. »Erst 1956 konnten wir uns freimachen von den psychologischen Nachwirkungen der Hysterie, die uns während der Jagd nach den Feinden des Volkes in den Klauen gehalten hatte«, schreibt Chruschtschow in seinen *Erinnerungen*: »Verbrecherische Handlungen waren von Stalin begangen worden, Handlungen, die in jedem Staat der Welt, außer in faschistischen Staaten wie denen Hitlers und Mussolinis, strafbar gewesen wären.« Es war das erste und das letzte Mal bis zur finalen Krise des Sowjetkommunismus unter Michail Gorbatschow, dass ein Parteiführer so schonungslos die großen Diktatoren des zwanzigsten Jahrhunderts in eins setzte.

Die politische Stimmung im Parteipräsidium der KPdSU, meint François Furet, hatte schon vor dem Parteitag viel von der Stimmung nach dem 9. Thermidor des Jahres 1794 in Paris an sich. Chruschtschow wollte die Geister des Terrors endgültig bannen und gerade in der Partei selbst der Sehnsucht nach geordneten Verhältnissen den notwendigen Raum verschaffen. Er traf mit diesem Vorhaben bei seinen Genossen, die – wie er selbst auch – alle in Stalins Verbrechen verwickelt gewesen waren, nicht gerade auf ungeteilte Zustimmung. Besonders Molotow, Kaganowitsch und Woroschilow befürchteten, eine Abrechnung mit Stalin könne dem Ansehen der Partei und des Landes großen Schaden zufügen. Doch Chruschtschow, der sich persönlich viel von den kommunistischen Utopien der Zwanzigerjahre bewahrt hatte, setzte sich durch.

Der XX. Parteitag war schon zu Ende, als die Delegierten am späten Abend des 25. Februar plötzlich wieder in den Kreml gerufen wurden. Nach Mitternacht betrat Chruschtschow in einer nicht öffentlichen Sitzung noch einmal das Podium und referierte vier Stunden lang *Über den Personenkult und seine Folgen*. Es war eine denkwürdige Veranstaltung. Die offensichtliche Empörung, die in seiner Rede zum Ausdruck kam, machte diesen nächtlichen Vortrag zu einem in der gesamten kommunistischen Geschichte einzigartigen Vorgang. Zum ersten Mal sprach ein führender bolschewistischer Politiker in Kategorien von Schuld und Verantwortung über die eigene Politik.

Chruschtschow warf, immer wieder unterbrochen durch Entrüstungsrufe aus dem Saal, Stalin unter anderem vor, den Begriff des »Volksfeindes« persönlich »eigens als Handhabe für die physische Vernichtung solcher Personen« erfunden und damit »die Anwendung grausamster Unterdrückung« nach Belieben gerechtfertigt zu haben. Die Folge des »Despotismus Stalins« war, so Chruschtschow, dass in diesem Klima jede freie Meinungsäußerung selbst rein praktischer Natur unmöglich wurde. Lang anhaltender Beifall und stürmische Ovationen waren die Antwort der Delegierten auf seine Ausführungen. Kaum einer hat das von Chruschtschow Vorgetragene nicht als Befreiung empfunden.

Man hat ihm später vorgeworfen, in seiner Rede habe er nur sehr dosiert Licht auf die Verbrechen der Stalinzeit geworfen. Das stimmt. Chruschtschow ging es in erster Linie um Stalins Verbrechen an der Partei und weniger um die Verbrechen der Partei an den Menschen und Völkern der Sowjetunion. Er rechtfertigte sogar Stalins Kampf gegen die »Trotzkisten« und »Bucharinisten«, stellte aber immerhin die Frage, ob es nötig war, »solche Leute zu vernichten«. Vor allem jedoch hatte er Fragen aufgeworfen, die weitere Fragen provozierten.

Die kommunistische Welt sollte von dem Moment an, wo der

Inhalt seiner Rede durch die westlichen Medien öffentlich bekannt wurde, nicht mehr zur Ruhe kommen. Er hatte seine Kritik zwar ganz auf den »Personenkult« Stalins fokussiert, doch die Art und Weise, wie er es tat, ließ die Selbstgewissheit der Partei nicht unangetastet. Niemand würde in Zukunft mehr umstandslos glauben wollen, der Marxismus sei allmächtig, weil er wahr sei, und dass die Partei immer recht behalte.

Wahrscheinlich störte diese Folgewirkung Ulbricht am meisten. Kein ausländischer Delegierter war bei Chruschtschows Geheimrede zugelassen, und der SED-Chef hatte sich im Gästehaus des ZK der KPdSU schon zur Ruhe gelegt, als er am Morgen des 26. Februar um drei Uhr zusammen mit den anderen SED-Delegierten plötzlich geweckt wurde. Noch während Chruschtschow im Kreml sprach, hatten Emissäre die Aufgabe übernommen, die Gäste der ausländischen Bruderparteien über den Inhalt der Rede zu informieren.

Ulbricht machte sich in diesen Nachtstunden einige Aufzeichnungen, doch er zeigte dabei keine Regung. Vermutlich hat ihn kaum etwas von Chruschtschows Enthüllungen wirklich überrascht. Als Moskauemigrant mit den besten Zugängen zum Zentrum der Macht wusste er über die Auswirkungen des Terrors genauestens Bescheid, ohne ihn jemals infrage zu stellen.

Beim Frühstück im Gästehaus, einer alten Villa aus zaristischen Zeiten, hatte er sich schon eine Meinung gebildet. »Du kannst ja ruhig sagen, dass Stalin kein Klassiker ist«, sagte er da kalt und ohne jede Emotion zu Karl Schirdewan, dem der Auftrag zukam, den deutschen Hörern der Parteihochschule der KPdSU über die Ergebnisse des Parteitags zu berichten. Es ist kaum anzunehmen, dass sich Ulbricht diese Meinung erst an jenem Morgen zurechtlegte. Schon während der öffentlichen Sitzungen des Parteitags hatte er gespürt, dass ein neuer Wind wehte, und kurzerhand den Namen Stalin aus seiner Grußansprache an die KPdSU wieder gestrichen.

Viel mehr gab es aber in seinen Augen nicht zu sagen. Schirdewan, der die Jahre der Nazidiktatur in Gefängnissen und Konzentrationslagern und nicht in Moskau verbracht hatte, widersprach ihm. Der Bericht Chruschtschows löste in ihm nach eigener Auskunft eine tiefe Erschütterung aus. »Walter, so geht das nicht«, entgegnete er: »Wir können unseren Parteimitgliedern nicht die Wahrheit über diese jetzt aufgedeckten Tatsachen vorenthalten. Und wenn wir jetzt nach Hause kommen und unsere älteren Genossen erfahren, was wirklich geschehen ist, dann wird es an der Zeit sein, dass wir selbst eine kritische Haltung zu unseren bisherigen ideologischen Auffassungen einnehmen.« Genau das wollte Ulbricht nicht. Er wollte, mit Hinweis auf den 17. Juni 1953, unter keinen Umständen eine »Fehlerdiskussion«.

Zurück in der DDR, veröffentlichte Ulbricht am 4. März im *Neuen Deutschland* seine eigene Sicht der Dinge. »Wenn man von Genossen gefragt wird, ob Stalin zu den Klassikern des Marxismus gehört«, schrieb er da, »kann man nur darauf antworten: Zweifellos hat Stalin nach dem Tode Lenins bedeutende Verdienste beim Aufbau des Sozialismus und im Kampf gegen die parteifeindlichen Gruppierungen der Trotzkisten, Bucharinleute und bürgerlichen Nationalisten. Als sich Stalin jedoch später über die Partei stellte und den Personenkult pflegte, erwuchsen der KPdSU und dem Sowjetstaat daraus bedeutende Schäden. Zu den Klassikern des Marxismus kann man Stalin nicht rechnen.« In keinem Wort ist da von Stalins Terror und etwaigen Auswirkungen des Stalinismus auf die SED die Rede. Ulbricht wollte die unangenehme Debatte so schnell wie möglich beenden. Doch die Irritation war selbst diesem kryptischen Schnellkurs anzumerken. Er bezog sich in seinem Zeitungsartikel weniger auf Chruschtschows Geheimrede als auf Anastas Mikojans Bemerkungen während des Parteitags, in denen Stalins *Kurzer Lehrgang* als Geschichtsgeschreibsel und seine Schrift über *Ökonomische Probleme des Sozialismus* von 1952 als fehlerhaft bezeichnet wurden.

Das waren aber gerade die Banner, unter denen Ulbricht lange Zeit dachte den Sozialismus in der DDR zum Sieg führen zu können. Sein Artikel, dazu gedacht, die Wogen schnell zu glätten, führte im Gegenteil, wie Stimmungsberichte der Stasi Anfang März zu vermelden wussten, in allen Bevölkerungsschichten zu lebhaften Diskussionen, bei denen es ausnahmslos um das Thema Stalin ging. Fragen tauchten auf, wie es möglich war, dass man Stalin wie einen Gott angebetet hatte; und Ulbricht musste während der dritten Parteikonferenz Ende März erleben, dass Delegierte demonstrativ den Saal verließen, als er anfing, über den Maisanbau in der DDR und das Heranwachsen der zyklischen Krise in der Bundesrepublik zu referieren. Der platte Optimismus der ersten Gründerjahre, schon durch den Aufstand des 17. Juni erheblichen Irritationen ausgesetzt, war schockartig verflogen. Die Stasi sprach von Unklarheiten, und sie nahmen in den folgenden Wochen eher zu.

Der Grundirrtum seines Lebens, schrieb Johannes R. Becher nach dem XX. Parteitag in einer später aus den Druckfahnen eines Buchs wieder gestrichenen Passage, habe in der Annahme bestanden, dass der Sozialismus die menschlichen Tragödien beende und das Ende der menschlichen Tragik selbst bedeute. Das Gegenteil sei der Fall. Man müsse diese ungeheuerliche Tatsache zur Kenntnis nehmen und bemüht sein, daraus die notwendigen Schlussfolgerungen zu ziehen. Es sollte für ihn, zwei Jahre vor seinem Tod, eine Art Selbstreinigung sein, »all das Ungeheuerliche beredt zu machen und wieder gutzumachen, was ich durch Schweigen mitverschuldet habe«. Der Sozialismus habe die menschliche Tragik erst richtig in Freiheit gesetzt. In ihm, so Becher, habe »sich die Tragödie gleichsam selbst überstiegen und übersteigert und kündet uns nicht eine ›frohe Zukunft‹, wie es im Allgemeinen heißt, sondern ein Zeitalter an, dessen tragischer Gehalt mit keinem der vorhergehenden vergleichbar ist«. Der Sozialismus nämlich bringe Menschen hervor, die aufs Ganze gehen mit Mitteln, die dadurch, dass sich ihrer Sozialisten bedienten, in ihrer Barbarei alles vordem Gebräuchliche übertroffen hätten.

Becher konnte aus eigener Erfahrung sprechen, und deshalb verzichtete er ängstlich auf eine Veröffentlichung dieser Passagen, nachdem der Wind sich wieder gedreht hatte.

Nach dem XX. Parteitag der KPdSU erlebte der Staat Ulbrichts jedoch zunächst eine zuvor unbekannte Diskussionsfreudigkeit, besonders unter irritierten marxistischen Intellektuellen. Eine bürgerliche Opposition gab es nach den Verfolgungen und Fluchtbewegungen der letzten Jahre ohnehin kaum noch. Man redete privatim, erinnert sich Günter de Bruyn, offen über Stalin und Ulbricht, über Arthur Koestler und Melvin Laskys Zeitschrift *Der Monat* und fühlte sich von Hölderlin angesprochen, besonders von dem Brief Hyperions an Bellarmin, in dem der Satz zu finden ist: »Immerhin hat das den Staat zur Hölle gemacht, dass der Mensch ihn zu seinem Himmel machen wollte.« Darin erblickte man Geistverwandtes.

Unter den Studenten der Aufbaugeneration gärte es. Aus Parteiorganisationen der Berliner Humboldt-Universität wurden den Sicherheitsbehörden unangenehme Fragen über das Verhältnis von Lenin zu Trotzki und Stalin, über den Stalin'schen Terror, die Methoden der Kollektivierung und die Verfälschung der marxistischen Theorie seit Lenins Tod gemeldet und dabei namentlich der junge Student Rudolf Bahro genannt, der eine reguläre Parteidiskussion über Fragen des Personenkults forderte. Von Studenten des Franz-Mehring-Instituts in Leipzig wusste die Staatssicherheit zu berichten, ihrer Ansicht nach sei der Marxismus-Leninismus überhaupt keine exakte Wissenschaft, und an der juristischen Fakultät der Leipziger Universität stellte man sich die Frage, wie es möglich sein konnte, bei den großen Schauprozessen der Stalinzeit mit gefälschtem Material zu arbeiten.

Im *Neuen Deutschland* beklagte Jürgen Kuczynski den Stillstand des Marxismus, und besonders der *Sonntag*, die Zeitung des Kulturbundes, entwickelte sich für einige Zeit zu einem beachtlichen Forum unkonventioneller Meinungsäußerung. Dort konnte man Auszüge aus Ilja Ehrenburgs antistalinistischem *Tauwetter*-Roman ebenso nachlesen wie Leszek Kolakowskis philosophische Überlegungen zum Problem personaler Freiheit.

Ehemalige Sozialdemokraten in der SED fühlten sich durch die neuen Nachrichten aus Moskau in ihren früheren Überzeugungen bestätigt. Was mit den vielen Stalindevotionalien geschehen solle, fragten sich viele. Was mit Stalins Werken in Buchhandel und Bibliotheken? Würden sie nun eingestampft wie einst die Schriften Titos? »Bei uns im Werk«, berichtete der Parteisekretär des Zwickauer Steinkohlewerks *August Bebel*, »ist die Hauptdiskussion, dass Stalin revidiert werden muss.«

Die Irritation war groß, nicht nur unter den Parteiintellektuellen, wie man lange Zeit angenommen hat. Was über Jahre als Lüge der Westmedien abgetan wurde, fand nun seine Bestätigung ausgerechnet aus Moskau. »Es hat uns nicht zerstört, aber verstört«, meint Christa Wolf über Chruschtschows Enthüllungen: »Meine Gläubigkeit schwand dahin, künftig wollte ich zu meinen Erfahrungen stehen und sie mir durch nichts und niemanden ausreden, verleugnen oder verbieten lassen.«

Ulbricht selbst war unsicher geworden und wartete den Ausgang der weiteren Machtkämpfe in Moskau ab. Die Führung der SED befand sich bis zum Herbst geradezu in einem Zustand der Lähmung. Ungestraft, erinnert sich Manfred Hertwig, der im Spätherbst 1956 verhaftet wurde, konnte man in diesen Monaten offen seine Meinung äußern, selbst über Walter Ulbricht. Zum ersten Mal in der Geschichte der DDR machte sich innermarxistischer Dissens bemerkbar.

Eine Erfrischungsepoche des Marxismus habe nun Einzug gehalten, rief Ernst Bloch den Studenten der Berliner Humboldt-Universität in einem Vortrag zum 125. Todestag Hegels zu, dergestalt, »dass wieder Welt in ihrer Fülle und zentralen Tiefe abzubilden versucht wird, nicht aber ein Stillleben aus vier bis fünf Lesefrüchten oder eine Schulmeisterei aus Sekte und vorwissenschaftlichem Katechismus«. Das waren harte und polemische Worte gegen Stalin und seine Epigonen, denen er vorhielt, ihre lächerlichen politischen Allmachtsfantasien hätten etwas von der Vorstellung an sich, man könne Beethovens neunte Symphonie auf einem Kamm blasen. Genug von den Zumutungen der roten Oberlehrer, so Bloch: »Jetzt muss statt Mühle endlich Schach gespielt werden.« Seine Zuhörer, berichten Dabeigewesene, waren tief beeindruckt. So etwas hatte man öffentlich bisher nie gehört.

Doch zu einer weiteren Verbreitung kam es nicht. Das Heft Nummer 5/1956 der *Deutschen Zeitschrift für Philosophie*, in dem der Vortrag abgedruckt war, wurde noch vor Erscheinen eingestampft. Am 19. Dezember dann erschien im *Neuen Deutschland* unter der Überschrift »Idealistische Verirrungen unter ›antidogmatischem‹ Vorzeichen« eine Generalabrechnung mit Ernst Bloch. Die Monate der relativen Freiheit waren schnell vorüber.

In Polen zeigte die Explosion der Wahrheit weitaus spürbarere Folgen als in der DDR. Der eiserne Repräsentant des polnischen Stalinismus, Boleslaw Bierut, war vierzehn Tage nach dem Ende des XX. Parteitags in einem Moskauer Krankenhaus verstorben. Nur wenig später beschlossen die polnischen Kommunisten, die Geheimrede Chruschtschows zu vervielfältigen, was in Moskau zu großer Verärgerung führte. Ende März war dann auf einer Warschauer Kulturkonferenz bereits davon die Rede, dass man nicht dem Kult um eine Person die Schuld an den Verbrechen der Vergangenheit geben könne. Man müsse sich vielmehr die Frage nach dem System stellen, das solche Persönlichkeiten ermöglicht habe.

Ende Juni schlug das System zum ersten Mal zurück. Bei einem Arbeiteraufstand in Posen, während dessen die Menschenmenge unter anderem das Hauptquartier der Staatssicherheit gestürmt und in Brand gesetzt hatte, gab es 53 Tote und 300 Verletzte.

Schließlich beschloss die Parteiführung angesichts der Stimmung im Land im Oktober, den Verteidigungsminister und ehemaligen Sowjetmarschall Konstantin Rokossowski zu entlassen und aus dem Politbüro zu entfernen. Wladyslaw Gomulka, der sieben Jahre in Bieruts Gefängnissen verbracht hatte, wurde gegen den Willen Moskaus zum neuen Parteichef gewählt. »Die Posener Arbeiter haben nicht gegen Volkspolen protestiert«, sagte er am 20. Oktober in seiner ersten öffentlichen Rede: »Sie protestierten gegen das Böse, das sich in unserer Gesellschaftsordnung breitmachte und sie quälte.« Ulbricht meinte, die polnische Staatssicherheit hätte diese Rede verhindern müssen.

An diesem Tag waren auch Chruschtschow, Mikojan und Molotow in Warschau. Eigentlich hatten sie vor, die Ernennung Gomulkas und die Entlassung Rokossowskis unter Gewaltandrohung wieder rückgängig zu machen. Chruschtschow ließ eine sowjetische Panzerbrigade mit Ziel Warschau in Marsch setzen und ordnete die Mobilisierung der sowjetischen Flotte vor der polnischen Ostseeküste an. Bereits bei seiner Ankunft am 19. Oktober begannen auf dem Flugfeld heftige Auseinandersetzungen mit Gomulka, der seinerseits den Befehl ausgegeben hatte, die polnische Armee entlang der Ausfallstraßen Warschaus in Verteidigungsstellung zu versetzen. Chruschtschow erlebte zum ersten Mal die Fragilität des Sowjetimperiums. Er musste einlenken.

Wie sehr dieser erzwungene Kompromiss letztlich auch den sowjetischen Interessen dienlich war, das machte Gomulka am 24. Oktober in einer Ansprache an die Warschauer Bevölkerung deutlich. »Solange es Stützpunkte der NATO in Westdeutschland gibt«, sagte er da, »solange die neue Wehrmacht dort aufgerichtet wird und Chauvinismus und Revisionismus gegen unsere Grenzen anstiftet, entspricht die Anwesenheit der Sowjetarmee in Deutschland unserer höchsten Staatsräson.« Gomulka war ein polnischer Nationalist, und gerade deshalb blieb er bei allem Eigensinn auf ein Zweckbündnis mit der Sowjetunion angewiesen.

Und die Sowjetunion konnte dankbar dafür sein, dass die Westdeutschen immer noch davon ausgingen, sie würden eines Tages die »unter polnischer Verwaltung« stehenden Ostgebiete zurückerhalten. Bei der Bewältigung der polnischen Krise vom Herbst 1956 kam ihr dieser Umstand jedenfalls sehr zu Hilfe. Auch Ulbricht profitierte von dieser Krise. Stabile Verhältnisse in der DDR waren für Moskau nach dem polnischen Oktober wichtiger denn je, denn durch die sowjetischen Truppen dort konnte in Zukunft Polen in Schach gehalten werden.

Die Entstalinisierungskrise im Ostblock war mit dem polnischen Kompromiss nicht vorüber. Am 23. Oktober hatten Studenten und Arbeiter in Budapest während einer Massendemonstration eine überlebensgroße Stalinstatue vom Sockel gestürzt. Einen Tag später wurde der Reformkommunist Imre Nagy zum neuen ungarischen Ministerpräsidenten ernannt. Er verkündete – bereits unter dem Eindruck sowjetischer Panzer, die am 24. Oktober Richtung Budapest in Marsch gesetzt worden waren – am 30. Oktober die Aufgabe des Einparteiensystems. Am 31. Oktober erklärte Nagy den Austritt Ungarns aus dem Warschauer Pakt. Diesen Schritt hatte Gomulka nicht einmal in Erwägung gezogen. Imre Nagy aber kostete er das Leben; er wurde nach der nun folgenden blutigen Eroberung Budapests durch sowjetische Truppen festgenommen und in einem Geheimprozess zum Tode verurteilt. Über zwanzigtausend Tote forderten die wochenlangen Kämpfe nach ihrem Beginn am 4. November.

»Mit dem Einsatz der Panzer in Budapest im November 1956 und dem Galgen für den ungarischen Ministerpräsidenten Imre Nagy und seinen militärischen Berater Pál Maléter«, schreibt Hans Mayer, »wurde auch über das Leben in der DDR entschieden.« Die kurze Erfrischungsperiode des Marxismus fand, kaum ausgerufen, unter dem Eindruck der Ereignisse in Polen und Ungarn nun ihr schnelles Ende.

In Ungarn habe es damit begonnen, die Freiheit der Presse zu fordern, verkündete Walter Ulbricht in diesen Tagen vor der Volkskammer, »bis die Konterrevolution sich stark genug fühlte, um offen zum weißen Terror überzugehen«. Faschisten würden nach Ungarn geschleust, berichtete das *Neue Deutschland* am 4. November 1956, und einen Tag später las man dort, die Konterrevolution habe das Land ins Chaos gestürzt. Die Bilder von bewaffneten Aufständischen mit ihren magyarischen Emblemen auf den Straßen Budapests und den blutigen Angriffen auf das Gebäude der ungarischen KP verfehlten ihre Wirkung nicht. Für Anna Seghers war die Sache klar. Dass ausgerechnet der spanische Diktator Francisco Franco vor der UNO für den Budapester Aufstand eintrat, schien ihr Beweis genug für die These von der faschistischen Konterrevolution. Günter Kunert dichtete: »So kurz der Rausch, so schlimm wird das Erwachen. / Ich bitte euch von Herzen, haltet fest / An unserer Sache, die sich nie verlieren lässt«, und Stephan Hermlin sah das »Wolfsgesicht derer von 1919« wieder auftauchen, die »bestialischen Charmeurs« der damals von Szeged ausgehenden Konterrevolution des Admirals Miklós Horthy, in deren Kreisen das Wort Nationalsozialismus erfunden wurde.

Anfang November 1956 beschloss das Politbüro unter dem Eindruck der ungarischen Ereignisse auf Vorschlag Ulbrichts einen Maßnahmeplan zur Unterdrückung »konterrevolutionärer Aktionen«, der auch die Anwendung bewaffneter Gewalt vorsah. Diesmal wollte man nicht, wie am 17. Juni 1953, unvorbereitet sein. Stufe eins: Einsatz aller Polizeikräfte und der Kampfgruppen unter dem Befehl des Ministers für Staatssicherheit. Stufe zwei: Einsatz der Nationalen Volksarmee. Stufe drei: Eingreifen sowjetischer Truppen.

Tatsächlich hatte spätestens mit dem Aufstand in Posen die Angst vor einem neuen 17. Juni zugenommen. »Vorwiegend in Industriebetrieben«, meldete die Staatssicherheit Ende Juli, würden gedruckte Flugblätter ausgelegt, Hetzlosungen angeschmiert und feindliche Argumentationen wiedergegeben. Allein bis zum Oktober gab es in der DDR 44 Streiks, und Ende Oktober wusste ein Stimmungsbericht zunehmende »negative Diskussionen« in den Betrieben zu vermelden, bei denen es in erster Linie darum gehe, dass die Polen richtig handelten. Was in diesen Tagen möglich war, zeigt am drastischsten ein *Aufruf an alle Studenten*, der in der Nacht zum 30. Oktober an einer Wand der Humboldt-Universität angebracht wurde. »Die letzten Ereignisse in Polen und Ungarn zeigen mit aller Deutlichkeit, dass dieser Kampf nicht aussichtslos sein wird«, heißt es da: »Studenten! Verweigert die Tätigkeit in der kommunistischen Zwangsorganisation FDJ. Nutzt die Gelegenheit der Ausbildung an

Waffen der GST.« Und weiter: »Zieht die Lehren aus dem Volksaufstand vom 17. Juni 1953. Die Masse der Bevölkerung wartet nur auf eine Initiative.« Es waren die Tage der Hochzeit des ungarischen Aufstands.

Ernst Bloch zog aus den Ereignissen in Budapest die Lehre, man müsse »auf jeden Fall Explosionen (mit ihren höchst paradoxen Weiterungen) zuvorkommen«. Inwiefern Wolfgang Harich, damals noch Chefredakteur der *Deutschen Zeitschrift für Philosophie* und Verfasser eines innerparteilichen Oppositionspapiers, durch solche Überlegungen Blochs beeinflusst war, wie er später vor Gericht behauptete, kann nicht belegt werden. Doch im Prinzip schätzte er die Lage ähnlich dramatisch ein. Man müsse, so seine Auffassung Ende Oktober 1956, nun schleunigst in der DDR den richtigen polnischen Weg beschreiten, unter rechtzeitiger Vermeidung einer ungarischen Katastrophe. Für das militärische Eingreifen der Sowjetunion in Budapest hatte er vollstes Verständnis.

Seine Meinung über Polen hatte sich herausgebildet, als er kurz zuvor bei einem Heine-Kolloquium in Weimar mit den polnischen Literaturwissenschaftlern Marcel Reich-Ranicki und Roman Karst zusammengetroffen war. Der 17. Juni in der DDR, erklärten die beiden, die totgeschwiegenen Aufstände im sowjetischen GULag und der Posener Aufstand seien als vorläufige Höhepunkte eines gegen das stalinistische System aufbegehrenden Klassenkampfs zu bewerten. Mit der Ernennung Gomulkas am 20. Oktober habe diese Entwicklung für Polen anscheinend vorläufig einen glücklichen Ausgang genommen. Die DDR brauchte jetzt nichts dringender als einen deutschen Gomulka.

Für Harich war das eine Existenzfrage, in der er weitgehend Überlegungen seines Mentors, des ungarischen Philosophen Georg Lukács, folgte. Lukács, nun Mitglied der Regierung Imre Nagy, hatte bei seinem letzten Besuch in Berlin zu verstehen gegeben, die DDR werde sich entweder in baldiger Zukunft tatsächlich in ein deutsches Piemont mit Magnetwirkung auf Westdeutschland verwandeln oder untergehen. Ulbricht schien Harich die beste Garantie dafür zu sein, dass Letzteres einträfe.

Doch der Weg, den Harich jetzt beschritt, war mehr als naiv. Er verfasste ein Memorandum mit dem Titel *Studien zur weltgeschichtlichen Situation* und breitete seine Vorstellungen in einem Akt kaum verständlicher Vertrauensseligkeit vor dem sowjetischen Botschafter Puschkin aus. Harich, eine Art intellektuelles Wunderkind, war schon in den Jahren nach 1945 ein Liebling der sowjetischen Besatzungsoffiziere gewesen, und er dachte vielleicht, der Botschafter würde ihm deshalb Gehör schenken. Tatsächlich ließ sich Puschkin auf ein vierstündiges Gespräch ein. Was er von Harich zu hören bekam, fand aber keineswegs seine Zustimmung. Insbesondere als Harich ihm vortrug, eine sozialistische DDR könne nur dann mit der Bundesrepublik konkurrieren, wenn sie durch Rückgabe größerer Teile Pommerns, der Neumark, Schlesiens und Ostpreußens eine Macht von gleichem Rang und territorialer Ausdehnung wie Westdeutschland werde, erntete er mehr als Zurückhaltung. Puschkin, ein Mann des Geheimdienstes, gab Harichs Memorandum aber auch nicht, wie lange vermutet wurde, an Ulbricht weiter, setzte ihn jedoch von dem Gespräch in Kenntnis.

Am 7. November war Harich dann zu einer Aussprache bei Ulbricht geladen. Der wollte von ihm vor allem Namen von Leuten erfahren, die ähnlich dachten wie er, doch zunächst passierte nichts. Ulbricht verharrte bis Ende November in einer Position des Abwartens, wie Harichs Mitstreiter Manfred Hertwig berichtet, der gemeinsam mit Harich noch am 22. November davon ausging, dass eine legale Opposition gegen Ulbricht in der DDR möglich wäre.

In diesen Tagen verfasste Harich seine *Plattform für einen besonderen deutschen Weg zum Sozialismus* und ließ sie an die Mitglieder des Politbüros und des Zentralkomitees übermitteln. Unterm Strich forderte sie ein Zurückschrauben des sozialistischen Aufbaus, der führenden Rolle der SED und der Bevormundung von Gewerkschaften und Massenorganisationen durch die Partei, kurz eine Demokratisierung der DDR, die von der SED geleitet werden sollte, sowie eine Verbesserung der Lebensbedingungen durch Wirtschaftsreformen und den Übergang zur Perspektivplanung. Tatsächlich war Harichs Plattform, wie Werner Mittenzwei festhält, das umfassendste Programm aller Oppositionsbewegungen in der DDR bis 1989. Reaktionen darauf erhielt er nicht.

Doch am 24. November wurde in Budapest das Kriegsrecht verhängt, und in diesen Tagen war auch Chruschtschows Position in Moskau mit einem Fragezeichen versehen. Ende November wurde mit Molotow ein altgedienter Stalinkader zum Minister für Staatskontrolle ernannt; zur selben Zeit wurden Wolfgang Harich sowie seine Mitstreiter Bernhard Steinberger und Manfred Hertwig festgenommen. »Sie haben auf Chruschtschow gesetzt«, herrscht Generalstaatsanwalt Melsheimer Hertwig bei einem Verhör an, »und zu spät bemerkt, dass Molotow der Mann der Zukunft ist.« Ulbricht war sich da nicht so sicher, doch mit der Verhaftung der »Gruppe« um Harich und der wenig später erfolgenden Festnahme des Chefs des Aufbau-Verlags, Walter Janka, wollte er ein Zeichen setzen.

Die ungarischen Ereignisse, verkündete er im *Neuen Deutschland*, zeigten mit aller Deutlichkeit, dass es katastrophale Folgen habe, wenn eine Arbeiterpartei es zulasse, »dass die Angehörigen der Intelligenz, die unter bürgerlichem Einfluss stehen, ungehindert ihre Zersetzungstätigkeit durchführen können«. Und weiter: »Es gibt keinen dritten Weg.«

Unter den Intellektuellen wurde nach der Verhaftung Wolfgang Harichs der Rasenmäher appliziert. »Wir waren verrückt vor Angst und Zorn«, vertraute die junge Schriftstellerin Brigitte Reimann Mitte Dezember 1956 ihrem Tagbuch an: »Der Geist bei uns lebt illegal – Herrgott, ist das eine Welt!« Dem international bekannten Philosophen und Nationalpreisträger Ernst Bloch, dessen Hauptwerk *Das Prinzip Hoffnung* gerade erst in der DDR erschienen war, wurden Sympathien für die Ungarn und Polen nachgesagt und das Recht abgesprochen, sich weiterhin als marxistischer Philosoph zu bezeichnen. Er wurde von der Leipziger Universität zwangsemeritiert. Melsheimer hatte sogar vorsorglich einen Haftbefehl gegen ihn vorbereitet, doch Ulbricht untersagte ihm die spektakuläre Aktion.

Der Leipziger Schriftsteller Erich Loest jedoch wurde 1957 verhaftet, der Bloch-Schüler Gerhard Zwerenz floh rechtzeitig nach Westdeutschland. In den Wirtschaftswissenschaften wurde jede Stimme, die sich für mehr Unabhängigkeit des Wirtschaftslebens von Parteidiktaten aussprach, unter Generalverdacht gestellt. Naturwissenschaftler wie Robert Havemann gerieten unter Beschuss, weil sie offen für einen freien wissenschaftlichen Meinungsstreit eingetreten waren. Insgesamt werden bis zum Ende des Jahres 87 Intellektuelle – Wissenschaftler, Studenten und Journalisten – dem Haftrichter vorgeführt.

Im Kontext der »Auswertung« des Prozesses gegen Wolfgang Harich und die hinter ihm wissend vermutete, nach einem einheitlichen Plan vorgehende Hand des Gegners tauchte zum ersten Mal der Begriff der »Aufweichung« auf. Mit dem seit Oktober 1957 amtierenden neuen Staatssicherheitsminister Erich Mielke sollte diese Formel im Kampf gegen die sogenannte »politisch-ideologische Diversion« Karriere machen und die DDR bis zu ihrem Untergang mitprägen. Auch für den mausgrauen Erich Honecker, seit dem Sommer 1956 ZK-Sekretär für Sicherheitsfragen, begann in diesen Tagen der Durchmarsch nach oben. Mitte Dezember 1956 warf er Stasi-Chef Ernst Wollweber vor, sein Ministerium habe bei der Enttarnung feindlicher Gruppen in der DDR völlig versagt. Er bereitete damit die Inthronisation Mielkes vor.

»Die SED und ihr MfS nahmen damals in den obligatorischen Einschätzungen durchaus wahr, dass sie oft ihre produktivsten und intelligentesten Köpfe neutralisierten«, beschreibt Ehrhart Neubert den irrationalen Mechanismus dieser Art von Machterhalt: »Diese fortgesetzte und exzessive Selbstschädigung war Ausdruck der ideologischen Fixierung auf das verinnerlichte Prinzip des Klassenkampfs. Die Partei legitimierte sich in und durch die Vernichtung ihrer herbeidefinierten Gegner.« Das Vorgehen gegen die kritische Intelligenz, das in dieser Form nach dem Ungarnaufstand zum ersten Mal massiv einsetzte, war eine der Hauptursachen für einen fortschreitenden geistigen Provinzialismus in der DDR. Umgekehrt erhielt jene Generation von profillosen und parteitreuen Intellektuellen und Funktionären, die bis 1989 die Macht innehatten, in diesen Tagen der Abrechnung ihre entscheidende Prägung.

Rochade

»Von nun an«, erinnert sich Hans Mayer, »wurde staatstragend debattiert, nicht zweifelnd.« Auch Walter Ulbricht war sich auf seine Weise durchaus bewusst, dass irgendwann einmal tatsächlich statt Mühle Schach gespielt werden musste. Auf einer ZK-Tagung Ende Oktober 1955 hatte er zum ersten Mal die Effizienz der Wirtschaft in den Mittelpunkt seiner Ausführungen gestellt. In ungewöhnlicher Offenheit kam er auf verschiedene Ursachen der wirtschaftlichen Probleme zu sprechen, auf Disproportionen in der Industrie, den Aufwand, der für industrielle Mammutinvestitionen und den Hafenbau an der Ostsee betrieben wurde, und wandte sich mit deutlichen Worten gegen das ewige Warten auf eine die Überlegenheit des Sozialismus demonstrierende Krise in Westdeutschland.

Man müsse sich vielmehr endlich ernsthaft Gedanken darüber machen, wie man die westdeutsche Wirtschaft auch unter den Bedingungen der dortigen Hochkonjunktur übertreffen könne, und dabei gleichzeitig in Rechnung stellen, dass die DDR auf verschiedenen Gebieten der technischen Entwicklung von der Bundesrepublik überflügelt worden sei. Auf den Gebieten Wissenschaft, Technik und Organisation der Produktion gelte es deshalb, systematischer als bisher, alles Neue und Fortschrittliche auf dem schnellsten Weg in die Praxis einzuführen.

Immer wieder wurden während dieser Tagung, auch von anderen Rednern, der straffe Zentralismus und der Bürokratismus als die Wurzel aller Probleme benannt. Im Schlusswort kam Ulbricht zu dem für sein Weltbild allerdings kaum überraschenden Ergebnis, die ideologische Zurückgebliebenheit vieler Genossen sei die Hauptursache aller Schwierigkeiten. Die paradoxe Antwort lautete, dass deshalb die straffe Leitung der Partei erhöht werden müsse, um den durch Dogmatismus und Schematismus entstandenen Überzentralismus unter Kontrolle zu bringen.

So dachte Ulbricht, und er würde auch während der sogenannten Reformzeit der Sechzigerjahre nicht aufhören, so zu denken. Bemerkenswert ist daran aber, dass der stets lernfähige SED-Chef schon vor dem XX. Parteitag der KPdSU offenbar aus anderen Gründen als Chruschtschow zu der Auffassung gekommen war, dass das Stalin'sche Modell des sozialistischen Aufbaus einiger Korrekturen bedurfte. So leicht es ihm daher fiel, schon am Morgen nach Chruschtschows Geheimrede in Moskau zu erklären, dass Stalin nicht zu den Klassikern des Marxismus gehöre, so wenig wollte er von einer kritischen Aufarbeitung des sogenannten Personenkults etwas wissen. Er wollte dieses »sowjetische« Problem am liebsten ausklammern und so schnell und kaltschnäuzig wie möglich auf dem Weg vorwärtsschreiten, den er im Herbst 1955 angekündigt hatte.

Wie wenig er für die moralische Erschütterung der Partei Verständnis hatte, zeigte sein Auftritt vor Delegierten des Berliner Bezirksparteitags der SED Mitte März 1956. Nachdem der Inhalt der Geheimrede von den Westmedien veröffentlicht war, sah er keinen anderen Weg mehr, als in irgendeiner Weise dazu Stellung zu nehmen. Es sei nicht angenehm, telegrafierte er am 19. März an Chruschtschow, dies ohne Rücksprache mit der KPdSU getan zu haben. »Es blieb uns jedoch in dieser Situation kein anderer Weg.«

Was er allerdings tatsächlich mitteilte, hatte eher etwas von einer Publikumsbeschimpfung an sich. Eine große Anzahl junger Genossen, so Ulbricht, die nicht wie er auf ein halbes Jahrhundert Parteikampf und innerparteiliche Kämpfe zurückblicken könnten, sondern lediglich im Parteilehrjahr bestimmte Dogmen auswendig gelernt hätten, müssten nun plötzlich erleben, dass einige Dogmen nicht mehr zum Leben passten. Pflichtschuldige Heiterkeit vermerkt das Protokoll, als Ulbricht dann herablassend erklärte, leider habe das nicht dazu geführt, die Fehler des Dogmatismus einzusehen, sondern zu behaupten, im Leben stimme etwas nicht.

Doch damit nicht genug. Die jungen Genossen, steigerte er sich in seine Invektive hinein, seien so gut geschult, dass sie manchmal über die Biografie des Genossen Stalin weit besser Bescheid wüssten als das ganze Politbüro. »Aber wenn man sie jetzt fragt: Wie verhalten wir uns in den Fragen der sozialistischen Ökonomik«, so Ulbrichts abschließende Spitze, »da liegen sie glatt auf dem Kreuz. Da geht es nicht weiter, da hört es auf.« Auf diese Weise agierte Walter Ulbricht, wenn er deutlich machen wollte, dass ab nun statt Mühle Schach gespielt werden müsse.

Die arrogante Abrechnung mit der Schulgelehrsamkeit der jungen Genossen war ein eindrückliches Beispiel jenes »neuen« technokratischen Ulbricht, der in den Sechzigerjahren zur Höchstform auflaufen würde. Themen von Schuld und Verantwortung, die Chruschtschow immerhin bewegten, interessierten ihn nicht.

Stalins Modell hatte sich in seinen Augen als unzulänglich erwiesen, und dieses Problem musste überwunden werden, ohne die Herrschaft der Partei und die stalinistischen Herrschaftsstrukturen auch nur im Ansatz infrage zu stellen. Ulbricht dachte in dieser Frage nicht wesentlich anders als die Chinesen, die – was ihm nicht entgangen war – sich auf dem XX. Parteitag ungebrochen in Lobpreisungen auf Stalin übten und trotzdem ihre eigenen Wege gingen.

Ende September 1956 hatte Walter Ulbricht eine Unterredung mit Mao Zedong und anderen chinesischen Führern in Peking. »Wir müssen erreichen, dass die Lebenslage bei uns besser wird als in Westdeutschland«, erklärte Ulbricht dem chinesischen Steuermann auf dessen Frage, ob man sich vom 17. Juni denn schon erholt habe. Wann das möglich sei, wollte Mao wissen. Ulbricht antwortet: »Bei großer Anstrengung 1960.« Mao: »Vielleicht ist es erst später möglich?« Ulbricht: »Wir müssen jetzt, sonst wird es gefährlich.« Das sei ein großer Wunsch, meinte Mao ohne jede Kenntnis der wirklichen Lage in der DDR. Er selbst bereitete sich zu dieser Zeit auf das Abenteuer des *Großen Sprungs nach vorn* vor.

Schließlich sagte Mao, der trotz seiner Differenzen zu Chruschtschow damals noch nicht an ein Schisma dachte, das weltrevolutionäre Zentrum sei bei allen Fehlern von Komintern und Kominform (der Kommunistischen Internationale, bis 1943, und des Kommunistischen Informationsbüros, 1947–1956) nach wie vor die Sowjetunion. Ulbricht antwortete sybillinisch: »Wir müssen unseren eigenen Kopf auch anstrengen«, und Mao gab zustimmend zu verstehen, das sei in seinem Fall vielleicht etwas anderes. Schließlich komme der Marxismus aus Deutschland. Es war eine ziemlich merkwürdige Begegnung, in deren Verlauf Mao Zedong plötzlich auf die Chinesische Mauer zu sprechen kam, nicht ohne den Hinweis damit zu verbinden, solche Bauwerke seien auch gut gegen »Faschisten«.

Im November 1956 veröffentlichte Ulbricht in der SED-Theoriezeitschrift *Einheit* einen Artikel über die sozialistische Umgestaltung in China, und 1957 war Maos soeben publizierte Unterscheidung zwischen antagonistischen und nicht antagonistischen Widersprüchen im Volk mehrmals Thema in den DDR-Medien. Wer Ulbrichts Reden aus den Jahren 1958 und 1959 durchliest, kann sich des Eindrucks nicht erwehren, dass diese Lesart von schöpferischer Dialektik bei ihm tiefe Spuren hinterlassen hat. »Wir erklären der Arbeiterklasse und den Volksmassen besser die vorhandenen Widersprüche und die Wege zu ihrer Überwindung«, resümierte er auf dem V. Parteitag der SED am 10. Juli 1958 die Früchte seiner chinesischen Begegnung. Genosse Mao Zedong habe für diesen neuen Weg wertvolle Anregungen gegeben.

Man hatte, wollte er damit sagen, nach dem 17. Juni gelernt, Widersprüche im Vorwärtsschreiten zu überwinden, ohne wie Herrnstadt, Harich und andere »Revisionisten« in Defätismus zu verfallen. Bereits im Januar 1957 machte er in Anspielung auf Maos *Hundert-Blumen*-Kampagne deutlich, »das Unkraut des Revisionismus« sei in seinen Augen »weder eine Blume noch eine nützliche Pflanze«, und er konnte sich nun durch Maos aufgrund chinesischer Nachfragen bezüglich seiner »Unkraut«-Bemerkungen verschärfte Schriftfassung der Rede *Über die richtige Behandlung der Widersprüche im Volke* darin mehr als bestätigt sehen.

Es gab Feinde des Volkes, und es gab lösbare Widersprüche im Volk. Diesen Unterschied, so Ulbrichts neue Linie, hatte man in der Vergangenheit vielleicht nicht deutlich genug beachtet. Bereits im April 1956 meinte er, in den letzten Jahren habe man in vielen Fällen Verhaftungen durchgeführt, wo es ausgereicht hätte, die Betreffenden zum Schadensersatz zu veranlassen, und oft unüberlegt von Sabotage geredet, wo es notwendig gewesen wäre, Fehler auf wirtschaftlichem Gebiet objektiv zu untersuchen. Umgekehrt musste gegen die wirklichen Feinde des Volkes mit aller Härte vorgegangen werden, wie die Prozesse gegen Wolfgang Harich und Walter Janka demonstrieren sollten. Wirtschaftswissenschaftler wie Fritz Behrens und Arne Benary, die eine Dezentralisierung und Demokratisierung der Planwirtschaft nach jugoslawischem Modell forderten, wurden in die dritte Reihe versetzt und zu schonungsloser Selbstkritik gezwungen. Auf einer Konferenz über Rechts- und Staatswissenschaften in Babelsberg hob Ulbricht noch einmal die Richtigkeit der alten »dynamischen« Auffassung von der wirtschaftlich-organisatorischen und kulturell-erzieherischen Funktion des Staats und des Rechts hervor. Erich Mielke betonte, der sozialistische Aufbau könne sich bei größerer Wachsamkeit der staatlichen Sicherheitsorgane gegenüber feindlichen Zentralen im Grunde »wesentlich schneller« vollziehen. Im Dezember 1957 kam es zu einer Verschärfung des politischen Strafrechts, doch hier wurde im Sinne der neuen Linie durch die Einführung der bedingten Verurteilung und des öffentlichen Tadels die Möglichkeit geschaffen, nach dem Grad der »Gesellschaftsgefährlichkeit« zu differenzieren und das Prinzip der Erziehung in gradueller Abstufung wirksam werden zu lassen. Im Februar 1958 entledigte sich Ulbricht mit Karl Schirdewan, Ernst Wollweber und Fred Oelßner schließlich seiner letzten Widersacher im Politbüro.

Ulbricht brauchte diese Rochaden, um nach den Krisenjahren 1953 und 1956 unter veränderten Bedingungen und mit einer modifizierten Strategie seine alten Ziele wieder aufnehmen zu können. Nach der Entlassung der drei Politbüromitglieder erwartete Sebastian Haffner in einem Kommentar für den *Observer* vom 16. Februar 1958, dass nun eine »kritische und potenziell gefährliche Phase« für Ostdeutschland beginnen könne. »Man kehrt zu der Politik von 1952 zurück«, so Haffner, »von der man 1953 abließ, nachdem ein Massenexodus aus Ostdeutschland und schließlich der Arbeiteraufstand vom Juni 1953 die unmittelbare Folge waren.« Diese Wende hatte sich allerdings schon vorher angekündigt.

Der Start einer sowjetischen Interkontinentalrakete war für Ulbricht in einer Rede zur Eröffnung des Jugendweihejahres Ende September 1957 Anlass zu der Bemerkung, dass der Mensch bereits heute in der Lage sei, Berge zu versetzen. Er meinte damit natürlich die Sowjetunion, deren Überlegenheit, wie er den Jugendlichen versicherte, nun auch in technischer Hinsicht für jedermann sichtbar geworden sei. Die Rede endete mit einem Zitat von Brecht über den Kommunismus als dem Einfachen, das schwer zu machen sei. Nur wenige Tage später, am 4. Oktober, erhob sich im kasachischen Baikonur eine Rakete, die den ersten Weltraumsatelliten mit dem Namen *Sputnik* in den Himmel beförderte. Der Westen war wie gelähmt, der Osten triumphierte.

Heute, versicherte die *Berliner Zeitung* nach dem Start des Erdtrabanten ihren Lesern, stehe man unverkennbar an einer zweiten historischen Wende. Die Kräfte des Sozialismus hätten zum ersten Mal die des kapitalistischen Restteils der Erde übertroffen. Der sowjetische Himmelskörper sei Symbol und Beweis dieser Gewichtsverlagerung, die sich von nun an immer schneller vollziehen werde, während die amerikanische Raketentechnik total versagt habe. Ulbricht würde später behaupten, die Überlegenheit der sowjetischen Wissenschaftler in der Weltraumtechnik sei geradezu »gesetzmäßig« gewesen, weil sie nämlich die wissenschaftliche Lehre des dialektischen Materialismus meisterten. Er glaubte nach wie vor, der »Mystizismus« der sogenannten bürgerlichen Weltanschauung würde sich im Unterschied zum »wissenschaftlichen Weltbild« des

Marxismus auch in Naturwissenschaft und Technik als ein immer stärkeres Fortschrittshemmnis erweisen.

Am 10. Juli 1958 verkündete er auf dem V. Parteitag der SED mit einem großen Paukenschlag die neue »ökonomische Hauptaufgabe«. Die Volkswirtschaft der Deutschen Demokratischen Republik, so Ulbricht, sei innerhalb weniger Jahre so zu entwickeln, »dass die Überlegenheit der sozialistischen Gesellschaftsordnung der DDR gegenüber der Herrschaft der imperialistischen Kräfte im Bonner Staat eindeutig bewiesen wird und infolgedessen der Pro-Kopf-Verbrauch unserer werktätigen Bevölkerung mit allen wichtigen Lebensmitteln und Konsumgütern den Pro-Kopf-Verbrauch der Gesamtbevölkerung in Westdeutschland erreicht und übertrifft«.

Es waren bekanntermaßen vollkommen utopische Ziele, die er da vortrug. Sie verlieren jedoch etwas von ihrer Vermessenheit, wenn man in Rechnung stellt, dass selbst die CIA in dieser Zeit aufgrund der erstaunlichen Steigerung des Lebensstandards in der nachstalinschen Sowjetunion auf der Basis von Extrapolationen zu dem Ergebnis kam, das sowjetische Bruttosozialprodukt könne im Jahr 2000 durchaus dreimal so hoch sein wie das der USA. Verlässliche Prognosen waren unter dem Eindruck des *Sputnik*-Fiebers offenbar auf beiden Seiten kaum zu erwarten.

Tatsächlich stieg die Industrieproduktion der DDR 1957 um acht und in den beiden Folgejahren um jeweils zwölf Prozent. Im Mai 1958 wurde die Rationierung durch Lebensmittelkarten aufgehoben, die Konsumgüterindustrie machte bemerkenswerte Fortschritte. In den Jahren 1958/59 erlebte die DDR eine kurzfristige Fresswelle, Angebot und Nachfrage differenzierten sich. Neun von zehn Haushalten verfügten 1960 über ein Radio. Mode begann eine immer größere Rolle zu spielen. Auch im sozialen Bereich hatte sich vieles geändert. FDGB-Erholungsheime, Kinderhorte und Polikliniken, berufliche Aufstiegschancen und sichere Arbeitsplätze erleichterten für viele das Arrangement mit dem System. »Trotz Parteidiktatur und Staatssicherheit«, erinnert sich Hans Mayer, hatte sich seit Mitte der Fünfzigerjahre in der DDR ein plebejisches Bewusstsein entwickelt, das nicht unbedingt staatskonform sein musste. Die Flüchtlingszahlen gingen ab 1958 zurück.

Es gab sichtbare Erfolge zu verzeichnen. OPREMA, die Optische

Rechenmaschine des VEB Carl Zeiss Jena, von der Ende 1954 ein Modell vorlag, konnte als erster arbeitsfähiger Computer der DDR damals noch jedem internationalen Vergleich standhalten. Eine kleine Sensation war die Aufnahme der Produktion des in Anlehnung an den *Sputnik* so genannten *Trabant* 1958, des damals viel beachteten ersten Kunststoffautos der Welt, für das die britische Firma Formica sogar einen Lizenzvertrag erwarb. Die Weiterentwicklungen alter Modelle wie des Zwickauer Audi P70, des Horch P240 und des Wartburg 311 konnten sich sehen lassen. Die Werkzeugmaschinenindustrie, die Fototechnik und die optische Industrie waren konkurrenzfähig. Im Dezember 1957 nahm der erste Atomreaktor in Rossendorf bei Dresden den Betrieb auf. Angesichts solcher Entwicklungen und auf der Grundlage eines sowjetischen Versprechens, die Lieferung von Grundstoffen in den nächsten Jahren um das Mehrfache zu erhöhen, verkündete Ulbricht, die DDR werde ihre ökonomische Hauptaufgabe schon bis 1961 gelöst haben.

Chruschtschow sah das mit dem ihm eigenen überzogenen Optimismus genauso. »Dies wird von höchster politischer Bedeutung sein«, triumphierte er, »dies wird für sie eine Bombe sein.«

Für ihn verband sich damit die Hoffnung, der das Prestige des ganzen sozialistischen Lagers gefährdenden Flüchtlingsfrage mit ökonomischen Mitteln beikommen zu können. Die DDR war in seinen Augen das Schaufenster des Weltsozialismus, und für ihr Gedeihen war er notfalls sogar bereit, den Gürtel im eigenen Land enger zu schnallen. »Wir dürfen nicht blinde Geldzähler sein«, meinte er.

Doch es gab auch gravierende Probleme. Bis Mitte der Fünfzigerjahre praktizierte man im Arbeiter- und Bauernstaat keine konsistente Wissenschafts- und Technologiepolitik. Im Grunde nicht bis zur Bildung des DDR-Forschungsrats 1957, der ab 1958 in Zusammenarbeit mit der Staatlichen Plankommission Perspektivpläne für die Grundlagenforschung und die Entwicklung neuer Technologien zu entwickeln hatte. Wissenschaft galt nun erst in offizieller Parteiterminologie als eine »Produktivkraft«.

Die Bestimmung von Maßstäben dafür, was in Zukunft gern »Weltniveau« genannt werden sollte, bereitete allerdings einige Schwierigkeiten. Ostdeutsche Besucher der Hannover-Messe 1959 beispielsweise mussten feststellen, dass die DDR in vielen Bereichen ernsthaft im Rückstand war, besonders bei elektrischen Haushaltsgeräten sowie bei der Rundfunk- und Fernsehtechnik. Andererseits glaubten die DDR-Wirtschaftslenker, in dem Mangel an Standardisierung bei elektronischen Komponenten ein typisches Symptom kapitalistischer Zersplitterung entdeckt zu haben. Auch die Leipziger Messe verzerrte oft den Blick. In der naiven und marktwirtschaftsfremden Annahme, solche Handelsmessen seien etwas wie eine technische Leistungsschau, übersahen sie schnell, dass in Leipzig nur die Produkte ausgestellt waren, für die sich die Hersteller auch tatsächlich einen Markt in den sozialistischen Ländern versprachen – und die nicht unter die Embargobestimmungen fielen. Das im November 1958 großformatig angelegte Chemieprogramm wies zudem den Geburtsfehler auf, dass ein beträchtlicher Teil davon, nämlich die Acetylenchemie auf Kohlebasis, in Zeiten des internationalen Siegeszuges der Petrochemie von Anfang an alles andere als zukunftsträchtig war. Auch in der Halbleiterindustrie lag die DDR hinter dem »Weltniveau« sowohl technologisch als auch von der Produktionskapazität her um Jahre zurück.

Ulbrichts »ökonomische Hauptaufgabe« von 1958 hatte unter diesen Umständen alle utopischen Komponenten eines Großen Sprungs nach vorn an sich.

Kulturrevolution

Es war ein gigantisches Komplexprogramm, das Ulbricht der DDR verordnete, in dessen Mittelpunkt eine im Vergleich zu 1952 weitaus differenziertere Konzeption des sozialistischen Neuen Menschen stand. Ausschließlich mit stachanowistischen Methoden, das war ihm in den letzten Jahren klar geworden, konnte man den Problemen der neuen wissenschaftlich-technischen Revolution nicht beikommen. Die Aufgaben der Zukunft, verkündete er auf dem V. Parteitag, zwängen zur Mobilisierung aller vorhandenen inneren Reserven der DDR. Vor allem aber könnten die neuen und höheren Ziele nicht mehr auf der Basis der alten Technik und der bisherigen Organisation der Produktion gelöst werden. »Sie erfordern«, so Ulbricht, »eine wesentlich engere Verbindung der Wissenschaft mit der Produktion, als wir sie bisher erreicht haben.«

Im Februar 1958 leitete die SED eine umfassende Reform der

Wirtschaftsverwaltung ein. Große Teile der Industrieministerien wurden in die Staatliche Plankommission überführt, den bezirklichen und örtlichen Räten mehr Selbstständigkeit zugesprochen. Produktionsberatungen, Brigaden der sozialistischen Arbeit und wissenschaftliche Räte sollten helfen, eine Kultur der Gemeinsamkeit in den Betrieben und Institutionen zu fördern. Der Technokrat Erich Apel übernahm die Leitung der neu gebildeten Wirtschaftskommission beim Politbüro. Günter Mittag, unter Honecker bis zum Schluss der unangefochtene Wirtschaftsboss der DDR, wurde ihr Sekretär. Automatisierung, maschinelle Datenverarbeitung, Kernenergie und Halbleiterphysik entwickelten sich zu den neuen Losungen der Zukunft. »Die Automatisierung«, verkündete Ulbricht, »führt bei uns unmittelbar zur Verbesserung der Lebenslage der gesamten Gesellschaft.« Das alles erforderte eine Erhöhung des Bildungsniveaus, vor allem im technischen Bereich. Ende Februar 1958 verordnete die dritte Hochschulkonferenz der SED eine engere Verbindung der Wissenschaft mit der Praxis in Industrie und Landwirtschaft. Die Zahl der Studenten hatte sich gegenüber 1951 verdoppelt. Über zwanzig Prozent der jüngeren Jahrgänge genossen nun eine akademische Ausbildung.

Im Januar 1959 wurde der Aufbau der obligatorischen zehnklassigen Polytechnischen Oberschule beschlossen. Die Schüler, verkündete Ulbricht auf dem V. Parteitag, sollten den vielfältigen Anforderungen des Lebens in der sozialistischen Gesellschaft von morgen gewachsen sein, die Arbeit lieben und treu zur Arbeiter- und Bauernmacht stehen.

Ideologische Erziehung – und damit meinte Ulbricht die »wissenschaftliche Weltanschauung« des dialektischen Materialismus wie die Verbreitung der jeweils letzten Parteibeschlüsse – sollte in Schule und Hochschule einen ebenso hohen Stellenwert einnehmen wie die wichtiger gewordene fachliche Qualifikation. Nach wie vor bestand seine Vision aus der Utopie einer Volksgemeinschaft von politisch gleichgeschalteten und durch »wissenschaftliches« Bewusstsein gesteuerten Bestarbeitern, Bestingenieuren und Bestwissenschaftlern, die einmütig – nur diesmal auf höherem Niveau als 1952 – mit Enthusiasmus ein identisches Ziel verfolgen würden.

»Die sozialistische Erziehung der Menschen«, so das Resümee

dieser Vision, »ist der Schlüssel, um die nächsten ökonomischen und politischen Aufgaben zu lösen.«

Am Ende stand die Zauberformel der zehn Gebote der sozialistischen Moral. »Nur derjenige handelt sittlich und wahrhaft menschlich«, verkündete Ulbricht auf dem V. Parteitag, »der sich aktiv für den Sieg des Sozialismus einsetzt, das heißt für die Beseitigung der Ausbeutung des Menschen durch den Menschen.«

Und dann folgte, in bewusst blasphemischer Anlehnung an die biblische Vorlage, zehnmal die Forderung: »Du sollst«. Der gute Mensch zwischen Elbe und Oder sollte demnach vor allem im Geist der gegenseitigen Hilfe gute Taten für den Sozialismus vollbringen, das Kollektiv achten und seine Kritik beherzigen, das Volkseigentum schützen und mehren, nach Verbesserung seiner Leistungen streben, die sozialistische Arbeitsdisziplin festigen und seine Kinder im Geiste des Friedens und des Sozialismus zu allseitig gebildeten, charakterfesten und körperlich gestählten Menschen erziehen. Freiwillige Ordnungsgruppen der FDJ sollten diese Botschaften mit einem gewissen Hauch von Chinoiserie durch aufdringliche Kampagnen für ein sauberes Land unter die Menschen tragen. Es war das ziemlich bieder angelegte Programm einer sozialistischen Kulturrevolution, von der sich Ulbricht diesmal das große Wunder in der »Schlacht der 1.000 Tage« bis zum selbst gesetzten Ziel der 1961 als erfüllt zu meldenden »Hauptaufgabe« erwartete.

Die sozialistische Kulturrevolution nämlich, erklärte der V. Parteitag, sei ein notwendiger Bestandteil der gesamten sozialistischen Umwälzung. Dazu sollten auch geschmackvollere Wohnungen, häufigere Theater- und Kinobesuche und mehr Interesse für schöne Bücher und Bilder gehören. Klartext redete Klaus Gysi, nach der Verhaftung Walter Jankas neuer Leiter des Aufbau-Verlags, auf der Frankfurter Buchmesse 1958. »Wir erstreben eine sozialistische Literatur«, erklärte er, »und ganz allgemein eine saubere, anständige Literatur von hohem moralischem Wert und echter volkserzieherischer Bedeutung.« Schädliches Unkraut, meinte Ulbricht bekanntlich, könne man nicht gebrauchen. Allein in Halle beispielsweise wurden 1958 im Rahmen des Kampfs gegen den »Revisionismus« in Leihbüchereien und Antiquariaten 1.426 Bücher eingezogen, 366 vorläufig versiegelt, 30.000 zur Prüfung vorgemerkt und 18 Gewerbescheine entzogen. In Ulbrichts sozialistischem Themenpark würden hundert Blumen blühen, nur nicht die falschen.

1959 war das Jahr der ersten Bitterfelder Konferenz. Sie fand Ende April im Kulturpalast des örtlichen Elektrochemischen Kombinats statt. Ausgangspunkt war ein Aufruf der Jugendbrigade *Nikolai Mamai* zum Kampf um den Titel »Brigade der sozialistischen Arbeit« vom Januar, in dem auch Begegnungen von Brigademitgliedern und Künstlern vorgesehen waren. Sozialistische Arbeit sollte die Einheit von Arbeiten, Lernen und Leben im Geist des Sozialismus bedeuten, wovon sich Ulbricht eine neue gemeinschaftliche Arbeits- und Lebenskultur mit dem Ziel der Motivations- und Produktivitätssteigerung versprach. Ihm kam es darauf an, durch den Kontakt von Arbeitern und Kulturschaffenden eine in seinem Sinne gebildete Arbeiterklasse zu schaffen, die sich nicht im Proletkult der Zwanzigerjahre verlor, sondern den komplexen wissenschaftlich-technischen Anforderungen der neuen Zeit gewachsen war.

Ulbricht selbst hatte als junger Tischlergeselle zu Fuß eine Bildungsreise nach Italien unternommen und auf dieser Walz die bedeutenden Städte und großen Museen auf seinem Weg kennengelernt, war über den Leipziger Arbeiterbildungsverein mit den großen Werken von Goethe, Schiller, Heine, Ibsen und Hauptmann sowie mit klassischen Musikaufführungen des Gewandhausorchesters bekannt gemacht worden und steckte sich als Trost Homers *Ilias* in den Tornister, als er 1915 mit 21 Jahren an die Balkanfront des Ersten Weltkriegs geschickt wurde. Für sich nahm er in Anspruch, mit den Höhen der Kultur schon immer vertraut gewesen zu sein, und das sollte nun allgemeine Politik werden.

Ulbricht verfolgte damit zwei Ziele. Von der Hebung des kulturellen Niveaus versprach er sich einen Anstieg des konstruktiven Kreativitätspotenzials in den Betrieben und regionalen Verwaltungen. Zweitens aber wollte er die Intellektuellen, die sich im Krisenjahr 1956 als kaum beherrschbar erwiesen hatten, nun endgültig auf Linie bringen. Der alte Typus des literarischen Intellektuellen mit seiner Neigung zu Ironie und Skepsis sollte im Grunde genommen ganz abgeschafft werden. In diesem Sinne forderte er am 15. Januar 1959 vor dem ZK der SED die Künstler und Schriftsteller auf, »die Linie der Partei für die Entwicklung einer großen und weiten sozialistischen Nationalkultur« in Zukunft zur eigenen »führenden Linie« zu machen.

Der Institutionalisierung einer solchen kulturellen Planwirtschaft diente die Bitterfelder Konferenz. Sie kam auf eine Initiative des Mitteldeutschen Verlags hin zustande, der bereits im November 1958 beschlossen hatte, sich künftig stärker mit der »ökonomischen Hauptaufgabe« des Überrundens der Bundesrepublik zu beschäftigen, und deshalb seine Autoren aufforderte, die Brigaden in den Betrieben zu unterstützen und »die großen Geschehnisse unserer Zeit« literarisch zu gestalten.

Während der Konferenz gab Ulbricht die Losung aus, auf allen Gebieten der Kultur die absolute Überlegenheit gegenüber Westdeutschland in den nächsten Jahren unter Beweis zu stellen. Das gelte auch für sämtliche Zweige der Kunst, vor allem für den Film und die leichte Muse. Die schöpferischen Impulse der Brigade *Nikolai Mamai* hätten dabei den richtigen Weg gewiesen. Sie arbeite und lebe bereits jetzt sozialistisch und lege so ein schnelleres Tempo an den Tag als die meisten Schriftsteller und Künstler. Ausdrücklich nahm Ulbricht, der forderte, »Konflikte, wie sie im Leben vorhanden sind«, künstlerisch zu gestalten, Heiner Müllers und Helmut Baierls Produktionsstücke von seiner Kritik aus. Er sah in ihnen sogar Musterbeispiele, »gute neue Ansätze«, die ganz in seinem Sinn »das Neue im Leben« thematisierten und die Botschaft vermittelten, dass man nicht antagonistische Widersprüche beim Aufbau des Sozialismus im Vorwärtsschreiten konstruktiv überwinden könne.

»Ohne die Erstürmung der Höhen der Kultur«, meinte er abschließend, »kann die Arbeiterklasse ihre großen Aufgaben, den Sozialismus zum Sieg zu führen, nur schwer erfüllen.« In der Konsequenz forderte die Bitterfelder Konferenz den schreibenden wie lesenden Arbeiter und den Künstler, der in den Betrieben das »wirkliche Leben« kennenlernt. Ein bis zwei Jahre, so der altgediente Arbeiterdichter Willi Bredel, sollten die Schriftsteller in den Betrieben bleiben, und zwar nicht als Schriftsteller, sondern als Arbeiter. Sie würden dadurch, das glaubte auch Ulbricht, andere Menschen werden und sich als neue Kollektivwesen zu ihren Gunsten verändern. Max Zimmering, der Leiter des Leipziger Literaturinstituts, verwies auf das nordkoreanische Vorbild, wo in den Betrieben bereits Planstellen für Schriftsteller geschaffen wurden.

Von den Brigaden der sozialistischen Arbeit sollten in Zukunft tatsächlich vielfältige und beachtliche kulturelle Initiativen ausgehen. Kulturkommissionen würden tagen und Bezirkshäuser für kulturelle Massenarbeit gegründet, Arbeiter- und Dorffestspiele veranstaltet werden. Es würde Arbeiter- und Bauerntheater geben sowie Zirkel schreibender und lesender Arbeiter, Bauern und Soldaten. Brigadetagebücher würden verfasst werden, von Ulbricht »Geschichtsbücher des Sozialismus« genannt. Im Juni 1959 fanden in mehreren Orten des Bezirks Halle die ersten Arbeiterfestspiele der DDR statt. Am Ende gab es 18.000 Volkskunstgruppen und 133 Arbeitertheater, die auch große Stücke und selbst Opern auf die Bühnen der Kulturhäuser brachten. Endlich, so die Kritikerin Inge von Wangenheim in einem Rückblick auf Bitterfeld, konnte nun die magische Kugel der Kultur dem Befehl des Meisters gehorchen. Ulbricht, meinte Sebastian Haffner Ende 1958, sei spätestens seit dem V. Parteitag der SED der wichtigste Kommunist westlich von Russland geworden.

Die bedeutendste Kulturrevolution dieser Jahre sollte jedoch auf dem Lande stattfinden. »Früher war Trinwillershagen ein kleines abgelegenes und rückständiges mecklenburgisches Dorf«, referierte Ulbricht im Januar 1959 vor dem Zentralkomitee: »Heute entsteht in Trinwillershagen mit Zentralschule, Dorfwarenhaus, Pionierpark, Kulturräumen, Landambulatorium, Kindergarten und zahlreichen anderen Einrichtungen der kulturelle Mittelpunkt der 2.400 Hektar großen LPG.« Die jahrhundertealte soziale und kulturelle Rückständigkeit des Landlebens gehöre mit dem Übergang vom »Ich« zum »Wir«, wie er sich gern ausdrückte, ein für alle Mal der Vergangenheit an. Auch auf dem Lande beginne nun nach dem Vorbild Trinwillershagen die Devise »sozialistisch arbeiten, lernen und leben« und damit der Fortschritt Fuß zu fassen.

Das Dorf im Kreis Ribnitz hatte eine relativ alte LPG. In der Phase nach dem II. Parteitag der SED unter dem Namen *Rotes Banner* gegründet, hatte dort am 20. März 1953 eine heftige Schlägerei zwischen Anhängern und Gegnern der LPG stattgefunden, der in Wirklichkeit alte Dorfanimositäten zugrunde lagen. Sie wurde als Gelegenheit genutzt, Ulbrichts (und Stalins) These von der gesetzmäßigen Verschärfung des Klassenkampfs auf dem Lande unter Beweis zu stellen. Zehn Einzelbauern legte man wegen der Schlägerei terroristische Handlungen gegenüber den Genossenschaftsbauern zur Last. Sie kamen in Haft und sollten ursprünglich sogar in einem Schauprozess abgeurteilt werden. Mittlerweile war aus Trinwillershagen ein kollektiviertes Vorzeigedorf geworden, dem selbst das sowjetische Politbüromitglied Anastas Mikojan bei einem DDR-Besuch 1957 seine Hochachtung nicht verweigern konnte.

Die rabiaten Kollektivierungsdekrete der Jahre 1952/53 waren eine der Ursachen für die Krise des 17. Juni gewesen. Danach hatte man den Ton gemäßigt, doch trotz des sogenannten neuen Kurses hörten die Kollektivierungsbemühungen nicht auf. Bis 1956/57 nahm die Zahl der LPGs jedoch nur langsam zu. In der kurzen Tauwetterzeit nach dem XX. Parteitag der KPdSU standen sogar für einige Zeit alternative Konzepte der gleichberechtigten Förderung von LPGs und privatbäuerlichen Betrieben zur Debatte. Sie fielen jedoch bald dem allgemeinen Revisionismus-Verdikt anheim. Ende 1959 gab es 10.000 LPGs, die 43 Prozent der landwirtschaftlichen Nutzfläche bewirtschafteten.

Im Januar 1960 setzte dann plötzlich mit Urgewalt eine massive Vollkollektivierungskampagne ein. Nur drei Monate nach deren Beginn meldete der Bezirk Karl-Marx-Stadt als letzter die Vergenossenschaftlichung aller privatbäuerlichen Betriebe. Die mit Hochdruck betriebene Kampagne erinnerte Sebastian Haffner an Methoden, die er sonst nur aus Arthur Koestlers Roman *Sonnenfinsternis* kannte. Anhaltende Zermürbung war das Hauptmittel, allen Widerstand zu brechen. »Die Bauern verriegeln ihre Tore, lassen ihre Hunde los, fliehen auf die Felder«, schrieb Haffner im *Observer*: »alles vergeblich«. Agitationsbrigaden überschwemmten das Land und nahmen jeden in die Mangel. Sie waren in geringerem Umfang seit dem Spätsommer 1958 tätig und verbreiteten schon damals eine Stimmung, von der ein Niederlausitzer Bauer mit dem Instinkt eines Wetterfroschs meinte: »Das Ding geht in Richtung Kolchose.« Doch erst Anfang 1960, so derselbe Bauer, »kam's denn ganz harte«. Lautsprechertrommelfeuer überzog in den folgenden Wochen die Dörfer der DDR. Teilweise bis zu zwölf der in die Zehntausende zählenden Agitatoren bearbeiteten unermüdlich einen einzelnen Bauern.

Das ging von anfänglichen Überzeugungsversuchen über Versprechungen bis zu Drohungen. Ausweichen konnte dem politischen

Stalking niemand. Frauen, denen man die Vorteile eines geregelten Arbeitstags und der arbeitsfreien Wochenenden einredete, wurden gegen ihre Männer ausgespielt. Bauern, die sich weigerten, entzog man die Unterstützung der Maschinen-Traktoren-Stationen und die Versorgung mit Kunstdünger und Futtermitteln. Zwei Großbauern aus dem Kreis Potsdam-Land wurden einige Tage eingesperrt, fügten sich dann in das Unvermeidliche und konnten als Gegenleistung für ihren LPG-Beitritt sogar noch ein Auto aushandeln.

Auch die Justizorgane hatten ihren nicht unerheblichen Anteil an der gewaltsamen »Überzeugungsarbeit«. Nicht selten wurden Bagatellen willkürlich zu schwerwiegenden Fällen aufgebauscht und das Ermittlungsverfahren in dem Augenblick eingestellt, wenn der betreffende Bauer seine Beitrittserklärung zur LPG unterzeichnet hatte.

»Über den Zweck der ganzen Aktion wird immer noch spekuliert«, teilte Haffner damals seinen Lesern mit. Ökonomische Gründe könnten es nicht sein, denn es sei auch in der DDR allgemein bekannt, dass die privatwirtschaftlichen Betriebe weit erfolgreicher und produktiver arbeiteten als die LPGs. Der SED war dies nicht zuletzt durch die Auswertung der Missernte 1959 deutlich geworden, bei der sich herausstellte, dass die Sicherung der Versorgung in diesem Krisenjahr ganz von den Leistungen der Mittelbauern abhängig gewesen war. Es hatte sich dabei aber auch herausgestellt, dass die Mittelbauern in unerwünschtem Ausmaß prosperierten. Nach der restriktiven Politik gegen die sogenannten Großbauern Anfang der Fünfzigerjahre begannen die mittelbäuerlichen Betriebe nämlich, sich in florierende Wirtschaften zu verwandeln, die ihre Investitionen zunehmend aus Eigenkapital bestritten und kaum noch Kredite in Anspruch nehmen mussten.

Das wirkliche Problem für die SED-Führung war deshalb, dass auf dem Land die Überlegenheit des Kapitalismus sichtbar zu werden drohte, was auf keinen Fall sein durfte. Im Grunde bedeutete der Weg der forcierten Zwangskollektivierung, den die SED jetzt beschritt, das unfreiwillige Eingeständnis einer systembedingten Niederlage in der Agrarpolitik.

Ulbricht versuchte, den offensichtlichen Misserfolg zu überspielen, indem er die Devise ausgab, nach der neuen Methode der richtigen Lösung der Widersprüche im Volk nicht in erster Linie auf den

Klassenkampf unter der Landbevölkerung, sondern auf die Einbeziehung der erfolgreichen Groß- und Mittelbauern in die kollektivierte Landwirtschaft zu setzen – und auf diese Weise durch die Zuführung von erfahrenen Fachkräften ihre bisher eher enttäuschende Produktivität zu erhöhen.

Den Großbauern, verkündete er bereits auf dem V. Parteitag, werde die Möglichkeit gegeben, Mitglieder einer LPG zu werden und sich so vom Makel, kapitalistische Ausbeuter zu sein, zu befreien, um als geachtete Bürger am Aufbau des Sozialismus teilnehmen zu können. Man müsse, meinte er, im Interesse des gesellschaftlichen Friedens einer künftigen sozialistischen Menschengemeinschaft nun konstruktive Bündnispolitik betreiben. Die Methoden unterschieden sich allerdings kaum von der auf Gewalt, Terror und Selbsttäuschung beruhenden Einheitskampagne und der erzwungenen Blockpolitik der Vierzigerjahre.

Sie erzeugten Unruhe, Lethargie und Widerstand. Eine Mobilisierung stalinschen Musters, das zeigte sich bald, war unter den Bedingungen einer offenen Grenze nicht lange durchzuhalten. Die Bauern flohen massenweise vor der Kollektivierung in den Westen, insgesamt um die 15.000. Durch die Friktionskosten der überheizten und unüberlegten Kollektivierungskampagne sanken nicht nur die Wachstumsraten in der Landwirtschaft, sondern auch in der Industrie. Versorgungsengpässe waren die absehbare Folge. Die Flüchtlingswelle nahm weiter zu.

Im ersten Halbjahr 1961 wurde der wirtschaftliche Niedergang dann offensichtlich. Niemand redete mehr von der ökonomischen Hauptaufgabe.

»Unsere Zeitungen freilich züchten mal wieder Hysterie«, notierte Brigitte Reimann am Abend des 12. August 1961 ins Tagebuch: »Kopfjäger und Menschenhändler sind *up to date*, und wollte man den Artikeln glauben, so stünde hinter jedem DDR-Bürger ein Abwerber.«

An diesem Tag unterschrieb Walter Ulbricht auf seinem Landsitz am Döllnsee die Einsatzbefehle für den Mauerbau. Am Abend wurden 10.000 Soldaten der Nationalen Volksarmee, 8.200 Volkspolizisten, 3.700 Bereitschaftspolizisten, 4.500 Männer aus Einheiten der Staatssicherheit und 12.000 Mann Betriebskampfgruppen unter dem Einsatzkommando von Erich Honecker in Bereitschaft versetzt. Um ein Uhr nachts startete die Operation »Rose«. 193 Straßen wurden abgeriegelt, zwölf U- und S-Bahn-Linien unterbrochen, 48 S-Bahnhöfe gesperrt. Um sechs Uhr morgens am 13. August 1961 war die ostdeutsche Republik zu einer geschlossenen Gesellschaft geworden.

»Jetzt können wir gehen«, sagte Honecker zu seinen Leuten und ließ sich nach Hause fahren.

Die eingemauerte Musterkolonie

Neue Sachlichkeit

»Als käme es darauf an, Trauer, Wut und Verzweiflung bis zu einem Zustand zu steigern, der es mir unmöglich machen sollte, die gewaltsame Teilung der Stadt jemals als normal zu empfinden, war ich am 13. August 1961 von früh bis spät unterwegs«, erinnert sich Günter de Bruyn: »Es trieb mich dazu, das mit Bangen Erwartete und doch nicht für möglich Gehaltene mitzuerleben, die Wandlung des Albtraums in Realität mit eigenen Augen zu sehen. Ich wollte dabei sein, wenn man uns einsperrte, wollte zu der Menge gehören, deren Blicke den Bewaffneten wenigstens zeigten, dass sie mit Jubel nicht rechnen konnten. Ich hoffte, Spuren schlechten Gewissens in den Augen der Wärter entdecken zu können, rechnete auch mit spontanem Aufbegehren, fand aber auf beiden Seiten nur Aufgeregtheit und Angst.« In gewisser Weise stellte die Konstellation im August 1961, wie Thomas Lindenberger bemerkt hat, eine Umkehrung der Verhältnisse vom Juni 1953 dar. Befand sich damals das Überraschungsmoment aufseiten der Aufständischen, so war es nun die Staatsmacht, die ihre Bürger regelrecht im Schlaf überrumpelt hatte und glaubte, sie durch ein *fait accompli* zur Loyalität zwingen zu können.

Die staatliche Nachrichtenagentur ADN meldete am 14. August »gelassene Ruhe in unserem Berlin«. Die Arbeiter und Angestellten hätten sich wie an jedem Wochentag zu ihren Arbeitsplätzen begeben. Landauf, landab wurden nach Schließung der Grenzen in den Betrieben Loyalitätsbekundungen eingeholt. Wer nicht unterschrieb, musste mit beruflichen Konsequenzen, Versetzungen oder

Diskriminierungen rechnen. Aber es gab auch freiwillige Zustimmungserklärungen. Der Schriftsteller Bruno Apitz beispielsweise ließ am 16. August im *Neuen Deutschland* in Anspielung auf den Titel seines Erfolgsromans verlautbaren, endlich fühle er sich nun »nicht mehr nackt unter Wölfen«, und Stephan Hermlin erklärte vier Tage später an gleicher Stelle den Maßnahmen der Regierung seine »uneingeschränkte ernste Zustimmung«. Repräsentativer waren jedoch vermutlich Äußerungen, die Sicherheitsbehörden aus dem VEB Zeiss Jena übermittelten. »Jetzt gibt es nur noch eins: Schnauze halten«, lautete dort die durchgängige Meinung.

Im ersten halben Jahr nach dem Mauerbau erlebte die DDR eine der härtesten Repressionsphasen ihrer Geschichte. Die wegen politischer Vergehen verhängten Strafurteile stiegen von 4.442 im ersten Halbjahr 1961 auf 18.297 im zweiten an. Rund 8.500 Menschen gelang mit zum Teil spektakulären Aktionen wie dem Durchbruch einer Dampflokomotive von Falkensee nach Spandau oder einem gekaperten Wachboot der Wasserschutzpolizei auf der Ostsee bis zum Jahresende die Flucht. Elf Menschen kamen im gleichen Zeitraum bei Fluchtversuchen ums Leben, 3.400 wurden wegen versuchter Republikflucht festgenommen.

»Und was die ›Landsleute‹ angeht, auf die wir ›nicht schießen‹ sollen«, erklärte das *Neue Deutschland* am 23. August im rüden Tonfall des proletarischen Faustrechts, der in diesen Tagen bewusst als harte Sprache der Arbeiterklasse kultiviert wurde: »Seit wann sind Einbrecher, Strauchdiebe und Mörder ›Landsleute‹?« Alle Durchbruchsversuche müssten in Zukunft unmöglich gemacht werden, lautete die offizielle Order, die Erich Honecker am 20. September im Zentralen Einsatzstab ausgab. Gegen »Verräter und Grenzverletzer« sei in jedem Fall die Schusswaffe anzuwenden und in der Sperrzone an der Grenze ein geeignetes »Beobachtungs- und Schussfeld« zu schaffen.

Doch nach der ersten Betäubung, erinnert sich Hans Mayer, der Ende August von einer akademischen Englandreise nach Leipzig zurückkehrte, »kam es nicht zu Wutausfällen, gar zur Planung subversiver Aktionen, sondern zu einem Verhalten der allgemeinen, fast allgemeinen Solidarität, wie ich es aus der ersten Nachkriegszeit kannte. Man nahm die Sache hin, sie war nicht zu ändern.« Man begann sich einzurichten, und, wie Günter de Bruyn beobachtete, sich vielleicht auch der Ideologie mehr zu öffnen, denn in politischer Dauerschizophrenie konnte man es ja auf unabsehbare Zeit kaum aushalten.

Ein Provisorium sah plötzlich nach Beständigkeit aus. Viele hatten sich schon nach wenigen Wochen gezwungenermaßen an den neuen Zustand gewöhnt und konnten ihm sogar Positives abgewinnen. Wer anderer Meinung war, schwieg einfach. »Man war gut trainiert aufs Verschweigen«, meint de Bruyn. »Denunziert wurde viel.« Die endgültige Ankunft im Dauerzustand DDR hatte etwas Prekäres an sich, aber es war eine Ankunft.

Ankunft im Alltag hieß eine Erzählung Brigitte Reimanns von 1961, die den Begriff »Ankunftsroman« prägte, der, wie Christa Wolfs *Der geteilte Himmel*, von Leuten erzählt, die mit der DDR groß geworden sind. Sie würden in Zukunft die Geschicke des Landes bestimmen.

Auf den Bau der Mauer reagierte Ulbricht ähnlich wie Lenin auf den Sieg im Bürgerkrieg. Die Mobilisierungsdiktatur wurde nach einigen Monaten spürbar gelockert. Es sei nicht möglich, verkündete Erich Mielke im Dezember 1961, die gegenwärtig hohe Zahl von Festnahmen noch länger beizubehalten, und im April 1962 verabschiedete das Politbüro neue rechtspolitische Grundlinien. Die geschlossenen Grenzen erleichterten den Umgang mit Andersdenkenden und Indifferenten, deren Fluchtgedanken man nicht mehr zu fürchten hatte. Man setzte nun stärker auf Integration und Kompromiss. Auch die Untersuchungsmethoden der Staatssicherheit gerieten in die Kritik. Ausgerechnet Hermann Matern, eigentlich bekannt als der größte Scharfmacher der Partei, erklärte, von einer Periode des zunehmenden Klassenkampfs könne heute keine Rede mehr sein. »Erziehen statt strafen« lautete die Parole, die Ulbricht mit dem neuen Integrationskurs ausgab. Justizpolitisch hatte ein gewisses Tauwetter eingesetzt, das diesmal noch weiter ging als 1956.

Dabei spielte auch Chruschtschows erneute Abrechnung mit Stalin auf dem XXII. Parteitag der KPdSU im Oktober 1961 eine nicht unerhebliche Rolle. Neue Verbrechen Stalins und seiner Mitarbeiter wurden bekannt, besonders durch die präzisen und detaillierten Angaben des KGB-Chefs Schelepin vor dem Auditorium im Kreml. Am Ende des Parteitags forderten mehrere Delegierte, den Sarkophag Stalins aus dem Mausoleum am Roten Platz zu entfernen. Der

Name Stalin verschwand in den kommenden Monaten fast ganz aus der sowjetischen Öffentlichkeit.

Selbst Ulbricht sprach jetzt von Stalins Fehlern und Verbrechen. Stalinstadt wurde in Eisenhüttenstadt umbenannt, die Berliner Stalinallee verwandelte sich in die Karl-Marx-Allee. Noch im November trugen Bautrupps der Nationalen Volksarmee nachts im Licht von Flakscheinwerfern das große Berliner Stalindenkmal ab, das in Einzelteile zerlegt zum Einschmelzen in den VEB Gießereibetrieb nach Lauchhammer verfrachtet wurde. Stalinbilder wurden abgehängt, Stalins Werke verschwanden aus den Buchhandlungen und Büchereien.

Doch in Ulbrichts Auswertung des XXII. Parteitags spielte Chruschtschows utopische Zukunftsvision des baldigen Aufbaus des Kommunismus eine noch größere Rolle. Die Sowjetunion hatte in dieser Zeit tatsächlich große Erfolge zu vermelden. Am 12. April 1961 startete der russische Bauernsohn und Fliegeroffizier Jurij Gagarin als erster Mensch auf eine Reise durch das Weltall. Es war, als sei die Wiege des Sozialismus auf dem besten Weg, zu einem neuen Land der unbegrenzten Möglichkeiten zu werden.

So jedenfalls wollte es Chruschtschow sehen. »Der Kelch des Kommunismus ist der Kelch des Überflusses; er muss stets bis zum Rand gefüllt sein«, rief er am zweiten Tag der Versammlung den begeistert applaudierenden Delegierten zu: »Wir werden von rein wissenschaftlichen Berechnungen geleitet. Und unsere Berechnungen zeigen, dass wir die kommunistische Gesellschaft in zwanzig Jahren im Wesentlichen aufgebaut haben werden.«

Chruschtschow, meint der Sowjetunion-Historiker Manfred Hildermeier, wollte im Grunde genommen in erster Linie mobilisieren. Realitätssinn und Pragmatismus waren seine Sache nicht. Walter Ulbricht hatte mit diesem Überschwang allerdings seine Probleme. Die SED, setzte er sich vorsichtig von den sowjetischen Genossen in einer Leipziger Rede am 8. Dezember 1961 ab, habe nicht die Absicht, die Sowjetunion zu kopieren.

Es ist wahrscheinlich die Radikalität der neuen Abrechnung mit Stalin auf dem XXII. Parteitag gewesen, die ihm den Mut zu solchen Eigenmächtigkeiten verlieh. Vermutlich hat er das neue Moskauer Tauwetter in erster Linie als Aufforderung verstanden, sich von unliebsamen sowjetischen Bevormundungen zu befreien. Er stand Chruschtschows kommunistischem Kolossalgemälde auf der Grundlage eigener Erfahrungen der letzten Jahre eher mit verhaltener Skepsis gegenüber.

Stets beharrlich und mit manischer Energie um Auswege aus selbst produzierten Krisen bemüht, suchte er nun wieder einmal nach neuen Lösungen. Er sah die Probleme der Vergangenheit natürlich nach wie vor als ein Ergebnis der »Bedingungen der offenen Grenze«, doch er setzte sich jetzt auch intensiver mit theoretischen Fehlern des einst unumstrittenen sowjetischen Führers auseinander. Stalin sei von der völlig falschen Voraussetzung ausgegangen, meinte er auf einer Delegiertenkonferenz in Cottbus Ende 1962, »dass der Übergang vom Sozialismus zum Kommunismus vor allem in der Sphäre der Zirkulation«, also mit einer weitgehenden Abschaffung der Marktgesetzlichkeiten beginnen müsse.

Es habe sich nämlich gezeigt, trug er den Mitgliedern des Zentralkomitees bereits im November 1961 vor, dass der staatliche Plan nicht alle Einzelheiten einer bedarfsgerechten Produktion festlegen könne. Stattdessen müsse in Zukunft eine stärkere Ausrichtung der Produktion auf den Markt berücksichtigt und die Bedeutung des Gewinns als Ausdruck der Ökonomie der Zeit beachtet werden. Mit anderen Worten: Ulbricht fasste schon kurz nach dem Mauerbau eine marktwirtschaftliche Reform im Rahmen der Planwirtschaft ins Auge. Und zwar vor Jewsej Libermans 1962 in der *Prawda* veröffentlichten und damals als sensationell empfundenen Thesen zu einer Reform des betrieblichen Planungssystems, denen Chruschtschow im Übrigen nur wenig Beachtung schenkte. Libermans Vorschläge mochte Ulbricht als Bestätigung empfinden, aber er dachte schon vorher weiter. Auch die Leitung der Volkswirtschaft und nicht nur betriebliche Planung sowie Technik und Produktionsqualität, meinte er, sollten sich in Zukunft den »Welthöchststand« als Maßstab nehmen.

Die hauptamtlichen Apparate, wollte er damit sagen, hatten sich in der Vergangenheit als zu leichtgewichtig, inkompetent und ineffizient erwiesen. Es musste mit aller Macht ein neuer kulturrevolutionärer Prozess der Erziehung der Erzieher in Gang gesetzt werden, und wer den von ihm definierten gewachsenen Anforderungen nicht genügte, konnte sich in Zukunft seiner gewachsenen Pfründe nicht mehr sicher sein. In über hundert Kreisleitungen der

SED, beschwerte er sich, habe er keinen einzigen Mitarbeiter mit Hochschulausbildung entdecken können. Das sei ein unhaltbarer Zustand. Mit dem Zentralinstitut für sozialistische Wirtschaftsführung entstand eine Art kommunistischer *Business School*. Soziologie kam in Mode, man erforschte nun das sozialistische Betriebsklima und seine Auswirkungen auf die Arbeitsproduktivität. Ulbrichts unermüdliche Dynamik und seine quasi jesuitische Vision ideologisch gefestigter Kader mit hohem Spezialwissen trug eine erhebliche Unruhe in die selbstzufriedene Nomenklatura. Aber sie führte auch, besonders unter den Intellektuellen der wissenschaftsgläubigen Sechzigerjahre, zu einer neuen, erwartungsvollen Aufbruchsstimmung.

»Manche Leute sagen«, redete er seinen Genossen ins Gewissen, »ja, die in Westdeutschland haben mehr Radio- und Fernsehapparate und mehr Kühlschränke. Ja, dort ist aber auch die Arbeitsproduktivität 20 bis 25 Prozent höher als bei uns. Das darf man nicht vergessen.« Er hatte verstanden, dass der überambitionierte Versuch, bis Ende 1961 die Bundesrepublik in Arbeitsproduktivität und Pro-Kopf-Verbrauch einzuholen, deshalb sang- und klanglos scheitern musste. Nach dem Mauerbau scheint ihm vor allem allmählich klar geworden zu sein, dass die offene Grenze doch nicht der einzige Grund für den wirtschaftlichen Rückstand der DDR gewesen war.

»Die These vom Vorrang der Politik«, erklärt er Mitte Dezember 1962 auf einer internationalen Gewerkschaftskonferenz in Leipzig, »hat zeitweise auch bei uns dazu geführt, dass die politischen Zielstellungen und bestimmte Wünsche bei der Festlegung der ökonomischen Aufgaben vorherrschten, dass die Pläne nicht immer technisch und ökonomisch begründet waren, dass sie nicht immer den materiellen Möglichkeiten entsprachen.« In Zukunft, so seine Vorgabe, müssten ökonomische Aufgaben und Rentabilitätsdenken Vorrang vor politischen Wünschen haben. Im Grunde genommen bewegte er sich mit solchen Aussagen hart an der Grenze einer ideologischen Häresie.

Ulbricht aber wollte endlich eine »realistische« Wirtschaftsreform. Sie unterschied sich deutlich von den Vorstellungen, die Fritz Behrens, der Direktor der Staatlichen Zentralverwaltung für Statistik, in der Tauwetterperiode nach dem XX. Parteitag der KPdSU in die Debatte geworfen hatte. Behrens' Bezugspunkt war das jugoslawische Selbstverwaltungsmodell, als er 1956 die Dezentralisierung und Demokratisierung der DDR-Wirtschaft forderte. Dem hatte Ulbricht im Januar 1957 eine Absage erteilt. In der Orientierung auf den Stalin'schen Grundsatz »Die Kader entscheiden alles« blieb er seinen alten Überzeugungen treu. Gestaltungsanspruch bedeutete für ihn in erster Linie Personalpolitik. Was ihm jetzt vorschwebte, war eine technokratische Reform, getragen von einer neuen disziplinierten Kaderelite, der technischen Intelligenz.

Erich Apel war der wichtigste unter Ulbrichts kommenden Leuten in der nun einsetzenden Ära einer neuen Sachlichkeit. Er hatte ihn bereits im Juli 1961 zum Kandidaten des Politbüros berufen lassen. Andere waren Werner Jarowinsky und Günter Mittag. Sie alle waren promovierte Wirtschaftswissenschaftler. Der 1917 geborene Apel, ursprünglich Ingenieur, hatte einmal zum Team Wernher von Brauns in Peenemünde gehört, der ihn eigentlich nach dem Krieg mit nach Amerika nehmen wollte. Doch Apel entschied sich fürs Dableiben und half stattdessen den Sowjets beim Aufbau ihrer Raketenindustrie. 1955 wurde er Minister für Schwermaschinenbau. Erst 1957 trat er in die SED ein. 1958 übernahm er die Leitung der neu gebildeten Wirtschaftskommission beim Politbüro der SED.

Erich Apel verkörperte, im Vergleich zu den alten Politkadern der SED, einen ganz neuen Typus des Funktionärs. Er stand mit seiner Person überzeugend für den von Ulbricht nun geforderten Vorrang des Ökonomischen vor der Politik. Um die wirtschaftlichen Zielstellungen der Zukunft zu bewältigen, meinte der SED-Chef, habe der Typ des subalternen Verwaltungsbeamten endgültig ausgedient.

Im Januar 1963 wurde Apel Chef der Staatlichen Plankommission, nachdem Ulbricht Karl Mewis, den ehemaligen Leiter des KPD-Auslandsbüros in Stockholm, von diesem Posten abgesetzt hatte, weil Mewis nicht imstande sei, die großen Aufgaben der Zukunft als Vorsitzender der Plankommission zu bewältigen. Ulbricht schickte sich an, die verdienten Genossen aus der Zeit des antifaschistischen Kampfs aufs Altenteil zu schicken. Er konnte sie nicht mehr gebrauchen.

Er selbst wandelte sich nach dem Mauerbau in gewisser Weise endgültig von einem überzeugten Stalinisten zu einem Technokraten der wirtschaftspolitischen Kompromisse. Im Schutz des monströsen Bauwerks glaubte er dieses in seinen Augen kalkulierbare Risiko eingehen zu können.

Heute, verkündete er 1963, gelte der Grundsatz des höchsten ökonomischen Nutzeffekts. Es sei bisher nicht gelungen, Kosten, Preis, Umsatz und Gewinn sowie Lohn und Prämie zu einem wirkungsvollen Mechanismus zusammenzufügen. Sie hätten »isoliert« voneinander funktioniert. Zwischen Wirtschaftsplan und ökonomischen Hebeln habe es bisher keinen sinnvollen Zusammenhang gegeben. Mit anderen Worten wollte er durch einen Rückgriff auf Mechanismen der Marktwirtschaft den Sozialismus nach vorne bringen.

Unmissverständlicher allerdings konnte das Eingeständnis kaum ausfallen, dass die Vorstellung, sich mit dem Aufbau des Sozialismus auf dem Weg zu einer eigenen, neuen Produktionsweise zu befinden, schon immer eine reine Fiktion gewesen war.

Die ganze sogenannte Produktionsweise bestand nämlich ausschließlich in der angemaßten Führungsrolle der Partei und den von ihr geschaffenen Strukturen – mit allen voluntaristischen Konsequenzen, die eine Wahrheitsfindung nach Maßgaben der jeweils letzten Parteibeschlüsse zwangsläufig mit sich bringen muss. Und dieser Voluntarismus sollte nun in Grenzen eingedämmt werden – ausgerechnet durch die Einführung marktwirtschaftlicher Elemente und sachrationaler Planvorgaben.

Das Problem der mangelnden Innovation wollte Ulbricht durch wissenschaftliche Prognostik gelöst wissen, durch eine gelenkte Zukunftsforschung mithin, die für ihn immer schon einen, wenn nicht den wesentlichen Kern des Marxismus-Leninismus darstellte. Er war sich illusionslos im Klaren darüber, wie er Ende 1964 betonte, dass in den letzten fünf bis acht Jahren der Westen den Prozess der technischen Revolution mit Erfolg bewältigt hatte. In Zukunft aber müssten die sozialistischen Länder gemeinsam zu Herren der wissenschaftlich-technischen Revolution werden. Vor allem durch die Anwendung der ökonomischen Hebel des von ihm entworfenen Neuen Ökonomischen Systems und seiner prognostischen Politik mit Vorbildfunktion für den gesamten Wirtschaftsraum des Rates für gegenseitige Wirtschaftshilfe (RGW), des 1949 gegründeten osteuropäischen Pendants zur EWG.

Er hatte, mit anderen Worten, die Vorstellung, die sowjetische Wirtschaft seinem eigenen Modell anpassen zu können, dazu ermutigt durch die Richtlinien einer Ostblockkonferenz vom Juni 1962, die für die Zukunft einen einheitlichen Wirtschaftsmechanismus des RGW einklagte. Vorgaben über diesen Mechanismus gab es nicht, und Ulbricht wollte nun den Vorreiter spielen, wohl wissend, dass sein ambitioniertes Reformprogramm, auf sich allein gestellt, scheitern musste.

Spätestens 1964 während einer Begegnung mit Leonid Breschnew, damals noch ein Chruschtschow-Kader, sollte er allerdings die Erfahrung machen, dass man in Moskau mehr als zurückhaltend gegenüber solchen Ambitionen reagieren würde. Ihm sei ganz heiß geworden, erinnerte sich Breschnew später, als Ulbricht unermüdlich auf ihn einredete, was in der DDR alles vorbildlich sei und was in der Sowjetunion falsch laufe. »Hat die SU, die KPdSU, das Sowjetvolk nicht die Welt verändert?«, so Breschnews selbstgenügsame Gedanken, während er am Döllnsee diese Tirade mit zunehmendem Unwillen über sich ergehen lassen musste.

Walter Ulbricht aber glaubte sich für eine gewisse Zeit in der Rolle eines maßgeblichen Ideengebers der Nach-Stalin-Zeit einer neuen hochtechnologischen Ära. Die moderne Chemie verkörperte für ihn den Zeitgeist der Sechzigerjahre, und die Experimentalsituation im Reagenzglas wurde in der DDR nun zum populären Symbol der grenzenlosen Machbarkeit des Fortschritts auch auf gesellschaftlichem Gebiet. Er war der Erste im sozialistischen Lager, der im Unterschied zu Breschnew die Herausforderungen des elektronischen Zeitalters erkannte.

Das ganz neue Zauberwort des neuen Futurismus hieß Kybernetik – ein aus dem Altgriechischen abgeleitetes Wort, das ursprünglich so viel wie Steuermannskunst bedeutete. Ende der Vierzigerjahre hatten es die Philosophen aufgegriffen, um damit die Wissenschaft von der Struktur und dem regulierenden Systemzusammenhang komplexer Systeme zu bezeichnen. Auf die Technokraten um Ulbricht übte die Kybernetik deshalb eine so große Faszination aus, weil sie versprach, dass man den komplexen Mechanismus der Wirtschaft nun auch mithilfe dieser Wissenschaft der bewusst gelenkten Steuerung unterziehen könnte, indem man bestimmte Elemente ihrem kontrollierten Selbstlauf überließ. Im November 1962 erfuhr die Kybernetik ihre parteiamtliche Anerkennung. Der Gedanke, man sei in der Lage, ein System in der Hand zu behalten, auch wenn man einzelne Elemente mehr oder weniger frei wirken ließ, war allerdings für eine zentral gelenkte Parteidiktatur etwas überraschend Neues. Er hatte zudem seine eigene Logik, die leicht mit der Parteiräson in Konflikt geraten konnte.

Die Entscheidungsbefugnisse in der Wirtschaft sollten dezentralisiert werden, indem man dem Gewinn, und nicht mehr allein der Bruttoproduktionsplanung, eine hauptsächliche Steuerungsfunktion zusprach. »Man sollte nicht glauben«, verkündete Ulbricht auf dem VI. Parteitag der SED im Januar 1963, der die Phase der wirtschaftlichen Reformen einleitete und den alten chinesischen Freunden eine endgültige Absage erteilte, »dass es angängig wäre, die aus einer falschen Behandlung der materiellen Interessiertheit der Menschen entstehenden Mängel durch Appelle an die Moral und das ideologische Bewusstsein zu überbrücken.« Die Interessen sollten in einem geregelten System jetzt selbst als aktiver Faktor zum Tragen kommen.

Den Betrieben war es in Zukunft möglich, in begrenztem Maß über die Verwendung erzielter Gewinne selbst zu entscheiden, die bisher an den Staatshaushalt abgeführt werden mussten, der seinerseits die Investitionen lenkte. Die Steuerung sollte jetzt mehr indirekt durch Zinsen, Prämien, Abgaben und Preise erfolgen. Ein System von Geld- und Urlaubsprämien sollte sich positiv auf die Leistungsmotivation der Werktätigen auswirken. Ökonomische Führungsorgane der jeweiligen Industriezweige wurden die zu sozialistischen Konzernen zusammengefassten Vereinigungen Volkseigener Betriebe. Die wirtschaftliche Macht verlagerte sich also immer mehr von der politischen Zentrale auf dezentrale Superbetriebe.

Innerhalb der sozialistischen Welt, meinte Sebastian Haffner 1965, habe die DDR heute die modernsten und erfolgreichsten Planungs- und Leitungsmethoden aufzuweisen. Der Beweis, dass eine intelligent geleitete sozialistische Planwirtschaft nicht weniger leistungsfähig sein könne als eine kapitalistische Marktwirtschaft, sei in der DDR, »und nur dort«, erbracht worden. In Haffners Sicht war Walter Ulbricht damals der erfolgreichste deutsche Politiker nach Bismarck und neben Konrad Adenauer. Man rieb sich im Westen etwas verwundert die Augen, zumal die inneren Widersprüche und Unzulänglichkeiten von Ulbrichts Reformpolitik in den ersten Jahren nach außen kaum sichtbar wurden.

Die Anfangserfolge konnten sich tatsächlich sehen lassen. 1964 stieg die Arbeitsproduktivität um sieben und das Volkseinkommen um fünf Prozent. 1966 verfügten 54 von 100 Haushalten über ein Fernsehgerät, 32 über eine Waschmaschine und 31 über einen Kühlschrank.

Vor allem aber bemühte sich die Gebrauchsgüterindustrie um zeitgemäßen Stil. Nylonmäntel und bügelfreie Hemden kamen in Mode, Kleider aus Dederon und Kunstseide, und die DDR-Chemieindustrie überzog das Land mit einer Plastikwelle von der Badezimmereinrichtung über Haushaltsmöbel bis zum Tischgeschirr. 1962 war mit Manfred Krug als Stahlarbeiter Martin Hoff in Ralf Kirstens Film *Auf der Sonnenseite* zum ersten Mal eine lebenszugewandte und verantwortungsbewusste sozialistische Vorzeigefigur in echten Bluejeans auf der Leinwand zu sehen.

Im Frühjahr 1964 fragte die in Ostberlin erscheinende *Neue Berliner Illustrierte*: »Ist Geschmack Glückssache?« Es sollten nun nicht mehr nur Güter des täglichen Bedarfs hergestellt, sie sollten auch schöner werden, wollte das Blatt mit Fotos modern gestalteter Mixbecher, Kaffeekannen, Werkzeuge und Schreibmaschinen seinen Lesern eindrucksvoll demonstrieren. Dass sich hier etwas bewegt hatte, war auch der Eindruck, den Westbesucher von der Frühjahrsmesse dieses Jahres aus Leipzig mit nach Hause nahmen. Die industrielle Formgestaltung, meinte *Die Zeit* aus Hamburg in ihrem Messebericht, habe sich sichtbar zu einem Zeichen des neuen wirtschaftlichen Kurses jenseits von Elbe und Saale entwickelt. Wurde noch vor wenigen Jahren von volkseigenen Betrieben ein Bügeleisen oder eine Küchenmaschine ohne jede Rücksicht auf ihr Äußeres zusammengebaut, nur damit es überhaupt diese praktischen Dinge des täglichen Gebrauchs zu kaufen gab, so bemerke man heute einen überraschenden Willen zu funktionaler Schönheit.

Das alles sei im Wesentlichen Ergebnis der neuen Wirtschaftsverwaltung unter Plankommissar Erich Apel, der eine Wirtschaft im Auge habe, die sich weniger an kurzfristigen Planzielen orientiere als an ihrer Leistungsfähigkeit. Fast überall in der Wirtschaft der Sowjetzone treffe man in diesem Jahr auf jüngere Männer, die nicht nur Parteifunktionäre, sondern gut ausgebildete Fachleute seien. Der Typus des verdienten Altkommunisten, beobachtete das Hamburger Blatt, werde immer mehr zur Ausnahme.

Ulbricht hatte die möglichen Folgekosten seiner Reformen allerdings nicht einkalkuliert. Wenn der Sozialismus in der Verwirklichung der führenden Rolle der revolutionären Partei der Arbeiterklasse im gesamten gesellschaftlichen Leben bestand, wenn also Sozialismus die totale Herrschaft der Partei bedeutete, konnte das System ökonomischer Hebel eben diese führende Rolle auf Dauer infrage stellen, weil es gesellschaftliche Subsysteme herstellte, die potenziell in der Lage waren, sich ihrer Kontrolle zu entziehen.

War ihm die Defensivposition bewusst, in die sich der SED-Staat mit seinen Reformen begab, wenn er immer wieder die Kompetenz des Parteiapparats infrage stellte, vor allem auf wirtschafts- und gesellschaftspolitischem Gebiet? Das ist schwer zu entscheiden.

Vermutlich hat er sich in diesen Jahren zunehmender Selbstbeweihräucherung, die mit einer neun Stunden dauernden Gratulationscour für den »Staatsmann neuen Typs« zu seinem 70. Geburtstag am 30. Juni 1963 ihren Höhepunkt fand, solche Fragen nie gestellt. Auch wenn sich auf seinem Schreibtisch bittere Klagen über die Herabsetzung der führenden Rolle der Partei zu häufen begannen.

Er selbst war die Partei.

Neue Melodie

Als Erster bekam das Erich Honecker zu spüren. Er passte nicht mehr so recht in Ulbrichts neue Zeit. Honecker, das jüngste Mitglied des Politbüros, war mit seinem hölzernen Stil für ihn ein geistig alt gewordener Berufsjugendlicher, der nichts hinzugelernt hatte. »Der ist als Dachdecker mal auf den Kopf gefallen«, bemerkte er nach Auskunft von Ulbrichts Adoptivtochter Beate zum Entsetzen seiner Frau Lotte einmal am heimischen Tisch, »und hat davon einen bleibenden Schaden.« Honecker stammte aus einem typischen kommunistischen Arbeitermilieu, in dem die Einteilung der Welt in »die da oben« und »wir da unten« noch stärker ausgeprägt war als in der sozialdemokratischen Leipziger Umwelt von Ulbrichts Jugendzeit. Ulbrichts Wissensdurst, auch das Ergebnis seiner Sozialisation durch die Arbeiterbildungsvereine Leipzigs und die wilhelminische Devise »Wissen ist Macht«, hat er in diesem Maße nie gekannt.

Der im August 1912 im saarländischen Wiebelskirchen geborene Sohn eines Kommunisten der ersten Stunde war zwischen 1935 und 1945 wegen Untergrundtätigkeit gegen die Nazis im Zuchthaus Brandenburg inhaftiert gewesen. Nach dem Krieg gehörte er zu den Gründern der FDJ. Seit Oktober 1956 verantwortlich für Sicherheitsfragen im Zentralkomitee der SED, hatte er lange Zeit als Ulbrichts Reinigungsbesen bei Parteisäuberungen gedient und auch die operative Leitung des Mauerbaus vom August 1961 zu verantworten.

Erich Honecker konnte bisher so etwas wie eine kommunistische Bilderbuchlaufbahn aufweisen. Kurz vor seinem zehnten Geburtstag in die Kindergruppe der Kommunistischen Partei in Wiebelskirchen eingetreten, war er 1930 bereits mit 18 Jahren Bezirksleiter des Kommunistischen Jugendverbandes im Saargebiet geworden. Im gleichen Jahr wurde er zur Schulung auf die Moskauer Lenin-Schule der Komintern geschickt. Während der Hinreise besuchte er in Warschau zum ersten Mal in seinem Leben ein Café, und beim Betreten sowjetischen Territoriums bewegte ihn das sein ganzes Leben bestimmende Schlüsselerlebnis, eine »Grenzlinie zwischen zwei Welten« überschritten zu haben. Zweimal begegnete er Stalin aus nächster Nähe. »Moskau besaß zu jener Zeit eine besondere Atmosphäre«, schwärmte er noch in fortgeschrittenem Alter: »Es waren die Jahre der entfalteten Offensive des Sozialismus an der ganzen Front.« Moskau wurde sein großes Schlüsselerlebnis. Die zwölf Monate dort, so sein später in den Westen geflüchteter ehemaliger FDJ-Mitarbeiter Dieter Borkowski, haben ihn und sein enges Verhältnis zur Sowjetunion endgültig geprägt.

Erich Honecker war das typische Produkt einer proletarischen Wertewelt der Zwanzigerjahre. Das wird einer der Gründe dafür gewesen sein, dass er jetzt mit dem neuen politischen Kurs seines Ziehvaters Walter Ulbricht zunehmend in Konflikt geriet. Während Ulbricht keine Probleme damit hatte, in der Bevorzugung der Wissenschaft eine entscheidende Zukunftsinvestition zu sehen, behielt diese Art von »Westorientierung« seiner neuen ökonomischen Politik für Honecker – und seine aus einem vergleichbaren Milieu stammende Frau Margot – immer das Odium eines elitären Rückgriffs auf bürgerliche Werte an sich. Ulbricht wusste das. Margot Honecker war beispielsweise als Volksbildungspolitikerin eine entschiedene Gegnerin der von Ulbricht favorisierten gezielten Begabtenförderung. Sie forderte, darin von ihrem Mann unterstützt, ein »klassenmäßiges« Herangehen an die Bildungspolitik, während Ulbricht zunehmend die Ansicht gewann, die egalitäre Pflichtschule habe versagt.

»In der Schule ist etwas nicht in Ordnung«, meinte er nur wenige Monate nach dem VI. Parteitag, der das Neue Ökonomische System verkündete. Mit der Etikette der volksdemokratischen Ordnung, die er offenbar zunehmend mehr als sowjetisches Diktat empfand, sei das ganze ostdeutsche Schulsystem regelrecht »verpfuscht« worden. Im Übrigen sei die Zeit endgültig vorbei, in der es ausreichte, nur die richtigen Zitate auszuwählen.

Der Jugend müsse zugemutet werden, »exakt« zu studieren, verkündet er Ende Mai im *Neuen Deutschland*, und sie könne erwarten, im Unterricht nicht nur den Idealzustand der sozialistischen Gesellschaft eingetrichtert zu bekommen. Man müsse sie vielmehr auffordern, offen über die Probleme unserer Zeit zu sprechen, auch wenn sie »nicht bequem« seien. Sichtlich hatte Ulbricht im Nachklang der Einführung des Neuen Ökonomischen Systems ein größeres Revirement auf mehreren politischen Feldern ins Auge gefasst, um seiner Wirtschaftsreform eine kontrollierte gesellschaftliche Dynamik verleihen zu können. Die Jugendlichen sollten sich ihrer Rolle als Hausherren von morgen bewusst werden und lernen, wie er sich ausdrückte, »kühn weiter vorwärts« zu stoßen »in neues, unbekanntes Gebiet«. Sein Wunsch war, dass sie sozialistischen »Pioniergeist« entfalteten.

Der Wegfall des Antagonismus der Klassen, glaubte er vermutlich, würde auch der Jugendkultur ihre generations- und gesellschaftskritischen Spitzen nehmen und ihr kreatives Potenzial in die von ihm gewünschte konstruktive Richtung lenken. Dazu musste man aber die Zügel etwas locker lassen und »echte Jugendprobleme zur Sprache bringen«.

Was er sich darunter vorstellte, fand er im Tonfall der Studentenzeitschrift *Forum* in vorbildlicher Weise vorexerziert. Tatsächlich machte damals der *Forum*-Stil einer journalistischen neuen Sachlichkeit regelrecht Schule in der DDR. Hier wurde nicht deklariert und verkündet, sondern berichtet und erzählt. Hier fand sich die DDR-Wirklichkeit wieder in oft nüchternen und lakonischen, literarisch anspruchsvollen Reportagen und Porträts. Arbeiten junger Autoren der »Bitterfelder« Generation wie Christa Wolf, Volker Braun, Hermann Kant, Brigitte Reimann, Sarah und Rainer Kirsch oder Erik Neutzsch wurden vorabgedruckt.

Das *Forum* sandte seine Reporter in Betriebe, LPGs und Schulen, kritisierte ausgetretene Pfade des Gewohnten und forderte seine Leser zur offenen Diskussion über das Gelesene auf. Bekanntestes Beispiel für diesen neuen Zeitgeist und Stil sind vielleicht Rainer Kirschs Porträts gebildeter und hoch qualifizierter Wissenschaftler, in denen Sachlichkeit, Effektivität und Prinzipientreue ein Persönlichkeitsbild formen, von dem sich viele vorstellen konnten, es sei der Vorschein einer angenehmen Zukunft. Sie standen im Zentralinstitut für Schweißtechnik ihren Mann, kannten die Weisheiten des Propheten Hesekiel, waren der Ansicht, für einen Marxisten sei Pünktlichkeit eine elementare Form der Achtung vor dem Leben, berieten Dramaturgen vom Theater, interessierten sich für Heuristik und Theorien der optimalen Lösung, beriefen sich ansonsten auf Kants kategorischen Imperativ und behandelten ihre Studenten wie Erwachsene. So sollte es sein.

Mitte Juli 1963 bestellt Ulbricht den Chefredakteur des *Forum*, Kurt Turba, zu sich ein. Nur wenig zuvor hatte Turba auf einer Zusammenkunft mit SED-Spitzenfunktionären »sozialistisch frech zu sein« das Leitmotiv seiner Arbeit genannt, ohne dass ihm widersprochen wurde. Ulbricht erklärte sogar, die Herangehensweise des *Forums*, das sich seit 1963 »Zeitung für geistige Probleme der Jugend« nannte und seine Auflage in kurzer Zeit fast verzehnfachen konnte, sei geradezu »richtig und vorbildlich«. Honecker und die ihm unterstellte, von Paul Verner geleitete Jugendkommission des Politbüros sahen das nicht so und veranlassten, das *Forum* kritisch unter die Lupe zu nehmen, doch Ulbricht untersagte das und erklärte, im Gegenteil müssten es in Zukunft alle so machen wie das *Forum*.

Dann nutzte Ulbricht einen Urlaub Honeckers aus, um in seiner Abwesenheit selbstherrlich Verner einfach abzusetzen und an seiner Stelle den 34-jährigen Turba mit der Leitung der Jugendkommission zu beauftragen.

Turba war völlig überrascht, als ihm Ulbricht dieses Ansinnen unterbreitete. Er brachte das auch zum Ausdruck und gab zu bedenken, erstens käme er nicht aus der Arbeiterklasse, zweitens habe er sein Studium noch nicht beendet, drittens nie in seinem Leben eine

Parteischule besucht, und vor allem sei er, was Ulbricht bekannt sein dürfte, 1953 in Ungnaden aus dem Zentralrat der FDJ hinausgeflogen. Das Verhältnis sei auch danach nicht unbedingt entspannt gewesen.

Ulbricht antwortete: »Ja, was glauben Sie denn, warum ich gerade Sie vorgeschlagen habe?« Er brauche jemanden, der den verknöcherten FDJ-Apparat endlich »auf Trab« bringen könne. Das Einzige, was ihn wirklich interessierte, war die Frage, ob Turba es sich zutraute, die auf ihn zukommenden Aufgaben organisatorisch zu meistern. Über alles andere stand seine Meinung schon vor dem Gespräch fest.

Ulbricht hatte in diesem Fall nicht nur, wie bei der Berufung Erich Apels, an der Nomenklatura vorbeiregiert, er hatte sie unter Ausnutzung von Honeckers Abwesenheit regelrecht umgangen. Doch um den ambitionierten Weg in eine von oben diktierte sozialistische Moderne durchzusetzen, benötigte er engagierte und kreative Leute, die bereit waren, sich für systemimmanente Reformen einzusetzen, und die es seiner Ansicht nach in den Spitzen des eigenen Parteiapparats kaum gab. Er stützte sich, zunehmend mehr, auf jüngere Seiteneinsteiger.

»Gehen Sie nicht nach Dienstrang vor«, empfahl er Turba: »Prüfen Sie genau: Wer ist notwendig, und wer wird nicht mehr gebraucht. Wir fangen neu an.« Am besten, schloss er seine Einweisung, sei es, alle auszuwechseln, da sie alle nichts taugten. Eine durchgreifende Reform der Jugendpolitik traute er Honecker, Verner und deren alter Garde nicht zu.

Turba legte seinen neuen Entwurf zur Jugendarbeit im September vor. »Es geht nur so«, lobte ihn Ulbricht und verteidigte ihn gegen Kritik aus den Reihen verdienter Altkommunisten, denen die ganze Richtung nicht passte: »Probleme aufreißen! Und wenn diese Probleme nicht schmerzen, hat es gar keinen Sinn, darüber zu reden. Es muss völlig klar sein: Es geht um eine tiefe Wende und nicht um eine Reparatur!« In der Jugendpolitik wie in der Wirtschaft wollte Ulbricht in Zukunft den Besonderheiten mehr freien Lauf lassen, um damit größeren Schwung in das erneuerte Gesamtsystem zu bringen.

Von konservativen Kräften im Politbüro wurde ihm daraufhin unter der Hand vorgeworfen, er bereite so etwas wie einen Staatsstreich vor. Tatsächlich aber wagte – noch – niemand einen Aufstand gegen den »Alten«. Doch wenn es möglich gewesen wäre, vertraute Turba Anfang November Brigitte Reimann an, hätte man Ulbricht wegen seiner neuen Politik am liebsten sogar aus der Partei ausgeschlossen.

Die Zeichen, die er setzen wollte, waren ohne Zweifel beachtlich. Im Unterschied zu den Klassenkampferfahrungen früherer Generationen, belehrte er das Politbüro am 17. September 1963, sei nun der Kampf um die Meisterung von Wissenschaft und Technik angesagt. »Das alte antifaschistische Heldentum ist zur Genüge bekannt«, meinte er, des Pathos vergangener Tage etwas müde: »Jetzt wächst die Jugend im Kampf um die Meisterung von Wissenschaft und Technik.«

In solchen Sätzen spiegelte sich auch eine gewisse Erlösung nach der bedrohlichen Kubakrise von 1962, die fast an den Rand eines Weltkriegs geführt hätte und mit deren Ende der Übergang zum Zeitalter der Entspannung begann. Erstaunlich ist aber vor allem, mit welcher Treffsicherheit Ulbricht erkannte, dass komplexe, hoch technisierte Gesellschaften zwingend eine gewisse Informalität des Umgangs nicht nur erzeugten, sondern geradezu benötigten.

Die Militärsoziologie der Sechzigerjahre hat diesen Wandel zum Informellen auch bei den technischen Einheiten hoch formalisierter Institutionen wie dem Militär festgestellt. Statt in geschlossenen Reihen bewegte man sich nun in komplizierten Systemen, zu denen die alten Lieder bestenfalls noch als nostalgische Erinnerung passten.

Von solchem Geist war das Jugendkommuniqué getragen, das die Kommission des Politbüros unter der Leitung Kurt Turbas ausarbeitete und das unter dem Titel »Der Jugend Vertrauen und Verantwortung« am 21. September im *Neuen Deutschland* veröffentlicht wurde. Offenen Widerstand dagegen gab es erwartungsgemäß in der engeren Führung nicht, auch wenn Honecker im vertrauten Kreis ziemlich verstimmt zu erkennen gab, Ulbrichts »neue Melodie« werde die ganze Jugend verderben und die Ergebnisse seiner jahrelangen politischen Arbeit in der FDJ zunichtemachen.

Die Jugend sei heute früher reif, konnte man nun im *Neuen Deutschland* lesen, und sie wolle darum früher ernst genommen werden. Verbote, Prüderie, klösterliche Moral und Heimlichtuerei gehörten der Vergangenheit an, und es dürfe in Zukunft auch nicht länger geduldet werden, unbequeme Fragen von Jugendlichen als lästig oder gar als Provokation zu behandeln. »Welchen Takt die Jugend wählt, ist ihr überlassen«, so der Satz, der den meisten in Erinnerung blieb: »Hauptsache, sie bleibt taktvoll!«

Auch in der DDR wurden nun die Haare länger und die Röcke kürzer. »Ob ich mir die Haare anders schneiden lassen soll?«, ließ die FDJ-Zeitschrift *Neues Leben* einen unter Liebesqualen leidenden Jugendlichen im »Tagebuch eines Beatles« fragen: »Ich glaube, sie mag mich auch als Beatle gut leiden.« Die FDJ bemühte sich in diesen Jahren wieder um junge Christen. Öffentliche Streitgespräche fanden statt, an denen Hunderte von Jugendlichen teilnahmen und über unbequeme Fragen relativ offen diskutierten. »Die Republik braucht alle, alle brauchen die Republik«, verkündete die Staatspartei.

Ein Höhepunkt des neuen Kurses aber sollte das Deutschlandtreffen der Jugend zwischen dem 16. und 18. Mai 1964 in Ostberlin werden. Eine halbe Million Jugendliche waren an diesem Tag angereist, darunter 25.000 aus Westdeutschland und Westberlin. Natürlich gab es auch diesmal Massenaufmärsche und Abende zur ideologischen Erbauung. Doch im Wesentlichen erlebte man ein Fest der Jugend mit Musik und Tanz. Bei 1.304 Veranstaltungen traten 4.600 Künstler und 1.000 Kulturgruppen auf. Unter der Devise »Sonne, Sex und Sozialismus«, wie der *Spiegel* titelte, tanzten Hunderttausende auf den Straßen Twist, Hully Gully und Rock 'n' Roll.

»Wahnsinniger Trubel in der Allee, Musik, ein Strom von schönen jungen Leuten, Blumenräder, eine Beatle-Gruppe«, erinnert sich Brigitte Reimann an die Tage im Mai: »Bis drei Uhr nachts Diskussion an der Friedrichstraße. Das große Ost-West-Gespräch war ausgebrochen, und das war unbestreitbar das Beste am ganzen Deutschlandtreffen. Am nächsten Tag konnte man Unter den Linden kaum noch durchkommen, alles war verstopft von Gruppen debattierender Leute.«

Kaum drei Jahre nach dem Mauerbau schien die DDR ein modernes und erstaunlich offenes Land geworden zu sein. Für den SED-Chef und Staatsratsvorsitzenden war das Deutschlandtreffen natürlich auch eine deutschlandpolitische Propagandaveranstaltung. In

Bonn herrschte nach dem Abgang Konrad Adenauers im Herbst 1963 der biedere Wirtschaftswundervater Ludwig Erhard. So etwas wie das rote Open-Air-Festival von Ostberlin konnte man damals im Westen nicht erleben.

Ein künftiges sozialistisches Gesamtdeutschland, verkündete Ulbricht seine Vision am 16. Mai auf der Eröffnungsfeier in dem nach ihm benannten Stadion in Berlin-Mitte, würde ein Land der Gelehrten und Techniker, der Automaten und Universitäten, der sozialen Gerechtigkeit und der Menschenwürde sein. Das blieb nicht ohne Eindruck. 461 Journalisten aus 31 Ländern waren angereist und sorgten dafür, dass sich das neue Bild der DDR auch über westliche Medien verbreitete.

Der *Deutschlandsender* hatte eigens ein Sonderstudio eingerichtet, das unter dem Namen *DT 64* bald in der ganzen DDR und darüber hinaus Kultstatus erlangen sollte. Denn hier wurde ausgiebig Beat-Musik gesendet, die man zu dieser Zeit auch über die westdeutschen Wellen noch nicht allzu üppig zu hören bekam.

Die volkseigene Plattenfirma *Amiga* brachte im Februar 1965 unter dem Titel *Big Beat* die erste Platte mit DDR-eigener Beat-Musik heraus, und im August mit *Big Beat II* die zweite. *Amiga* war auch das Label, unter dem im April 1965 die Beatles ihre Runde durch die DDR machen konnten. »Sie wenden sich mit einer jugendlich-unbefangenen Ursprünglichkeit gegen die verlogene Scheinwelt eines von Werbe- und Show-Industriellen gelenkten Vergnügungsgeschäfts«, lobte das *Neue Deutschland* die Pilzköpfe aus Liverpool: »Dieses Abwenden ist, wenn wir die Beatles in der Gesamtheit ihres Auftretens betrachten, im Grunde nichts anderes als ein Aufbegehren gegen den Konservatismus und die Starrheit ihrer wohlsituierten und spießerhaften kapitalistischen Umwelt, deren freudlose und bedrückende Atmosphäre sie selbst als Kellerkinder der verrauchten Industrie- und Hafenstadt Liverpool so nachhaltig zu spüren bekamen.« *A working class hero is something to be*, so konnte man es natürlich sehen.

Dass man damit auch einem gewissen Kultus des Unangepassten Vorschub leistete, war für Ulbricht, der seine entscheidenden Bildungserlebnisse einer unkonventionellen jugendlichen Walz nach Italien verdankte, nicht nur ungewollte Nebenwirkung.

In einem Interview mit dem *Forum* meinte der Chemiker und

Vorsitzende des DDR-Forschungsrats Peter Adolf Thiessen, Institutionen und Apparate hätten eine immanente Tendenz zur Konservierung ihrer Struktur, und das Kreative trete immer zuerst als das Verworrene auf, weshalb man unfertige Originalität geradezu fördern müsse.

Man konnte sie aber, das war Ulbrichts unabdingbare machtpolitische Voraussetzung, nur in einem geregelten und politisch-ideologisch kontrollierten System konstruktiv zur Wirkung bringen.

Mitte März 1964 wurde deshalb Robert Havemann aus der SED ausgeschlossen und von der Humboldt-Universität fristlos entlassen. Dabei passten die Vorlesungen, die Havemann, einst ein strenger Stalinist, vom Oktober 1963 bis zum Januar 1964 dort hielt, durchaus zum Geist der Zeit. »Nur von der empirischen Wissenschaft her kann man zu der Dialektik kommen«, erläuterte er seinen Zuhörern: »Aber mit einem dialektischen Hilfskompendium kann man nicht an die Lösung wissenschaftlicher Fragen herangehen.« Havemann, der noch in den Fünfzigerjahren den stalinistischen Scharlatan Trofim Lyssenko als Leuchte der proletarischen Wissenschaft gefeiert hatte, verkündete nun eine »Dialektik ohne Dogma« und löste damit einen marxistischen Realienstreit über die Gültigkeit des dialektischen Materialismus als *prima philosophia* aus, der ihm aber nicht zum Verhängnis wurde. Das Fass lief erst über, als er in seinen Vorlesungen explizit politisch wurde, Meinungsfreiheit und Wahlfreiheit forderte und die These in den Raum stellte, eine sozialistische Gesellschaft müsse sich an dem Ausmaß der Freiheiten messen lassen, die sie ihren Bürgern gewähre.

Das war ein direkter Angriff auf die führende Rolle der Partei, und sie machte nun deutlich, wo die Grenzen der neuen Freiheit lagen.

Havemann, meinte Ulbricht, sei nicht weiter tragbar, seit er seinen geistigen Mittelpunkt in den Westen verlegt habe.

Ulbrichts Problem war, dass sich die Staatspartei systembedingt nicht in komplexen, partiell offenen Systemen, sondern nur in geschlossenen Formationen bewegen konnte. Er war auf dem besten Weg, sich in eine Antinomie zu begeben. Er musste entweder den Öffnungsprozess konsequent weiterführen und damit die Herrschaft der Partei infrage stellen – oder zum Rückzug blasen. Wie die Dinge nun liefen, wurde er eher zum Rückzug gezwungen, aber er hat sich auch nicht mit allzu großer Entschiedenheit dagegen zur Wehr gesetzt.

Denn in der entscheidenden Grundfrage wusste er sich mit seinen Kritikern im Apparat bei allen Differenzen im Detail immer einig: Ohne Diktatur der Staatspartei kein Sozialismus.

Die Welt als Bitterfeld

Auf dem gleichen VI. Parteitag vom Januar 1963, der das Neue Ökonomische System verkündete und der Ulbrichts Reformoffensive auf anderen Gebieten einleitete, kam es zu ausgesprochen restriktiven Debatten über die Kultur. In der Akademie der Künste, meinte Kurt Hager, sei es bisher offenbar zugegangen »wie im englischen Oberhaus, wo ein Lord dem anderen nicht wehtut«. Und dann nannte er zwei Namen, die seiner Ansicht nach der Umwandlung der Akademie in eine sozialistische Kampforganisation bisher im Wege standen: Peter Huchel und Stephan Hermlin.

Huchels von der Akademie herausgegebene Zeitschrift *Sinn und Form*, fügte Hager wenig später hinzu, habe sich nicht eindeutig auf den Sieg der Arbeiterklasse orientiert und sei über Jahre auf eine »nebelhafte« Weise im Dunstkreis der Bestrebungen bestimmter Kreise der westdeutschen Großbourgeoisie gesegelt. Huchel stellte sein Amt als Chefredakteur zur Verfügung, nachdem man ihm als Korrektiv einen Co-Chefredakteur zumuten wollte. »Sie gaben Befehl, die Wurzel zu roden«, heißt es in seinem letzten dort veröffentlichten Gedicht. »Tot ist der Garten, mein Atem wird schwerer.« Er war eine der großen lyrischen Begabungen der Nachkriegszeit und ging nun – wieder einmal – in die innere Emigration des Hubertuswegs in Wilhelmshorst bei Potsdam, bevor er 1971 in die Bundesrepublik ausreisen durfte.

Hermlin hatte im Dezember 1962 als Sekretär der Akademie-Sektion für Dichtung und Sprachpflege zu einem Abend mit jungen, bisher kaum bekannten Lyrikern geladen, darunter Sarah und Rainer Kirsch, Volker Braun und Wolf Biermann. Besonders eine Bemerkung des Letzteren über die hölzernen Parteigedichte, die man im *Neuen Deutschland* zu lesen bekam, sorgte dafür, dass Hermlin nach dieser Lesung unter Druck geriet. Auch er wurde nun in eine

Reihe mit den ästhetisierenden »Lords« gestellt, und Hager warf ihm vor, dass der Akademie-Abend zu Ausfällen gegen das Zentralorgan der Partei missbraucht worden und überhaupt die vorgetragenen Gedichte vom Geist des Pessimismus, der unwissenden Krittelei und der Feindschaft gegen die Partei durchdrungen gewesen seien. Hermlin musste seinen Posten räumen. Eine ähnliche Erfahrung wie er hatte der Bildhauer Fritz Cremer schon 1961 mit einer Akademieausstellung junger Künstler machen müssen.

In Kunst und Literatur offenbarten sich am deutlichsten die Widersprüche des fiktionalen Gebildes DDR. Es waren ausnahmslos junge Künstler der Ankunftsgeneration, die es traf, und sie sympathisierten ausnahmslos mit dem sozialistischen Weg ihres Landes. Doch sie verstanden den Aufruf zum Realismus als Ermutigung, genau hinzusehen, während die Partei von ihnen erwartete, in ihren Darstellungen und Gestaltungen den Halt zu erfinden, den die Wirklichkeit nicht hergab.

»Wurde aufgefordert, ein ›Bekenntnis zum soz. Real.‹ zu schreiben«, notiert Brigitte Reimann Anfang 1964 ins Tagebuch: »Weigere mich. Habe bis heute nicht begriffen, was das ist.« Dabei war sie eigens in das sozialistische Neubaugebiet Hoyerswerda gezogen, um im dortigen Braunkohlekombinat *Schwarze Pumpe*, dem Appell der ersten Bitterfelder Konferenz folgend, die Welt der Arbeit kennenzulernen. Die zweite Bitterfelder Konferenz Ende April 1964 hielt sie deshalb insgesamt für eine »gute Sitzung«, weil sie darin eine Abkehr vom Arbeiterrealismus erblicken wollte. Christa Wolf war da skeptischer. Der bisherige Bitterfelder Weg, meint sie im Rückblick, habe dazu geführt, dass die Schriftsteller aufgrund ihrer Betriebserfahrungen nun besser Bescheid wussten über die ökonomische Realität in diesem Land und diese Realität auch gern ungeschminkt so darstellen wollten, wie sie sie sahen. Tatsächlich warf Kurt Hager den Schriftstellern und Künstlern bereits Ende März 1963 auf einer Kulturkonferenz vor, sie spielten sich offenbar neuerdings als Kenner der politischen Ökonomie auf. Die Partei wollte von ihnen das im Sinne ihrer Utopie »Typische«, die Künstler aber wollten das »Reale«.

Schon kurz nach dem Mauerbau war das mit einem Paukenschlag wieder einmal deutlich geworden. Eine Probeaufführung von Heiner Müllers *Umsiedlerin oder Das Leben auf dem Lande* am

30. September 1961 führte zum größten kulturpolitischen Eklat bis zur Biermann-Ausbürgerung 1976. Die Regie dieser Komödie ohne positive Helden über die Zeit von der Bodenreform bis zur Kollektivierung sei »verbrecherisch«, hieß es, und Müller ein »Beckett des Ostens«, der in seinem Stück »zynisch« alle RIAS-Lügen über die DDR kolportiere. Das Manuskript wurde auf Anweisung verbrannt, Müller aus dem Schriftstellerverband ausgeschlossen. Ulbricht, erinnert er sich, war mit seinem Ausschluss allerdings nicht ganz einverstanden.

Ähnlich lavierend verhielt er sich 1963 bei dem Konflikt um Peter Hacks' Stück *Die Sorgen und die Macht*. Hacks musste sich von Kurt Hager vorwerfen lassen, er habe darin die Rolle der Partei völlig verzerrt dargestellt. Ulbricht aber vertrat die Ansicht, die Sache werde künstlich hochgespielt. Warum, fragte er, könne man mit solchen jungen Schriftstellern nicht anders, er wolle sagen, »menschlicher« umgehen, »besonders wenn es sich um Sorgen um die Macht handelt«. Der SED-Chef hatte seine eigenen Sorgen um die Macht, oft kaum andere als Hacks. »Viel, viel, viel, schreit / die Regierung«, heißt es in dem Stück: »Sie murmelt auch / von Qualität was, aber lobt dich / für die Menge.« Das war ein direkter Angriff auf die Tonnenideologie und die Unflexibilität des Plans, die Ulbricht, auf dem Weg zum Neuen Ökonomischen System, drastisch korrigieren wollte. Er nannte Hacks' Drama bei allem Vorbehalt ein »Experiment« und meinte: »Sollen sie spielen.« Im Herbst 1962 wurde das Stück in einer dritten, überarbeiteten Fassung am Deutschen Theater gezeigt, im Januar 1963 aber schon wieder abgesetzt.

Ulbricht konnte sich oft weniger durchsetzen, als er wünschte. Im Übrigen war er, wie der Philosoph Hans-Georg Gadamer schon in seiner Leipziger Zeit nach dem Krieg beobachten konnte, im Zweifelsfall immer ein Feigling. Am 17. April 1963 schrieb Ulbricht dann im *Neuen Deutschland*, Hacks vermöge im Heute doch nur die »Muttermale der kapitalistischen Vergangenheit« zu sehen und »nicht das Neue und Schöne in der Wandlung des Menschen«.

Auf der zweiten Bitterfelder Konferenz ein Jahr später erlebte man ihn wieder ganz, wie man ihn kannte. Den Zweifel als Motor des Fortschritts lehnte er entschieden ab und wies der Ausprägung des sozialistischen Menschenbildes in der Literatur und Kunst die Hauptaufgabe zu, Möglichkeiten zu entdecken, wie Konflikte konstruktiv zu lösen seien. »Wie gut und wie schnell es bei uns vorwärtsgeht«, so Ulbricht vor den tausend Konferenzteilnehmern im Bitterfelder Kulturpalast, »das hängt in einem hohen Grade von Ihrer zielstrebigen und guten Arbeit ab, von Ihren Romanen und Dramen, Gedichten und Liedern, Bildern und Skulpturen«. Auf die Fiktion als Beitrag zum Aufbau wollte er auch in der sogenannten Reformzeit nicht verzichten. Vor allem nicht auf jene »Dialektik«, die in jedem Widerspruch, Problem oder auch wirklichem Misserfolg nichts als den unfertigen Keim einer zukunftsgewandten Vollendung sehen sollte.

Es sei geradezu unmöglich geworden, beschrieb Günter Kunert damals die Monstrosität solcher Vorgaben, eine simple Sentenz wie »Der Winter ist kalt« zu äußern, ohne dass einem vorgeworfen werde, man negiere drei andere wesentliche Jahreszeiten und erkenne außerdem nicht die Kräfte, die in der Lage seien, den Winter in einen zweiten Sommer umzugestalten.

Dann geriet Ulbricht aus anderen Gründen in die Defensive. In Moskau war Chruschtschow gestürzt worden, dem der Leichtsinn seiner utopischen Zukunftsprognosen und seiner überhasteten, oft konzeptionslosen Reformpolitik schließlich zum Verhängnis wurde. Subjektivismus, Wunschdenken und Prahlerei mit leeren Worten, so die *Prawda* vom 17. Oktober 1964, seien die Hauptgründe, weshalb man nun zu stabilen Verhältnissen zurückkehren müsste. In der Sowjetunion ergriff mit Leonid Breschnew die Nomenklatura endgültig die Macht. »Stabilität der Kader« hieß die neue Devise, und das bedeutete kein gutes Vorzeichen für Walter Ulbrichts Dynamismus, auch wenn er weit weniger konzeptionslos war als derjenige Chruschtschows.

Ulbricht wurde von dieser Entwicklung überrascht. Nicht so jedoch Honecker. Breschnew, der erst zwei Wochen zuvor bei einem DDR-Besuch mit Ulbricht aneinandergeraten war, hatte Honecker bei einem anschließenden Jagdausflug in die Schorfheide als weit zugänglicher schätzen gelernt und ihn einen Tag vor Chruschtschows Sturz von dem bevorstehenden Ereignis telefonisch in Kenntnis gesetzt.

Leonid Breschnew war von Anfang an ein Mann des Militärs. Den unter Chruschtschow immer zweifelhafter gewordenen wirtschaftlichen Überholanspruch versuchte er durch eine militärische

Supermachtrolle in der Welt zu kompensieren. Diesen Wandel bekam die DDR sofort bei Wirtschaftsverhandlungen zu spüren.

Als Plankommissar Erich Apel im Oktober 1964 nach Moskau reiste, um über langfristige Lieferkontingente von Erdöl, Erdgas, Walzstahl und Getreide bis 1970 zu verhandeln, war er bereits mit Chruschtschows Nachfolgern konfrontiert. Eine Vereinbarung kam nicht zustande. Es wurden lediglich unverbindliche Zusagen über reduzierte Lieferungen gemacht. Ulbricht unternahm 1965 einige neue Vorstöße, insbesondere auf dem Gebiet der hochtechnologischen Zusammenarbeit. Auch hier zeigte sich Moskau wenig kooperativ, teils aus Gründen militärischer Geheimhaltung, teils, weil Ulbricht eine direkte Zusammenarbeit von Betrieben und Institutionen anstrebte, was den Interessen der allmächtigen sowjetischen Parteiinstanzen widersprach. Zudem forderte die Sowjetunion für künftige Rohstofflieferungen ab 1966 Vorkasse. Am Ende hart geführter Verhandlungen im September 1965 war Erich Apel in Moskau schließlich zur Unperson geworden.

Er stand in besonderer Weise für Ulbrichts Reformen und geriet nun auch zu Hause zunehmend unter Beschuss. Apel verbrachte seine Wochenenden meist in Grünheide, wo er eine Datscha besaß, die unmittelbar neben der von Robert Havemann lag. Die beiden konnten stundenlang über notwendige Reformen in den sozialistischen Ländern diskutieren und waren sich einig, dass der mit den Wirtschaftsreformen begonnene Prozess auch andere gesellschaftlichen Bereiche erfassen und vor allem die Macht des Parteiapparats einschränken müsse. Das alles war bekannt, als im Sommer Willi Stoph in Absprache mit dem Ehepaar Honecker versuchte, ein Disziplinarverfahren gegen Apel einzuleiten, angeblich wegen eines Angriffs »auf das einheitliche Bildungssystem«. Die Vorwürfe waren weit hergeholt, doch sie zeigten, dass nun ein Kesseltreiben gegen Apel begann, mit dem man Ulbricht zu einem Bauernopfer zwingen wollte. Bei Apel seinerseits begannen die Zweifel an den Erfolgsaussichten seiner Reformpläne in dem Maße zu wachsen, wie die Schwierigkeiten mit der Sowjetunion zunahmen.

Beim Abschluss eines neuen Handelsabkommens zu sowjetischen Konditionen im Spätherbst war Apel schon gar nicht mehr zugegen. Breschnew, der nach Ostberlin gekommen war, bestand eigens darauf, nicht mit ihm verhandeln zu müssen. Eine Stunde vor Unterzeichnung des Vertrages, am 3. Dezember 1965 um zehn Uhr morgens, fand man Erich Apel in seinem Dienstzimmer in der Staatlichen Plankommission tot auf. Er hatte sich mit seiner Dienstpistole erschossen. Einen Abschiedsbrief hinterließ er nicht.

Welche Irritationen sein Freitod hinterließ, zeigt die Tatsache, dass Ulbricht ursprünglich die Absicht äußerte, eine Mordkommission zur Untersuchung der eigenartigen Todesumstände seines Cheftechnokraten einsetzen zu lassen. Er ließ dann davon ab, legte aber darauf Wert, dass das *Neue Deutschland* auf Seite eins sowohl die Meldung über Apels Tod als auch das deutsch-sowjetische Handelsabkommen auf gleicher Höhe abdruckte. Er wollte wenigstens auf diese versteckte Weise seine Vermutung eines Zusammenhangs beider Ereignisse öffentlich machen.

Dann würdigte er auf einer außerordentlichen Sitzung des Politbüros die Verdienste des Verstorbenen. Die Organisation der Trauerfeierlichkeiten lag jedoch zuständigkeitshalber in den Händen Erich Honeckers, der selbst diese Angelegenheit zur kleinlichen Demonstration eines Machtkampfs auszunutzen wusste. Er untersagte das sonst übliche Spalierstehen bei der Beisetzung im Krematorium Baumschulenweg und ordnete an, diese habe ohne Reden vor sich zu gehen.

Für Ulbricht war der Tod Apels ein schwerer Schlag. Ursprünglich sollte die 11. Tagung des Zentralkomitees vom 15. bis 18. Dezember 1965 ein reines Wirtschaftsplenum sein, auf dem Ulbricht die zweite Etappe seiner ökonomischen Reformen verkünden wollte. Tatsächlich verteidigte er seine Wirtschaftsreformen vehement gegen jene, die darin vor allem ein Risiko sahen, und wies darauf hin, dass das Stehenbleiben bei alten, überholten Methoden weit mehr als ein Risiko bedeute, »nämlich eine ernste Gefahr«.

Zunächst jedoch eröffnete er die Sitzung mit ungewöhnlich persönlichen Worten des Gedenkens an Erich Apel, dessen Tod, wie jedem der Anwesenden bewusst war, die Position der Reformer in der SED-Spitze entscheidend geschwächt hatte.

Dann veränderte sich der Ton, als Erich Honecker in geschlossener Sitzung den dreieinhalb Stunden langen Bericht des Politbüros verlas. Üblicherweise erregten solche Berichte, die vorwiegend bilanziellen Charakter trugen, nur wenig Aufmerksamkeit. Das war an diesem Tag anders, denn Honecker wollte sich mit seinem Vortrag als Frondeur gegen Ulbrichts Reformpolitik profilieren.

Kaum überhörbar an die Adresse seines Ziehvaters gerichtet, beschwerte er sich darüber, dass »einige Wissenschaftler, Techniker und staatliche Leiter« ihre Neigung noch nicht überwunden hätten, sich ausschließlich am sogenannten »Westniveau« zu orientieren. Ihnen sei vermutlich entgangen, dass im Gegenteil »die enge Zusammenarbeit mit der Union der Sozialistischen Sowjetrepubliken für eine gesicherte Perspektive entscheidend ist«. Honecker machte sich offen zum Sprachrohr Breschnews, der in Ulbrichts Reformen von Anfang an und zunehmend mehr den Versuch eines Ausbruchs aus dem sowjetischen Wirtschaftsgefüge sah.

Zweitens wollte Honecker verhindern, dass die Wirtschaftsreformen Ulbrichts auf andere gesellschaftliche Bereiche übergriffen. Aus diesem Grund war den Mitgliedern des Zentralkomitees am Vorabend der Eröffnung des Plenums Kurt Maetzigs Film *Das Kaninchen bin ich* vorgeführt worden. Es sollte jedem vor Augen geführt werden, wohin die Entwicklung führen konnte, wenn im Kulturbereich das wachsame Auge der Partei versagte.

Maetzig hatten seine heroischen Thälmann-Filme großes Lob der Partei eingebracht, doch mit diesem Film wollte er, ermutigt durch den Reformgeist der Zeit, einen kritischen Seitensprung wagen. Das Drehbuch orientierte sich an einer von der Zensur verbotenen Romanvorlage von Manfred Bieler und handelte im Gewand einer Liebesgeschichte von dem absurden Labyrinth der spätstalinistischen DDR-Justiz. Die 19-jährige Maria Morzek, der das Studium versagt ist, weil ihr Bruder aus Gründen, die sie nicht kennt, im Gefängnis sitzt, verliebt sich in einen verheirateten Richter, von dem sie erst nach einiger Zeit erfährt, dass er für die Verurteilung ihres Bruders verantwortlich ist. Ein Gnadengesuch, das sie an das Gericht schickt, findet seine Unterstützung nicht, doch als der Wind im Land sich plötzlich in Richtung Reformen dreht, kann er Marias Bruder nicht früh genug freilassen, um sich politisch zu profilieren – die Offenbarung einer opportunistischen Persönlichkeit, an der die Liebe schließlich scheitert. Maetzig hatte den neuen Wind der Öffnung und die Versprechen der Justizreform von 1963 zu ernst genommen.

Aus »konstruierten Mängeln«, wurde ihm von Host Sindermann

auf dem 11. Plenum vorgeworfen, habe er sich eine dem Menschen feindliche Umwelt gebastelt, in der »nur noch Karrieristen, Zweifelnde, Triebhafte, Schnoddrige, Berechnende, Brutale« das Leben bestimmten. Und dann hagelte es Invektiven, auch über andere DEFA-Filme: »Kafka-Typen, Sartre-Existenzialisten« oder »Überbetonung des Sexuellen«. In einem »sauberen Staat«, wie Honecker sich ausdrückte, durfte so etwas nicht sein.

Von ihm kamen die heftigsten Angriffe gegen die Filmschaffenden. »Nihilismus« und »Unmoral« attestierte er ihnen sowie »spießbürgerlichen Skeptizismus«. Das alles, so Honecker, habe seine Ursache in dem »unzureichend gefestigten marxistisch-leninistischen Weltbild einiger Kulturschaffender« und ihrer Verkennung der Vorbildrolle der Sowjetunion. Im Gefolge des Plenums wurden zwölf der besten Filme der DEFA verboten, darunter Frank Beyers *Spur der Steine* mit Manfred Krug in der Hauptrolle.

Schon vor dem Plenum spürte man, dass der Wind sich zu drehen begann. Auf Honeckers Veranlassung hin wurden alle bekannt gewordenen Fälle von Jugendkriminalität zusammengetragen und daraus ein Schreckensbild gezimmert, das deutlich machen sollte, zu welchen Folgen weitere »Aufweichungen« in der Kultur- und Jugendpolitik führen würden. Dabei war die Jugendkriminalität zur gleichen Zeit deutlich rückläufig.

Kurt Turba musste sich von Honecker den Vorwurf anhören, er habe das Jugendkommuniqué auf eine Stufe mit dem Kommunistischen Manifest stellen wollen und mit seiner Öffnung die Jugend der DDR in »Schmutz und Schund« geführt. Und der von Ulbricht zugunsten Turbas gefeuerte Paul Verner forderte, unterstützt von Margot Honecker, eine »Atmosphäre gegen Gammler zu schaffen«, von denen es in der DDR damals tatsächlich einige wenige gab.

Beat-Musik wurde plötzlich als Ausdruck westlicher Dekadenz und als imperialistisches Nervengift denunziert, was den als Hardliner bekannten Leipziger SED-Chef Paul Fröhlich dazu veranlasste, die lokale Beatszene generalstabsmäßig zu zerschlagen. Kurt Hager stellte immer wieder Zusammenhänge zwischen den bedenklichen Entwicklungen unter der Jugend und im kulturellen Bereich her.

Doch Ulbricht setzte sich bis Mitte November gegen alle Versuche eines kulturpolitischen Kurswechsels zur Wehr. Nicht zuletzt deshalb, weil er sich allzu gern aus propagandistischen Gründen gegen die »kulturfeindliche Pinscherpolitik Erhards« im Westen abgesetzt hätte. Noch am 25. November forderte er die Schriftsteller nach einer planmäßigen Ermahnung gegen Skeptizismus und Entfremdungspropaganda auf, Texte für deutsche Songs zu schreiben in der Hoffnung, damit vielleicht einer »Beatlesbewegung« gegen »Erhard und die Monopole« auf die Sprünge zu helfen.

Dann allerdings setzte das Rollback mit aller Macht ein. »Das Gebell gegen die Schriftsteller hält an«, notierte Brigitte Reimann am 12. Dezember ins Tagebuch: »Die *Junge Welt* schlägt einen *Stürmer*-Ton an; das sind rüde Rempeleien, wüste Denunziationen; die Redakteure sind Dreckschleudern geworden.« Bereits am 6. Dezember hatten vier Wismut-Kumpel im *Neuen Deutschland* gegen den Vorabdruck von zwei Kapiteln des Romans *Rummelplatz* von Werner Bräunig in der *Neuen Deutschen Literatur* Stimmung gemacht.

Bräunig, als Arbeiter ein echtes Kind des Bitterfelder Weges, war mit seinem Wismut-Roman, der auch von Prozentejagd, Saufereien und Mädchenverhältnissen erzählt, der Realität allzu realistisch auf den Leib gerückt. »Die Wismut ist ein Staat im Staate«, heißt es bei Bräunig, »und der Wodka ist ihr Nationalgetränk.« Er musste sich jetzt im *Neuen Deutschland* von bestellten Kumpeln sagen lassen, er beschimpfe seine früheren Kollegen und ihre Frauen und offenbare unübersehbar antisowjetische Tendenzen.

Auf dem 11. Plenum dann führte Erich Honecker auch das Wort gegen die Literatur und zog vor allem gegen Bräunig, Biermann, Heiner Müller und Stefan Heym zu Felde. Honecker kam in dieser Rede in vollem Umfang zu sich selbst. Man habe in der DDR in den letzten Jahren »die neuesten Ergebnisse der Enthemmung und Brutalität aus dem kapitalistischen Westdeutschland einschleusen lassen, um unsere Jugend zu verseuchen«. Mit anderen Worten: Man war auf gefährliche Weise vom »Gegner« politisch-ideologisch infiltriert worden und hatte dies auch noch zugelassen. Honeckers Konsequenz daraus lautete, die geschlossene Anstalt noch dichter zu schließen.

Ulbrichts Reaktion fiel eher defensiv und vorsichtig dämpfend aus. Einerseits gab er denjenigen recht, die das Schwert gegen »Nihilismus, Halbanarchismus, Pornografie oder andere Methoden der amerikanischen Lebensweise« erhoben, andererseits wollte er auch weiter die Schriftsteller und Künstler »ermutigen, komplizierten Erscheinungen des Lebens nicht auszuweichen«. Er verhielt sich weniger scharf, weil er mit dem Gestus eines weisen Landesvaters die Hoffnung nicht aufgeben wollte, eine »konstruktive« sozialistische Intelligenz auch im kulturellen Bereich heranziehen zu können. Dass gegen die »Schmutzlinie« von Leuten wie Havemann, Heym oder Biermann, gegen jene also, die seiner Ansicht nach einen zielbewussten Kampf gegen die Arbeiter- und Bauernmacht führten, oder gegen andere, die in kulturkritischer Absicht die Allmacht des wissenschaftlich-technischen Fortschritts in Zweifel stellten, eine politische Front aufgebaut bleiben musste, machte er jedoch ebenso deutlich.

Kurt Turba wurde nach dem Freitod Erich Apels das zweite Bauernopfer der Reformperiode. Auch Ulbricht, dessen machtpolitischer Opportunismus nie Grenzen kannte, distanzierte sich jetzt von ihm. Am 27. Januar 1966 enthob man ihn aller Posten. Erich Honecker hatte seine alte Vormachtstellung in der Jugendpolitik zurückerobert und dadurch demonstriert, dass in Zukunft mit ihm zu rechnen war.

Die ZK-Tagung vom Dezember 1965 bedeutete eine tiefe Zäsur für das politische und kulturelle Klima in der DDR. »Das Plenum hat entschieden«, schrieb Christa Wolf Ende Dezember 1965 in ihr Tagebuch: »Die Realität wird abgeschafft«. Und Günter Kunert dichtete zu dieser Zeit: »Herzustellen verbot was die Leute / Lampen nennen / König Tharsos von Xantos der / Von Geburt / Blinde«. In gewisser Weise präfigurierte die Realitätsabschaffung des 11. Plenums manche Irrealitäten der späteren Honeckerzeit.

Erich Mielke mit seinem paranoiden Konzept der »politisch-ideologischen Diversion«, das mit einer gewissen Zwangsläufigkeit zum metastasenhaften Ausbau des Sicherheits- und Überwachungsapparats führen musste, setzte sich nun endgültig durch. Ein direkter Weg führte von hier zur Ausweisung Wolf Biermanns 1976 und den gravierenden Folgen.

Ratlosigkeit

Der neue Kulturkampf des 11. Plenums war in gewisser Weise auch eine logische Konsequenz der potenzierten Wissenschaftsutopie, die Ulbrichts sogenannte zweite Etappe des Neuen Ökonomischen Systems auszeichnete. Erst jetzt, und besonders nach dem VII. Parteitag der SED 1967, begann so richtig, was manche in den späteren Honecker-Jahren die »Systemzeit« nennen würden. Ulbricht hätte die DDR am liebsten in das vollendete Laboratorium eines nach unendlicher Vollkommenheit strebenden Futurismus verwandelt. Seither, beobachtete Sigrid Meuschel, veränderte sich auch die Parteisprache. Sie nahm immer mehr systemtheoretische Begriffe auf. Alles wurde Wissenschaft. Es gab jetzt eine Forschungsgemeinschaft Sozialistische Menschenführung und ein parteieigenes Institut für Meinungsforschung, das der Partei helfen sollte, besser auf die Stimmung der Bevölkerung reagieren zu können. Kybernetik, Pädagogik, Psychologie und Soziologie sollten nun auch Eingang in die Parteiarbeit finden und zu ihrer Effektivierung beitragen. Wissenschaftliche Prognostik stand weiter hoch im Kurs, und Ulbricht erwartete von einer »wissenschaftlich fundierten Wirtschaftsführung« jene durchschlagende Rationalisierung, die der traditionelle Apparat bisher nicht hergab. Jeder Funktionär, meinte er, sollte in Zukunft die Überzeugungskraft eines politischen Revolutionärs mit der notwendigen Wissenschaftlichkeit in der Arbeitsweise verbinden können.

Anfang 1966 gründete er einen *Strategischen Arbeitskreis*, der von seinem persönlichen Referenten Wolfgang Berger geleitet wurde. Ulbrichts *Braintrust*, den er weitgehend von Parteieinfluss freihielt, bestand aus 130 Experten mit solidem Fachwissen, die für ihn Problemanalysen, Trendberechnungen und Zukunftskonzepte ausarbeiten sollten. Sie alle waren ihm ergebene junge Leute zwischen 25 und 40 Jahren.

Die Zukunft stellte er sich in dieser Zeit immer mehr nach dem Muster systemtheoretischer Modelle vor. Auf dem VII. Parteitag der SED im April 1967 referierte er über den Systemcharakter der sich entwickelnden sozialistischen Gesellschaft und definierte sie als Wechselbeziehung zwischen den Teilsystemen Ökonomie, Staat, Recht, Bildung und Kultur, wobei das ökonomische System des

Sozialismus das wichtigste und dynamischste Teilsystem sei. Jetzt, so Ulbricht, komme es darauf an, die anderen Teilsysteme auf ein gleiches fortgeschrittenes Niveau zu heben und im Prozess bewusst gestalteter Wechselbeziehungen mit geringstmöglichem Aufwand und in historisch kürzester Frist die entwickelte sozialistische Gesellschaft zu schaffen. Denn die Ökonomie sei nur Mittel zum Zweck und das eigentliche Ziel bestehe im Entstehen allseitig entwickelter Persönlichkeiten in der sozialistischen Menschengemeinschaft.

»Wir«, so ein Manifest des Parteitags an die Bevölkerung, »haben keine Scheu vor steilen Pfaden.« Wir, die SED, »die Erben des Kommunistischen Manifestes«. In Moskau hörte man solche Töne eines Führungsanspruchs für das gesamte sozialistische Lager nur äußerst ungern.

Ulbricht stellte auf diesem Parteitag die SED nicht nur in die unmittelbare Tradition der Deutschen Marx und Engels, er behauptete auch, das Kommunistische Manifest sei ein Pionierwerk wissenschaftlicher Gesellschaftsprognose gewesen, das es nun im Licht systemtheoretischer Überlegungen zeitgemäß zu verfeinern gelte. Beispielsweise müsse die Marx'sche These von den Produktivkräften als revolutionärem Element der Entwicklung präzisiert werden. Das Wachstum der Produktivkräfte habe heute den Charakter einer wissenschaftlich-technischen Revolution angenommen, und das bedeute zwangsläufig auch eine ungeheure Dynamisierung der Produktionsverhältnisse, womit er meinte, dass die »Führungstätigkeit« der Partei sich ebenfalls dem dynamischen Wandel stellen und deshalb immer wieder neu hergestellt werden müsse.

Der Kampf, wollte er damit sagen, vollziehe sich in Zukunft nicht mehr zwischen den Überresten des Alten und dem Neuen, sondern innerhalb des Neuen selbst. Das war die Grundlage seiner These, der Sozialismus sei keine kurzfristige Übergangsperiode zwischen Kapitalismus und Kommunismus, wie Marx, Engels und Lenin behauptet hatten, sondern eine »relativ selbstständige sozialökonomische Formation«. Er verkündete diese Häresie auf einer internationalen wissenschaftlichen Tagung im September 1967 zum 100. Jahrestag des Erscheinens von Marxens Hauptwerk *Das Kapital*. Jeder der ideologisch geschulten Anwesenden wusste sofort, dass Ulbricht damit die Allgemeingültigkeit der sowjetischen Erfahrungen öffentlich infrage gestellt hatte.

In Wirklichkeit aber war die Verkündung des »Systemcharakters des Sozialismus« nur der etwas hilflose Versuch, Dynamik in das Beharrungsvermögen eines Apparats zu tragen, der ohne kampagnenhafte Aufrufe zu stetigem Wandel kaum zu bewegen war. Die erste Konsequenz der neuen Erkenntnis hieß deshalb: lernen. Anfang Oktober 1967 setzte eine Flut von Seminaren ein, auf denen Funktionäre bis zur untersten Kreisebene in effektiven und rationellen Verhaltensweisen geschult werden sollten. Schon Ende 1966 war mit der Vorzeigefigur des Meisters Gerhard Karst und unter der Losung »Unser Betrieb darf nicht mehr auf Kosten anderer leben« eine neue Aktivistenkampagne für mehr betriebliche Rentabilität ins Leben gerufen worden. Zwar wurde auch das System der »ökonomischen Hebel« ausgebaut und den Betrieben beispielsweise die Eigenverantwortung für ihre Investitionen übertragen, doch der entscheidende dynamische Faktor sollte nach wie vor der Neue Mensch sein.

Die »sozialistische Menschengemeinschaft« fand 1968 Eingang in die neue Verfassung der DDR. Im Prinzip war das Etikett noch verschwommener als Ludwig Erhards etwas ältere »formierte Gesellschaft«, auch wenn es in ähnlichem Geist das Gemeinwohl und eine Gesellschaft ohne Egoismus beschwor. Die neue Menschengemeinschaft entwickle sich, so Ulbricht, als Ergebnis von Erziehung und Selbsterziehung zu Hilfsbereitschaft, Güte, Brüderlichkeit und Liebe zu den Mitmenschen und werde die Entwicklung der Einzelnen zu sozialistischen Persönlichkeiten und die der vielen zur sozialistischen Gemeinschaft mit sich bringen. Mit anderen Worten setzte sie sich in sehr deutscher Tradition eine vollständige »Sozialisierung« des Volkes zum Ziel – eine von Antagonismen freie Volksgemeinschaft, in der nach Ulbrichts Ansicht im Übrigen auch die verbliebenen privaten Handwerker und halbstaatlichen Kleinunternehmer ihren festen Platz behalten würden. Brigaden der sozialistischen Arbeit, Hausgemeinschaften und die Grundsätze der sozialistischen Moral waren ihre wesentlichen Bestandteile. Das »deutsche Wunder« in der DDR, verkündete er, sei nämlich »nicht einfach ein Wirtschaftswunder«, es bestehe »vor allem in der großen Wandlung der Menschen«.

Bei Ulbricht führte die Einsicht in die Notwendigkeit einer Reform des Wirtschaftssystems nicht, wie 1968 im Nachbarland Tschechoslowakei, zu Überlegungen einer demokratischen Öffnung, sondern zu dem Kunstwerk eines systemtheoretisch modernisierten und dynamisierten Neostalinismus.

Dennoch hat er die Wahl Alexander Dubčeks zum neuen Parteichef in Prag Anfang Januar 1968 zunächst begrüßt. Erich Honecker würde ihm das später zum Vorwurf machen. Nach der Rückkehr von einem Besuch dort im Februar zeigte er sich tief befriedigt darüber, dass Dubček endlich die Beseitigung der Dogmatiker aus der Führung der KPČ eingeleitet habe. Er schlug ihm sogar vor, noch fünf weitere Dogmatiker zu entlassen und durch junge Kräfte aus der wissenschaftlich-technischen Intelligenz zu ersetzen. Den Botschafter der DDR in Prag wies er an, ein möglichst gutes Verhältnis zu Dubček und seinen Leuten zu suchen, da man die Entwicklung, die sich jetzt in der ČSSR anzubahnen schien, im Kern als positiv betrachten müsse. Ulbricht misstraute dem gestürzten Dubček-Vorgänger Antonin Novotný zutiefst und hielt ihn für vollkommen reformunfähig. Der hatte im Januar 1967 unter Druck mit halbherzigen Wirtschaftsreformen begonnen, sie dann aber gleich wieder unter einem Wust von Bürokratie erstickt. Dubček versprach das anders zu machen.

Doch die erste Euphorie beruhte auf einem Missverständnis. Gern hätte Ulbricht das Industrieland Tschechoslowakei als Verbündeten im sozialistischen Lager für sein Modell und seine Laborversuche gewonnen, und er wurde nicht müde, Dubček nahezulegen, die DDR habe alle Prager Probleme bereits in musterhafter Weise gelöst. Alexander Dubček selbst allerdings war, wie man seinen Erinnerungen entnehmen kann, von den Ostberliner Belehrungen wenig begeistert und hielt im Übrigen Ulbricht keineswegs für einen Wirtschaftsfachmann.

Schon bald, einige Wochen später, zählte Ulbricht zu den schärfsten Kritikern Dubčeks. Dem tschechoslowakischen Parteichef nämlich ging es, wie jetzt sichtbar wurde, bei seinen Reformen nicht um die autokratische Modernisierung durch eine neue alerte Parteielite, sondern um einen »Sozialismus mit menschlichem Antlitz«.

Dubček wollte, auch mit Blick auf die politischen Verbrechen der Vergangenheit, Liberalität und Pluralität, Ulbricht »aufbauende« Autorität und Konformität. Eine Reform des politischen Systems, meinte Dubčeks Mitstreiter Zdenek Mlynár, wenn sie überhaupt einen Sinn haben sollte, musste das ganze System der totalitären Parteidiktatur infrage stellen. Man wurde sich während des ersten Halbjahres 1968 in Prag zunehmend klarer darüber, dass die durch eine Ausdifferenzierung der Wirtschaft entstehende gesellschaftliche Komplexität auch ein neues politisches System erforderte, um wirkungsvoll funktionieren zu können. Darüber hinaus gab es eine generelle Stimmung des »Zurück zu Beneš«. Dubčeks entscheidender Schritt bestand darin, dass er im Frühjahr 1968 die Zensur in der Tschechoslowakei aufhob. Diese Konzeption einer »offenen Gesellschaft«, entgegnete stehenden Fußes das ZK der SED am 12. März, sei eindeutig dem geistigen Arsenal des Imperialismus entnommen. Die am 6. April durch Plebiszit angenommene neue Verfassung der DDR sicherte in Artikel 1 den Führungsanspruch der SED dann sogar ausdrücklich ab.

Es schien damals tatsächlich nur zwei Wege zu geben, auf denen das osteuropäische System reformierbar war: der tschechoslowakische Reformsozialismus – der bei freier Entfaltung zum Ende der Parteidiktatur und zur Einführung von marktwirtschaftlichen Verhältnissen geführt hätte – oder der dynamische Neostalinismus von Ulbrichts Schöner Neuer Welt einer sozialistischen Menschengemeinschaft. Alles andere versprach nur Stagnation. Die Sowjets hatten kein Konzept, und die Frondeure gegen Ulbricht auch nicht.

Aber sie hatten nach der Zerschlagung des Prager Frühlings im August 1968 durch Truppen des Warschauer Pakts ein weiteres Argument, gegen ihn vorzugehen. Seine Politik wäre vermutlich irgendwann einmal nach totaler Überforderung kollabiert. Doch nun wurde er aus anderen Gründen sabotiert. Ulbricht sollte, wie Alexander Dubček, am Ende ein Opfer der neuen Breschnew-Doktrin einer begrenzten Souveränität der Länder des Ostblocks werden.

Bis zu einem Besuch in Karlsbad neun Tage vor dem Einmarsch der Truppen des Warschauer Pakts in die Tschechoslowakei hatte Ulbricht immer wieder eine politische Lösung gesucht, in der Hoffnung, durch das Einlenken Dubčeks auf einen »positiven« Kurs eine internationale Krise doch noch vermeiden zu können. Diese Eigenmächtigkeiten wurden in Moskau nicht gern gesehen. Walter Ulbricht hat die Invasion gleichwohl mit vollen Kräften unterstützt, als sie in seinen Augen nicht mehr zu verhindern war.

In den frühen Morgenstunden des 21. August 1968 stand die

gesamte Nationale Volksarmee Gewehr bei Fuß. Die Logistik der Reichbahn war ganz auf sowjetische Truppentransporte abgestellt, und um 1 Uhr 30 wurde die Grenze zur Tschechoslowakei hermetisch abgeriegelt, der zivile Luftverkehr, die Telefonverbindungen und die Post unterbrochen. Doch der Befehl zum Einmarsch blieb aus. Die Entscheidung dazu ist in Moskau gefallen, aus Gründen, über die man nur spekulieren kann. Wahrscheinlich ist, dass man negative psychologische Auswirkungen fürchtete, wenn 23 Jahre nach Kriegsende schon wieder deutsche Besatzungstruppen an der Moldau zu sehen gewesen wären. An Ulbrichts mangelnder Bereitschaft dazu hat es jedenfalls nicht gelegen. Er sah in Dubček mittlerweile ebenso eine Gefahr wie Breschnew.

Ein Neuansatz in der Westpolitik wäre ihm in diesem Augenblick allerdings lieber gewesen. Bereits die Umstände des dramatischen Todes von Erich Apel hatten ihm die Grenzen der Kooperationsfähigkeit des Ostblocks deutlich vor Augen geführt. Ulbricht suchte nach neuen Wegen und bot deshalb am 9. August 1968, zwölf Tage vor dem Einmarsch in die Tschechoslowakei, seine Bereitschaft zu Verhandlungen mit der Bundesregierung an, vorausgesetzt, diese würde auf ihren Alleinvertretungsanspruch verzichten. Das Besondere an dieser Initiative war sein durchaus sensationeller Vorschlag, bevollmächtigte Missionen in Bonn und Ostberlin einzurichten, deren Status ausdrücklich offengehalten werden sollte. In Bonn reagierte man zum ersten Mal nicht von vornherein ablehnend.

Doch dann kam der 21. August und die kompromisslose Exekution der Breschnew-Doktrin durch die brutale Besetzung der Tschechoslowakei. Auch für Ulbrichts DDR bedeutete dies eine unmissverständliche Warnung. Deutschlandpolitische Alleingänge der Ostberliner Führung würden in Zukunft nicht mehr denkbar sein.

Walter Ulbricht verhielt sich in den ersten Monaten des Jahres 1969 zunächst abwartend. Schon Anfang Juli aber spielte er plötzlich mit dem Gedanken, sich mit Bundeskanzler Kiesinger und dem neuen Bundespräsidenten Heinemann treffen zu wollen. Breschnew lehnte ab, weil er ganz im Sinne seiner neuen Doktrin befürchtete, die DDR könne sich damit von ihren Verbündeten isolieren.

Ulbricht war sich seiner beschränkten Handlungsmöglichkeiten durchaus bewusst. Auch aufgrund seiner Erfahrungen mit einer offenen Grenze vor 1961 war er sich im Klaren darüber, dass Entspannung nur funktionieren konnte, wenn die DDR im Systemwettbewerb endlich einen spürbaren Schritt nach vorne machen würde. »Wir hatten Ihnen bereits mitgeteilt, dass wir in der Zeit des Perspektivplanes 1971–1975 die Überlegenheit der sozialistischen Gesellschaftsordnung über das westdeutsche kapitalistische System beweisen *müssen*«, teilte er seinen sowjetischen Bündnispartnern im Juli 1969 in fast herausfordernden Worten mit, »der gegenwärtige Rückstand in der Arbeitsproduktivität von zwanzig Prozent muss bis 1977/78 aufgeholt werden.« Doch Ministerpräsident Kossygin, dem natürlich klar war, dass Ulbricht damit auf die dauerhaft prekäre Rohstofflage der DDR zu sprechen kam, erteilte bei Verhandlungen in Moskau jeder Hoffnung auf eine Ausweitung sowjetischer Lieferungen eine klare Abfuhr. Kossygin meinte, die DDR sei den Verbündeten doch ohnehin schon wirtschaftlich weit voraus. Wozu also diese ständigen Forderungen? Die Sowjetunion wollte ihre eigenen gefährdeten Pfründe sichern, ihre Militärmacht ausbauen und mit ihrer ehemaligen Musterkolonie DDR, anders als Chruschtschow, nichts mehr beweisen müssen.

War die ostdeutsche Industrieproduktion 1966 noch um 6,5 Prozent und die Arbeitsproduktivität um sechs Prozent gestiegen, so deuteten sich seit 1967 neue wirtschaftliche Schwierigkeiten an. Anfang 1970 befand sich die DDR dann in einer der schwersten Wirtschaftskrisen ihrer Geschichte. Ausgangspunkt war zweifellos weniger die Moskauer Absage des Vorjahres als Ulbrichts ehrgeiziges Investitionsprogramm zugunsten von ausgewählten »Fortschrittsindustrien«, die zur Vernachlässigung der Konsumgüterindustrie und zu Disproportionen im gesamten Wirtschaftsgefüge geführt hatten.

Ulbricht sah das vermutlich anders, doch in dieser fatalen Lage startete er, in die Enge getrieben, erneut eine Westoffensive. War er noch 1967 davon ausgegangen, alles komme jetzt darauf an, die Kooperation mit der Sowjetunion, Polen und der Tschechoslowakei auf den Gebieten Elektronik, Datenverarbeitung und Chemie mit dem Ziel einer deutlichen Erhöhung der Wirtschaftskraft des Ostblocks zu intensivieren, so zweifelte er nach dem Scheitern seiner Dubček-Illusion und Kossygins ruppiger Zurechtweisung zunehmend daran, dass dieser Weg überhaupt gangbar war. Immer mehr wurde ihm in seinen letzten Jahren das abflachende und für die DDR unvorteilhafte Niveau des begrenzten sozialistischen Wirtschaftsraums bewusst. Schon aus diesen Gründen musste über eine Verständigung mit den Westdeutschen nachgedacht werden.

Als die Ost-West-Verhandlungen zwischen Moskau und der neuen sozialliberalen Regierung in Bonn bereits in vollem Gange waren, stellte er in seinem Strategischen Arbeitskreis plötzlich die überraschende Frage, was wäre, wenn die DDR sich nun zu dem entscheidenden Vermittler für einen Einstieg westdeutscher Unternehmen in das große Geschäft mit der Sowjetunion entwickeln würde? Beispielsweise über den Weg einer deutsch-deutschen Konföderation, die zu ökonomischer und wissenschaftlich-technischer Kooperation mit beiderseitigem Vorteil führen könnte? Sie hätte, wie Wolfgang Berger seine Gedanken nach der Wende wiedergab, in Ulbrichts Augen sowohl nützliche Folgen für die DDR-Wirtschaft und ein höheres Lebensniveau der Bevölkerung als auch für die bundesrepublikanische Industrie, der damit die Möglichkeit eröffnet würde, im Zusammenwirken mit der DDR den sowjetischen Markt zu erschließen.

Doch was wollte er damit erreichen? Eine schrittweise Annäherung der beiden deutschen Staaten bis zu ihrer Vereinigung auf der Grundlage des Sozialismus, wie es die neue DDR-Verfassung von 1968 forderte? Das wäre durch den angestrebten *big deal* mit einer weit überlegenen westdeutschen Wirtschaft allerdings kaum vorstellbar gewesen. Gerade deshalb hatte der VII. Parteitag 1967 allen Konföderationsgedanken früherer Zeiten eine klare Absage erteilt. Sie waren zu gesamtdeutsch. Das waren sie immer noch, aber Ulbrichts Optionen hatten sich geändert.

Meinte er die Gunst der Stunde nutzen zu können, um die DDR aus der chronischen Mangelwirtschaft, die Anfang 1970 erst wieder zu gravierenden Versorgungsproblemen und wachsender Unzufriedenheit in der Bevölkerung geführt hatte, im Handstreich zu befreien? Die Frage, was er sich bei dem erneuten Rückgriff auf alte Konföderationspläne wirklich dachte, ist schwer zu beantworten. Auf jeden Fall hätte er bei den anstehenden deutsch-deutschen Verhandlungen gern eine selbstständige, wenn nicht richtungsweisende Rolle gespielt.

Das aber wollte im Moskau der Breschnew-Doktrin niemand. Es kam auch nicht dazu. Als Ulbricht im Januar 1970 zum ersten Mal seit 1961 eine Pressekonferenz zur Deutschlandpolitik abhielt, kam er zwar, wie *Der Spiegel* zu berichten wusste, in 150 Minuten vom Hölzchen aufs Stöckchen, hatte aber unterm Strich nichts Neues mitzuteilen.

Ulbricht galt im Westen damals als Blockierer. Neuere Forschungen haben diese Sicht gründlich revidiert. Die Jahre nach 1969 waren eher der letzte Akt eines Dramas, an dessen Ende die Ablösung des stets mit angespannter Energie nach Wegen und Auswegen suchenden Ulbricht und das erneute Einschwenken der DDR auf einen bedingungslosen Moskau-Kurs standen.

Ende Oktober 1969 vertrat Erich Honecker im Politbüro die Ansicht, die neue sozialliberale Regierung in Bonn und Willy Brandts Regierungserklärung ließen kaum neue Akzente erkennen. Im Interesse der westdeutschen Monopole, meinte er in bekannter Schwarz-Weiß-Malerei, solle lediglich der kosmetische Eindruck eines Machtwechsels erweckt werden. Ulbricht war da jedoch etwas anderer Ansicht. Man habe keinen anderen Weg, als der Regierung Brandt zu langem Leben zu verhelfen, erklärt er der Runde. Schon die bloße Existenz dieser Regierung nämlich sei als eine gewisse Änderung zu betrachten. Er schlage deshalb eine umgehende Änderung der Taktik vor.

»Ich bin für eine neue Westpolitik«, so Ulbricht abschließend, »ja, für eine neue Westpolitik.«

Der SED-Chef war im Gegensatz zur Mehrheit des Politbüros fest entschlossen, nicht erst das Ergebnis von Verhandlungen zwischen Moskau und Bonn abzuwarten. Er war auch bereit, wie 1968 in der Frage der diplomatischen Missionen Zugeständnisse zu machen. Vermutlich geschah das auf dem utopischen Hintergrund seiner neueren Konföderationspläne, die – wenn auch anders als in Willy Brandts berühmt gewordener Formulierung – Beziehungen besonderer Art zwischen den beiden Staaten in Deutschland notwendig gemacht hätten. Doch Breschnew verlangte von ihm Anfang Dezember 1969 definitiv, öffentlich auf der Forderung nach voller diplomatischer Anerkennung zu beharren.

Am 24. Januar 1970 teilte ihm Außenminister Andrej Gromyko dann mit, die Sowjets beabsichtigten, die Forderung nach völkerrechtlicher Anerkennung der DDR vor Abschluss weiterer Verträge zunächst einmal fallen zu lassen, um das gewünschte Gewaltverzichtsabkommen mit der Bundesrepublik zu erreichen. Die DDR aber sollte dazu verpflichtet werden, während der bevorstehenden Verhandlungen öffentlich weiter auf ihren Maximalforderungen zu beharren.

Ulbricht war vorbehalten, in diesem Spiel den *bad guy* abzugeben, was er pflichtgemäß tat, als er auf seiner Pressekonferenz die bekannte Maximalforderung nach vollständiger völkerrechtlicher Anerkennung der DDR in den Raum stellte.

Dann kamen die Reise Willy Brandts nach Erfurt und die Sprechchöre vor dem *Erfurter Hof*: »Willy Brandt ans Fenster!« – Szenen, die sofort ihre Runde um die Welt machten.

Die Gespräche selbst brachten keine Fortschritte in der Sache. Man tauschte gegenseitig die bekannten Positionen aus und verabredete sich auf ein weiteres Treffen in der Bundesrepublik. Das sollte nun nicht mehr ohne vorheriges Briefing in Moskau über die Bühne gehen können, und so wurde die DDR-Führung am 15. Mai in die sowjetische Hauptstadt zitiert. Vor allem die westdeutsche Formel von der Erleichterung der menschlichen Beziehungen sah man dort als Problem und drängte auf deutliche Abgrenzung.

Breschnews Hauptsorge galt immer dem, was er unter »Aufweichung« verstand und was einen Prozess in Gang setzen könnte, der die DDR für ihn eines Tages so unhandhabbar machen würde wie die Tschechoslowakei des Prager Frühlings vor zwei Jahren. »Sie wollen bei euch eindringen«, meinte er gegenüber Ulbricht, Stoph und Honecker in Moskau. Man dürfe aber vor allem nicht vergessen, dass es in der DDR auch ein »Volk« gebe, das vielleicht zu der Ansicht neige, man könne sich mit der Bundesrepublik besser entwickeln. Darin sah Breschnew, nicht ganz zu Unrecht, die Hauptgefahr.

Im Übrigen sollten die Gespräche nach dem nächsten Treffen, das für den 21. Mai in Kassel verabredet war, abgebrochen werden.

So geschah es. Doch Ulbricht war schon vor der Erfurter Begegnung nervös geworden, als er erfahren musste, dass ohne Absprache mit ihm Egon Bahr von Ministerpräsident Kossygin empfangen wurde. Er wollte auf keinen Fall, dass in Moskau über seinen Kopf hinweg mit den Westdeutschen Schicksalsfragen der DDR ausgehandelt würden. So setzte er sich am Ende einfach über das eigene Politbüro und die Moskauer Weisungen hinweg und ließ ohne Rücksprache am 16. Juni 1970 im *Neuen Deutschland* seinen Wunsch erkennen, die von den Sowjets verordnete »Denkpause« in den deutsch-deutschen Gesprächen zu beenden und »eine dritte Tour« ins Auge zu fassen, von der er sich konkrete Ergebnisse erhoffte.

Breschnew war über solche Eigenmächtigkeiten mehr als irritiert, weil er befürchtete, der SED-Chef könne hinter seinem Rücken und ohne seinen Einfluss auf eine schrittweise deutsch-deutsche Annäherung hinarbeiten. Er sei tief beunruhigt, teilte er Erich Honecker mit, als der ihn Ende Juli – kurz zuvor von Ulbricht seines Postens als zweiter Sekretär der SED enthoben und auf sowjetischen Druck wieder eingesetzt – in geheimer Mission in einem Moskauer Sanatorium aufsuchte. »Die DDR«, ließ der Generalsekretär der KPdSU dort die Katze aus dem Sack, »ist das Ergebnis des Zweiten Weltkriegs, unsere Errungenschaft, die mit dem Blut des Sowjetvolkes erzielt wurde.« Was zum Teufel, so Breschnew, verstehe Ulbricht bloß darunter, »der Brandt-Regierung zu helfen«? Bis vor Kurzem sei die DDR ein Bollwerk des Sozialismus gewesen, das durch nichts zu erschüttern war. Doch nun, meinte Breschnew, gerate sie in eine unkalkulierbare Gefahrenzone. Es dürfe unter keinen Umständen zu einem Prozess der Annäherung zwischen Bundesrepublik und DDR kommen, ließ er Honecker ultimativ wissen und sparte nicht mit dem Äußersten. »Wir haben doch Truppen bei Ihnen«, war Breschnews letztes Wort.

Bei diesem Treffen wurde die schrittweise Entmachtung Ulbrichts beschlossen, der am 27. April 1971 seinen Rücktritt als Erster Sekretär des ZK der SED erklären musste, aber noch einige Zeit Staatsratsvorsitzender blieb.

Ein Dreivierteljahr später sollte sein Nachfolger Erich Honecker in Fragen der deutsch-deutschen Annäherung dann die endgültige Klarheit schaffen, auf die der sowjetische Parteichef seit Langem gedrängt hatte.

»Die BRD«, so Honecker am 6. Januar 1972 ganz im Sinn der Breschnew-Doktrin, »ist somit Ausland, und noch mehr: Sie ist imperialistisches Ausland.«

Endspiel

Die schiefe Ebene

Am 1. August 1973, während in Ostberlin die Weltfestspiele der Jugend stattfanden, starb Walter Ulbricht. Die Halbstadt stand für neun Tage kopf, nachdem das Spektakel am 28. Juli 1973 um 15 Uhr durch den Einzug von 60.000 Delegierten aus 140 Ländern in das kurz zuvor in Stadion der Weltjugend umbenannte ehemalige Walter-Ulbricht-Stadion nahe der Mauer eröffnet worden war. Aus der DDR waren Millionen angereist. Das Ministerium für Staatssicherheit hatte sich selbstverständlich auf das Ereignis vorbereitet. Man wollte Weltoffenheit zeigen, aber gleichzeitig alles unter Kontrolle behalten.

Ausgewählte Kader des MfS wurden in die Bundesrepublik und nach Westberlin entsandt, um dort die Stimmung zu erkunden. Schließlich erwartete man auch von dort 800 Delegierte, unter ihnen Jungsozialisten, Jungdemokraten und Mitglieder der Jungen Union – und viele andere, die mit einem Tagesvisum unorganisiert aus Westberlin einreisen würden. Gemessen an dem Riesenaufmarsch verliefen die Weltfestspiele mit einer Bilanz von 231 Festnahmen ohne nennenswerte Zwischenfälle.

Am Tag nach Ulbrichts Tod trugen die DDR-Tageszeitungen Trauerränder, und das *Neue Deutschland* widmete dem Verstorbenen die ganze Titelseite. Die Spiele gingen jedoch weiter. Erst am 7. August – das Festival war zwei Tage vorher zu Ende gegangen – setzte man die Fahnen auf Halbmast. Ulbrichts Leichnam wurde im Staatsratsgebäude am Marx-Engels-Platz aufgebahrt. Es sollte ein ungewöhnlicher Tag werden.

Was sich dem Beobachter an diesem Tag vor allem mitteilte, war die überraschend hohe Anteilnahme der Bevölkerung. Schon um acht Uhr morgens standen vor dem Gebäude des Staatsrats so viele Menschen, dass die Schlange der Wartenden sich kilometerlang in einem großen Bogen vom Marx-Engels-Platz bis zum Lustgarten ausdehnte. Viele von ihnen waren delegiert, aber viele waren auch freiwillig gekommen, um dem kantigen Ulbricht durch ihr Defilee den letzten Respekt zu bezeugen.

Als der Sarkophag mit dem DDR-Gründer anschließend auf der offenen Ladefläche eines Militärlastwagens im Konvoi und unter den Klängen des nach einer Vorlage von Frédéric Chopin orchestrierten Trauermarschs *Unsterbliche Opfer* in das Krematorium transportiert wurde, säumten Hunderttausende die Straßen, unter ihnen junge Menschen mit langen Haaren und ausgefransten Jeans, die nur noch wenige Erinnerungen an die Vormauerzeiten hatten und für die Ulbricht durch seine Eigenwilligkeiten in den Sechzigerjahren fast schon einen gewissen Rebellenstatus hatte.

Erich Honecker hätte den ganz großen Staatsakt am liebsten vermieden. Breschnew, alles andere als ein Freund des Verstorbenen, bestand allerdings auf einem Begräbnis erster Ordnung, schon um unangenehme Spekulationen und internationale Irritationen zu vermeiden.

Doch die Ära Ulbricht war seit dem Beginn der Siebzigerjahre endgültig zu Ende, und Honeckers neue Politik konnte sich anfangs sogar einer unübersehbaren Zustimmung erfreuen. Die Zeiten angespannter Hektik und fortwährender Mobilisierung schienen der Vergangenheit anzugehören. Honecker versprach Ruhe und so etwas wie soziale Geborgenheit, vor allem aber: keine weiteren Experimente. Tatsächlich hatte Ulbrichts ehrgeizige Wirtschaftspolitik in den letzten Jahren zu kaum mehr tragbaren Disproportionen in der Volkswirtschaft geführt. Es war, als habe er seine selbstkritischen Worte von 1962 in Leipzig wieder vergessen, als er die These vom Vorrang der Politik über die Wirtschaft zurückwies. In Wirklichkeit hatte die Politik auch unter Ulbricht ihre bestimmende Rolle nie verloren.

Die Endsechziger, meint der frühere DDR-Planungschef Gerhard Schürer im Rückblick, hätten sich immer mehr zu einem undurchsichtigen Eldorado von Futurologen und Spinnern entwickelt. Um den Abstand zur Bundesrepublik doch noch aufzuholen, setzte Ulbricht oft auf fragwürdige Investitionen in Zukunftstechnologien zum Nachteil des Konsumbereichs, was sich spätestens im langen Winter 1969/70 in dramatischen Versorgungsengpässen bemerkbar machte. Heizmaterialien wurden knapp, Schulen mussten aus diesem Grund geschlossen werden, der Fahrplan der Reichsbahn kollabierte, und in der Silvesternacht herrschte Dunkelheit in den meisten Städten der DDR. Das Politbüro richtete eigens einen Operativstab Speisekartoffeln ein, aber auch der Import von Kartoffeln aus dem damals mit der DDR befreundeten Ägypten reichte nicht aus.

Die Reformeuphorie der späten Ulbricht-Zeit war in diesem Winter in sich zusammengebrochen. Zwischen Januar und September 1970 musste die Gewerkschaftszentrale 22 Arbeitsniederlegungen und Arbeitskonflikte registrieren. Zwar konnte die DDR in der zweiten Hälfte der Sechzigerjahre auf einen doppelt so großen Anstieg des Konsums verweisen wie unmittelbar nach dem Mauerbau, doch diese Zeiten schienen nun schon wieder vorüber zu sein.

Angst vor einem neuen 17. Juni machte sich in der Partei breit, und die polnische Krise von 1970/71, wo es an den Werften der Ostsee und in den Textilfabriken von Lódź zu Streiks gekommen war, galt als eine unübersehbare Warnung.

Als Erich Honecker Mitte Juni 1971 auf dem VIII. Parteitag der SED verkündete, allzu viele außerplanmäßige Wunder könne das Wirtschaftssystem der DDR nicht dauerhaft verkraften, konnte er sich einer breiten Zustimmung sicher sein.

Als Hauptaufgabe bezeichnete er stattdessen die weitere Erhöhung des materiellen und kulturellen Lebensniveaus des Volkes und entwarf damit für die Zukunft das Bild einer Art sozialistischer Wohlstandsgesellschaft, die auf dem unumstößlichen Primat der Sozialpolitik beruhen sollte. Gleichzeitig sollten die Rechte der örtlichen Volksvertretungen und Organe gestärkt und auch im kulturellen Bereich eine gewisse Liberalisierung eingeleitet werden. Die Weltfestspiele von 1973 waren dafür der Marktplatz eines großen potemkinschen Dorfes.

Am Anfang seiner 18-jährigen Zeit als SED-Chef und späterer Staatsratsvorsitzender stand der Wunsch, dass es den kleinen Leuten in der DDR besser gehen sollte als je zuvor. Die Hauptaufgabe der Zukunft, so Honecker auf dem VIII. Parteitag, bestehe darin, »alles zu tun für das Wohl des Menschen, für das Glück des Volkes, für die Interessen der Arbeiterklasse und aller Werktätigen«. Er konnte dabei auf gewisse Erfolge der Ulbricht-Zeit zurückgreifen.

Die Arbeitsproduktivität in der DDR war trotz der Versorgungskrise zwischen 1969 und 1973 um 23 Prozent gestiegen, was zweifellos noch auf das Konto von Ulbrichts technokratischer Wirtschaftsreform ging. Dass Honecker auf dieser Grundlage die Prioritäten ändern wollte und in Zukunft eine planmäßig proportionale Entwicklung der Volkswirtschaft versprach, die mehr auf die Bedürfnisse der Bevölkerung als auf die bloße Steigerung der Arbeitsproduktivität Rücksicht nahm, hat ihm anfangs eine nicht geringe Popularität verschafft.

»Für unsere Gesellschaft«, so der neue erste Mann, »ist die Wirtschaft Mittel zum Zweck, Mittel zur immer besseren Befriedigung der materiellen und kulturellen Bedürfnisse des werktätigen Volkes.« Ulbricht, wollte er damit sagen, hatte es genau umgekehrt sehen wollen, als er bis zuletzt darauf beharrte, es sei notwendig, gegen den »Konsumentenstandpunkt« Stellung zu beziehen, weil seine einseitige Bevorzugung das für die Systemauseinandersetzung notwendige Wirtschaftswachstum gefährden würde.

Für die Bevölkerung hätte das neue Jahre der Entbehrung bedeutet. Honecker wollte mit seinem Kurswechsel auch den permanenten Ausnahmezustand der Ära Ulbricht beenden und der DDR endlich den Übergang zu einer Periode der Normalität ermöglichen.

Das ist ihm nur vorübergehend und mit zunehmend hohem Risiko gelungen. 1972 wurden erhebliche Sozialpakete geschnürt, mit dem Ergebnis, dass die Ausgaben des Staatshaushalts für soziale Zwecke zwischen 1970 und 1975 von 70 auf 114 Milliarden Mark anstiegen. Mindestlöhne und Mindestrenten wurden angehoben, die Zusatzrentenversicherung verbessert und die Zahl der Urlaubstage erhöht. Junge Ehepaare förderte der Staat durch zinsgünstige Kredite, die bei Nachwuchs erlassen wurden; für berufstätige Mütter gab es ein Babyjahr. Im Oktober 1973 verkündete die SED ein groß angelegtes Wohnungsbauprogramm. Bis 1990 sollten 2,8 bis drei Millionen Wohnungen mit Badezimmer, Zentralheizung und Telefoneinrichtung neu gebaut werden – ein für Bewohner der DDR-Städte bis dahin meist unbekannter Standard.

Ganze Stadtviertel würden im normierten Plattenbau, dem Markenzeichen der Honecker-Ära, aus dem Boden gestampft werden. Die Preise für die wichtigsten Dinge des Lebens – Grundnahrungsmittel, Energie und öffentlicher Nahverkehr – wurden eingefroren und blieben stabil, die Mieten bewegten sich auf einem anhaltend niedrigen Niveau. Zwar lagen die Einkommen mit einem Durchschnitt von 840 Mark 1974 noch immer deutlich unter denen der Bundesrepublik, doch waren sie seit 1970 um fast ein Drittel gestiegen, und die Lebenshaltungskosten blieben spürbar niedriger als im Westen. Auch das Warenangebot hatte sich verbessert. Honecker versprach sich von all diesen Maßnahmen einen produktivitätssteigernden Motivationsschub für die nach dem Ende von Ulbrichts Neuem Ökonomischem System wieder rezentralisierte Planwirtschaft.

Tatsächlich stieg der Lebensstandard bis Mitte der Siebzigerjahre an, und das bei anhaltendem wirtschaftlichem Wachstum. Die sichtbare Repression im Alltag schien abzunehmen. Beat-Musik durfte wieder gespielt werden, die Ansprüche an Mode und Haartracht liberalisierten sich, und vor allem versprach sich das Regime durch den Ankauf Hunderttausender originaler *Levis*-Jeans einen Sympathiegewinn unter der jungen Generation.

Doch die neue Wirtschaftspolitik hatte viel von dem Versuch an sich, den alten Widersprüchen durch eine Politik der ungedeckten Schecks zu entkommen. Einerseits führte Honecker die DDR wieder enger an die Seite der Sowjetunion, andererseits begab er sich in immer stärkere finanzielle Abhängigkeit vom Westen, um sein ehrgeiziges Sozialprogramm finanzieren zu können.

Die Gesetzmäßigkeit des Sozialismus, hieß es in dieser Zeit, bestehe darin, dass die Verbesserung der Lebensbedingungen der Werktätigen eine entscheidende Triebkraft für die Entwicklung der gesellschaftlichen Produktion sei. Und nicht, wie bei Ulbricht, umgekehrt.

Die Investitionsraten im produktiven Bereich nahmen dramatisch ab. 1972 setzte ein verhängnisvoller Schuldenkreislauf ein, der Ende der Achtzigerjahre zum De-facto-Bankrott und, neben anderen Ursachen, zum Ende der DDR führen sollte. Die DDR geriet so in paradoxem Widerspruch zu ihrer forcierten Abgrenzungspolitik zunehmend unter den Einfluss des Westens, und das mit staatlicher Billigung.

Ein Zeitalter stillschweigend in Kauf genommener und oft ungewollter Kompromisse brach an. Große Teile der Bevölkerung schalteten Abend für Abend das Westfernsehen ein und emigrierten in ihren Wohnzimmern für einige Stunden in das Lager des Klassenfeindes. Sie erlebten auf ihren Bildschirmen nicht nur die Segnungen der westlichen Konsumgesellschaft, oft ohne deren Probleme wirklich nachvollziehen zu können. Sie konnten auch in eine Welt eintauchen, in der freier politischer Diskurs, offene Opposition und Kritik an der Regierung etwas Selbstverständliches waren. Immer mehr wurde die westdeutsche D-Mark zu einer unter der Hand tolerierten Zweitwährung und der devisenbringende *Intershop* zu einem geduldeten Schaufenster des Westens im eigenen Land. Glaubte diese DDR noch an sich selbst?

Der Schriftsteller Günter de Bruyn beobachtete in jenen Jahren eine Resignation, die zur Bejahung des Bestehenden neigte, ein bequemes Sich-Eingewöhnen in die Zwangslage gestattete und Gedanken an mögliche Veränderungen zunehmend als unrealistisch verbot. Die Beherrschten hatten gelernt, sich in Bescheidenheit zu üben, und auch die Herrschenden begannen, sich mit dem empirischen Volk abzufinden. Von kühnen politischen Zielen war kaum mehr die Rede.

In der Spätphase des Neuen Menschen wurde Geborgenheit zur wichtigsten Agitationsvokabel.

Honecker setzte ganz auf den Sozialpakt eines wachsenden Lebensstandards und einer gesicherten Beschäftigung bei stabilen Preisen. Anfang der Siebzigerjahre hatte er die Hoffnung, durch eine kreditfinanzierte Modernisierung der Wirtschaft Exportbereiche wie den Werkzeugmaschinenbau und die Chemieindustrie konkurrenzfähiger zu machen und so durch eine Offensive auf dem Weltmarkt bald wieder von den Schulden herunterzukommen.

Doch die Initiative blieb unter manchen in Ulbrichts Geist des Realismus erzogenen Wirtschaftsfachleuten nicht ohne Widerspruch. Besonders Margarete Wittkowski, die Präsidentin der Staatsbank, machte sich in einem als streng vertraulich gekennzeichneten Papier irritierte Gedanken. Was Honecker vorhabe, so die Bankerin, sei nichts anderes als der Versuch, den Negativsaldo bis Ende 1973 auf das 3,6-Fache des Exportvolumens hochzuschrauben. Das verwendete Nationaleinkommen, meinte Wittkowski nüchtern, sei damit deutlich höher als das erwirtschaftete. Hinzu kam, dass ein nicht unerheblicher Teil der Kredite für die Einfuhr von Rohstoffen und Konsumgütern und nicht, wie ursprünglich geplant, für den Import moderner Technologien ausgegeben werden sollte.

Kurz gesagt, die DDR würde mit solchen Maßnahmen Gefahr laufen, dauerhaft auf Pump zu leben. Jeder Einwand sollte aber in Zukunft aus politischen Gründen abgebügelt werden. Zu tief saß die Angst vor einem neuen 17. Juni, und bei Honecker selbst spielte auch seine proletarische Jugenderfahrung eine nicht unerhebliche Rolle. Der Weg der Restriktionen, deklarierte er, als im März 1977 die Verschuldung wieder einmal Thema im Politbüro wurde, führe nur in den Abgrund. Das, so Honeckers einfache Sicht der Dinge, sei eine der wichtigsten Lehren aus den letzten Jahren der Weimarer Republik.

Ohne jeden Druck aus Moskau wurde zudem im Februar 1972 die Verstaatlichung der letzten Überreste privatwirtschaftlicher Industrie auf die Tagesordnung gesetzt. Am 13. Juli meldete Honecker an Breschnew Vollzug. Ulbricht dagegen hatte jeden Vorstoß in diese Richtung stets mit deutlichen Worten als sektiererische Auffassung gebrandmarkt. Der von ihm geprägte Begriff der sozialistischen Menschengemeinschaft wollte dieser Art von bescheidener Mischwirtschaft, um die man die DDR in den meisten anderen Ländern des Ostblocks beneidete, sogar eine gewisse dauerhafte Rolle zuweisen.

1970 betrug der Anteil der in der Regel halbstaatlichen Betriebe und der industriellen Produktionsgenossenschaften des Handwerks etwa 17 Prozent an der Gesamtproduktion, doch eine solche Nische war wichtig, um flexibel auf die Nachfrage nach den tausend kleinen Dingen des täglichen Lebens reagieren zu können. In Zukunft mussten Arbeitsgruppen des Ministerrats oder selbst das Politbüro durch improvisierte Aktionen bei den regelmäßigen Engpässen in die Bresche springen.

Ulbricht wurde jetzt vorgeworfen, er habe mit den halbstaatlichen Betrieben einen »kapitalistischen Sektor« bewusst gefördert, in dem der Staat nur indirekt wie eine westliche Bank am Kapital beteiligt war. Honecker aber wollte, wie er auf dem IX. Parteitag der SED im Mai 1976 noch einmal betonte, in der DDR nun endlich die grundlegenden »Voraussetzungen« für den allmählichen Übergang zum Kommunismus schaffen.

Für ihn bedeutete das in erster Linie eine Einebnung noch vorhandener sozialer Ungleichheiten in den Eigentumsverhältnissen und die Abschaffung nicht durch Arbeit erzielter Einkommen. Produzent aller Werte, meinte er in ziemlich verkürzter marxistischer Sicht, sei schließlich niemand anderes als die Arbeiterklasse. Aus Ulbrichts futuristischem Laboratorium der Utopie hatte sich Honeckers DDR in das nicht minder irreale Reich der sozialpolitischen Wunschvorstellungen und luftiger Gleichheitsfantasien begeben.

1975, im Jahr der schärfsten Rezession in der bisherigen Geschichte der Bundesrepublik und der Unterzeichnung der Schlussakte von Helsinki, konnte die ostdeutsche Republik indes nach außen noch einigermaßen selbstgewiss auf ihre augenscheinlichen Erfolge verweisen. Im Westen war die Zahl der Arbeitslosen auf über eine Million gestiegen, doch in der DDR herrschte nach wie vor staatlich garantierte Vollbeschäftigung.

Die Konferenz für Sicherheit und Zusammenarbeit in Helsinki schien zudem den internationalen Status der DDR aufzuwerten. In den Augen Honeckers hatte dort so etwas wie ein neuzeitlicher Wiener Kongress stattgefunden, auf dem die territorialen und politischen Ergebnisse des Zweiten Weltkrieges und der Nachkriegsentwicklung in Europa bestätigt und fixiert wurden.

Das war indes nicht der Fall. Korb eins der Schlussakte betonte zwar die Unverletzlichkeit der Grenzen, aber auch das Selbstbestimmungsrecht der Völker war Bestandteil des Prinzipienkatalogs sowie das Recht jedes Staats, Mitglied eines Bündnisses zu sein oder nicht zu sein. Immer mehr Menschen im Ostblock würden sich in Zukunft jedoch vor allem auf die Bestimmungen der Schlussakte bezüglich der Menschenrechte, der menschlichen Kontakte sowie der Informationsfreiheit berufen. Auf einer Konferenz der kommunistischen und Arbeiterparteien in Ostberlin Ende Juni 1976 wurde diese Sicht von den sogenannten Eurokommunisten aus Italien, Frankreich und Spanien noch einmal bekräftigt und fand verabredungsgemäß Eingang in die DDR-Presse, wo es jeder nachlesen konnte.

Kaum einen Monat später erschossen DDR-Grenzpolizisten am Grenzübergang Hirschberg den 38-jährigen italienischen Fernfahrer Benito Corghi. Die Angelegenheit sorgte für großen internationalen Wirbel, zumal Corghi Mitglied der Kommunistischen Partei

Italiens war. Nicht nur die Regierung in Rom, auch Corghis Genossen aus der KPI-Führung legten deutlichen Protest ein. Corghis Witwe ließ DDR-Diplomaten, die ihr verlegen kondolieren wollten, mit den Worten abblitzen: »Man verteidigt den Sozialismus nicht mit Morden.«

Doch es war nur der spektakulärste Zwischenfall des Jahres. Am 1. Mai wurde der gerade nach zehnjähriger Haft freigekaufte ehemalige DDR-Bürger Martin Gartenschläger von neun Kugeln tödlich getroffen, als er zum wiederholten Mal versucht hatte, Selbstschussanlagen am Grenzzaun abzumontieren. Und es gab weitere Zwischenfälle.

1976 entwickelte sich für die DDR zu einem krisenreichen Jahr, nicht nur wegen der Toten an der Grenze. Das gerade gewonnene internationale Ansehen schien durch mehrere Ereignisse wieder infrage gestellt. Am 10. Juli unterzeichneten 33 Einwohner der Stadt Riesa unter Berufung auf die KSZE-Schlussakte eine »Petition zur vollen Erlangung der Menschenrechte«, und im Spätsommer erschien in der Bundesrepublik das Buch *Die wunderbaren Jahre* des DDR-Schriftstellers Reiner Kunze, eine kaum verklausulierte Abrechnung mit dem physischen und psychischen Terror des Systems. Es fand über westliche Medien und über zahlreiche Abschriften und Vervielfältigungen bald Verbreitung in der ganzen DDR.

Ende Oktober 1976 wurde Kunze, dem man schon 1969 wegen seiner kritischen Haltung zum Einmarsch des Warschauer Pakts in die Tschechoslowakei Antikommunismus vorgeworfen hatte, aus dem Schriftstellerverband ausgeschlossen, seine Post beschlagnahmt und seine Familie persönlich bedroht. Es war der Beginn einer neuen Eiszeit, mit der zu dieser Zeit niemand gerechnet hatte.

Denn 1971 hatte Honecker noch verkündet, dass es in Zukunft auf dem Gebiet von Kunst und Literatur keine Tabus mehr geben dürfe. Die Kulturzeitschrift *Sinn und Form* entfaltete lebhafte und interessante Debatten unter anderem über Ulrich Plenzdorfs Jugenddrama *Die Neuen Leiden des jungen W.* und publizierte Texte wie Volker Brauns *Unvollendete Geschichte*, die zum ersten Mal einen fatalen Eingriff der Staatssicherheit in das Privatleben als Thema aufgriff. Christa Wolfs *Kindheitsmuster* und beachtliche Romane von Brigitte Reimann, Jurek Becker und anderen kamen auf den Markt. Heiner Carows Kultfilm über die Hippiewelt der *Legende von Paul und Paula* eroberte 1973 die Leinwände, und selbst Reiner Kunze konnte mit *Brief mit blauem Siegel* im gleichen Jahr wieder einen Lyrikband veröffentlichen. In der DDR publizierte Literatur galt etwas, auch im Westen.

Doch der damit verbundene Imagegewinn für Honeckers Staat war durch den Fall Reiner Kunze plötzlich dahin. Schriftsteller aus der Bundesrepublik und Österreich wie Jean Améry, Günther Anders, Günter Grass, Ernst Jandl und Luise Rinser legten unter Verweis auf die Schlussakte von Helsinki energischen Protest ein.

Noch fataler wirkte die Ausbürgerung Wolf Biermanns Mitte November 1976. Am 11. September dieses Jahres war der kritische Lyriker und Liedermacher nach elfjährigem Berufsverbot zum ersten Mal wieder öffentlich in der DDR aufgetreten – im Rahmen eines kirchlichen Jugendtages in der Prenzlauer Nikolaikirche, was die Nöte einer polizeilichen Anmeldung ersparte.

Biermann, der Sohn eines in Auschwitz ermordeten jüdischen Hamburger Kommunisten, galt mit seinen eigenwilligen Liedern als ein ungewöhnliches literarisches und musikalisches Talent. Man versuchte seit Langem, ihn loszuwerden. Unter anderem beabsichtigte das Ministerium für Staatssicherheit 1973, ihn über Einflusspersonen zu einer Reise in dringenden Familienangelegenheiten nach Hamburg zu seiner Großmutter zu bewegen, um ihn anschließend nicht wieder hereinzulassen. Am 10. Oktober 1976 stellte er tatsächlich einen Reiseantrag an das zuständige Ministerium, nachdem ihn die westdeutsche IG Metall zu verschiedenen Auftritten während ihres Jugendmonats eingeladen hatte. Der Antrag wurde von Erich Honecker und Stasichef Erich Mielke kurzerhand – und vermutlich fast erleichtert – positiv entschieden.

Millionen von Zuschauern in der DDR sahen die Live-Übertragung des Konzerts am 13. November in der Kölner Sporthalle auf ihren Fernsehschirmen. Von IG-Metall-Sprecher Bernd Wurl als jemand angekündigt, der den Kapitalismus als Gesellschaftsordnung ablehne und kein Republikflüchtiger sei, eröffnete er mit Liedern und kommentierenden Texten an diesem Abend ein kritisch-solidarisches Panorama der DDR-Tristesse und forderte gleich zu Beginn seines Auftritts: »Die DDR braucht endlich und wie/Rosas rote Demokratie!« Er spielte damit auf einen Satz der KPD-Gründerin Rosa Luxemburg an, die in einer massiven Kritik an Lenins russischer Revolution einmal gesagt hatte, Freiheit sei immer nur als die Freiheit des Andersdenkenden zu verstehen. Und so ging es weiter.

Vier Tage später, am 17. November, meldete das *Neue Deutschland*, Wolf Biermann sei das Recht auf weiteren Aufenthalt in der Deutschen Demokratischen Republik entzogen worden.

Erzieher und Erzogene

Diese Entscheidung wirkte auf die inneren Verhältnisse in der DDR wie das Werk eines unbedachten Zauberlehrlings. Sie war mit dem Beschluss zur Ausbürgerung Wolf Biermanns über Nacht plötzlich ein anderes Land geworden. Es gab Protest, und zwar von dort, wo Honecker ihn am wenigsten erwartet hätte. Der Schriftsteller Stephan Hermlin, ein alter Kommunist, der noch aus Zeiten des antifaschistischen Widerstands einen guten persönlichen Draht zu Honecker unterhielt, rief am 17. November 1976 einige Kollegen zu sich in die Berliner Kurt-Fischer-Straße, um mit ihnen eine Erklärung zur Biermann-Ausweisung zu beraten. Jahre zuvor hätte er vermutlich versucht, in einem solchen Fall dem SED-Chef persönlich und vertraulich ins Gewissen zu reden. Doch die Zeiten feudaler Kungelei waren in der DDR nun, und besonders nach Helsinki, vorüber.

Man wollte einen öffentlichen Fall daraus machen.

Wolf Biermann, so die Erklärung, die dem *Neuen Deutschland* und der DDR-Nachrichtenagentur ADN um 14.30 Uhr – und versehen mit einer gewissen Sperrfrist – auch *Reuters* und *Agence France-Presse* übergeben wurde, sei zwar ohne Zweifel ein unbequemer Dichter, doch die DDR müsse »im Gegensatz zu anachronistischen Gesellschaftsformen eine solche Unbequemlichkeit gelassenen Nachdenkens ertragen können«.

Sie konnte es offensichtlich nicht.

Anfangs waren es zwölf, nach einigen Tagen 106 Schriftsteller, Schauspieler und Künstler der ersten Garde, die diese Erklärung unterzeichneten. Sie hätte nicht mehr schreiben können, meinte Christa Wolf für viele ihrer Mitunterzeichner, wenn sie an diesem Tag nicht öffentlich hätte sagen können, was sie dachte und fühlte. Und später notierte sie ins Tagebuch: »Wenn ich mich frei machen und weiter schreiben kann, ganz unabhängig, kann ich hier bleiben; wenn nicht, muss ich gehen.« Fast jeder, der Rang und Namen hatte, drängte darauf, Hermlins Aufruf zu unterzeichnen.

Bei Christa und Gerhard Wolf, erinnert sich Günter de Bruyn, liefen in diesen Tagen aus vielen Richtungen Nachrichten zusammen, die von einer erschreckten Partei- und Staatsführung berichten konnten, während die Protestbewegung von Stunde zu Stunde anwuchs. Ein Staat, zu dessen Grundräson die erzwungene Einstimmigkeit gehörte, musste es als lebensbedrohlich empfinden, wenn Widersprüche öffentlich gemacht wurden.

Zuletzt hatte es 1968 politische Proteste gegen die Zerstörung des Traums vom menschlichen Sozialismus gegeben, aber nun schien die Zäsur schärfer und die Reaktion breiter und tiefer. In öffentlichen Versammlungen und Diskussionen machte sich Unmut laut, im geschützten Raum kirchlicher Veranstaltungen wurden Mitschnitte des Kölner Konzerts vorgeführt. In Berlin und Leipzig fand man Flugblätter in Hausbriefkästen und Handzettel gegen die Diktatur und für einen wahren Sozialismus in die Telefonbücher öffentlicher Zellen gelegt.

Doch der Einschnitt in das intellektuelle Leben erwies sich als der nachhaltigste.

Die Veröffentlichung der Biermann-Resolution war die erste gezielt in die internationale Öffentlichkeit getragene Kritik an einer politischen Maßnahme der DDR-Führung seit 1953. Schnell geisterte das Szenario eines *Petőfi-Clubs* durch die Köpfe einiger Hardliner in der SED. Seit 1956 wurde dieser Vergleich mit dem ungarischen Intellektuellenzirkel aus dem Jahr des Aufstands immer wieder herangezogen, um jedem bescheidenen Ansatz intellektueller Dissidenz das Odium einer konterrevolutionären Propädeutik zu verleihen. Man könnte darüber lächeln, aber diesmal war der Einschnitt tatsächlich nachhaltig.

Parteinahe Intellektuelle begaben sich zum ersten Mal offen aus dem Gehäuse der Hörigkeit. »Parteidisziplin gehört zum Parteimitglied«, meinte Stephan Hermlin Ende November 1976 auf einer Parteiversammlung des Berliner Schriftstellerverbandes: »Aber ich sage jetzt offen, dass mir andere Werte höher sind«.

Das waren bisher unerhörte Worte.

Es ging um die moralisch-ethischen Wurzeln literarischer Arbeit, deren Integrität durch den Gewaltakt der Ausbürgerung Wolf Biermanns nicht nur für ihn, sondern für alle wieder einmal sichtbar gefährdet war. Zudem wurde hier, wie Christa Wolf meint, »ein Muster aus der Nazi-Zeit« verwendet, ein ihr bekanntes *Kindheitsmuster* mithin. Die Lebenden waren von den Toten eingeholt worden, das Vergangene nicht tot und nicht einmal vergangen, wie sie William Faulkner am Anfang ihres gerade zum Druck fertigen Romans zitierte. Das hatte sich auf erschreckende Weise bestätigt, und der antifaschistische Impuls musste sich nun umso mehr gegen dessen staatssozialistische Perversionen richten.

Die Biermann-Ausbürgerung hat, besonders unter eigentlich parteinahen Intellektuellen und Künstlern, den Gründungsmythos der DDR in einer Weise infrage gestellt, wie sich das in den zunehmend realitätsfernen Etagen der Macht niemand vorstellen konnte.

Die Zeiten waren heillos geworden, schrieb Franz Fühmann an Christa Wolf, wie zu Zeiten der deutschen Romantik.

Sie und Stephan Hermlin erhielten für ihre Aktivität eine strenge Parteirüge. Andere, wie Jurek Becker, Karl-Heinz Jakobs, Sarah Kirsch, Günter Kunert und Gerhard Wolf, wurden aus der SED ausgeschlossen. Das Bedeutendste war jedoch, dass die Partei mit dem Versuch, eine harte Linie gegen ihre Dissidenten zu fahren, einen Aderlass von insgesamt etwa hundert Künstlern und Schriftstellern in die Wege leitete, von dem sich die DDR nie wieder erholen sollte. Jurek Becker, Sarah Kirsch, Günter Kunert und andere wie der Schauspieler Manfred Krug, der zu den Mitunterzeichnern gehörte, waren bald in der Bundesrepublik zu finden. Es war der größte Exodus von Künstlern aus einem deutschen Staat seit 1933.

Die Reaktion der Auslandspresse auf die Biermann-Ausbürgerung, auch der kommunistischen wie der italienischen *L'Unita* oder der französischen *L'Humanité*, bedeutete für die SED ein Desaster. Sechzig französische Schriftsteller, unter ihnen Jean-Paul Sartre, forderten eine umgehende Rücknahme ihrer Entscheidung. Honecker und Mielke, die eigentlichen Initiatoren und Exekutoren der Entscheidung, hatten diesen Prestigeverlust im In- und Ausland offenbar nicht vorausgesehen. Vor allem aber verfügten sie über kein Konzept, wie sie dem immer offensichtlicher werdenden Widerspruch zwischen Einigelung und Abschottung und dem Bedürfnis nach internationaler Anerkennung und Austausch begegnen sollten. Sie hatten nicht nur Verträge abgeschlossen und in Helsinki öffentliche Erklärungen mit Folgewirkung abgegeben, sie waren auch aus wirtschaftlichen Gründen zu mehr Öffnung gezwungen – von den ohnehin geduldeten kleinen Kompromissen ganz abgesehen.

Insofern signalisierte die hinter der Ausbürgerung von Wolf Biermann stehende proletarische Faust der beiden burschikosen Sicherheitsexperten auch einen Zustand vollkommener Hilflosigkeit. Die Partei würde von diesem Augenblick an nie wieder in der Lage sein, ihre Intellektuellen, die sie einst zu Bitterfelder Kollektivwesen heranzüchten wollte, zu beherrschen.

Der Ruf nach Öffentlichkeit, der mit der Ausbürgerungsaktion laut wurde, hatte eine aporetische Konstellation noch einmal auf spektakuläre Weise für alle sichtbar gemacht. Die Partei würde Öffentlichkeit im eigenen Land nie zulassen. Sie würde damit jeden zwingen, seine Gedanken für sich zu behalten oder nach außen zu tragen. Aber sie konnte dagegen nicht mehr, wie früher, mit aller Härte vorgehen. Sie musste sich auch hier auf eine unbeständige und unberechenbare Politik der kleinen Kompromisse einlassen, die ihrer Legitimation alles andere als gut bekam.

Sie befand sich auf einer schiefen Ebene und konnte sie nicht verlassen. Sie wusste sich keinen Rat und ließ die besten Geister einfach ziehen, wenn sie einen Ausreiseantrag stellten oder auch nur um die Genehmigung zu einem befristeten Aufenthalt im Westen nachsuchten.

1978, auf dem achten Schriftstellerkongress der DDR, höhnte Hermann Kant den Davongezogenen nach, wer unbedingt aus einem sozialistischen Leserland nach »Bestsellercountry« gehen wolle, bewege sich in der Geschichte um Epochen zurück. An diesem Kongress nahmen von den Erstunterzeichnern der Biermann-Resolution nur noch Volker Braun und Stephan Hermlin teil.

Am 28. Juni 1979 verabschiedete die Volkskammer ein Gesetz gegen »Ungesetzliche Verbindungsaufnahme«, das die Publikation von sogenannten schädlichen Schriften im Ausland unter Strafe stellte. Dem vorausgegangen war die Veröffentlichung von Stefan Heyms Staatssicherheitsroman *Collin* in der Bundesrepublik. Prominentestes Opfer des neuen Gesetzes wurde Rudolf Bahro, der ins Gefängnis wanderte, nachdem sein Buch *Die Alternative* in der Bundesrepublik erschienen war.

Ursprünglich sollte Mitte November 1976 auch Robert Havemann verhaftet werden. Er hatte am 13. Oktober in einem Interview mit dem *Deutschlandfunk* wieder einmal die Zulassung von Oppositionsparteien in der DDR gefordert und Honeckers Kopfgeburt einer sozialistischen Nation als »Blödsinn« bezeichnet. Der Haftbefehl des Stadtgerichtsbezirks Berlin-Mitte war bereits ausgestellt, und Mielke hatte am 15. November die Anweisung erteilt, alles für seine Verhaftung einschließlich einer ADN-Pressemeldung vorzubereiten. Am 18. November wurden seine Telefonanschlüsse von der Staatssicherheit stillgelegt.

Doch angesichts der heftigen Reaktionen auf die Biermann-Ausweisung entschied sich die Parteiführung überraschend für eine Strategie der Schadensbegrenzung. Der Haftbebefehl wurde nicht vollstreckt. Stattdessen verurteilte ihn das Kreisgericht Fürstenwalde am 26. November zu Hausarrest in Grünheide, wo ihn 1977 demonstrativ der Eurokommunist Lucio Lombardo-Radice, ein Mitglied des ZK der italienischen KP, besuchte. Honecker und die Staatssicherheit konnten nach diesen Vorfällen die Strategie offener Konfrontation mit ihren Kritikern kaum fortführen, ohne weiteren internationalen Gesichtsverlust befürchten zu müssen.

Zumal auch der Fall der Selbstverbrennung des Pfarrers Oskar Brüsewitz unter dem selbst gemalten Plakat »Die Kirche in der DDR klagt den Kommunismus an!« vor der Michaeliskirche in Zeitz im gleichen Jahr 1976 für weitere Schlagzeilen sorgte.

Brüsewitz hatte zweifellos Züge eines Erweckungspredigers an sich, für den in der atheistischen DDR ein »mächtiger Krieg« zwischen Licht und Finsternis herrschte, doch seine spektakuläre Aktion wurde von der Öffentlichkeit als Verzweiflungsruf nach mehr Meinungsfreiheit wahrgenommen. Alle Versuche der Partei, ihn in den Medien als Psychopathen darzustellen, scheiterten. Im Gegenteil, sie bewirkten einen Prozess der Neubesinnung, besonders in den Kirchen.

»Die Tat von Bruder Brüsewitz«, so ein zur Kanzelverkündigung vorgesehener *Brief an die Gemeinde*, habe deutlich gemacht, »dass wir dem Leben in unserer Gesellschaft und unserer Kirche nicht dienen, wenn wir Probleme und Widersprüche verdrängen, statt an ihrer Lösung offen mitzuarbeiten.« Honecker sprach angesichts dieses Briefs von einer geradezu konterrevolutionären Situation.

Das war noch vor dem Desaster der Biermann-Affäre. Danach

konnte man auch die Kirchen nicht mehr umstandslos gängeln. Ohnehin waren sie in den frühen Siebzigerjahren ein Forum, in dem sich zukunftsweisende Debatten zwischen den Polen eines »verbesserlichen« Sozialismus und der naturrechtlichen Begründung der Menschenrechte im Kontext des Helsinki-Prozesses Geltung verschafften. Menschenrechte, schrieb der Görlitzer Bischof Hans-Joachim Fränkel 1975, seien das, was sie sind, nur dann, wenn sie als dem Menschen vorgegeben anerkannt und nicht unter das Joch einer bestimmten Gesinnung gebeugt würden. Kein Staat könne sich ein Urteil über die Wahrheit im letzten Sinne und einen totalen Anspruch auf die Seele anmaßen – theologisch gesehen eine unumstößliche Konsequenz des Sündenfalls.

Das waren theoretische Debatten. In den späten Siebziger- und den Achtzigerjahren allerdings sollte sich im Schoß der evangelischen Kirche die einzig wirksame praktische Opposition in der Geschichte der DDR entfalten.

Für die SED, die nach den Worten Erich Honeckers davon ausging, dass bei der Gestaltung der entwickelten sozialistischen Gesellschaft in der DDR die führende Rolle der Partei stetig ausgebaut werde, blieb die ideologische Kontrolle jedoch eine systembedingte Mindestvoraussetzung ihrer Herrschaft.

Hatte sie schon die Entspannungspolitik generell als Herausforderung zu einem verschärften Klassenkampf im Inneren empfunden, so nahm der Gefährdungsbereich nach Helsinki noch einmal zu. Anfang der Siebzigerjahre bedeutete jeder unterzeichnete Vertrag einen weiteren Aufgabenzuwachs für die Staatssicherheit.

Nach dem Abschluss des Verkehrsvertrags mit der Bundesrepublik, der allgemein als erster Staatsvertrag zwischen beiden deutschen Staaten begrüßt wurde, ging Mielke davon aus, dass der Westen damit natürlich auch einen »Missbrauch der neuen Lagebedingungen zur Intensivierung seiner konterrevolutionären, subversiven Tätigkeit« verbinden würde. Folglich wurde eine umfassende und lückenlose Überwachung der Transitstrecken angeordnet. Gleiches galt für den zunehmenden Besucherverkehr aus dem Westen. Er musste wegen der befürchteten »negativen politisch-ideologischen Auswirkungen auf einen bestimmten Teil unserer Bürger« unbedingt unter »operativer Kontrolle« gehalten werden, wie Mielke auf einer Zentralen Dienstkonferenz Ende 1972 erklärte.

Als Hauptproblem erwiesen sich jedoch die unter Berufung auf die Schlussakte von Helsinki gestellten Ausreiseanträge. Ende 1976 ordnete Mielke an, sämtliche Anträge, in denen die DDR der Nichteinhaltung völkerrechtlicher Verpflichtungen oder innerstaatlicher Rechtsvorschriften bezichtigt würde, prinzipiell abzulehnen. Die Bekämpfung der Gefahr von Westfluchten wurde wieder zu einem zentralen Aufgabengebiet der Staatssicherheit. Mielke hatte dabei in erster Linie die vorgeblichen »westlichen Inspiratoren« der Übersiedlungsanträge im Auge, besonders die Internationale Gesellschaft für Menschenrechte. Zweitens aber sollte im Land selbst der Wille zur Ausreise unterbunden werden.

Das bedeutete eine umfassende Überprüfung und »Aufklärung« der Antragsteller durch die Staatssicherheit. Bereits die Potenzialität erhielt den Status eines operativen Falls, und um ihn erfassen zu können, bedurfte es nun eines bis dahin unbekannten Ausbaus des Netzes inoffizieller Mitarbeiter. Die Stasi verlegte ihre Aktivitäten immer mehr in das sogenannte operative Vorfeld, mit dem Ergebnis, dass nirgendwo im Ostblock die geheimdienstliche Dichte mit zuletzt 174.000 Informanten und 91.015 hauptamtlichen Mitarbeitern der Staatssicherheit so stark ausgebaut war wie in der DDR.

Doch in Wirklichkeit nahmen die Handlungsmöglichkeiten der Staatssicherheit in fast proportionalem Verhältnis zu ihrem krebsartigen Ausbau eher ab. Einer sichtbaren Verschärfung des Klassenkampfs durch Polizeiterror waren in Zeiten der internationalen Anerkennung, der Entspannung und des Helsinki-Prozesses zunehmend Grenzen gesetzt. Man könne, so eine Dienstanweisung kurz nach Unterzeichnung der KSZE-Schlussakte, nun nicht mehr wie früher davon ausgehen, dass bei einem Ermittlungsverfahren die Haft »das alleinige Erfolgserlebnis« darstelle. Stasioffiziere, meint der amerikanische Historiker Charles S. Maier, verstanden sich selbst zunehmend mehr als dem Regime ergebene Sozialarbeiter denn als Polizisten. Feliks Dserschinskis Fantasien von der kommunistischen Geheimpolizei als Instrument des sozialen Wandels erlebten in dieser Zeit eine gewisse Verfeinerung und Ausdifferenzierung. Sie setzte mit ihren Methoden der Verunsicherung, Zurückdrängung, Disziplinierung oder Zersetzung immer weniger – wie in den Fünfziger- und Sechzigerjahren – auf revolutionären Wandel als auf soziale Stabilität und Ruhe. Auch die Stasi partizipierte am

Utopieverlust der Honeckerzeit. Aus dem revolutionären Gewaltinstrument einer Übergangsperiode wurde sie damit aber endgültig zur Dauerinstitution eines bewegungsunfähig gewordenen »realen Sozialismus«.

Nach wie vor hatte die Stasi für die Aufrechterhaltung und das Funktionieren einer fiktiven Welt zu sorgen, in der jeder kleinste Dissens als Fundamentalangriff auf die Grundlagen einer ideologisch begründeten Ordnung wahrgenommen wurde. Man versteht den Apparat, seine Verästelungen und die Diszipliniertheit, von der seine Arbeit gekennzeichnet war, erst dann, wenn man diese Komplexität des Irrealen so ernst nimmt, wie seine Akteure es taten. Die professionellen Ansprüche wuchsen, die materiellen Privilegien und die geistige Isolation vom Rest der Bevölkerung nahmen zu. Jede außen- und innenpolitische Lockerung musste von der Staatssicherheit auf geheimpolizeilichem Weg machtpolitisch kompensiert werden, um das System nicht aus den Fugen geraten zu lassen.

Der Kampf gegen die »politisch-ideologische Diversion« sollte möglichst frühzeitig entschieden werden. Mielke entwickelte dazu eigens die psychologische Giftgastaktik des »Zersetzens«, bei der die Staatssicherheit im Regelfall gar nicht sichtbar in Erscheinung treten musste. Sie zielte auf die systematische Zerstörung von Persönlichkeiten und war zum ersten Mal in der Richtlinie Nr. 1/76 zusammenfassend formuliert.

»Systematische Diskreditierung des öffentlichen Rufs, des Ansehens und des Prestiges auf der Grundlage miteinander verbundener wahrer, überprüfbarer und diskreditierender sowie unwahrer, glaubhafter, nicht widerlegbarer und damit ebenfalls diskreditierender Maßnahmen«, heißt es da über die Mittel und Methoden der Zersetzung: »Systematische Organisierung beruflicher und gesellschaftlicher Misserfolge zur Untergrabung des Selbstvertrauens einzelner Personen; Erzeugen von Misstrauen und gegenseitigen Verdächtigungen innerhalb von Gruppen, Gruppierungen und Organisationen; die Verwendung anonymer und pseudoanonymer Briefe, Telegramme, Telefonanrufe usw.; kompromittierende Fotos, z. B. von stattgefundenen oder vorgetäuschten Begegnungen; die gezielte Verbreitung von Gerüchten über bestimmte Personen einer Gruppe, Gruppierung oder Organisation«. Und so weiter.

Das Ergebnis war tatsächlich der Versuch einer Vergiftung der ganzen Gesellschaft, wie man den zum Teil erschütternden Detailstudien von Sandra Pingel-Schliemanns Buch *Zersetzen. Strategien einer Diktatur* entnehmen kann. Im Prinzip lief das neue Programm der Stasi auf die monströse Utopie einer antigesellschaftlichen Kohäsion des Misstrauens hinaus, bis in die kleinsten Zellen des Lebens. Der Erfolg war, gemessen an dem enormen Aufwand, jedoch mäßig, selbst wenn die Staatssicherheit nach der Biermann-Affäre eigens eine neue Abteilung für den Sicherungsbereich Kultur einrichtete.

Man spürte ihre Aktivität sofort. »Der Versschreiber, wach als Erster, öffnet vier Männern, die sogleich den Korridor betreten mit vertraulichem Morgengruß und zu erkennen geben ihre Herkunft«, heißt es in Hans Joachim Schädlichs *Kleiner Schule der Poesie* aus dieser Zeit: »Einer der Männer, es sind sieben Personen im Zimmer, das klein ist, der Versschreiber und das Mädchen unsicher, weist schriftlichen Befehl des Richters vor, also, faltet das Blatt auseinander, hält es am oberen Rand, kehrt die beschriebene Seite dem Versschreiber zu, das Blatt beinahe schwenkend, und gibt den Inhalt deutlich bekannt. Dass jener, nach Namen und Wohnung genau bezeichnet, sich zu betrachten habe als festgenommen aus beschriebenem Grund.« So konnten die Zeiten sein.

In den meisten Fällen aber beschränkten sich die Begegnungen auf die Kenntnisnahme eines »Sie standen wieder da«, wie Christa Wolf in ihrer 1979 geschriebenen und nach der Wende veröffentlichten Novelle *Was bleibt* die drei unauffälligen jungen Herren im grünen Auto vor ihrem Haus beschreibt.

»Wir haben gelebt wie unter Glas«, stellte Stefan Heym nach Durchsicht seiner Stasi-Unterlagen fest, »aufgespießten Käfern gleich, und jedes Zappeln der Beinchen war mit Interesse bemerkt und ausführlich kommentiert worden.«

Das Wichtigste für die Staatssicherheit war aber gar nicht die umfassende Information. Weit bedeutsamer war die Lähmung, die ihre Allgegenwart hervorrufen sollte.

Es gab allerdings Bereiche des Rückzugs. Sie konnten sehr traditioneller Natur sein. »Die alten Frauen vor roten Häusern«, dichtete Sarah Kirsch in den Siebzigerjahren, »roten Hortensien, verkrüppelten Bäumen / brachten mir Tee. Würdevoll / trugen sie die Tabletts zurück, bezogen / Horch- und Beobachtungsposten / hinter Schnickschnackschnörkel-Gardinen.« Das waren altdeutsche Genreszenen, die sich in dieser und vielfältigen anderen Formen im Osten weit mehr konservieren konnten als im Westen. Kirschs Momentaufnahme wäre in wilhelminischen Zeiten oder in den Dreißigerjahren vermutlich kaum anders ausgefallen. An der provinziellen Tristesse hatte sich wenig geändert, und nichts am Charaktertypus eines durch Plüsch und Sekundärtugenden geprägten Untertanen, dem das Ausspähen seiner Nachbarn auch ohne Staatssicherheit zur Lebenshaltung geworden war.

Im Grunde widersprach das kaum dem politisch Gewollten, je mehr das Regime auf Entsolidarisierung als Ferment der Herrschaftssicherung setzte. Es sicherte sich sein Überleben zuletzt nur noch dadurch, dass es mit individuellen Belohnungen wie Reisen und Bildungschancen oder ungleichem Devisenbesitz die allgemeine Solidarität untergrub, selbst die hofierten proletarischen Massen in gegeneinander konkurrierende Arbeitsbrigaden spaltete und die Schnüffelei im Freundeskreis belohnte.

Die Bürger wurden zu Klienten. Im Prinzip blieben sie immer Halbwüchsige, denen man nur jenseits des ihnen verschlossenen öffentlichen Raums in ihren privaten Nischen einen Schein von individueller Freiheit beließ. Hier konnten sie nach den Worten von Günter Gaus, der die DDR-Nische populär gemacht hat, die Politik und Gott einen guten Mann sein lassen, mit der Familie und den Freunden Topfblumen gießen, das Auto waschen, Skat spielen, ordentlich klönen und Feste feiern. »Nischen«, so Gaus, »sind manche Wohnungen, in denen alte Möbel und andere Antiquitäten gesammelt werden, bei deren Erwerb man dem devisenhungrigen staatlichen Antiquitätenhandel zuvorkommen konnte. Eine der schönsten Nischen ist die eigene Datsche, wie man – mit ›e‹ am Ende – das russische Wort ›datscha‹ gewöhnlich ausspricht: die Weiterentwicklung der Gartenlaube zum Sommerhaus am Waldrand oder Seeufer, möglichst winterfest ausgebaut.« Diese Art einer Flucht- und Bekenntnisbewegung der Unpolitischen führte zu einem regelrechten Spinnennetz von Datschen, das zuletzt die Seenlandschaften Mecklenburg-Vorpommerns und Brandenburgs sowie die Berge und Hügel des DDR-Südens allgegenwärtig überzog. Wenn man keine Zeitung in der Hand halte, heißt es in einem Gedicht von Sarah Kirsch, dann könne die Welt in Ordnung sein. Dann könnten sogar die Felder leuchten.

Das Ideal der Langsamkeit, seit dem Rückzug der Partei in der Frage der Arbeitsnormen nach dem 17. Juni 1953 immer mehr ein als selbstverständlich entgegengenommenes und praktiziertes Gut, kam hier gewissermaßen zu sich selbst. In der ostdeutschen Mentalität hatte sich die russische Redensart *wsjo budjet*, es wird schon werden, mit den Jahren als Maxime festgesetzt. Kündigung aus anderen als politischen Gründen gab es faktisch nicht. Auch das verschaffte der Nische eine Position der Stärke und ermöglichte dort eine gewisse *Verschwörung der Gleichen* gegen den Staat.

Er blieb dennoch, selbst im scheinbar Privaten, durch seine Geheimpolitik allgegenwärtig.

Eine Atmosphäre quälender Sicherheit breitete sich nach den Beobachtungen des britischen Historikers Timothy Garton Ash, der zu dieser Zeit am Prenzlauer Berg lebte, Anfang der Achtzigerjahre aus. Der typische unpolitische DDR-Bürger nahm an den wichtigsten Demonstrationen teil, hisste seine Fahne zum Republikgeburtstag und ging brav zur Wahl. Paradoxerweise, so Garton Ash, waren es gerade die politisch Bewussten, die dies nicht taten. Ansonsten erschienen ihm die DDR-Bürger am weitaus erfinderischsten zu sein, wenn es darum ging, sich von der kollektiven politischen Bühne in ihre eigenen apolitischen Nischen zurückziehen zu können.

Vieles hatte den *gout* einer altdeutschen pädagogischen Provinz. »Gab diese Realität für Prosa nicht genügend her?«, fragte sich Christa Wolf im Herbst 1980: »Hat sie zur Provinzialität gezwungen? Macht sich die fatale Bindung an ideologische Begrenzung in der Prosa besonders fatal bemerkbar? Wir suchten Gegennamen zu Böll, Grass, Arno Schmidt, selbst Lenz und Koeppen, Johnson, Andersch – fanden keine außer Seghers – die frühere – und eben wieder Bobrowski, Fries, nun gut. Strittmatter in seinem beachtenswerten dritten *Wundertäter*: doch provinziell. Er ›erschafft‹ eben nicht dieses Land, wie er es sich einmal vorgenommen hatte.« Die Bemerkung ist deshalb interessant, weil sie auf einen Mangel an gesellschaftlicher Differenzierung in der DDR verweist. Die erzählende Literatur blieb immer eine des Experiments – des Antifaschismus, des Aufbaus, in den besten Fällen des Eigensinns. Sie wurde selten zum Gemälde.

Im gleichen Herbst 1980 meinte Christa Wolf in einem abendlichen Gespräch unter Freunden, sie glaube eigentlich nicht, sich noch als Marxistin bezeichnen zu können. Lieber wollte sie in diesen Zeiten über Bäume sprechen.

Das Ende von etwas deutete sich durch ein allumfassendes Gefühl der Lähmung an. »Mein Drama hat nicht stattgefunden«, sagt der Hamletdarsteller in Heiner Müllers *Hamletmaschine* von 1977: »Das Textbuch ist verloren gegangen.« Nichts, so Müller, war in dieser Zeit mehr dialogfähig. In der Welt des real existierenden Sozialismus, meinte er im Rückblick, gab es zuletzt nur noch monologische Stagnation.

»Eben dies«, vertraute Wolf 1982 ihrem Tagebuch an, »die bleiern graue Resignation, das bequeme Sich-Gehen-Lassen«, habe die meisten Leute erfasst, die normalerweise schöpferisch sein könnten. »Wer eine Generation lang daran gehindert wird, gibt es schließlich auf. Mehltau legt sich über alle und alles.«

Der Weg nach Westen

»In der Ferne fiel aus einem tiefen Himmel Licht, genug, um den Gewölken, die sich dort zusammenschoben, einen gelben Schimmer zu geben«, heißt es in einer Erzählung Wolfgang Hilbigs aus den Endsiebzigern, »zwischen den Landschaftstrümmern der verwüsteten Tagebaugebiete, dem Schwarzgrau schmaler, in Fetzen liegender Waldstreifen, bedroht vom Schaum der Müllhalden, von denen die alten, ziegelroten und schmutzstarren Bergbauwerkstätten oder ausgedehnten Brikettfabriken dem Verfall ihrer Giebel zu trotzen schienen – heidnischen Festungsruinen vergleichbar, deren nicht mehr erklärbare Architektur die Zweckmäßigkeit vergangener, ins Vergessen gefallener Überlegungen bezweifeln lässt – zwischen diesen großen, von einer gelbgrünen Gegenvegetation übergossenen Brachen zogen sich die paradoxen, von nicht mehr vorhandenen Hindernissen bestimmten Kurven einer, wie ich wusste, längst stillgelegten, unrentabel gewordenen Eisenbahnlinie dahin, auf der jetzt ein Güterzug vorwärtskroch, dessen Dampflokomotive weiße Wolken ausstieß, die, von der Atmosphäre sofort zu Boden gedrückt, in den Niederungen des geschundenen Geländes verbrodelten.« Eine Atmosphäre des beginnenden Zerfalls wird in solchen Zeilen fast körperlich spürbar.

Der Held von Hilbigs Erzählung *Die Einfriedung* ist aus dem Gefängnis entlassen worden und bemüht sich um eine neue Ankunft in der Welt draußen. Doch je näher sie ihm kommt, desto mehr zerfällt sie in Fragmente, die in keinen ordnenden Zusammenhang mehr zu stellen sind. Es ist keine autobiografische Erzählung. Sie drückt eine Erfahrung aus, die man im Westdeutschland der Fünfzigerjahre mit Bezug auf die Übriggebliebenen der Nachkriegszeit Unbehaustheit genannt hätte.

Der gelernte Bohrwerkdreher Hilbig stammt aus dem Braunkohlerevier von Meuselwitz südlich von Leipzig und hatte zuletzt als Heizer gearbeitet. Dass ausgerechnet ein begabter Autodidakt aus der Arbeiterklasse solchen Stimmungen auf hohem Niveau erliegen konnte, ist mehr als nur ein beiläufiges Symptom für das letzte Jahrzehnt des deutschen Arbeiter- und Bauernstaats. Er verweigerte den Rückzug in die Nische und versuchte, sich der Welt zu stellen, die sich ihm jedoch zunehmend entzog. Nicht nur er fühlte sich als Zeitgenosse eines beginnenden Endspiels. »Die arge Spur, in der die Zeit uns wegläuft«, beginnt Christa Wolfs Novelle *Kein Ort. Nirgends* von 1979. Das Land habe nicht die Spur einer Konzeption mehr aufzuweisen, äußerte sie Anfang der Achtzigerjahre in privatem Kreis: »Auch nicht die Vortäuschung davon. Nur: Durch die Pleite kommen! Schlimmer könnte doch kaum ein Land zugrunde gerichtet werden.«

Faktisch war der Gesellschaftsvertrag des realen Sozialismus, falls es ihn je gegeben haben sollte, bereits in die Brüche gegangen. Das benachbarte Polen stand unter Kriegsrecht.

Die Sowjetunion sorgte sich um eigene Interessen und Nöte. Anfang der Achtzigerjahre waren die Rüstungsausgaben auf vierzig Prozent des Staatshaushalts angestiegen. Hinzu traten bei rückläufigen Investitionsquoten und schleichendem Substanzverlust neue Probleme wie die Erschöpfung von Rohstofflagern im Westen des Landes und die enorm steigenden Kosten bei der Erschließung neuer Rohstoffquellen in Sibirien. Vor allem jedoch hatte die Sowjetunion unter einer dramatischen Agrarkrise zu leiden, wie es sie zuletzt im Jahre 1921 und während der Zwangskollektivierung in den Dreißigerjahren gegeben hatte.

Moskau, meinte Günter Mittag nach der Wende, war bereits 1980 so gut wie bankrott und musste 1981 mehr als 240 Tonnen Gold auf dem Weltmarkt verschleudern – drei Mal so viel wie im Vorjahr.

Davon war auch die DDR betroffen. Konstantin Russakow, in der KPdSU verantwortlich für die Beziehungen zu den Bruderparteien der sozialistischen Länder, malte am 21. Oktober 1981 bei einem Besuch in Ostberlin das Schreckensbild einer bevorstehenden Havarie an die Wand, ein »Unglück von einem Ausmaß«, wie man es in der Geschichte der Sowjetunion noch nicht gesehen habe. Wenn die DDR nicht bereit sei, die Folgen dieses Unglücks mitzutragen, dann entwickle sich die Gefahr, dass die Sowjetunion ihre gegenwärtige Stellung in der Welt verlieren werde. Das habe Folgen für die ganze sozialistische Gemeinschaft.

Man stehe, so Russakow, wie 1917 vor einem neuen Brest-Litowsk. Die Konsequenz, einen Rückzug auf das sowjetische Kerngebiet, damals schon in höchsten Moskauer Führungskreisen als Möglichkeit erwogen, wollte jedoch niemand ernsthaft riskieren. Sie wäre in der angespannten Situation eines neuen Kalten Krieges Anfang der Achtzigerjahre auch kaum denkbar gewesen.

Die Handlungsspielräume waren auf eine fast tragische Weise eingeschränkt. Ein Eingehen auf die sowjetische Ankündigung, keine weiteren Kredite zu gewähren, meinte Honecker zu Russakow, bedeute im Ergebnis, dass umgekehrt die Stabilität der DDR nicht mehr gewährleistet sei. Betriebe müssten stillgelegt werden, das Vertrauen der Menschen in die Partei- und Staatsführung wäre erschüttert und der Lebensstandard würde sinken. Die DDR sähe sich dann einem pauschalen Feuer des Westens ausgesetzt und der Virus der polnischen Konterrevolution könnte schnell die Oder überspringen. Und dann?

Jedes Jahr musste Honecker zum Rapport auf die Krim fliegen. Breschnew hatte in den vorausgegangenen Jahren immer wieder die Zusammenarbeit der DDR mit westlichen Unternehmen zulasten der Sowjetunion kritisiert und mit wachsender Sorge darauf hingewiesen, dass durch die Ausweitung der Besuche aus dem Westen nach dem Helsinki-Abkommen mit jedem westlichen Pkw auch die Ideologie bei den Ostdeutschen Einlass finde. Die westdeutschen Besucher, ergänzte Gromyko, seien nämlich im Prinzip »feindlich« ausgerichtet.

Während des Krim-Treffens am 11. August 1980 kam es gar zu einem regelrechten Frontalangriff. Die Bundesrepublik, führte Gromyko da wieder das Schwert, versuche, mit einer wirtschaftlichen Schneeballtaktik die Frage des Fortbestands einer einheitlichen deutschen Nation wiederaufleben zu lassen. Auch die Verschuldungspolitik der DDR kam zur Sprache. Dass alles, meinte er, seien Entwicklungen, denen man nicht unbedingt Positives abgewinnen könne.

Die Folge der Zurechtweisung war eine Erhöhung des Mindestumtauschs für Besucher aus dem Westen auf 25 DM und eine scharfe Abgrenzungsrede, die Honecker am 13. Oktober 1980 in Gera hielt und in der er unter anderem die volle Anerkennung der Staatsbürgerschaft der DDR und die Umwandlung der Ständigen Vertretungen in Botschaften sowie die Auflösung der Zentralen Erfassungsstelle für DDR-Unrecht in Salzgitter forderte. Befriedigt nahm man in Moskau diese Erfüllung der »Krim-Linie« zur Kenntnis.

Doch dem Bonner Repräsentanten Günter Gaus deutete Honecker kurze Zeit später unter vier Augen an, er hoffe, es könne trotzdem mit den deutsch-deutschen Beziehungen bald so weitergehen wie zuvor. Honecker wollte, schon aus wirtschaftlichen Gründen, die Beziehungen zur Bundesrepublik keinen unwägbaren Gefahren einer neuen Eiszeit aussetzen.

Am 3. August 1981 kam Breschnew bei den Krim-Gesprächen auf die Schwierigkeiten der Sowjetunion selbst zu sprechen und deutete an, dass man in Erwägung ziehen müsse, in Zukunft die Lieferung von Erdöl an die Bruderländer unter die vorgesehenen Planziele zurückzufahren. Wirtschaftsfachleute nämlich hätten festgestellt, so der Generalsekretär der KPdSU, dass der direkte Vorteil der Bruderländer durch die Brenn- und Rohstoffimporte aus der UdSSR im vergangenen Jahrfünft 15 Milliarden Rubel ausmachte und in diesem Jahrfünft fast 30 Milliarden Rubel betragen würde. Die Sowjetunion hatte also die Länder des RGW durch unterbewertete Rohstoffpreise in Milliardenhöhe bisher subventioniert. Der Vorteil, meinte der KPdSU-Chef, sei sogar noch größer, da nicht selten die Empfänger der sowjetischen Lieferungen von Erdöl und Erdölprodukten diese an »Kapitalisten« weiterverkauften.

Damit war, auch wenn Breschnew den Adressaten im Ungefähren ließ, insbesondere die DDR gemeint. Sie hatte nicht nur das bisher nach Weltmarktstandards weit unterbewertete sowjetische Öl mit eigenen, weit überbewerteten und oft im Westen nicht absetzbaren Industrieprodukten bezahlen können, sondern auch einen wachsenden Anteil des billig importierten Rohstoffs in raffinierter Form und durch Veredlungsprodukte der chemischen Industrie zu Weltmarktpreisen in den Westen weiterverkauft. Mit diesem etwas unsauberen, aber höchst gewinnträchtigen Winkelgeschäft konnte sie sich einen nicht unerheblichen Devisenzustrom sichern – um den Preis eines verstärkten Ausbaus der umweltschädlichen Braunkohleförderung, die statt Heizöl die Energieversorgung im eigenen Land sicherstellen sollte.

Die *terms of trade* mit Moskau waren bereits seit Mitte der Siebzigerjahre immer problematischer geworden. Zeitlich verzögert traf der weltweite Ölpreisschock ab 1975 auch die DDR, als die Sowjetunion die Rohstoffpreise auf der Grundlage der durchschnittlichen Weltmarktpreise der letzten fünf Jahre neu festlegte – laut Berechnungen von DDR-Wirtschaftsexperten eine Mehrbelastung von 25 bis 30 Milliarden Mark. Das war allerdings mit einem Spitzenstand von 182 Rubel pro Tonne 1981 gegenüber 14 Rubel 1972 immer noch unter Weltmarktniveau und damit weiterhin profitabel.

Breschnews Ankündigung, den Ölhahn aus eigenem nationalen Interesse in Zukunft nicht mehr so weit zu öffnen, wirkte auf die DDR, die inzwischen zu einem der bedeutendsten Exporteure auf dem Mineralölsektor unter den Nichtförderländern avanciert war, daher verständlicherweise wie ein Schock. Unter anderem auch deshalb, weil man gerade erst in Schwedt an der Oder erheblich in eine moderne Raffinerieanlage investiert hatte. Honecker ließ Breschnew in einem Brief deshalb ziemlich ungehalten die Mitteilung zukommen, die sowjetischen Sparpläne könnten dazu angetan sein, die »Grundpfeiler der Existenz« der DDR zu untergraben.

Innerhalb des sozialistischen Lagers gab es offensichtlich unauflösbare Gegensätze. Eine Art protokapitalistischer Unruhe, so Charles S. Maier, begann die industrialisierten Volkswirtschaften der sozialistischen Welt zu ergreifen, und die These, dass es eine sozialistische Gemeinschaft gebe, wurde ab 1983 unter Breschnews Nachfolger Jurij Andropow von einigen Reformern sogar mit dem Verweis auf »antagonistische Widersprüche« offen infrage gestellt.

Desintegrationstendenzen machten sich bemerkbar, und der Handel auf Dollarbasis zwischen den RGW-Mitgliedsstaaten nahm spürbar zu. Schon aus wirtschaftlichem Eigeninteresse sprachen vorausschauende Stimmen in der KPdSU bereits damals lieber von allgemein demokratischen Grundsätzen der Nichteinmischung in innere Angelegenheiten anderer Länder.

Nichteinmischung bedeutete schließlich auch den Verzicht auf teure Subventionsverpflichtungen.

Die Freunde einer möglichst engen Bindung an die Sowjetunion im Politbüro der SED und bei der Staatssicherheit hatten aus diesem Grund schon Anfang der Achtzigerjahre keinen besonders sicheren Stand mehr. Einer von ihnen war Werner Krolikowski, nach Honeckers Machtübernahme 1971 kurze Zeit ZK-Sekretär für Wirtschaftsfragen und weiterhin Politbüromitglied. Er versorgte die Genossen in Moskau regelmäßig mit Katastrophenmeldungen über die desaströse Wirtschaftspolitik Erich Honeckers und seines eigenen Nachfolgers Günter Mittag. Sie wurden zwar gehört und zur Kenntnis genommen, aber auch im Kreml wusste niemand wirklich Rat.

Bereits den Planansatz des X. Parteitags der SED von 1981 hatte Krolikowski als schlimmstes Abenteurertum bezeichnet. Er war zu dieser Zeit sogar noch Honecker mit der Aufforderung entgegengetreten, angesichts des Ernsts der Verschuldungslage mit Moskau zu beraten, wie man die auf Dauer verhängnisvolle Abhängigkeit der DDR vom Westen abbauen könne. Honecker winkte ab. Er wollte sich von Krolikowski nicht nach Canossa schicken lassen.

Ende Januar 1982 kamen Wirtschaftsfachleute der Staatssicherheit zu dem Ergebnis, dass die DDR aus eigener Kraft nicht mehr in der Lage sei, mit ökonomischen Mitteln eine grundlegende Veränderung der eingetretenen Situation herbeizuführen. Die Zahlungsbilanz wurde in dieser Zeit täglich überwacht und alles ins Devisenausland verkauft, was sich dort absetzen ließ, selbst wenn für eine Mark Aufwand nur zehn Pfennig zurückflossen. Es ging manchmal um Stunden, in denen Geld für die termingerechte Rückzahlung eines fälligen Kredits eingetrieben werden musste.

Um die in ihren Augen für das gleiche Jahr drohende Zahlungsunfähigkeit abzuwenden, schlugen die Wirtschaftsexperten der Stasi vor, die Sowjetunion solle zwanzig Milliarden Valutamark Schulden der DDR übernehmen. Im Gegenzug würde Ostberlin den größten Teil seiner bisherigen West-Exporte in Zukunft in die Sowjetunion umleiten. Doch die Sowjetunion konnte und wollte das nicht. Sie war schon damals nicht mehr in der Lage, das auseinanderbrechende sozialistische Lager zu retten. Breschnew bat stattdessen beim Krim-Treffen am 11. August 1982 Honecker dringend um Lebensmittelhilfe.

Niemand, so Breschnew ganz im Gegensatz zu den Vorstellungen des Mielke-Ministeriums, denke daran, die ökonomischen Beziehungen zu den kapitalistischen Ländern überhaupt einzustellen. Anders, dessen waren sich die Sowjets voll und ganz bewusst, wäre das Hilfeersuchen an die DDR auch kaum erfüllbar gewesen. Aus diesem unauflösbaren Widerspruch zwischen Abschottung und Öffnung würde das sozialistische Lager und mit ihm die DDR bis zum Ende ihrer Tage keinen Ausweg mehr finden.

Dies aber war keine ganz ungefährliche Lage.

Keiner erkannte das so scharf wie ausgerechnet Franz Josef Strauß, als er 1983 einen Milliardenkredit für die DDR einfädelte und sie auf diesem Weg aus ihrer Zwangslage befreite. Bei seinem Entschluss, den Kreditwunsch der DDR zu unterstützen, schreibt Strauß in seinen *Erinnerungen*, sei er auch von den Erfahrungen der jüngsten Geschichte beeinflusst worden. Niemals bei Aufständen oder Unruhen habe der Westen in der Vergangenheit eingegriffen. Nicht 1953 und 1956, nicht 1968 in Prag und auch nicht 1980/81 in Polen. Unter den Bedingungen der Blockbildung des Kalten Krieges wäre eine kollabierende DDR mit unüberschaubaren Risiken für die Deutschen östlich der Elbe verbunden gewesen.

Honecker ließ Strauß damals über seinen Mittelsmann Alexander Schalck-Golodkowski vorsichtig seine wirtschaftlichen Probleme andeuten. Trotz insgesamt guter Entwicklung, so der Staatsratsvorsitzende in deutlich beschönigenden Worten, habe man in der letzten Zeit zu viel investiert und importiert und sei dadurch in Zahlungsengpässe geraten. Man könne sich in dieser Lage selbstverständlich an die Sowjetunion wenden, doch eine denkbare Alternative sei auch der Westen, mit dem man ohnehin in Zukunft stärker zusammenarbeiten wolle.

»Fazit des Schreibens«, so Strauß in seinen *Erinnerungen*: »Wenn ich ihm helfen würde, in Bonn die Barriere zu durchbrechen, die solchen Wünschen bisher entgegengestanden habe, dann wäre ihm der Weg nach Westen lieber.«

Der Weg nach Westen. Ein anderer stand ihm angesichts der desolaten Lage in der Sowjetunion und den übrigen RGW-Ländern kaum mehr offen, wenn er nicht eine empfindliche Einschränkung des Lebensstandards mit der Gefahr politischer Destabilisierung und den, so Schalck, dann möglichen Folgen einer »polnischen Lösung« ins Auge fassen wollte. Das aber wollte niemand riskieren.

Lange Zeit war die DDR ein Klient der Sowjetunion gewesen. Nun blieb, wie DDR-Wirtschaftschef Günter Mittag nach eigener Auskunft schon zu Beginn des letzten Jahrzehnts ihrer Existenz wusste, am Ende nur noch der Weg einer engeren Zusammenarbeit und eines engeren Anschlusses an die Bundesrepublik, auch unter stillschweigender Inkaufnahme der Tatsache, dass der Westen seine Hilfe stets unter der Prämisse der Vorbereitung einer künftigen Wiedervereinigung leisten würde.

Zunächst einmal führte der Kredit jedoch zu einer vorübergehenden Stabilisierung des SED-Regimes und zur Wiederherstellung seiner Bonität. Alexander Schalck-Golodkowski sieht in seinen *Erinnerungen* darin mit einem gewissen Recht sogar eine positive historische Leistung. Der Strauß-Kredit und ein 1984 mit Kanzleramtsminister Philipp Jenninger verhandelter Nachschlag haben das Überleben der DDR zweifellos verlängert. Sie führten aber auch dazu, dass der Zusammenbruch des ostdeutschen Staates in eine Phase fiel, die sich durch ein deutlich günstigeres weltpolitisches Klima auszeichnete als in den Zeiten des zweiten Kalten Kriegs Anfang der Achtzigerjahre.

Die entscheidenden Impulse zu grundlegenden Neujustierungen in der internationalen Politik gingen nämlich nicht von der deutsch-deutschen Realpolitik aus, sondern von dem neuen sowjetischen Generalsekretär Michail Gorbatschow. Er hat damals die Welt regelrecht überrumpelt, als er auf dem XXVII. Parteitag der KPdSU Anfang März 1986 verkündete, die globalen Probleme des Nuklearzeitalters ließen sich mit »altem Denken« nicht mehr bewältigen.

Anfangs fand die neue Politik Gorbatschows in der DDR große Zustimmung, sah man sich dadurch doch auf dem bisher gewählten Weg der Schadensbegrenzung in Zeiten der beiderseitigen nuklearen Hochrüstung mehr als bestätigt. Honecker glaubte ursprünglich sogar, seine Politik einer Koalition der Vernunft mit der Bundesrepublik während der Zeit des zweiten Kalten Krieges habe das neue sicherheitspolitische Denken in Moskau entscheidend beeinflusst, wenn nicht gar hervorgebracht.

Doch Gorbatschow sollte sich am Ende genau so als Zauberlehrling herausstellen wie seine Vorgänger im Amt. Er versuchte mit einer neuen Runde des Aktivismus von oben den Kommunismus durch Öffnung in letzter Minute für die Moderne fit zu machen, was einer Quadratur des Kreises gleichkam. Honecker entwickelte sehr schnell ein Gespür für die damit verbundenen Gefahren und setzte sich von ihm ab. Doch das, was Gorbatschow angestoßen hatte, konnte er damit nicht aufhalten.

Der Kommunismus war in seine finale Krise geraten.

Der Untergang

Erich Honecker hat in den Achtzigerjahren mehrere Anläufe unternommen, der Bundesrepublik einen Staatsbesuch abzustatten. Jedes Mal wurde er aus Moskau zurückgepfiffen. Die Einladung ging ursprünglich von Helmut Schmidt aus und wurde von Bundespräsident Carstens während der Beisetzungsfeierlichkeiten für Leonid Breschnew Mitte November 1982 in Moskau im Auftrag Helmut Kohls erneut ausgesprochen. Doch Breschnews Nachfolger Andropow blockte ab, ebenso dessen Nachfolger Tschernenko, der sich bei einem Treffen mit Honecker und Kurt Hager in Moskau sogar zu der provozierenden Frage hinreißen ließ, ob die SED sich in ihrer Politik gegenüber Westdeutschland etwa von der Absicht leiten lasse, das sozialistische Lager aufzulösen.

Die Kernfrage jeder Außenpolitik, verfügte Tschernenko, bleibe die »Einheit unserer Aktionen«. Und dies, fügte er hinzu, »bezieht sich auch, Genosse Honecker, auf Sie persönlich«.

Auch Gorbatschow wollte ihn nicht reisen lassen und die Westpolitik gegenüber der Bundesrepublik in eigenen Händen behalten. Im Juli 1987 setzte Honecker sich dann einfach über die Moskauer Anweisungen hinweg und verabredete einen Termin am Rhein.

Zwei Jahre vor dem Untergang der DDR erlebte Honecker am 7. September 1987 den größten Triumph seiner politischen Laufbahn. Das Protokoll in Bonn war zwar auf sieben weiße Mäuse als Begleiteskorte reduziert worden, doch Franz Josef Strauß gewährte ihm vier Tage später in München die korrekte Zahl von fünfzehn. Honecker besuchte den schwerkranken Herbert Wehner, mit dem er einst als kommunistischer Jugendfunktionär im Saarland zusammengearbeitet hatte, traf Helmut Schmidt, Willy Brandt und den Industriellen Berthold Beitz und wurde schließlich vom saarländischen Ministerpräsidenten Oskar Lafontaine mit den Worten »Fühle Se sich wie dehemm« in seiner Heimat empfangen.

Am Abend des 7. September war er jedoch zunächst Gast in der Godesberger Redoute. »Die deutsche Frage bleibt offen«, sagte Helmut Kohl dort in seiner auf den Fernsehkanälen beider deutscher Staaten direkt übertragenen Tischrede, »doch ihre Lösung steht zur Zeit nicht auf der Tagesordnung der Weltgeschichte, und wir werden dazu immer auch das Einverständnis unserer Nachbarn brauchen.« Heute solle man sich auf das Machbare beschränken, aber dazu gehöre auch, dass um des Friedens willen die Waffen an der deutsch-deutschen Grenze auf Dauer zum Schweigen gebracht würden. Es gehe darum abzubauen, was die Menschen trennt, denn sie wollten »zueinander kommen können, weil sie zueinander gehören«.

Es war eine geschickt ausbalancierte Rede, die gleichwohl deutliche Akzente setzte, ohne sich in symbolischer Politik zu verlieren, wie dies der amerikanische Präsident Mitte Juni vor dem Brandenburger Tor getan hatte, als er Gorbatschow zurief: *Tear down this wall*, reißen Sie diese Mauer nieder. Honecker beschränkte sich in seiner Replik im Wesentlichen darauf, die Verantwortung beider deutscher Staaten für den Frieden zu betonen – über alle Gegensätze und Weltanschauungen, Ideologien und politischen Ziele hinweg.

Doch bei dem Besuch im Saarland ließ er sich zu Äußerungen hinreißen, die manchen in Erstaunen versetzten. »Als alter Neunkirchener« kam er spontan in der Stadt seiner Kindheit und Jugend auf die Lage im geteilten Deutschland zu sprechen. Wenn man den in Bonn beschrittenen Weg weiter verfolge, so Honecker, dann werde auch der Tag kommen, »an dem Grenzen uns nicht mehr trennen, sondern uns vereinen«. Waren ihm, wie Egon Krenz vermutet, in der saarländischen Heimat auf einmal die Emotionen durchgegangen? Der Staatsratsvorsitzende der DDR, meinte Franz Josef Strauß im Rückblick auf dessen Neunkirchner Bemerkungen, in denen er hoffnungsvolle Anzeichen für einen besseren Weg in eine gesicherte Zukunft erblicken wollte, zeigte mitunter durchaus so etwas wie einen Sinn für manche tragischen Züge seiner Lage.

Konkrete Ergebnisse brachte der Bonn-Besuch Honeckers jedoch kaum. Seine Bedeutung war in erster Linie symbolischer Natur. Bonn sollte die Tür sein, die den Weg auch in andere Hauptstädte des Westens öffnete.

Dazu kam es nicht mehr.

Die DDR war mit sich selbst beschäftigt. Hoffnungen auf eine Lockerung der Reisebestimmungen, die viele mit dem Bonn-Besuch verknüpften, erfüllten sich nicht. Der Geist der Öffnung, der in bescheidenem Ausmaß vor dem Staatsbesuch zu spüren war, wurde nach bekanntem Muster zurückgenommen. Um die Erwartungen nichts ins Kraut schießen zu lassen, dominierte nun wieder der Wunsch nach innerer Sicherheit.

Am 25. November 1987, nur wenige Wochen nach Honeckers Reise in die Bundesrepublik, durchsuchte die Staatssicherheit die Räume der Ostberliner Zionskirche und verhaftete fünf Personen wegen des Verdachts auf »Zusammenschluss zur Verfolgung gesetzwidriger Ziele«. Der Schlag unter dem Stasi-Codenamen »Aktion Falle« galt eigentlich der Samisdat-Zeitschrift *Grenzfall*, der nach DDR-Bestimmungen illegalen Initiative Frieden und Menschenrechte. 1986 gegründet, hatte sie in diesem Jahr durch eine Unterschriftenaktion wegen der Katastrophe im Kernkraftwerk Tschernobyl, durch umfangreiche Informationen über Menschenrechtsverletzungen in Rumänien und eine gemeinsame Erklärung mit 118 Menschenrechtlern aus Polen, Ungarn und der ČSSR zum 30. Jahrestag des Ungarn-Aufstands von sich reden gemacht.

Darin hieß es unter anderem, man wolle gemeinsam die Entschlossenheit bekräftigen, in den sozialistischen Ländern für politische Demokratie und für einen auf den Prinzipien der Selbstbestimmung gegründeten Pluralismus einzutreten sowie für eine friedliche Überwindung der Teilung Europas. Seither war die Gruppe ins Visier der Staatssicherheit geraten. Warum die von langer Hand geplante »Aktion Falle« trotz der Einschleusung zahlreicher informeller Agenten ein folgenschwerer Fehlschlag wurde, bleibt bis heute ein Rätsel.

In den Achtzigerjahren beherbergte die Zionskirche die Berliner Umweltbibliothek, die unter diesem geschützten Dach verhältnismäßig unbehelligt arbeiten konnte. Gelegentlich fanden in dem gründerzeitlichen Backstein-Terrakotta-Bau auch Rockkonzerte statt, so am 17. Oktober 1987 ein von zweitausend Leuten besuchtes Gastspiel der Westberliner Band *Element of Crime*. Es wurde jäh durch einen Überfall von Ostberliner Neonazis unterbrochen, die mit Rufen wie »Juden raus aus deutschen Kirchen« und »Kommunistenschweine!« in die Kirche eindrangen und wild um sich schlugen. Die Volkspolizei, die eigentlich zur Überwachung der Konzertbesucher aufmarschiert war, verhielt sich völlig passiv. Die FDJ jedoch, irritiert über den plötzlichen Ausbruch rechtsradikaler Gewalt, sprach von Brutalität, Neofaschismus und Ausländerhass, neigte aber bald dazu, die Ursachen in bewährter Manier bei »Provokateuren« aus dem Westen zu suchen.

In Wirklichkeit zeigte sich hier jedoch ein hausgemachter Rechtsextremismus, der bald nach der Wende 1989 gefährlich explodieren sollte und auf den eine von der evangelischen Konferenz der Kirchenleitungen publizierte Studie über die Wurzeln des Rassismus bereits 1983 aufmerksam gemacht hatte. Ende der Achtzigerjahre hatten die Behörden der DDR die Jugendszenen besonders in den großen Städten nicht mehr im Griff, und mancher Stasi-Major sympathisierte sogar klammheimlich mit den militärisch interessierten Jugendlichen mit ihrem zackigen Kurzhaarschnitt.

Den linksalternativen Aktivisten der Umweltbibliothek und der Initiative Frieden und Menschenrechte mit ihrem »feindlich-dekadenten Äußeren« galten solche Sympathien nicht. Doch auf die *Umweltblätter*, als innerkirchliche Information gedruckt, hatte die Staatssicherheit keinen Zugriff. Anders stand es mit der Zeitschrift *Grenzfall*, die sich ausdrücklich als ein von der Kirche unabhängiges Organ zu erkennen gab. Sie wurde dennoch, wie der Stasi durch informelle Zuträger bekannt war, heimlich in den Räumen der Zionskirche gedruckt. Die »Aktion Falle« sollte dem ein Ende setzen und gleichzeitig die Kirche der Unterstützung illegaler Aktivitäten überführen.

Um Mitternacht vom 24. auf den 25. November 1987 schlug die

Staatssicherheit zu. Eine zehnköpfige Einsatzgruppe drang in Begleitung eines Staatsanwalts in die Räume der Umweltbibliothek ein, musste aber bald feststellen, dass dort die *Umweltblätter*, aber keineswegs der *Grenzfall* vervielfältigt wurden. Der sollte erst in den frühen Morgenstunden gedruckt werden – eine für den angeblich perfekt funktionierenden gigantischen Überwachungsapparat peinliche Fehlleistung. Eigentlich wollte man, so eine Einsatzdirektive der Hauptabteilung IX/2 vom 20. November, die Täter auf frischer Tat ertappen, sie »zuführen« und die Drucktechnik einschließlich der bis dahin hergestellten Vervielfältigungen beschlagnahmen. Das war gründlich misslungen und zeigte, wie Konrad Jarausch einmal bemerkt hat, dass es manchmal schwer war in den letzten Jahren der DDR, die gefürchtete Geheimpolizei nicht zu karikieren.

Die Mahnwachen, die nach dem Überfall auf die Umweltbibliothek vor der Zionskirche aufgestellt wurden, machten das besonders deutlich. In Ermangelung der eigentlich gemeinten Täter waren in der Nacht vom 24. auf den 25. November Mitarbeiter der kirchlichen Umweltbibliothek verhaftet und Druckmaschinen sowie Exemplare der *Umweltblätter* konfisziert worden. Die Malerin Bärbel Bohley organisierte daraufhin eine Mahnwache, die von der Staatsgewalt, als die Menschen dort aufzogen, mit ihren brennenden Kerzen in den Innenraum der Kirche zurückgedrängt werden sollte, wo man glaubte, sie weniger »öffentlichkeitswirksam« unter Kontrolle zu haben. Doch das Hausrecht des Zivilgesetzes der DDR schloss einen Streifen von einem Meter rund um die Gebäudemauer als geschützten Rechtsraum mit ein. So platzierte sich die Kette mit ihren Lichtern unter peinlicher Beachtung des gesetzlich zulässigen Abstands rund um die Kirche – und die Staatsmacht zeigte sich als machtloser Zaungast.

Die meisten Verhafteten kamen an diesem Tag, nachdem Erich Mielke den Fehlschlag bemerkt hatte, wieder frei. Die *Umweltblätter* meldeten daraufhin nicht ohne triumphierenden Unterton, die Herren von der Staatssicherheit hätten bei ihrer unbedachten Aktion vermutlich das Jahrzehnt verwechselt.

Anfang der Achtzigerjahre war die Staatsmacht dagegen noch mit ungeminderter Härte vorgegangen, als sie den Jenaer Friedens- und Menschenrechtsaktivisten Roland Jahn nach Monaten isolierter Einzelhaft einfach mit Handschellen gefesselt in ein geschlossenes

Schlafwagenabteil verfrachtet und gegen seinen ausdrücklichen Willen in den Westen abgeschoben hatte. Die Maßnahmen eskalierten im Herbst 1983 und betrafen auch andere. Jahn war unter anderem 1982 mit einer polnischen *Solidarność*-Fahne auf seinem Fahrrad durch Jena gefahren, um gegen das Kriegsrecht im östlichen Nachbarland zu demonstrieren. Er kam aus dem Kreis der Jungen Gemeinde Stadtmitte, die Anfang der Achtzigerjahre eine große Rolle bei der sich formierenden unabhängigen Friedensbewegung in der DDR spielen sollte. Nicht unbeeinflusst durch parallele Entwicklungen im Westen und bei den westdeutschen Grünen, entstanden unter dem Schutz der evangelischen Kirche damals überall Friedens-, Umwelt- und Menschenrechtsgruppen, die sich von der offiziellen Friedenspropaganda des Staates mit eigenen Akzenten absetzten.

Neben der gefährlichen Hochrüstung in Ost und West war auch die zunehmende Militarisierung der DDR-Gesellschaft ihr großes Thema. Im September 1978 wurde die Wehrerziehung als obligatorisches Unterrichtsfach in den letzten Klassen der Polytechnischen Oberschulen eingeführt, möglichst alle Studenten sollten sich freiwillig als Reserveoffiziersanwärter verpflichten, und die Propagierung militärischer Leitbilder reichte von den Schulen bis in die Kindergärten. Die Friedensgruppen legten dagegen Protest ein.

Ihr Signet »Schwerter zu Pflugscharen«, nach einem Bibelspruch aus Micha 4, Vers 3 in über hunderttausend Exemplaren verteilt, sollte bald zu einem allseits bekannten Symbol werden. Es war nicht ungeschickt gewählt, denn es bezog seine Bildlichkeit aus der Vorlage einer Plastik des sowjetischen Bildhauers Jewgeni W. Wutschetitsch, die als Geschenk der Sowjetunion an die UNO das Ufer des New Yorker East River schmückt. 1980 hatte die Evangelische Kirche zudem, auf dem Höhepunkt der Nachrüstungsdebatte, unter der Losung »Frieden schaffen ohne Waffen« eine Friedensdekade verkündet, die in diesem Jahr am 9. November beginnen und zehn Tage später am Buß- und Bettag mit einer Friedensminute unter dem Läuten der Glocken von allen Kirchtürmen des Landes beendet werden sollte.

Am 25. Januar 1982 verfassten Pfarrer Rainer Eppelmann und der marxistische Dissident Robert Havemann einen gemeinsamen Berliner Appell, in dem sie eine atomwaffenfreie Zone für ganz Europa und einen Friedensvertrag mit beiden deutschen Staaten forderten. Er fand bald eine ansehnliche Zahl von Unterzeichnern. Auch Aufnäher mit dem Symbol »Schwerter zu Pflugscharen« wurden immer häufiger an den Ärmeln meist junger Leute gesehen. Im Rahmen der Kirche formierte sich eine zunächst zahlenmäßig kleine, aber öffentlichkeitswirksame Opposition, die sich im Laufe der Achtzigerjahre deutlich politisierte und mit dem Nachlassen der Ost-West-Konfrontation zunehmend mehr die Themen Demokratie und Meinungsfreiheit in den Mittelpunkt stellte.

Die »Aktion Falle« gegen die Berliner Umweltbibliothek wirkte dabei wie ein Katalysator. Sie löste eine Kette von Oppositionsaktivitäten aus, die bis zum Herbst 1989 nicht mehr abreißen würden. Die Angst vor der allmächtigen Staatssicherheit hatte sichtlich Risse bekommen. Im Laufe der Achtzigerjahre, meint Reinhard Schult, 1979/80 inhaftierter Dissident und späterer Mitbegründer des Neuen Forums, habe man feststellen können, dass »sich der Staat Stück für Stück auf dem Rückzug befand«. Das war ein entscheidender Faktor, der in den Achtzigerjahren auch eine eher unpolitische Boheme zum Blühen brachte. Bei den billigen Mieten in den heruntergekommenen Altbauten und den hoch subventionierten Lebensmittelpreisen war mit wenig Aufwand vieles möglich. In der Dresdner Neustadt, im Leipziger Osten, um Burg Giebichenstein in Halle, in den verrauchten Räumen des Café Heider am Potsdamer Nauener Tor und vor allem am Berliner Prenzlauer Berg entstand eine Szene von Literaten, Musikern, Künstlern und Lebenskünstlern, denen es oft mehr um selbstbestimmte Zwanglosigkeit als um bewusste politische Opposition ging. Doch auch sie verkörperten mit ihren Latzhosen, langen Haaren und Bärten, ihren selbst genähten Wildlederkostümen und ihrem selbst geschmiedeten Schmuck einen Anti-Entwurf zum Ordnungssystem von Erich Honeckers ostdeutschem Staat der Arbeiter und Bauern, gegen den die sklerotisch gealterte Staatssicherheit oft wie ein nahezu hilfloser Papiertiger wirkte.

Erich Honecker ging ab Ende Oktober 1987 zunehmend dazu über, Reden und Verlautbarungen des Generalsekretärs und anderer leitender Genossen der KPdSU zu zensieren und um missliebige Stellen kürzen zu lassen. Mit dem Verbot der deutschsprachigen sowjetischen Zeitschrift *Sputnik* jedoch hatte er den Rubikon überschritten. Das Blatt war eine Art russischer *Reader's Digest*, lange in der DDR trotz einer Auflage von 160.000 eher ein Ladenhüter, bis Mitte der Achtzigerjahre plötzlich ein neuer Ton auf den Seiten auftauchte. Wjatscheslaw Daschitschew, einer der Berater Gorbatschows beispielsweise, machte sich in *Sputnik* Gedanken über Stalins Nachkriegspolitik und kam dabei zu dem Ergebnis, dass die Mauer ein Relikt des Kalten Krieges sei, zu dessen Hauptursachen auch zählte, dass der sowjetische Diktator den osteuropäischen Staaten nach 1945 sein eigenes Gesellschaftsmodell gewaltsam verordnet hatte. Doch Honeckers Zorn erregten vor allem zwei Artikel im Oktoberheft 1988. Dabei ging es einmal um die *Appeasement*-Politik der KPD, die nach dem Pakt zwischen Hitler und Stalin 1939 jede antifaschistische Propaganda befehlsgemäß sofort einstellte – und um den Pakt der Diktatoren selbst, durch den die Sowjetunion zum ersten bedeutenden Kollaborateur des Dritten Reichs geworden war. Er verfügte das Verbot persönlich und im Alleingang.

Im eigenen Land wurde mit dieser antisowjetischen Zensurmaßnahme seine Götterdämmerung eingeleitet. Das Ministerium für Staatssicherheit kam zu der Einschätzung, zum ersten Mal stünden nicht nur die Bevölkerung, sondern auch die Mehrheit der 2,3 Millionen SED-Mitglieder fast geschlossen gegen die Auffassung der Parteiführung.

Selbst die Parteikontrollkommission der Stasi musste Fälle von Mitarbeitern registrieren, die gegen das Verbot mit Eingaben protestiert hatten. Einer von ihnen, ausgerechnet ein Sekretär für Agitation und Propaganda, meinte, die Partei müsse in den Massenmedien auch »uns unangenehme Standpunkte« zulassen, und während eines Stasi-Offizierslehrgangs wurde das *Sputnik*-Verbot Thema einer satirischen Einlage bei einer Abendveranstaltung, ohne dass Sanktionen folgten. Man beschränkte sich stattdessen auf »politische Stählung«. Meldungen über zahlreiche Gegenstimmen bei Offiziersschülern während der Parteiwahlen häuften sich.

»Wovor haben wir eigentlich Angst?«, fragte Genosse Horst K. vom Zentralen Medizinischen Dienst der Staatssicherheit in einer Eingabe an Honecker kurz nach dem Verbot des *Sputnik*. Ja, wovor?

Die Zeiten wurden immer irrealer. Ende Mai 1988 behauptete Honecker stolz gegenüber dem CDU-Politiker Alfred Dregger, die DDR werde »in kurzer Zeit« nach Japan, den USA und der Bundesrepublik das vierte Land mit einem 1-Megabit-Rechner sein. Es wurde zur Kenntnis genommen. Man glaubte im Westen tatsächlich bis zum bitteren Ende, dass die DDR weltweit auf den Spitzenplätzen der leistungsfähigen Industrienationen rangierte.

Während seines Bonn-Besuchs 1987 erzählte Honecker in einem Gespräch mit Helmut Kohl am 7. September unwidersprochen, in der DDR gebe es eine stetige dynamische wirtschaftliche Entwicklung, das Nationaleinkommen wachse um 4 bis 4,5 Prozent jährlich und die Arbeitsproduktivität um 7 bis 8 Prozent. Die Modernisierung der Industrie werde zielstrebig durchgeführt, und die Vollbeschäftigung sei gesichert.

Noch Ende Februar 1989 eröffnete er Hamburgs Erstem Bürgermeister Henning Voscherau, die DDR befinde sich in einem stabilen dynamischen Prozess in Politik, Wirtschaft, Wissenschaft und Kultur, und Mitte Juni wiederholte er gegenüber dem Berliner Regierenden Bürgermeister Walter Momper die gern verbreitete Behauptung, sein Land sei inzwischen auf Platz zehn unter den führenden Wirtschaftsnationen einzuordnen und in der Mikroelektronik unter die ersten Länder der Welt zu zählen.

In Wirklichkeit hatte der Niedergang der Produktivität dramatische Züge angenommen. Erzielte der westdeutsche Maschinenbau 1970 im Vergleich zur DDR das 1,8-Fache an Erlösen pro Einheit, so war es 1988 bereits das 5,3-Fache. 1970 übertraf die Wertschöpfung in bestimmten Bereichen der Feinmechanik und Optik sogar die Bundesrepublik. 1988 war sie auf 20 Prozent der westdeutschen Vergleichsdaten gefallen. In den Achtzigerjahren wurden 40 Prozent der Staatsplanpositionen nicht erfüllt. Die Infrastruktur verrottete zunehmend, das Telefonnetz war veraltet und den Bedürfnissen moderner Kommunikation kaum noch gewachsen.

Doch man betrieb nach wie vor Schönfärberei. Statistiken wurden bewusst gefälscht, Melkmaschinen darin als Industrieroboter ausgewiesen, Erfolge frei erfunden, fundamentale Fehlentwicklungen und die rapide wachsende Rückständigkeit verschwiegen und Mängel aller Art verharmlost. Niemand, auch niemand im Westen, konnte das nachprüfen. Die Westverschuldung der DDR nahm 1989 monatlich um fünfhundert Millionen DM zu. Am 16. Mai musste Planungschef Gerhard Schürer dem kleinen Kreis der Wirtschaftsverantwortlichen des Politbüros dann eröffnen, die DDR werde bei einer Fortsetzung ihrer bisherigen Wirtschaftspolitik ohne Kürzungen im Verbraucherbereich 1991 zahlungsunfähig sein.

Die Achtzigerjahre waren durch den vergeblichen Versuch gekennzeichnet, den absehbaren Kollaps hinauszuzögern. SED-Wirtschaftschef Günter Mittag wusste das. Honecker, verblendet durch seine mittlerweile fast grenzenlose Machtvollkommenheit, seine scheinbaren außenpolitischen Erfolge und eine sichtbare Arroganz gegenüber den wachsenden wirtschaftlichen Problemen der sowjetischen Führungsmacht, hatte jedoch immer mehr die Bodenhaftung verloren. Günter Mittag war neben Honecker der wichtigste Mann in der DDR. Er hatte ein gewisses Charisma und galt trotz schwerem Diabetes und Beinprothesen als überaus disziplinierter Arbeiter und als kompetenter Fachmann auf seinem Gebiet. Selbst japanische Geschäftsleute, Helmut Schmidt und Graf Lambsdorff waren von ihm tief beeindruckt.

»Seinem Wesen nach war Mittag ein intrigierendes Organisationsgenie«, charakterisiert ihn Planungschef Gerhard Schürer gewiss nicht ganz ohne die persönliche Sicht eines von ihm nicht selten zur Seite Gedrängten, »und ich musste oft an Goethes Mephisto oder noch besser an das boshafte Treiben des Jago in Shakespeares *Othello* denken, wenn er im politischen und wirtschaftlichen Alltag der DDR seine Fäden zog. Oft waren Mittags Ideen richtig, aber sein extremes Denken ließ auch diese sehr oft zum Unsinn verkommen. Drei Millionen Tonnen Heizöl im Verbrauch der DDR einzusparen war nach der Kürzung der sowjetischen Erdöllieferungen und bedingt durch die steigenden Rohölpreise auf dem Weltmarkt lebensnotwendig. Aber dann weitere drei Millionen Tonnen zu streichen, war blanker Unsinn und teurer als die eingesparte Erdölmenge, weil die ballastreiche Braunkohle, die nun als Energieträger eingesetzt wurde, bis nach Rügen und in das letzte Dorf des Thüringer Waldes geliefert werden musste. Kombinate zu bilden war richtig, aber die gesamte zentrale und örtliche Wirtschaft einheitlich in Kombinaten zusammenzuschließen, konnte nicht gutgehen. Die Hochtechnologien und besonders die Mikroelektronik in der DDR zu entwickeln war aufgrund der Lieferschwäche der UdSSR und wegen des westlichen Embargos notwendig, aber 40 bis 60 Prozent des gesamten Weltsortiments produzieren zu wollen und Chips mit höchstem Integrationsgrad in geringer Stückzahl zu fertigen, war für die DDR-Wirtschaft kommerzieller Wahnsinn.«

Tatsächlich setzte die DDR seit 1986 alles auf den Ausbau der Mikroelektronik. Das Derivategeschäft mit Erdölprodukten, seit den dramatischen Auseinandersetzungen mit Breschnew auf der Krim 1981 ohnehin nur noch durch den forcierten Ausbau der Braunkohleförderung aufrechtzuerhalten, hatte 1985 schlagartig aufgehört, ein bedeutender Devisenbringer zu sein. Die Weltmarktpreise für Erdöl waren plötzlich rapide gesunken, was der Bundesrepublik zu einer unerwarteten Konjunkturspritze verhalf, die DDR jedoch vor kaum noch lösbare Probleme stellte. Der Preis für das sowjetische Öl, in langfristigen Planverträgen ausgehandelt, lag nun um die Hälfte über dem Weltmarktpreis, doch die Erlöse für Erdölprodukte der DDR auf den internationalen Märkten mussten sich zwangsläufig nach unten anpassen. Die Schuldenspirale, Anfang der Achtzigerjahre durch einen gewissen Exportüberschuss abgebremst, begann sich nun wieder unaufhaltsam zu beschleunigen.

Selbst die Sonderkonten von Alexander Schalck-Golodkowskis privatwirtschaftlich organisiertem Imperium »Kommerzielle Koordination« (KoKo), seit 1976 aus dem Regierungssystem ausgeklinkt und Günter Mittag direkt unterstellt, würden im Ernstfall drohender Zahlungsunfähigkeit als Polster nicht ausreichen.

KoKo war im Grunde so etwas wie ein amtliches Dementi der Planwirtschaft, denn hier sollten so viel Devisen wie möglich aus allen denkbaren Quellen beschafft werden, die außerhalb des regulären Wirtschaftssystems angesiedelt waren. Das reichte vom lukrativen Häftlingsverkauf, der zwischen 1963 und 1989 allein acht Milliarden DM einbrachte, über Waffenhandel, den Handel mit Kunst und Antiquitäten bis zur regulären Beteiligung an westlichen Privatfirmen und zu illegalem Technologietransfer von Embargogütern.

KoKo war mit den 41 Milliarden Valutamark, die sie auf diese Weise einfuhr, ein wichtiger Geldbeschaffer der DDR-Wirtschaft, doch das kapitalistische Sonderunternehmen löste deren Probleme nicht und konnte sie nicht lösen. Die DDR musste Anschluss an das Hightech-Zeitalter finden, um zu überleben.

Durch den forcierten Ausbau der Mikroelektronik, der in der Art und Weise, wie er betrieben wurde, mehr einem voluntaristischen Kraftakt glich, wollte sich Mittag mit einem weiteren Großen Sprung nach vorn zudem aus der Abhängigkeit von sowjetischen Rohstoffen lösen. Die DDR sollte zu einem Monopolanbieter von intelligenten Produkten im RGW-Handel aufgebaut und gewissermaßen über Nacht das Japan des Ostblocks werden.

Gelinge das nicht, so Mittag Mitte Januar 1986 bei einer Beratung im Kreis seiner engsten Mitarbeiter, »dann haben wir uns aus der Welt verabschiedet«. Es gehe, so Mittag, um Sieg oder Niederlage.

Die schonungslose Bilanz des Projekts legte Werner Jarowinsky ihm dann auf der Tagung des Zentralkomitees zur Zeit des Mauerfalls im November 1989 vor. Milliardenbeträge flossen in das mikroelektronische Kombinat in Erfurt, zu Robotron nach Dresden oder zu Zeiss in Jena. Es wurde ein Fass ohne Boden. Der 1-Megabit-Chip, von dem Erich Honecker 1988 Alfred Dregger stolz erzählte und den er bei anderer Gelegenheit Michail Gorbatschow mit triumphaler Geste überreichte, kam nie über den Status von handgefertigten Mustern hinaus. Die DDR, die sich nach den Worten von Charles S. Maier in einem verzweifelten Wettlauf zwischen Computerisierung und Zusammenbruch befand, konnte das Rennen nicht gewinnen.

Planungschef Schürer warnte schon früh vor undurchdachten Aktionen. »Nicht was«, versuchte er Honecker nahezulegen, »sondern wie wir produzieren, mit welchen Kosten, mit welchem Gewinn und welchen Absatzchancen für eine rentable Massenproduktion« sei entscheidend. Er hatte sich damit nur den Ruf eines Bremsers eingehandelt.

Im April 1988 bat er Honecker um eine Aussprache unter vier Augen. Er hatte dazu eine Vorlage ausgearbeitet, in der er unter anderem vorschlug, keine weiteren Betriebe der Mikroelektronik mehr zu bauen, sondern sich bei Neuinvestitionen ganz auf die im Export rentablen Bereiche des Verarbeitungsmaschinenbaus zu konzentrieren. Das Papier enthielt eine ganze Liste weiterer Maßnahmen. Videorekorder sollten nicht in der DDR produziert werden, da der Import von Teilen, die man nicht selbst herstellen konnte, mehr kosten würde als der Import ganzer Geräte. Vor allem aber sollte mehr auf Energiesparmaßnahmen geachtet, Bauarbeiter aus Berlin sollten in die Provinz zurückgeführt werden, um dem Verfall des Altbaubestands entgegenzuwirken. Die Mietsubventionen für unterbelegten Wohnraum sollten abgeschafft und auch in anderen Bereichen der Verbrauchersubvention Kürzungen vorgenommen werden. »Die Zuwendungen für die Bevölkerung aus dem Staatshaushalt«, so Schürer in seiner Expertise, »liegen deutlich über dem Entwicklungstempo des Nationaleinkommens, des Warenfonds und des Lohnfonds. Hinzu kommt, dass sich auch beim Arbeitseinkommen das Verhältnis von Produktivitätssteigerung zur Lohnerhöhung rückläufig entwickelt hat.« Kurz gesagt, plädierte Schürer für eine volkswirtschaftlich notwendige Senkung des Lebensstandards.

Der Termin kam nicht zustande. Honecker ließ das Papier an Mittag weiterleiten, der Schürer dafür vor dem Politbüro eine Rüge erteilte. Sie gipfelte in dem Vorwurf, er wolle offensichtlich die von der Partei beschlossene Einheit von Wirtschafts- und Sozialpolitik infrage stellen.

Mittag wusste vermutlich ganz genau, dass Schürer im Prinzip recht hatte und dass seine Vorschläge nicht einmal radikal genug waren, um eine wirkliche Lösung für die verfahrene Lage liefern zu können. Er wusste aber auch, dass jeder Einschnitt in die Sozialpolitik auf dem Hintergrund des Traumas 17. Juni unwägbare politische Gefahren mit sich bringen konnte. Die Arbeitsdisziplin und Motivation in den Betrieben war ohnehin, Berichten der Staatssicherheit zufolge, auf einem Tiefstand angelangt, die Anzahl der Gegenstimmen bei Gewerkschaftswahlen drastisch angestiegen. Ausreiseanträge und Parteiaustritte nahmen bedenklich zu.

So setzte Mittag weiter alles auf eine Karte, in der Hoffnung – ja, worauf? Dass der große mikroelektronische Sprung nach vorn doch noch Erfolge zeitigen würde? Dass es rechtzeitig zu Konföderationsverhandlungen mit der Bundesrepublik kommen könnte?

Am Ende war er einer der wenigen klaren Köpfe im Führungskreis der SED, die genau wussten, dass der Anschluss an die Bundesrepublik früher oder später unvermeidlich werden würde.

Bereits 1986 sondierte er im vertrauten Kreis die Möglichkeit einer Konföderation mit der Bundesrepublik, wagte sich dann aber mit solchen Ideen doch nicht an die Öffentlichkeit. »Niemals«, vertraute Günter Mittag nach der Wende 1991 dem *Spiegel* an, wäre die DDR-Industrie »aus eigener Kraft wieder auf die Beine gekommen. Sicher hätte ich keinen Konkursantrag eingereicht, aber wenn es nach mir gegangen wäre, den Vorschlag, stufenweise den Weg der Konföderation mit der BRD zu gehen.« 1987, anlässlich des Honecker-Besuchs in Bonn, meint er in diesem *Spiegel*-Gespräch, habe dazu eine historisch gebotene – und letzte – Chance bestanden. Spekulationen? Es hat nicht einmal die leisesten Ansätze eines Vorstoßes in diese Richtung gegeben.

Mittag machte dafür die »Betonfraktion Stoph & Co« verantwortlich. Viel wahrscheinlicher ist aber, dass sich in dem hermetischen Zirkel des Politbüros niemand traute, den machtvollkommenen Generalsekretär Erich Honecker in seinen sozialistischen Tagträumen zu stören, auch sein bester Jagdkamerad Günter Mittag nicht. Zudem galt in der Führung der SED das militärische Prinzip, dass jeder nur so viel Informationen erhielt, wie er für sein Ressort unbedingt brauchte. Dem Generalsekretär war dadurch gewissermaßen die Rolle eines Oberbefehlshabers über alle politischen Felder zugewiesen.

So ließ der leitende Wirtschaftschef der DDR seinen Staat sehenden Auges und mit der Mentalität eines Risikospielers in den Untergang taumeln, und er hatte dabei, nimmt man seine Lage ernst, nicht einmal große Handlungsspielräume. »Ohne die Wiedervereinigung wäre die DDR einer ökonomischen Katastrophe mit unabsehbaren sozialen Folgen entgegengegangen«, so Mittag weiter im *Spiegel*: »Unbeschreiblich. Da läuft es mir heiß und kalt über den Rücken. Mord und Totschlag, Elend, Hunger.«

Der Irrtum des Kolumbus

Das Ende der DDR war allerdings weit mehr als das Zerplatzen einer Seifenblase. Eine Lebenswelt war untergegangen, und schon bald zeigte eine verbreitete Nostalgie, dass sie tiefe Spuren hinterlassen hatte, auch bei denen, die sich politisch als Gegner des Systems verstanden. War die DDR nicht auch der gescheiterte Versuch gewesen, eine gerechtere Gesellschaft aufzubauen? Hatte sie in ihren Brigaden und Kollektiven nicht eine Gemeinschaft kultiviert, die der westlichen Welt längst verloren gegangen war? Erstaunlich wenige ehemalige DDR-Bürger, das ergaben Umfragen bereits in den Neunzigerjahren, hatten und haben ihren Staat als Unrechtsstaat in Erinnerung. Und das, obwohl die allpräsente Staatssicherheit für eine fast lückenlose Überwachung der Bevölkerung und ein Netzwerk korrumpierender Komplizenschaft mit der Staatsmacht sorgte. Vielleicht gerade deshalb. Die Staatssicherheit war das Instrument einer in Teilen gut funktionierenden Erziehungsdiktatur.

War die DDR nicht, wenigstens im Kern und in ihren gut gemeinten Absichten, eine antifaschistische Gegengründung sowohl zum Dritten Reich als auch zu Adenauers Bundesrepublik? Der antifaschistische Mythos hat ihr, besonders unter Intellektuellen, aber auch unter nichtkommunistischen Politikern zeitweise erheblichen Kredit verschafft.

Glänzten in den ersten Nachkriegsjahren die Namen von Bertolt Brecht, Walter Felsenstein, Ernst Bloch und Hans Mayer auch noch jenseits der Grenze zum Westen, so begann spätestens mit der Ungarnkrise 1956 ein intellektueller Aderlass, der sich bei unterschiedlichen Anlässen stets aufs Neue wiederholte – zuletzt 1976 nach der Ausbürgerung Wolf Biermanns. Die DDR entledigte sich damit oft ihrer produktivsten und intelligentesten Geister – ein selbstzerstörerischer, aber systemimmanent unvermeidlicher Mechanismus. Auch an dieser Front hätte der ostdeutsche Staat niemals gewinnen können, selbst wenn bedeutende Intellektuelle und Künstler wie Christa Wolf, Stephan Hermlin, Christoph Hein oder Heiner Müller ihrem Staat bis zuletzt in kritischer Loyalität verbunden blieben.

Glaubte die Führungsschicht der DDR an die Zukunft ihres Staates? Diese Frage ist schwer zu beantworten. Angesichts der Antwort des 17. Juni 1953 auf Ulbrichts revolutionären Aufbruch, angesichts des Zwangs zur Einmauerung, der wirtschaftlichen Katastrophenpolitik und der fortwährenden Verschuldung in den Siebziger- und Achtzigerjahren, angesichts der intellektuellen Provinzialisierung, des bewusst in Kauf genommenen Zerfalls der Städte und bedeutender Kulturdenkmäler können da Zweifel berechtigt sein. Andererseits hatte sie als Produkt des Kalten Krieges kaum eine andere Wahl. Erst die politische Entwicklung Ende der Achtzigerjahre, der Reformprozess in der Sowjetunion, in Polen und in Ungarn und das sich abzeichnende Ende des Kalten Krieges führten zur Erosion des eigenen Selbstverständnisses.

Der Untergang der DDR aber war das Werk einer Bewegung von unten, als die massenhafte Ausreisebewegung des Spätsommers 1989 umkippte in die trotzige Losung »wir bleiben hier«. Die Führung, ihrer Unterstützung durch Moskau beraubt, hatte dem zuletzt nichts mehr entgegenzusetzen. Die DDR, ohnehin ein fragiles Gebilde, löste sich auf.

Doch der entscheidende Schritt war erst getan, als am 15. Januar 1990 eine aufgebrachte Menschenmenge die Stasi-Zentrale in Berlin-Lichtenberg stürmte und damit die Überleitung von Teilen des Ministeriums für Staatssicherheit in ein Amt für Nationale Sicherheit und einen neuen »Verfassungsschutz« verhinderte. Ohne die Staatssicherheit als Schwert und Schild wäre die Diktatur der Partei nicht möglich gewesen.

Am Ende aber zeigte das lautlose Verschwinden des Kommunismus, dass eine ganze historische Illusion sich selbst dementiert hatte. Das Proletariat, dem Karl Marx einmal messianische Qualitäten zuschrieb, war keine welthistorische Klasse, der Sozialismus keine neue Epoche, der Kommunismus keine neue Gesellschaftsformation.

Im Unterschied zur marktwirtschaftlichen Dialektik von *privatem Laster* und *öffentlichem Wohl* bedeutete das Ergebnis des kommunistischen Experiments eine ultimative Katastrophe des Gutgemeinten als politisches Prinzip. Wie Wassilij Grossman schrieb: »Dort wo das Gute auftaucht, sterben Alte und Junge, und Blut wird vergossen.« Martin Malia nannte den Kommunismus einmal einen modernen Irrtum des Kolumbus. Die Partei steuerte eine gerechte Welt des Sozialismus an und versetzte stattdessen die Betroffenen in eine verkehrte moderne Welt, in der ein politisch-ideologischer Orden das fiktionale Surrogat einer angeblich historischen Klasse darstellen sollte.

»Alles, was ein beträchtlicher Teil der Menschen zu ertragen hatte, hat er *für nichts* zu ertragen gehabt«, schrieb der Leipziger Schriftsteller Kurt Drawert, ein Mann der jüngeren Generation, Anfang der Neunzigerjahre: »Wir haben uns in einem Realen wiedergefunden, das nur noch auf sich selber verweist. Man kann auch sagen, der Organismus der Ideen ist auf das Maß seiner Metastasen geschrumpft. Die ökonomische Erblast, die uns die Ruinenkonstrukteure vermacht haben, ist dabei nur die eine Hälfte der Botschaft; die andere ist der ideelle Bankrott mit seinen Langzeitwirkungen und symbolischen Wiedergeburten.«

Doch diese Wehen waren und sind Teil einer gemeinsamen deutschen Geschichte. Ohne den Ersten Weltkrieg und die Unterstützung von Lenins Revolution durch das Kaiserreich, ohne die nationalsozialistische Machtergreifung 1933 und den folgenden Krieg, ohne den deutschen Überfall von 1941, in dessen Folge die Sowjetunion unter schrecklichen Opfern 1945 nach Deutschland und Mitteleuropa gelangt war, hätte es keine DDR gegeben.

Mit dem Verschwinden des Kommunismus ging, wie Eberhard Jäckel in seinem langen Essay über *Das deutsche Jahrhundert* betont hat, auch ein deutsches Jahrhundert zu Ende.

Quellen und Literatur

Bücher

Abelshauser, Werner: *Deutsche Wirtschaftsgeschichte seit 1945.* München 2004

Abusch, Alexander: *Der Irrweg einer Nation.* Ein Beitrag zum Verständnis deutscher Geschichte. Berlin 1947

Adam, Wilhelm: *Der schwere Entschluss.* Berlin 1965

Agde, Günter (Hg.): *Kahlschlag.* Das 11. Plenum des ZK der SED 1965. Studien und Dokumente. Berlin 1991

Andert, Reinhold / Wolfgang Herzberg: *Der Sturz.* Honecker im Kreuzverhör. Berlin und Weimar 1990

Andert, Reinhold: *Nach dem Sturz.* Gespräche mit Erich Honecker. Leipzig 2001

Applebaum, Anne: *Der Gulag.* Berlin 2003

Arendt, Hannah: *Elemente und Ursprünge totaler Herrschaft.* München / Zürich 1986

Arendt, Hannah: *Über die Revolution.* München / Zürich 1994

Arbeitskreis Westeuropäische Arbeiterbewegung (Hg.): *Eurokommunismus und Theorie der Politik.* Berlin 1979

Bahrmann, Hannes / Christoph Links: *Chronik der Wende.* Die DDR zwischen 7. Oktober und 18. Dezember 1989. Berlin 1994

Bailey, George / Sergej A. Kondratschow / David E. Murphy: *Die unsichtbare Front.* Der Krieg der Geheimdienste im geteilten Berlin. Berlin 1997

Bailey, George: *Verbindungsmann.* Ein Leben zwischen Ost und West. München 2002

Barclay, David E.: *Schaut auf diese Stadt.* Der unbekannte Ernst Reuter. Berlin 2000

Benz, Wolfgang: *Potsdam 1945.* Besatzungsherrschaft und Neuaufbau im Vier-Zonen-Deutschland. München 1986

Berbig, Roland et al. (Hg.): *In Sachen Biermann.* Protokolle, Berichte und Briefe zu den Folgen einer Ausbürgerung. Berlin 1994
Berezhkov, Valentin N.: *At Stalin's Side.* New York 1994
Besymenski, Lew: *Stalin und Hitler.* Das Pokerspiel der Diktatoren. Berlin 2002
Beyer, Frank: *Wenn der Wind sich dreht.* Meine Filme, mein Leben. München 2002
Bierling, Stephan: *Geschichte der amerikanischen Außenpolitik von 1917 bis zur Gegenwart.* München 2003
Birke, Adolf M.: *Nation ohne Haus.* Deutschland 1945–1961. Berlin 1989
Bloch, Ernst: *Geist der Utopie.* Frankfurt am Main 1977
Bloch, Ernst: *Über Methode und System bei Hegel.* Frankfurt am Main 1970
Borkowski, Dieter: *Erich Honecker.* Statthalter Moskaus oder deutscher Patriot? München 1987
Brandt, Willy: *Erinnerungen.* Berlin / Frankfurt am Main 1994
Braun, Jutta / Nils Klawitter / Falco Werkenthin: *Die Hinterbühne politischer Strafjustiz in den frühen Jahren der SBZ / DDR.* Berlin 2002
Brecht, Bertolt: *Gesammelte Werke.* Frankfurt am Main 1968
Brecht Bertolt: *Arbeitsjournal* (2 Bde.). Frankfurt am Main 1993
Bullock, Alan: *Hitler und Stalin.* Parallele Leben. Berlin 1999
Buschfort, Wolfgang: *Parteien im Kalten Krieg.* Die Ostbüros von SPD, CDU und FDP. Berlin 2000
de Bruyn, Günter: *Vierzig Jahre.* Ein Lebensbericht. Frankfurt am Main 2002
Crusius, Reinhard / Manfred Wilke (Hg.): *Entstalinisierung.* Der XX. Parteitag der KPdSU und seine Folgen. Frankfurt am Main 1977
Dahrendorf, Ralf: *Über Grenzen.* Lebenserinnerungen. München 2002
Dalos, György: *1956. Der Aufstand in Ungarn.* München 2006
Die Bedeutung der Arbeiten des Genossen Stalin über den Marxismus und die Fragen der Sprachwissenschaft für die Entwicklung der Wissenschaften. Protokoll der theoretischen Konferenz der Abteilung Propaganda beim ZK der SED. Berlin 1952
Diedrich, Torsten / Rüdiger Wenzke: *Die getarnte Armee.* Geschichte der Kasernierten Volkspolizei der DDR 1952–1956. Berlin 2003
Diedrich, Torsten / Ilko-Sascha Kowalczuk (Hg.): *Staatsgründung auf Raten?* Auswirkungen des Volksaufstandes 1953 und des Mauerbaus 1961 auf Staat, Militär und Gesellschaft in der DDR. Berlin 2005
Dokumente der Sozialistischen Einheitspartei Deutschlands. Berlin 1950 ff.
Dubček, Alexander: *Leben für die Freiheit.* Die Autobiographie. München 1993
Dülffer, Jost: *Jalta, 4. Februar 1945.* Der Zweite Weltkrieg und die Entstehung der bipolaren Welt. München 1999

Dwars, Jens-Fietje: *Abgrund des Widerspruchs.* Das Leben des Johannes R. Becher. Berlin 1998
Ehlert, Hans / Armin Wagner: *Genosse General!* Die Militärelite der DDR in biographischen Skizzen. Berlin 2003
Engelmann, Roger / Clemens Vollnhals: *Justiz im Dienste der Parteiherrschaft.* Rechtspraxis und Staatssicherheit in der DDR. Berlin 1999
Engler, Wolfgang: *Die Ostdeutschen.* Kunde von einem verlorenen Land. Berlin 2005
Erler, Peter / Horst Laude / Manfred Wilke (Hg.): »*Nach Hitler kommen wir*«. Dokumente zur Programmatik der Moskauer KPD-Führung 1944 / 45 für Nachkriegsdeutschland. Berlin 1994
Ewen, Frederic: *Bertolt Brecht.* Sein Leben, sein Werk, seine Zeit. Frankfurt am Main 1973
Falin, Valentin: *Politische Erinnerungen.* München 1993
Faulenbach, Bernd / Heinrich Potthoff (Hg.): *Sozialdemokraten und Kommunisten nach Nationalsozialismus und Krieg.* Zur historischen Einordnung der Zwangsvereinigung. Essen 1998
Findahl, Theo: *Letzter Akt – Berlin 1939–1945.* Hamburg 1946
von Flocken, Jan / Michael F. Scholz: *Ernst Wollweber.* Saboteur, Minister, Unperson. Berlin 1994
Frank, Mario: *Walter Ulbricht.* Eine deutsche Biographie. Berlin 2003
Foitzik, Jan / Werner Künzel / Anette Leo / Martina Weyrauch: *Das Jahr 1953.* Ereignisse und Auswirkungen. Potsdam 2004
Franke, Konrad: *Die Literatur der Deutschen Demokratischen Republik,* Bd. I und II. Aktualisierte Ausgabe, Frankfurt am Main 1980
Fricke, Karl Wilhelm / Roger Engelmann: »*Konzentrierte Schläge*«. Staatssicherheitsaktionen und politische Prozesse in der DDR 1953–1956. Berlin 1998
Furet, François: *Das Ende der Illusion.* Der Kommunismus im 20. Jahrhundert. München / Zürich 1998
Gaddis, John Lewis: *Der Kalte Krieg.* Eine neue Geschichte. München 2007
Geisel, Christof: *Auf der Suche nach dem dritten Weg.* Das politische Selbstverständnis der DDR-Opposition in den 80er Jahren. Berlin 2005
Geschichte der Kommunistischen Partei der Sowjetunion (Bolschewiki). Kurzer Lehrgang. Berlin 1955
Giesecke, Jens: *Die hauptamtlichen Mitarbeiter der Staatssicherheit.* Personalstruktur und Lebenswelt 1950–1989 / 90. Berlin 2000
Giesecke, Jens: *Die DDR-Staatssicherheit.* Schild und Schwert der Partei. Bonn 2000
Glaser, Hermann: *Deutsche Kultur 1945–2000.* München 1997
Gniffke, Erich W.: *Jahre mit Ulbricht.* Köln 1966

Graf Kielmannsegg, Peter: *Das geteilte Land.* Deutschland 1945–1990. Berlin 2000

Grafe, Roman: *Die Grenze durch Deutschland.* Eine Chronik von 1949 bis 1990. Berlin 2002

Griewank, Karl: *Der neuzeitliche Revolutionsbegriff.* Frankfurt am Main 1973

Grof, Wolfgang: *»In der frischen Tradition des Herbstes 1989«.* Die SDP / SPD in der DDR: *Von der Gründung über die Volkskammerarbeit zur deutschen Einheit.* Bonn 1996

Grosman, Wassilij: *Leben und Schicksal.* München 1994

Haffner, Sebastian: *Die deutsche Frage.* 1950–1961: Von der Wiederbewaffnung bis zum Mauerbau. Frankfurt am Main 2003

Haffner, Sebastian: *Zur Zeitgeschichte.* München 1982

Hardach, Gerd: *Der Marshall-Plan.* Auslandshilfe und Wiederaufbau in Westdeutschland 1948–1952. München 1994

Harich, Wolfgang: *Keine Schwierigkeiten mit der Wahrheit.* Berlin 1993

Hauschild, Jan-Christoph: *Heiner Müller oder Das Prinzip Zweifel.* Eine Biographie. Berlin 2001

Havemann, Katja / Joachim Widmann: *Robert Havemann oder Wie die DDR sich erledigte.* München 2003

Hein, Christoph: *Die Ritter der Tafelrunde und andere Stücke.* Berlin und Weimar 1990

Herrnstadt, Rudolf: *Das Herrnstadt-Dokument.* Das Politbüro der SED und die Geschichte des 17. Juni 1953. Hg. von Nadja Stulz-Herrnstadt. Reinbek 1990

Herrnstadt, Rudolf: *Die Entdeckung der Klassen.* Berlin 1965

Hertle, Hans-Hermann: *Chronik des Mauerfalls.* Die dramatischen Ereignisse um den 9. November 1989. Berlin 2006

Hertle, Hans-Hermann / Gert-Rüdiger Stephan (Hg.): *Das Ende der SED.* Die letzten Tage des Zentralkomitees. Berlin 1999

Hertle, Hans-Hermann / Konrad H. Jarausch (Hg.): *Risse im Bruderbund.* Die Gespräche Honecker-Breschnew 1974 bis 1982. Berlin 2006

Hertle, Hans-Hermann / Stefan Wolle: *Damals in der DDR.* Der Alltag im Arbeiter- und Bauernstaat. München 2004

Herzberg, Guntolf: *Anpassen und Aufbegehren.* Die Intelligenz der DDR in den Krisenjahren 1956 / 58. Berlin 2006

Herzberg, Guntolf / Kurt Seifert: *Rudolf Bahro – Glaube an das Veränderbare.* Eine Biographie. Berlin 2002

Hilbig, Wolfgang: *Aufbrüche.* Frankfurt am Main 1985

Hildermeier, Manfred: *Geschichte der Sowjetunion 1917–1991.* Entstehung und Niedergang des ersten sozialistischen Staates. München 1998

Hofmann, Robert: *Geschichte der deutschen Parteien.* Von der Kaiserzeit bis zur Gegenwart. München / Zürich 1993

Honecker, Erich: *Aus meinem Leben*. Berlin 1981
Hosfeld, Rolf / Hermann Pölking: *Die Deutschen 1815 bis 1918*. Fürstenherrlichkeit und Bürgerwelten. München / Zürich 2007
Hosfeld, Rolf / Hermann Pölking: *Die Deutschen 1918 bis 1945*. Leben zwischen Revolution und Katastrophe. München / Zürich 2006
Hosfeld, Rolf / Hermann Pölking: *Die Deutschen 1945 bis 1972*. Leben im doppelten Wirtschaftswunderland. München / Zürich 2006
Hosfeld, Rolf / Hermann Pölking: *Die Deutschen 1972 bis heute*. Auf dem Weg zu Einheit und Freiheit. München / Zürich 2007
Hosfeld, Rolf / Boris Kehrmann / Rainer Wörtmann (Hg.): *Komische Oper Berlin*. Hamburg 2001
Irmer, Thomas / Matthias Schmidt: *Die Bühnenrepublik*. Theater in der DDR. Berlin 2003
Jäckel, Eberhard: *Das deutsche Jahrhundert*. Eine historische Bilanz. Frankfurt am Main 1999
James, Harold: *Geschichte Europas im 20. Jahrhundert*. Fall und Aufstieg 1914–2001. München 2004
Jarausch, Konrad: *Die Umkehr*. Deutsche Wandlungen 1945–1995. München 2004
Jodl, Markus: *Amboss oder Hammer?* Otto Grotewohl. Eine politische Biographie. Berlin 1997
Judt, Matthias (Hg.): *DDR-Geschichte in Dokumenten*. Beschlüsse, Berichte, interne Materialien und Alltagszeugnisse. Berlin 1997
Judt, Tony: *Die Geschichte Europas seit dem Zweiten Weltkrieg*. München 2006
Kaiser, Monika: *Machtwechsel von Ulbricht zu Honecker*. Funktionsmechanismen der SED-Diktatur in Konfliktsituationen 1962 bis 1972. Berlin 1997
Kaiser, Monika: *1972 – Knockout für den Mittelstand*. Zum Wirken von SED, CDU, LDPD und NDPD für die Verstaatlichung der Klein- und Mittelbetriebe. Berlin 1990
Keller, Dietmar / Matthias Kirchner: *Biermann und kein Ende*. Eine Dokumentation zur DDR-Kulturpolitik. Berlin 1991
Kießling, Wolfgang: *Partner im »Narrenparadies«*. Der Freundeskreis um Noel Field und Paul Merker. Berlin 1994
Kirsch, Rainer: *Kopien nach Originalen*. 4 Porträts aus der DDR. Berlin 1974
Kleßmann, Christoph: *Die doppelte Staatsgründung*. Deutsche Geschichte 1945–1955. Bonn 1991
Kleßmann, Christoph / Peter Lautzas (Hg.): *Teilung und Integration*. Die doppelte deutsche Nachkriegsgeschichte. Bonn 2005
Knabe, Hubertus: *17. Juni 1953*. Ein deutscher Aufstand. Berlin 2003

Koenen, Gerd: *Utopie der Säuberung.* Was war der Kommunismus? Frankfurt am Main 2000
Koestler, Arthur: *Der Yogi und der Kommissar.* Auseinandersetzungen. Frankfurt am Main 1974
Kohl, Helmut: *Ich wollte Deutschlands Einheit.* Berlin 1996
Konew, Iwan Stepanowitsch: *Das Jahr fünfundvierzig.* Berlin 1969
Koop, Volker: *Der 17. Juni 1953.* Legende und Wirklichkeit. Berlin 2003
Kott, Sandrine / Emmanuel Droit (Hg.): *Die ostdeutsche Gesellschaft.* Eine transnationale Perspektive. Berlin 2006
Kowalczuk, Ilko-Sascha: *Das bewegte Jahrzehnt.* Geschichte der DDR von 1949 bis 1961. Bonn 2003
Krüger, Dieter / Armin Wagner (Hg.): *Konspiration als Beruf.* Deutsche Geheimdienstchefs im Kalten Krieg. Berlin 2003
Land, Rainer / Ralf Possekehl: *Fremde Welten.* Die gegensätzliche Deutung der DDR durch SED-Reformer und Bürgerbewegung in den 80er Jahren. Berlin 1998
von Lang, Jochen: *Erich Mielke.* Eine deutsche Karriere. Berlin 1991
Lapp, Peter Joachim: *General bei Hitler und Ulbricht.* Vinzenz Müller – eine deutsche Karriere. Berlin 2003
Larres, Klaus: *Politik der Illusionen.* Churchill, Eisenhower und die deutsche Frage 1945–1955. Göttingen / Zürich 1995
Lecourt, Dominique: *Proletarische Wissenschaft?* Der »Fall Lyssenko« und der Lyssenkismus. Berlin 1976
Lehweß-Litzmann, Walther: *Absturz ins Leben.* Querfurt 1994
Lemke, Michael: *Einheit oder Sozialismus?* Die Deutschlandpolitik der SED 1949–1961. Köln / Weimar / Wien 2001
Lemke, Michael (Hg.): *Sowjetisierung und Eigenständigkeit in der SBZ / DDR (1945–1953).* Köln / Weimar / Wien 1999
Leo, Annette / Peter Reif-Spirek (Hg.): *Helden, Täter und Verräter.* Studien zum DDR-Antifaschismus. Berlin 1999
Leo, Annette / Peter Reif-Spirek (Hg.): *Vielstimmiges Schweigen.* Neue Studien zum DDR-Antifaschismus. Berlin 2001
Leonhard, Wolfgang: *Die Revolution entlässt ihre Kinder.* Frankfurt am M. / Berlin / Wien 1976
Leonhard, Wolfgang: *Spurensuche.* 40 Jahre nach Die Revolution entlässt ihre Kinder. Köln 2004
Liebmann, Irina: *Wäre es schön? Es wäre schön!* Mein Vater Rudolf Herrnstadt. Berlin 2008
Lindenberger, Thomas (Hg.): *Herrschaft und Eigen-Sinn in der Diktatur.* Studien zur Gesellschaftsgeschichte der DDR. Köln / Weimar / Wien 1999
Lindenberger, Thomas: *Volkspolizei.* Herrschaftspraxis und öffentliche Ordnung im SED-Staat 1952–1968. Köln / Weimar / Berlin 2003

Lindner, Bernd: *Die demokratische Revolution in der DDR 1989/90.* Bonn 2001
Loest, Erich: *Durch die Erde ein Riss.* Ein Lebenslauf. Hamburg 1981
Loth, Wilfried: *Stalins ungeliebtes Kind.* Warum Moskau die DDR nicht wollte. München 1996
Loth, Wilfried: *Die Sowjetunion und die deutsche Frage.* Studien zur sowjetischen Deutschlandpolitik. Göttingen 2007
Loth, Wilfried: *Die Teilung der Welt.* Geschichte des Kalten Krieges 1941–1955. München 2002
Loth, Wilfried: *Helsinki, 1. August 1975.* Entspannung und Abrüstung. München 1998
Magenau, Jörg: *Christa Wolf.* Eine Biografie. Reinbek 2003
Maier, Charles S.: *Das Verschwinden der DDR und der Untergang des Kommunismus.* Frankfurt am Main 1999
Malia, Martin: *Vollstreckter Wahn.* Sowjetunion 1917–1991. Berlin 1998
Malycha, Andreas: *Auf dem Weg zur SED.* Die Sozialdemokratie und die Bildung einer Einheitspartei in den Ländern der SBZ. Bonn 1996
Maser, Peter: *Die Kirchen in der DDR.* Bonn 2000
Mazower, Mark: *Der dunkle Kontinent.* Europa im 20. Jahrhundert. Berlin 2000
Mayer, Hans: *Der Turmbau zu Babel.* Erinnerungen an eine Deutsche Demokratische Republik. Frankfurt am Main 1991
Mayer, Hans: *Ein Deutscher auf Widerruf.* Erinnerungen, 2 Bände. Frankfurt am Main 1985
Meißner, Werner (Hg.): *Die DDR und China 1945–1990.* Berlin 1995
Menzel, Rebecca: *Jeans in der DDR.* Vom tieferen Sinn einer Freizeithose. Berlin 2004
Merker, Paul: *Deutschland – Sein oder Nichtsein?* Band 1: Von Weimar zu Hitler. Mexico 1944
Merker, Paul: *Deutschland – Sein oder Nichtsein?* Band 2: Das 3. Reich und sein Ende. Mexico 1945
Merleau-Ponty, Maurice: *Humanismus und Terror.* Frankfurt am Main 1976
Merseburger, Peter: *Der schwierige Deutsche.* Kurt Schumacher. Eine Biographie. Stuttgart 1996
Merseburger, Peter: *Willy Brandt 1913–1992.* München 2004
Meuschel, Sigrid: *Legitimation und Parteiherrschaft in der DDR.* Zum Paradox von Stabilität und Revolution in der DDR 1945–1989. Frankfurt am Main 1992
Minder, Robert: *Kultur und Literatur in Deutschland und Frankreich.* Frankfurt am Main 1977
Mittenzwei, Werner: *Das Leben des Bertolt Brecht oder Der Umgang mit den Welträtseln.* 2 Bände. Berlin 1997

Mittenzwei, Werner: *Die Intellektuellen.* Literatur und Politik in Ostdeutschland 1945–2000. Berlin 2003
Mitter, Armin / Stefan Wolle: *Untergang auf Raten.* Unbekannte Kapitel der DDR-Geschichte. München 1993
Mlynár, Zdenek: *Nachtfrost.* Das Ende des Prager Frühlings. Frankfurt am Main 1988
Modrow, Hans: *Aufbruch und Ende.* Hamburg 1991
Montefiore, Simon Sebag: *Stalin.* Am Hof des roten Zaren. Frankfurt am Main 2005
Müller, Bodo: *Faszination Freiheit.* Die spektakulärsten Fluchtgeschichten. Berlin 2001
Müller-Enbergs, Helmut: *Der Fall Rudolf Herrnstadt.* Tauwetterpolitik vor dem 17. Juni. Berlin 1991
Naimark, Norman M.: *Die Russen in Deutschland.* Die Sowjetische Besatzungszone 1945 bis 1949. Berlin 1999
Neubert, Ehrhardt: *Geschichte der Opposition in der DDR 1949–1989.* Bonn 2000
Nooteboom, Cees: *Berliner Notizen.* Frankfurt am Main 1991
Otto, Wilfriede: *Erich Mielke.* Biographie. Berlin 2000
Pelikán, Jiri (Hg.): *Das unterdrückte Dossier.* Der Bericht des ZK der KPTsch über politische Prozesse und »Rehabilitierungen« in der Tschechoslowakei 1949–1968. Wien / Frankfurt / Zürich 1970
Pingel-Schliemann, Sandra: *Zersetzen.* Strategie einer Diktatur. Berlin 2004
Pirker, Theo / M. Rainer Lepsius / Rainer Weinert / Hans-Hermann Hertle: *Der Plan als Befehl und Fiktion.* Wirtschaftsführung in der DDR. Opladen 1995
Pfeil, Ulrich (Hg.): *Die DDR und der Westen.* Transnationale Beziehungen 1949–1989. Berlin 2001
Podewin, Norbert: *Walter Ulbricht.* Eine neue Biographie. Berlin 1995
Pötzl, Norbert F.: *Erich Honecker.* Eine deutsche Biographie. Stuttgart / München 2003
Poss, Ingrid / Peter Warnecke (Hg.): *Spur der Filme.* Zeitzeugen über die DEFA. Berlin 2006
Potthoff, Heinrich: *Die »Koalition der Vernunft«.* Deutschlandpolitik in den 80er Jahren. München. 1995
Przybylski, Peter: *Tatort Politbüro.* Die Akte Honecker. Berlin 1991
Przybylski, Peter: *Tatort Politbüro.* Band 2: Honecker, Mittag und Schalck-Golodkowski. Berlin 1992
Rathgeb, Eberhard: *Deutschland kontrovers.* Debatten 1945 bis 2005. München / Wien 2005
Reichardt, Hans J.: *Ernst Reuter.* Hannover 1965
Reimann, Brigitte: *Ich bedaure nichts.* Tagebücher 1955–1963. Berlin 2003

Reimann, Brigitte: *Alles schmeckt nach Abschied.* Tagebücher 1964–1970. Berlin 2003
Roesler, Jörg: *Momente deutsch-deutscher Wirtschafts- und Sozialgeschichte 1945 bis 1990.* Eine Analyse auf gleicher Augenhöhe. Leipzig 2006
Roesler, Jörg: *Ostdeutsche Wirtschaft im Umbruch 1970–2000.* Bonn 2003
Rozek, Edward J.: *Allied Wartime Diplomacy.* A Pattern in Poland. New York / London o. J.
Satjukow, Silke / Rainer Gries (Hg.): *Sozialistische Helden.* Eine Kulturgeschichte von Propagandafiguren in Osteuropa und der DDR. Berlin 2002
Schädlich, Hans-Joachim: *Versuchte Nähe.* Reinbek 1977
Schalck-Golodkowski, Alexander: *Deutsch-deutsche Erinnerungen.* Reinbek 2001
Scherpe, Klaus R. (Hg): *In Deutschland unterwegs.* Reportagen, Skizzen, Berichte 1945–1948. Stuttgart 1982
Schirdewan, Karl: *Aufstand gegen Ulbricht.* Berlin 1995
Schittly, Dagmar: *Zwischen Regie und Regime.* Die Filmpolitik der SED im Spiegel der DEFA-Produktionen. Berlin 2002
Schivelbusch, Wolfgang: *Vor dem Vorhang.* Das geistige Berlin 1945–1948. Frankfurt am Main 1997
Schöne, Jens: *Frühling auf dem Lande?* Die Kollektivierung der DDR-Landwirtschaft. Berlin 2005
Scholz, Michael F.: *Bauernopfer der deutschen Frage.* Der Kommunist Kurt Vieweg im Dschungel der Geheimdienste. Berlin 1997
Schürer, Gerhard: *Gewagt und verloren.* Eine deutsche Biografie. Berlin 1998
Schulz, Helga / Hans-Jürgen Wagener (Hg.): *Die DDR im Rückblick.* Politik, Wirtschaft, Gesellschaft, Kultur. Berlin 2007
Schulze, Hagen: *Staat und Nation in der europäischen Geschichte.* München 1994
Semjonow, Wladimir S.: *Von Stalin bis Gorbatschow.* Ein halbes Jahrhundert in diplomatischer Mission 1939–1991. Berlin 1995
Stalin, J. W.: *Fragen des Leninismus.* Moskau 1947
Stalin, J. W.: *Ökonomische Probleme des Sozialismus in der UdSSR.* Berlin 1952
Staritz, Dietrich: *Die Gründung der DDR.* Von der sowjetischen Besatzungsherrschaft zum sozialistischen Staat. München 1984
Staritz, Dietrich: *Sozialismus in einem halben Land.* Berlin 1976
Steiner, André: *Von Plan zu Plan.* Eine Wirtschaftsgeschichte der DDR. Berlin 2007
Steiner, André (Hg.): *Überholen ohne einzuholen.* Die DDR-Wirtschaft als Fußnote der deutschen Geschichte? Berlin 2006

Steininger, Rolf: *Der Kalte Krieg.* Frankfurt am Main 2003
Steininger, Rolf: *Der Mauerbau.* Die Westmächte und Adenauer in der Berlinkrise 1958–1963. München 2001
Steininger, Rolf: *Deutsche Geschichte (1945 bis heute).* Darstellung und Dokumente in vier Bänden. Frankfurt am Main 2002
Stent, Angela: *Rivalen des Jahrhunderts.* Deutschland und Russland im neuen Europa. Berlin / München 2000
Stern, Carola: *Ulbricht. Eine politische Biographie.* Frankfurt am Main / Berlin 1966
Stöver, Bernd: *Der Kalte Krieg 1947–1991.* Geschichte eines radikalen Zeitalters. München 2007
Stokes, Raymond G.: *Constructing Socialism.* Technology and Change in East Germany 1945–1990. Baltimore 2000
Strauß, Franz Josef: *Die Erinnerungen.* Berlin 1998
Stürmer, Michael: *Die Grenzen der Macht.* Begegnungen der Deutschen mit der Geschichte. Berlin 1990
Stuhler, Ed: *Margot Honecker.* Eine Biographie. Wien 2003
Sudoplatow, Pawel Anatoljewitsch / Anatolij Sudoplatow: *Handlanger der Macht.* Enthüllungen eines KGB-Generals. Düsseldorf / Wien / New York / Moskau 1994
Suckut, Siegfried / Walter Süß (Hg.): *Staatspartei und Staatssicherheit.* Zum Verhältnis von SED und MfS. Berlin 1997
Süß, Walter: *Staatssicherheit am Ende.* Warum es den Mächtigen nicht gelang, 1989 eine Revolution zu verhindern. Berlin 1999
Talbott, Strobe (Hg.): *Chruschtschow erinnert sich.* Reinbek 1971
Thoms, Liselotte / Hans Vieillard und Wolfgang Berger: *Walter Ulbricht.* Arbeiter. Revolutionär. Staatsmann. Berlin 1968
Ueberschär, Gerd R. (Hg.): *Das Nationalkomitee »Freies Deutschland« und der Bund Deutscher Offiziere.* Frankfurt am Main 1995
Ulbricht, Walter: *Die Bauernbefreiung in der Deutschen Demokratischen Republik,* Bd. II. Berlin 1962
Ulbricht, Walter: *Über die Dialektik unseres sozialistischen Aufbaus.* Berlin 1960
Ulbricht, Walter: *Zum neuen ökonomischen System der Planung und Leitung.* Berlin 1967
Umbach, Frank: *Das rote Bündnis.* Entwicklung und Zerfall des Warschauer Paktes 1955–1991. Berlin 2005
Völklein, Ulrich: *Honecker.* Eine Biographie. Berlin 2003
von Plato, Alexander: *Die Vereinigung Deutschlands – ein weltpolitisches Machtspiel.* Bush, Gorbatschow und die geheimen Moskauer Protokolle. Berlin 2002
Weber, Hermann: *Geschichte der DDR.* München 1999

Weber, Hermann (Hg.): *Dokumente zur Geschichte der Deutschen Demokratischen Republik 1945–1985.* München 1986

Weidenfeld, Werner / Karl-Rudolf Korte (Hg.): *Handbuch zur deutschen Einheit 1949–1989–1999.* Bonn 1999

Weissberg-Cybulski, Alexander: *Hexensabbat.* Frankfurt am Main 1977

Wenzke, Rüdiger: *Die NVA und der Prager Frühling 1968.* Die Rolle Ulbrichts und der DDR-Streitkräfte bei der Niederschlagung der tschechoslowakischen Reformbewegung. Berlin 1995

Werkenthin, Falco (Hg.): *Der Aufbau der »Grundlagen des Sozialismus« in der DDR 1952/53.* Berlin 2002

Werkenthin, Falco: *Politische Strafjustiz in der Ära Ulbricht.* Vom bekennenden Terror zur verdeckten Repression. Berlin 1997

Winkler, Heinrich August: *Der lange Weg nach Westen,* Band II. Deutsche Geschichte vom »Dritten Reich« bis zur Wiedervereinigung. München 2002

Wolf, Christa: *Ein Tag im Jahr 1960–2000.* München 2003

Wolf, Christa: *Kein Ort.* Nirgends. Darmstadt und Neuwied 1979

Wolf, Christa: *Kindheitsmuster.* Berlin und Weimar 1976

Wolf, Christa: *Reden im Herbst.* Berlin und Weimar 1990

Wolkogonow, Dimitri: *Die Sieben Führer.* Aufstieg und Untergang des Sowjetreichs. Frankfurt am Main 2001

Wolle, Stefan: *Aufbruch in die Stagnation.* Die DDR in den Sechzigerjahren. Bonn 2005

Wolle, Stefan: *Der Traum von der Revolte.* Berlin 2008

Wolle, Stefan: *Die heile Welt der Diktatur.* Alltag und Herrschaft in der DDR 1871–1989. Bonn 1999

Zeitschriften und andere Medien

Berliner Zeitung vom 11.1.2003 / *Das Argument* 108, April/März 1978 / *Das Parlament,* 4.10.2004 / *Der Monat* Nr. 26 (1951) / *Der Spiegel* 26.1.1970, 37/1991 / *Der Tagesspiegel,* 20.1.1989, 8.11.1999, 9.11.1999, 10.11.1999, 10.11.2002, 11.4.2004, 9.11.2004, 1.4.2005, 22.11.2006 / *Edition Luisenstadt* 3/2001 / *Die Zeit* 11/1964, 27.3.2003 / *Frankfurter Allgemeine Zeitung,* 3.4. 2002, 9.11.2004 / *http://www1.ku.eichstaett.de/ZIMOS/forum/docs/vladimirsemenov.htm* / *Kontraste* (ARD), Juni 1987 / *MERIAN extra* DDR, März 1990 / *Neues Deutschland,* 20.1.1989 / *Open Society Archives,* 7.11.1957 / *Quick,* Nr. 12, 19.3.1955 / *Süddeutsche Zeitung,* 9.11.2004 / *Sinn und Form* 3/1988 / *The American Economic Review,* Vol. 40, No. 2 (May, 1950) / *UTOPIE kreativ,* H 99 (Januar 1999), H. 170 (Dezember 2004), H. 172 (Februar 2005)

Register

G

H

I

J